大学军事学教程

曲明军　纪荣顺　主编

山东大学出版社

图书在版编目(CIP)数据

大学军事学教程/曲明军等主编. —3 版. —济南:山东大学出版社,2014.7(2016.8 重印)

ISBN 978-7-5607-3630-3

Ⅰ. ①大… Ⅱ. ①曲… Ⅲ. ①军事理论—高等学校—教材 Ⅳ. E0

中国版本图书馆 CIP 数据核字(2008)第 129496 号

责任编辑:王桂琴

出版发行:山东大学出版社
社　址　山东省济南市山大南路 20 号
邮　编　250100
经　销:山东省新华书店
印　刷:济南新科印务有限公司
规　格:720 毫米×1000 毫米　1/16
21.75 印张　477 千字
版　次:2014 年 7 月第 3 版
印　次:2016 年 8 月第 10 次印刷
定　价:38.60 元

《大学军事学教程》编写委员会

主　编　曲明军　纪荣顺

副主编　王　浩　杨开春　张云涛　张宗利　黄绪战
解　冰　肖　亮

编　委　（以姓氏笔画为序）
王　浩　纪荣顺　朱大鹏　曲明军　李传道
张云涛　张宗利　陈军升　肖　亮　杨开春
胡安全　黄绪战　解　冰

目 录

下卷　军事技能训练

导 论

根据《国务院办公厅、中央军委办公厅转发教育部、总参谋部、总政治部关于在普通高等学校和高级中学开展学生军事训练工作意见的通知》(国办发[2001]48号)提出的“学生军训是普通高等学校本专科学生的一门必修课,学校要纳入教学计划”,以及教育部、总参谋部、总政治部印发的《学生军事训练工作规定》(教体艺[2007]7号)提出的“教育行政部门应当将普通高等学校军事技能训练和军事理论课教学作为学校办学水平评估的重要内容”的要求,全国普通高等学校都将普及以军事技能训练和军事理论课教学为主要形式的国防教育,并将其列为大学必修课。我们按照教育部、总参谋部、总政治部2007年联合颁发的《普通高等学校军事课教学大纲》规定的内容,结合多年的教学实践编写了该教程。

一、军事科学的概念

中国军事科学始于上古,曾称为“兵学”、“武学”、“军学”,历经数千载,著述数万卷。在西方文明的发源地希腊半岛上,当各城邦的学者们还在争论特洛伊战争的爆发是不是因为特洛伊王子帕里斯拐走了美女海伦的时候,当号称“西方军事理论之父”的色诺芬还没有参加他最终赖以成名的希腊雇佣军远征的时候,位于东方的中国已涌现出姜尚、孙武等一大批著名的兵学者,形成了众多的兵学研究流派,撰写了至今仍被人们奉为至宝的《孙子兵法》等兵学名著。1956年中国人民解放军军事科学院编写的《军语画一》,把军事科学正式列为通用军语。

军事科学(简称军事学)是以战争和军事活动实践这一社会现象为研究对象,揭示战争的本质和规律,并用于指导战争的准备与实施的科学。随着军事技术的发展和作战方式的改变,军队内部分工日趋复杂,这就决定了军事科学必须向多学科、多门类方向发展。因此,军事科学是一门学科门类众多、内容丰富的综合性科学体系,涉及自然科学、社会科学和技术科学等众多学科。军事问题向来是社会的中心问题之一。“文”与“武”是社会的两翼,从某种意义上讲,军事是历史嬗变的指针和标识。军事科学的根本任务是从客观实际出发,透过极其复杂的战争现象,探索战争的性质和规律,从而预测战争的发生、发展及其特点,提出准备与实施战争的原则和方法。战争是人类社会发展到一定历史阶段出现的特殊社会现象。这一客观存在的社会现象，有其发生、发展和消亡的规律。战争规律是客观存在，是不以人们的意志为转移的。但是由于人们的立场、观点和研究方法不同，对战争规律的认识和应用也不尽相同。不同国家民族的军事科学，由于受本国政治、经济、思想文化、科学技术状况和历史传统、地理环境等的影响，具有各自的民族特征。人们在战争实践中，为了指导战争，不断总结战争实践经验，探索战争的客观规律，寻求克敌制胜的手段和方法，从而促进了军事科学的形成与发展。军事科学的含义随着人们对战争认识的不断深入而发展。

二、现代军事科学体系

在高等学校开展国防教育，必须遵循课程设置的原则，按照一定的学科体系，设置教学的课程体系。高校国防教育所依托的学科基础是军事科学体系。因此，无论是教育者还是受教育者，都必须了解军事科学。尤其是教育者，更应从总体上把握军事科学的体系和精神，根据教育目标和教育对象的要求，科学地设置课程体系。军事科学体系，包括军事科学的整体结构、学科的设置和分类以及各学科之间的关系等。随着现代科学技术的迅速发展，军事科学领域的学科划分越来越细，各学科之间的相互依存关系也越来越密切。中国当代军事科学已经发展成为一门包含众多学科的独立的大学科门类。

关于军事科学体系的结构和学科的划分问题，目前有多种不同的分法，比较有代表性的有以下几种：

1.《中国军事百科全书》把军事科学分为七个学科门类，即军事思想、军事学术、中国人民解放军政治工作、军事后勤、军事技术、军事历史和军事地理测绘、气象。每一个学科门类又分若干学科。

2.《中华人民共和国国家标准·学科分类与代码》则把军事科学划分为 13 门一级学科和 48 门二级学科。一级学科分别是：军事理论（思想）、军事史、军事心理学、战略学、战役学、战术学、军队指挥学、军制学、军队政治工作学、军事后勤学、军事地理学、军事技术、军事学其他学科。

3.《中国大百科全书·军事》认为中国现代军事科学包括军事理论科学和军事技术科学两大部类。它们之间的关系是：军事理论是先导，对军事技术的发展和运用起着指导作用；军事技术是基础，对军事理论的变革和发展产生巨大的影响。

上述几种不同的分类方法，从各自的研究角度出发，都有其相对的合理性。为了便于教学，本教程采用《中国大百科全书·军事》的分类方法。

《中国大百科全书·军事》在军事理论科学以下，又分军事思想和军事学术两大门类，并分别形成若干学科。

军事思想是关于战争、军队和国防的基本问题的理性认识，通常包括战争观、战争与军事问题的认识论和方法论、战争指导思想、建军指导思想等基本内容。

军事学术是关于战争指导和武装力量建设的理论及其应用的各学科的总称，

是军事科学的重要组成部分，主要包括战略学、战役学、战术学、军队指挥学、军队后勤学以及军事历史学、军事地理学等学科。

《中国大百科全书·军事》把现代武器装备的研制、生产、使用和维修保养技术以及军事工程和军事系统工程等众多学科归类为军事技术科学，在其下面则分基础理论和应用学科两个方面。基础理论包括弹药学、兵器学、弹道学、核武器学、军事宇宙航天学、军事电子学、军事工程学等。应用学科可以按现代武器装备在各军种、兵种中的发展趋势来划分，如海军技术、空军技术、战略导弹部队技术、炮兵技术、装甲兵技术等；也可以按武器装备的种类来区分，如枪械、火炮、坦克和装甲车辆、军用飞机、舰艇、导弹、核武器，以及自动化的通信、指挥、侦察系统，等等。

现代军事科学研究主要围绕着现代国防建设和现代战争而进行。现代军事科学有一套完整的理论和知识体系。现代军事科学体系包括军事科学的整体结构、科学的设置和分类以及各学科之间的关系等。随着现代科学技术的迅速发展，军事科学领域的学科划分越来越多、越来越细，各学科间的相互依存关系也越来越密切。现代军事科学包括军事理论科学和军事技术科学，它们是军事科学完整体系的两大组成部分。

现代科学技术的发展及其在军事领域的广泛应用，促进了军事技术科学的发展。军事科学体系不断发展变化，新的军事专业不断出现，学科随之增加，课题研究的分工越来越细。如对战略理论的研究，除总体研究外，还分别有核战略、海洋战略、空中战略、外层空间战略以及战区战略、后勤战略，等等。由于军事与政治、经济、科技等领域的关系密切，军事科学同其他领域中一些学科的联系日益加强，互相交叉，互相渗透，从而又逐渐形成一些新的边缘学科，如国防经济学、国防外交学、国防教育学、军事管理学、军事社会学、军事人才学、军事伦理学、军事心理学等，军事技术领域的边缘学科则为数更多。

军事科学体系如下图所示。

- 军事科学体系
  - 军事理论科学
    - 军事思想
      - 战争观
      - 战争与军事问题的方法论
      - 战争指导思想
      - 建军指导思想
    - 军事学术
      - 战略学
      - 战役学
      - 战术学
      - 军队指挥学
      - 军事运筹学
      - 军制学
      - 战争动员学
      - 军事教育训练学
      - 军队政治工作学
      - 军队后勤学
      - 军事历史学
      - 军事地理学
  - 军事技术科学
    - 基础理论
      - 弹药学
      - 兵器学
      - 弹道学
      - 核武器学
      - 军事航天学
      - 军事雷达学
      - 军事电子学
      - 军事工程学
    - 应用学科
      - 海军技术
      - 空军技术
      - 战略导弹部队技术
      - 炮兵技术
      - 装甲兵技术

军事科学体系图

本教程分上下卷，上卷“军事理论”重点介绍军事思想、战略环境、中国国防、军事高技术、信息化战争等内容；下卷“军事技能训练”则重点介绍中国人民解放军条令教育与训练、轻武器射击、战术、军事地形学、综合训练等。这些内容和章节涵盖了军事思想、战略学、战役学、战术学、军队指挥学、军制学、军事地理学、军事技术、军事学其他学科等多门相关的一、二级学科，具有学科门类多、知识跨度大的特点。要搞好高校国防教育，就必须深刻理解和把握这些特点，采用相应的教学方法和教学措施，以取得预期的教学效果。

三、大学生学习军事科学知识的重要意义

大学生参加军事训练，学习军事科学知识，是自己应该享受的神圣权利和应尽的光荣义务。我国《宪法》第55条规定："保卫祖国，抵抗侵略是中华人民共和国公民的光荣义务。"我国现行《兵役法》第43条又进一步规定："高等院校的学生在就学期间，必须接受基本军事训练。根据国防建设需要，对适合担任军官职务的学生，再进行短期的集中训练，考核合格的，经军事机关批准，服军官预备役。"这些规定从法律的高度明确了高等学校的学生在校期间接受军事训练，学习军事科学的义务和权利。"国家兴亡，匹夫有责"，自觉接受军事训练，努力学好军事科学知识，正是大学生履行保卫祖国的神圣义务的具体行动。

大学生参加军事训练，学习军事科学知识，有利于提高全民国防意识和振奋民族精神。可以说，强烈的国防观念是一个国家现代文明的标志之一，它不仅是保卫国家利益的思想基础，而且是增强民族凝聚力的强大精神力量。要提高全民族的国防意识，必须加强国防教育。大学生参加军事训练，学习军事科学知识，是学校国防教育的一项重要内容。一方面，青年学生正处于世界观形成时期，有计划地组织他们参加军事训练，比较系统地学习军事科学知识，有利于他们尽快提高国防观念，增强国防意识；另一方面，现在的大学生将是21世纪我国现代化建设的主力军和保卫者。他们自身国防素质的高低，国防意识的强弱，将直接影响到我们民族的振兴、国防的强弱。因此，对大学生进行军事训练，开展军事科学教育，对于提高全民族的国防意识，振奋民族精神，具有深远的历史意义。

大学生参加军事训练，学习军事科学知识，有利于加强国防后备力量建设。新时期我国国防建设的根本指导思想，是坚持走精干的常备军和强大的后备力量相结合的道路。对在校大学生有计划地开展军事训练，进行军事科学教育，可以为国家储备大批后备兵员，为军队储备一定数量的后备军官，一旦发生战争，即可迅速参战。更为重要的是，现代战争是高技术战争，客观上要求作战群体必须具备较高的科学文化素质，而大学生正是我国人口文化构成中科学文化素质较高的一个群体。抓好大学生的军事教育和训练，有利于我们重点储备一批既掌握一定军事理论、技能，又精通现代科学技术知识的专业人才和后备军官队伍。这对于我国在未来高技术战争的环境中夺取反侵略战争的胜利，有着特别重要的意义。

大学生参加军事训练，学习军事科学知识，有利于培养德、智、体全面发展的"四有"新人。高等学校的中心任务是培养德、智、体全面发展的建设者和接班人。从这一培养目标来看，军事科学教育具有其他学科所无法替代的综合教育作用。首先，军事科学教育对学生具有很强的德育方面的培养功能。军事科学的研究对象是战争，这是关系到国家安危、民族兴衰和人民生死存亡的大事，最能在青年学生中引起强烈心理共鸣，从而激发出强烈的爱国热情。同时，通过军事科学教育，学生能比较系统地学习无产阶级的国家观、战争观和方法论，学习人民军队的建军

原则和光荣传统，接受人民解放军严格的组织纪律训练和爱国主义、革命英雄主义精神的熏陶等，这一切都将有助于增强学生对祖国和人民的无限热爱和忠诚，有助于培养学生的献身精神和社会责任感，有助于学生更好地树立正确的人生观和价值观。其次，大学生参加军事训练，学习军事科学知识，不仅有利于学生开阔眼界，扩大知识面，了解最新的军事科学技术成就以及本专业在军事上的应用情况，以促进专业知识的学习，而且还有利于学生打破专业学习的思维定式，拓展思维空间，进一步提高自己的创造力和综合思维能力，促进“智育”的发展。再次，国防教育还有利于学生“体育”的发展。军事技能训练具有很强的体能和运动技能的锻炼功能，集中军训期间的“摸、爬、滚、打”，不仅使学生掌握了基本的军事技能，而且有利于学生锻炼体魄，增强体质，使学生的意志得到磨炼，从而促进“体育”的发展。

从特殊性看，以军事训练和军事理论教育为主要内容的国防教育，对学生非智力因素的培育具有其他学科所无法替代的作用。军事教育与普通教育、高等教育最大的不同点是：军事教育对受教育者的培养过程，强调“自觉性和强制性的辩证统一”。一方面，要激发受教育者的学习动机，调动积极性，启发自觉性，从而自觉接受教育，自觉搞好训练；另一方面，又要靠强制的力量，达到教育训练的标准，实现教育训练的目标。所谓从难从严从实战要求出发练兵，就是这个道理。这种特殊的教育、教学氛围，有利于受教育者在十分艰苦的条件下磨炼自己，有利于培养学生高度的组织性、纪律性和团体意识、协作精神，有利于受教育者树立正确的人生观、苦乐观，从而有效地培养他们百折不挠的意志、坚忍不拔的毅力、不畏艰难的吃苦精神和团结协作的集体主义精神。而这种意志、毅力和精神，正是 21 世纪高质量人才所必须具备的高素质。对于每一位受训学生都是一笔可贵的精神财富。正是由于国防教育这种特殊的“综合育人”效应，所以国防教育越来越受到高校学生的重视和欢迎。

四、大学生学习军事科学知识的基本方法

军事科学是一门广泛涉及自然科学、社会科学、技术科学等众多科学的综合性科学。对同学们来说，它是一门崭新的学科，它有着不同与普通社会科学和自然科学的学科特点，有着不同的思维方法，因此，要学好本门课程，就必须研究学习军事科学的基本方法。

首先，要拓展思维领域，综合运用各种思维方法。军事科学是一门综合性很强的学科，要学好这门科学，必须综合运用学习各门学科知识所常用的思维方式和方法。例如，学习文科常用的形象思维方法，学习理科常用的逻辑思维方法，等等。从战争与军事活动实践看，更能深刻地说明这个问题。战争离不开地形，要分析地形、摆兵布阵、运用战法、指挥作战，就必须充分运用形象思维方法。大量的战例证明，具有丰富经验的指挥员，在听取下级情况汇报时，能通过大脑的想象，在头脑中展现出战场的全貌或局部战斗的进展情况。英国将领惠灵顿曾形容军事想象是一

种“透视能力”。历史上凡是功勋卓著的军事家几乎无一例外地都具有丰富的想象力。进行战争必须进行决策、规划，并制定作战方案，而这些运筹决策活动一点也离不开逻辑思维。必须运用逻辑方法，对敌情、我情、地形、天候等诸种作战因素进行分析与综合、比较与类推、抽象概括、归纳与演绎等逻辑加工，以作出正确的判断，下定正确的决心，制定周密的作战计划。战争和其他客观事物一样，受其固有的客观辩证法的制约，处在不断的运动变化和发展之中，必须运用辩证思维方法，才能处理好战争中诸如强与弱、优与劣、攻与防、进与退、主要方向与辅助方向、内线与外线、持久与速决等矛盾的对立、依存和转化关系，力争夺取和保持战场的主动权。在战争的舞台上，敌对双方除去物的因素以外，更重要的是有头脑、能思考、善创造的活生生的人的对抗，而且是剑拔弩张、生死攸关的对抗。这就决定了战场这一特定活动场所的情况，必然是异常复杂，瞬息万变的。它迫使每个人（特别是指挥员）都要最大限度地发挥自己的智慧和能力，进行创造性的超常思维，去处理那些出奇的“不可思议”的矛盾，以夺取战斗的胜利。可见，要学好军事科学，必须拓展自己的思维领域，综合运用形象思维、逻辑思维、辩证思维、创造性思维等各种科学的思维方式和方法。

其次，要研究战例，借鉴历史。军事科学源于战争和军事活动实践，是战争和军事活动实践经验的总结和抽象概述。军事历史向来是军事家们研究战争的“档案库”，也是我们学习军事科学的最好的“向导”。19 世纪欧洲资产阶级军事理论家约米尼说过：“在所有战争艺术的理论中，唯一合理的理论，就是以研究战史为基础的理论。”正确的军事思想和战略、战术理论、原则，总是在继承军事历史遗产的基础上，吸取其先进的精华的东西，并在战争和军事活动实践中加以创造性发展的结果。系统地学习和研究军事科学发展的历史和古今中外著名的战例，不仅能够帮助我们从连续的历史中得到启示，加深对军事科学理论以及有关原理、原则的理解，从而使我们能够正确地分析和解决现实问题，而且能够让我们从历史中得到有益的借鉴，进一步认识事物的发展趋势，从而科学地预见未来。例如，我们只要认真回顾一下战争史上的武器发展是怎样决定各个时期的作战方式和战争特点的，那么，根据现代军事技术的发展情况，就可以预测未来的作战方式和战争特点。此外，地方高等学校的学生平时接触军事科学知识不多，在学习中多结合战例研究，不仅可以增加感性认识，而且还可以提高学习兴趣。“兴趣”是“心灵”的窗口，是学习科学知识的最好的“老师”。可见，这种学习方法可以有效地提高学习的质量。

第三，要善于“合成”，融会贯通。军事科学是一门内容丰富、范围广博的庞大的科学体系。它涉及面广，知识跨度大，学科门类多，学科之间既有紧密的联系，各学科又自成体系，具有相对的独立性。因此，学习军事科学，必须根据其特点，善于联想，善于把各学科知识有机地联系起来，融会贯通，综合运用。这样，才能更好地提高自己的能力。一个优秀的合成军队指挥员之所以能够把各军、兵种的力量有机地协同起来，协调一致地打击敌人，一个重要方面是他不但精通各军、兵种的学科知识，而且在行动上善于把精通各学科知识的专门人才组织起来，形成强有力的指挥协调中心。这就是"合成"能力所释放出来的威力。学习军事科学，不仅要善于综合运用各学科知识，而且要努力培养和提高这种"合成"能力。目前，普通高等学校所开设的军事课程，由于教学时数有限，所授知识，大多是"点多面广"，而系统性略感不足，在这种情况下，要学好这一门科学，更应善于"联系"与"合成"，把学习知识与培养能力有机地结合起来，才能提高学习效率，并不断提高自己的能力。

通过学习军事科学的概念及其科学体系，深刻认识和理解了学习军事科学的意义，掌握了学习军事科学的基本方法，为下一步系统学习和掌握《大学军事学教程》奠定了基础。

上卷　军事理论

第一章　军事思想

[学习目的]

通过对军事思想的概念、基本特性、分类方法、发展简史及其地位和作用的学习，深刻理解军事思想的内涵与外延，重点掌握毛泽东军事思想、邓小平新时期国防和军队建设思想、江泽民国防与军队建设思想、胡锦涛和习近平关于国防和军队建设重要论述的主要内容，学会应用无产阶级的战争观和方法论，正确认识和分析当前世界和平与发展的一系列问题。了解中国古代军事思想的形成与发展过程，掌握《孙子兵法》的主要军事思想。

第一节　军事思想概述

军事思想是关于战争、军队和国防基本问题的理性认识，通常包括战争观、战争与军事问题的认识论和方法论、战争指导思想、建军指导思想等基本内容。它是研究其他军事学科的理论基础和根本方法。

一、军事思想的基本特性

军事思想产生于战争实践，是为政治服务的。其主要特性表现为：

(一)鲜明的阶级性

军事思想是以阶级利益为目的来研究战争问题的。任何一种军事思想都是一定的阶级利益在军事问题上的反映，不同的阶级所奉行或推崇的军事思想，体现各个阶级对战争的不同认识和立场。不同的阶级、国家或政治集团有不同的军事思想。

(二)强烈的时代性

军事思想是一个历史的范畴。它总是处在人类社会发展的一定历史阶段，是特定社会条件下的产物。不同历史时期的军事思想有着各自的特征。

(三)突出的实践性

作为战争与军队问题集中反映的军事思想，其全部内容都必定来源于军事领域的客观存在和实践之中，对军事领域的实践活动有着巨大的推动或制约作用。

(四)一定的继承性

历史上前人总结的许多军事原则，因其反映了军事活动的共同规律而流传下来为后人继续使用并不断得以丰富和发展。

二、军事思想的分类

军事思想是一种社会意识形态。它产生于一定社会的物质生产和战争实战的基础之上，同时受社会意识形态的制约和影响。因此，对军事思想有多种分类方法。分类的标准不一样，其分类的结果也不一样。

按照不同社会历史发展阶段区分，军事思想可划分为古代、近代、现代军事思想。

按照阶级区分，可划分为奴隶主阶级、封建地主阶级、资产阶级、无产阶级军事思想等。

按照国家进行区分，可划分为中国和外国的军事思想。

按照人物区分，有孙子军事思想、拿破仑军事思想、克劳塞维茨军事思想、毛泽东军事思想等。

三、军事思想发展简史

人类对战争和军队问题的认识，有一个历史发展的过程。从社会历史发展阶段的角度讲，军事思想经过了古代、近代、现代三个发展阶段。

（一）古代军事思想

古代军事思想的产生、发展主要集中在两个相对独立的区域，即中国和地中海一带沿海国家，内容包括奴隶社会和封建社会两个时期的军事思想。其中，中国古代军事思想在古代军事思想中具有重要影响、居于主导地位。

1. 中国古代军事思想

公元前 21 世纪至前 8 世纪，中国古代思想开始萌生。此时，中国为奴隶社会时期，建立了军队，出现了具有真正意义上的战争，对军事思想的研究越来越受到重视，并逐渐成为专门学科。

大约从公元前 8 世纪到公元前 3 世纪，中国社会处于社会大变革时期，中国古代军事思想取得了空前的发展，取得了辉煌的成就，涌现出许多杰出军事家及军事著作，如闻名中外的孙武以及其所著《孙子兵法》等。

进入封建社会后，由于铁兵器的广泛推广，火药的逐步应用，诸兵种的发展变革，不同性质战争的交织进行，进一步促进了中国古代军事思想的丰富和发展。

2. 西方古代军事思想

与中国古代军事思想相比，外国古代军事思想起步晚，认识不够全面、深刻，其成果主要散见于当时的一些历史和文学著作中，缺乏系统论述。

公元前 8 世纪至公元前 5 世纪，是西方古代的奴隶制社会时期。在这个时期，古希腊、古罗马等奴隶制国家，为了扩张领土、建立霸权、掠夺奴隶和财物，频繁发动战争。在长期的战争实践中，涌现出许多著名的将领和统帅，产生了丰富的古希腊和古罗马的军事思想。古希腊的军事思想概括起来主要有：战争是由根本利害矛盾引起的；战争的目的是为了征服，谋求城邦、国家利益和霸主地位；战争的胜败取决于政治、军事、经济、精神等条件；作战前必须对双方的军力、财力、人力等方面的长处和短处进行认真的分析对比；注意激励军队的士气，立足以优势力量建立己方胜利的信心；采取出乎敌人意料的行动使之惊慌失措等。

古罗马的军事思想源于古希腊而又有所发展，主要表现在：战争有正义与非正义之分；把军事作为实现政治目的的工具，而政治又是配合军事行动达成军事目的的手段；通过外交广泛联盟，孤立对手，恩威并举，实现自己的目的；主张以进攻为主防御为辅；在被迫处于防御地位时，也总是通过向敌后等薄弱处进攻，力求改变攻防态势，变防御为进攻；主张建立一支忠于自己的部队，以金钱、土地、建筑、妇女等物质利益保证部队的忠诚，以精神鼓励、严格的纪律保持部队的战斗力。

从公元476年西罗马帝国灭亡，到1640年英国资产阶级革命，为欧洲的中世纪。在这长达1100多年的“黑暗”时代，由于封建割据的庄园经济、宗教思想和经院哲学的禁锢，极大地限制了军事思想的发展。整个中世纪在战术发展方面，也像其他科学方面一样，是一个毫无收获的时代。直到封建社会后期，随着中国火药、火器的传入及始自意大利文艺复兴的影响，外国古代军事思想才有了缓慢发展。此时军事思想可概括为以下几个方面：战争被披上宗教外衣，掩盖统治集团间的利益争夺；宣扬战争是人类天性中的一部分，是原始罪恶之果，也是教会权力的支柱；在战争中丧失生命的人，可以进入天国，赎免一切罪恶。这其实是对战争认识的倒退。

重视军队建设，把军队看成国家的重要工具。对雇佣兵制的弊端有了初步认识，主张实行义务兵制。初步涉及战略学、战术学概念；另外还认识到制海权的重要，认为控制了海洋，可以赢得和守住巨大的海外领土。

（二）近代军事思想

从1640年英国资产阶级革命至俄国十月革命，为世界近代历史时期。此时西方走向资本主义，并向帝国主义发展。由于以下几个原因，外国军事思想一改中世纪时期低迷不前的状况，取得了长足的发展进步。这一时期，封建与反封建的战争、资本主义与反资本主义之间的战争、帝国主义国家之间的战争、殖民与反殖民的战争，各种不同性质战争交织在一起，频繁发生，为人们研究军事思想提供了实践依据。工业文明和科学技术的进步，使军队装备发生了较大变化，热兵器被广泛使用（火药为主），从而产生了与之相适应的军事思想。

外国近代军事思想可划分为两大体系，即资产阶级军事思想和无产阶级军事思想。

1. 资产阶级军事思想

资产阶级军事思想形成于17世纪中叶至19世纪中叶，代表人物及其著作很多，主要有：俄国苏沃洛夫的《制胜的科学》，瑞士若米尼的《战争艺术概论》、《战略学原理》，普鲁士克劳塞维茨的《战争论》，比洛的《新战术》《最新战法要旨》，法国吉贝特的《战术通论》，美国马汉的《海权对历史的影响》《海军战略》等。其中，克劳塞维茨的《战争论》是外国近代军事思想的杰出代表。著名军事家如拿破仑、库图佐夫等虽然没有给后人留下著作，但其丰富的军事实践也蕴藏着崭新的军事思想。这一时期的军事思想主要表现在：反对战争认识问题上的不可知论，提出军事科学的概念；军事科学包括战略与战术两个重要组成部分；主张探讨战争的本质、规律，研究军队、装备、地理、政治和士气等因素在战争中的作用；重视对战史的研究。认为战争无非是政治通过另一手段的继续，是迫使敌人服从己方意志的一种暴力行为，具有概然性和偶然性，是政治的工具；认识到民众武装在战争中的重要作用，但民众武装不是万能的，使用要有条件；重视建立一支反映资产阶级利益的部队；重视和平时期军队建设和战争准备，以随时应对战争；认识到新发明对于军队的组织、武器装备和战术的影响，装备的变化必然引起战术的变化；认识到作战中士气的作用，因而把思想教育训练放在重要位置；认为海权是推动国家以至历史发展的决定因素；控制了海洋就控制了整个世界；树立歼灭战思想，军事行动的目的是在不设防的野战中消灭敌人的军队，而不是占领敌人的领土和要塞；与歼灭战相适应，大多数军事家都强调进攻，认为只有进攻才能消灭敌人；防御不能是单纯的防御，而是由巧妙的打击组成的盾牌；要在主要方向和重要时刻集中兵力，快速机动是集中兵力的重要途径；认为作战应确立打击重心、保持预备队等。

2. 无产阶级军事思想

无产阶级军事思想的主要代表是马克思、恩格斯和列宁。马克思、恩格斯所处的时代是自由资本主义高度发展并开始走向反动的时代，无产阶级登上历史舞台。列宁生活于帝国主义和无产阶级革命的时代。他们坚持唯物论，以唯物辩证法研究军事，吸收资产阶级军事思想的有益成分，因而能对战争一系列重大问题有深刻认识。其军事思想主要内容包括：认为战争和军事是一个历史范畴，随着私有制和阶级的产生而产生、消灭而消亡；战争是政治通过另一种手段的继续，要反对非正义战争，拥护正义战争；在帝国主义阶段，帝国主义是战争根源；无产阶级必须用暴力推翻资产阶级建立自己的统治；应组织城市工人武装起义为中心，先占领城市，夺取国家政权；无产阶级夺取政权、巩固政权都必须要有自己的新型的军队；无产阶级代表人民利益，有能力、有条件把人民武装起来实行人民战争，强调军队与人民群众相结合；认识到科学技术的进步必然引起战略战术的变革；战争的奥妙在于集中兵力，主张积极防御，主动进攻，慎重决战，灵活机动。

近代中国自 1840 年鸦片战争后逐步沦为半封建半殖民地社会，当时清政府许多有识之士看到武器装备对于战争胜负的重要性，从西方引进先进技术，开办工厂，制造枪械，因此当时军事学术主要是介绍武器性能和操作使用的。甲午战争后，清政府意识到仅靠坚船利炮而作战思想落后亦不能赢得战争，于是又师承西方学习军事理论，翻译西方重要军事论著，如《大战学理》(即克劳塞维茨的《战争论》)等。自行撰写的代表作有《兵学新书》《军事常识》《兵镜类编》等。主要军事观点有：师夷长技，重整军备；依靠民众，积极备战；避敌之长，求吾之短；以弃为守，诱敌入险。总之，在近代，外国军事思想成就突出；而中国的军事变革是在外敌入侵的情况下被迫进行的，缺乏主动性，认识不够深刻，且鱼目混珠，有照搬照抄之嫌，远远落后于西方。

(三)现代军事思想

俄国十月革命及第一次世界大战以后，世界进入现代史时期。这个时期，科学技术突飞猛进，武器装备发生巨大变化，巨炮、雷达、坦克、飞机、航空母舰、远程导弹、精确制导武器层出不穷，热兵器能量的运用从火药转为炸药，进而是原子释放，武器破坏力大大增加，作战效能成倍增长，对战争的进程乃至结局影响越来越大。因此，不但社会、政治、经济等各种因素对军事理论的研究有倾向性的影响，军事理论往往侧重对先进主战武器的探讨。现代军事思想中，具有重要影响的战争理论有：

1.“空中战争”理论，又称“空军制胜论”

意大利的杜黑、美国的米切尔、英国的特伦查德被认为是这一理论的先驱，特别是杜黑在其著作《制空权》中对这一理论叙述较为细致。主要观点有：由于飞机的广泛应用，将出现空中战争，空中战争的胜负决定战争结果，为此要建立与海军、陆军并列的独立空军。夺得制空权是赢得战争的必要条件，空军的首要任务是夺取制空权。空中战争是进攻性的，空军的核心是轰炸机部队，要对敌国纵深政治、经济、军事目标实施战略轰炸，迫其屈服。

2.“机械化战争”理论，又称“坦克制胜论”

英国的富勒、奥地利的艾曼斯贝格尔、法国的戴高乐、德国的古德里安、英国的利德尔·哈特是这一理论的倡导者，主要内容是：装甲坦克是战争的决定性力量，是陆军的主体；大量集中使用坦克和航空兵，实施突然有力的突击，可以迅速突破对方主要集团的防线，深入敌纵深，摧毁一个战备不足的国家；主张军队改革，建立少而精的机械化部队；机械化包括补给和战斗机械化。

3.“总体战”理论

德国的鲁登道夫在其著作《总体战》中提出的理论，其主要观点是：现代战争是总体战，它既针对军队，也针对平民，战争具有全民性，强调民族的团结在战争中的重要性；主张实行国民经济军事化；要建设好一支平时就准备好的军队；重视统帅在总体战中的作用；战争的突然性意义重大，力求闪击对方。

4.“核武器制胜”理论

第二次世界大战战后至 1991 年苏联解体的冷战时期，霸权主义成为局部战争的根源，高技术在作战中逐步运用，世界处在核阴影之中，美苏两霸动辄进行核恫吓。此时军事理论研究往往围绕核武器及高技术展开，从美苏两国军事思想可以清楚看到这一点。如美国，就以核实力确定军事战略，在杜鲁门时期，美核力量处于绝对优势，提出遏制战略，对苏及其他社会主义国家实施核讹诈；朝鲜战争后，为以最小的军事代价取得最大的威慑力量，采取大规模报复战略；在苏联打破核垄断及越南战争后，又分别推行灵活反应、现实威慑、新灵活反应等战略。在处于核优势时期，美认为自己能打赢全面核战争，则主张削减常规力量，重点发展核武器和战略空军；而在苏打破其核优势、局部战争不断发生时，美在确保核威慑的前提下，不断发展常规力量。认为核战争会造成灾难性后果，核时代的战争必然是有限战争。与各自的国家战略相适应，西方各国军事思想呈现不同的特点。美军军事思想的特点是：以遏制、预防潜在“全球性竞争对手”为目的，加大常规、核、太空优势，建立导弹防御系统，确保自身绝对安全；重视质量建军，加强数字化、信息化建设；重视非对称作战、非接触作战，实施远距离精确打击，力求零伤亡；进一步发展空地一体战理论，提出“空地一体运筹作战”的思想（又称“空地海天联合作战”）；“9·11”事件后，美国总统布什认为陆军的作用越来越降低，又强调海空天作战趋势。英、法、日、德等国家军事思想的共同点是：采取以维护自身利益为出发点的战略方针；增强军事实力，逐步摆脱对美军事依赖（英国除外），或以其他联盟的方式挑战美国的军事地位；重视发展高技术以带动军事技术的进步；依据各自国情、军队现况走质量建军的道路，确立与国家和军事战略相适应的军队规模。俄罗斯认为，核战争的可能性大大降低，主要威胁是局部战争和武装冲突；在经济、军事力量弱于美国的情况下，提出了“纯防御”、“积极防御”和“现实遏制”战略；走质量建军之路，明确建军原则、目标，发展太空技术，确保合理够用的核攻击力量等。

中国自俄国十月革命及五四运动后，中国共产党在长期的革命战争和国防建设实践中，吸收古今中外军事思想的有益精华，逐渐形成了毛泽东军事思想、邓小平军队建设思想、江泽民国防和军队建设思想、胡锦涛和习近平关于国防和军队建设的重要论述。

四、军事思想的地位和作用

军事思想在军事科学中居于重要的地位，对军事实践具有宏观的和根本的作用。具体表现在以下几个方面：

（一）军事思想是军事实践的行动指南

军事思想是军事实践的能动反映、理论概括，揭示了军事领域的一般规律，所以能对军事实践起指导作用。军事思想对军事领域的规律反映得愈深刻、愈正确，它对军事实践的指导作用也就愈大，人们就可以在战争中掌握主动，少犯错误，多打胜仗。在战争史上，每一次取得伟大胜利的战争，都有正确的军事思想作指导。毛泽东的军事思想，在中国半殖民地半封建社会性质的条件下，指导中国人民以弱胜强，逐步壮大，取得了革命战争的伟大胜利。没有正确的军事思想作指导，即使具备取得战争胜利的物质条件，也难以赢得战争的胜利。战争实践证明，在客观物质条件许可的范围内，军事思想正确与否决定着战争的胜败。

（二）军事思想是研究各门具体军事学科的理论基础和根本方法

军事思想研究的是战争和军事领域的一般规律，而各门具体的军事学科所研究的是各自领域的特殊规律。如果只研究各自领域的特殊规律，而不懂得战争和军事领域的一般规律，脱离一般规律的指导，就不能从总体上把握战争，也就不能真正认识和把握各门具体学科所研究的各自领域的特殊规律。军事思想对各门具体军事学科的研究提供方法论。譬如，军事思想关于保存自己、消灭敌人的论述，深刻地揭示了两军相争的战争目的和战争本质，它是一切战争行动的根据，从技术行动到战略行动，一切技术的、战术的、战役的、战略的原理原则，都要贯彻这个战争的军事目的和军事本质。它普及于战争的全体，贯彻于战争的始终。它对军队和国防建设、战争指导及其战略战术，都具有普遍的指导作用，因而无疑对军事科学的各门具体学科的研究也具有普遍的指导作用。

（三）军事思想对其他社会实践有着重要的借鉴意义

先进的科学的军事思想贯穿着唯物论和辩证法。学习和研究军事思想，不仅可以学到正确地观察和解决问题的立场、观点和方法，而且还可以学到如何把军事的基本原理同现实实际情况相结合。正确地运用这些原理来解决实际问题，能增强我们在工作中的原则性、系统性、预见性和创造性。譬如，军事斗争最注重效益，要以最小的代价获取最大的胜利，经济工作也讲效益。孙武提出的"知彼知己，百战不殆"的战争指导规律，已成为政治、外交斗争和进行经济建设的座右铭。战略和战役战术的关系，要求人们也必须正确处理全局和局部的关系。"战略"概念的运用，早已跨出军事的范围，而出现了政治战略、外交战略、经济发展战略、农业发展战略、城市发展战略，等等。体育比赛中重视对进攻和防御战术的研究和运用，市场竞争中借鉴军事思想提出许多巧妙的策略和艺术等，都说明军事思想对其他领域具有广泛的借鉴意义。

第二节　中国古代军事思想

中国古代军事思想，是指中国在奴隶社会、封建社会时期，各阶级、集团及其军事家和军事论著者对于战争与军队问题的理性认识。

一、中国古代军事思想的形成发展

（一）中国古代军事思想的初步形成

公元前 21 世纪至公元前 8 世纪（夏、商、西周时期），是中国古代军事思想的产生时期。

约公元前 21 世纪夏王朝的建立，标志着中国奴隶制社会的开始。从此阶级矛盾便成了社会的中心矛盾，战争成了实行阶级统治、维护阶级利益、进行阶级斗争的最高形式。在最早的甲骨文和金文中就有很多关于军事与战争活动的记载，据传，在西周时期已出现《军志》、《军政》等军事著作，虽早已失传，但在后来问世的《左传》、《孙子兵法》等书中，还保留着一些片断的引文。在《易经》、《尚书》、《诗经》中也都有些片段、零星的军事思想论述，这些都说明我国古代军事思想已经初步形成了。

这一时期，在以车战为主要作战方式的基础上，已注意讲究军事谋略的运用，形成了靠天命观指导战争为中心内容的军事思想，奴隶主对外族发动掠夺战争，或用武力镇压本族奴隶的反抗，都是以征讨“违天命者”、“吊民伐罪”、“敬天保民”为号召，并用占卜手段，假借神的旨意和严刑厚赏驱使士卒作战。它主要表现在：

一是用占卜的方式来决定是否采取战争行动。占卜有两种结果：吉、凶。前者暗示可以采取军事行动，后者则相反。

二是在讨伐敌人前的誓师大会上，国君会以上帝、上天的名义去讨伐。如《尚书・汤誓》中有：“非台小子，敢行称乱！有夏多罪，天命殛之。”（不是区区我敢于犯上作乱！是因为夏桀犯下了许多罪行，天帝命令我去诛杀他）“夏氏有罪，予畏上帝，不敢不正。”（夏桀有罪，而我畏惧天帝，不敢不去征伐）在《尚书・汤誓》与《尚书・牧誓》中，记载了周武王对商纣王罪行的揭露，周武王还号召属下奉天帝的名义去征伐不得人心的商纣王，替天行道。

这种天命观思想指导着夏、商、西周三个王朝的军事斗争。通过这一时期的战争实践，人们已经逐步认识到审势而办、量力而行、众可以击寡、强可以胜弱等军事原则。从西周时期出现的《军志》、《军政》等军事著作残存的片断中，可以看到这种朴素唯物主义军事原则的反映。但这些毕竟还是属于经验性的，处于萌芽状态，缺乏系统论证和理论概括。

（二）中国古代军事思想趋向成熟

公元前 8 世纪初到公元前 3 世纪末（春秋至秦时期），是中国古代军事思想的迅速发展时期。

这一时期是奴隶制向封建制过渡的社会大变革时期，也是我国历史上分裂、动荡、争战时间最长的时期（约 550 年），最终建立了我国历史上第一个中央集权的专制主义的封建国家——秦。这时的周朝势力衰弱，仅成为名义上的“共主”，各诸侯国间相互攻伐，整个社会动荡不安。据统计，在这 500 多年的历史上，有文字记载的战争就有770多次，会盟1000多次，这些频繁发生的战争和会盟为军事思想的发展奠定了实践基础。战争的日趋频繁，不仅促进了战术的变化，而且在上层社会中也渐渐形成尚武的习俗。如周朝的教育内容主要是：礼、乐、射、御、书、数六项，其中的射、御和乐的部分内容（如武舞）就是军事教育。在战争的土壤中，诞生了不少杰出的将领，兵家成为当时"诸子百家"中重要一派。这一时期产生的兵书——《孙子兵法》《吴子》《司马法》《孙膑兵法》《六韬》《尉缭子》等，都是我国古代军事思想中的巨著。这些兵书探讨了战争爆发的原因、性质和决定战争胜败的基本因素，在战略战术上总结出了一系列带有普遍性的军事规律，对以后的战争指导和军事学术研究都起到了重大作用。尤其《孙子兵法》是春秋末期我国古代军事思想史上的第一个高峰，这部著作中的军事理论和哲学思想，都达到了当时的最高水平，成为后世兵书的典范，影响深远。

春秋战国时期的军事思想，有了较大的发展，基本跳出了天命观的桎梏，已经能较为理智地去对待战争。这一时期涌现的大批代表新兴地主阶级的军事家和兵书著作，无论从战争论、治兵论、用兵论及研究战争的方法论等方面，全面奠定了我国古代军事思想的基础，标志着我国古代军事思想已趋向成熟。

（三）中国古代军事思想进一步丰富和发展

公元前3世纪至公元10世纪中叶（秦至五代时期），是中国古代军事思想得到极大丰富和提高的时期。

自秦以后，我国历经了西汉、东汉、三国、魏晋、南北朝、隋、唐和五代十国，这是我国封建社会发展的上升阶段，其中汉唐两代是中国历史上的"汉唐盛世"，反映在军事上则是"开疆拓土"的鼎盛时期。这一时期社会生产力高速发展，已进入了以铁兵器为主的时代，尤其东汉以后，铁兵器完全取代了铜兵器。这一时期的战争特点，是以骑兵为主要兵种、多兵种大规模大集团配合作战，如汉匈百年大战中的大骑兵集团、魏晋南北朝和隋代的装甲骑兵、唐朝的轻骑兵，都是当时军队的主要突击力量。

这一时期由于秦始皇"焚书坑儒"和汉武帝开始实行的"罢黜百家，独尊儒术"的政策，使兵家的地位开始下降。封建统治者忌讳民间谈兵，兵书由国家统一收藏，影响了它的编纂和流传。尤其是汉代开始流行谶纬术数，使兵书也逐渐充塞一些风角占卜、奇门遁甲等不科学的内容。尽管如此，这一时期的重要兵书——汉初出现的《黄石公三略》和后来的《李卫公问对》等，仍然表现出对《孙子兵法》的继承和发展，可以说是战略思想成熟，兵法研究深邃，堪称传世的重要著作，使我国自汉初已经建立起的由战略学、战术学、军事地理学、军事气象学、兵器学等构成的军事科学体系更加完整。这一时期发生的多次大规模战争，如秦灭六国之战、楚汉之战、赤壁之战、淝水之战等，把政治斗争与军事斗争的结合，谋略与决策的制定，以及战争指挥艺术都提高到了相当高的水平。

（四）中国古代军事思想走上体系化

公元960年至1840年（宋至鸦片战争时期），是中国古代军事思想历经丰富和发展之后，走上体系化的时期。

宋朝至清朝前期，是我国古代兵书数量最多的一个时期。据《中国兵书总目》的统计，宋元明清四个朝代（不含近代）总共有兵书1185种，占我国古代兵书总数的 3/4 以上。而且内容丰富，分门别类地概括了军事思想的各个方面，形成了逻辑性较强的比较完整的古代军事思想体系。

从北宋起，随着社会经济和科学文化的发展，兵器的发展进入了一个新的历史时期，其主要标志是唐代发明的火药应用于军事，创造了火球、火箭等燃烧性火器，被广泛用于战争。加之宋朝从建国之初，就面临着民族矛盾扩大、阶级矛盾激化、统治阶级内部矛盾加剧的局面。宋朝统治者为了维护统治，集中人力开始官修兵书，确立了兵书在封建社会的正统地位。北宋总结古今兵法，编纂了中国第一部大型综合性兵书——《武经总要》，对军事组织、军事制度、用兵选将、步骑训练、行军宿营、古今阵法、战略战术、武器装备的制造和使用、军事地理、历代用兵实例、阴阳星占等各方面都进行了论述。宋神宗元丰年间，又将《孙子兵法》《吴子》《司马法》《六韬》《尉缭子》《三略》《李卫公问对》汇编为《武经七书》，对以后的军事学和战争实践都有较大的影响。

元朝时，在连年不断的征战中创造了许多适合骑兵作战的战法，促进了战略战术的发展，但是未见有价值的兵书流传于世。明代至清代前期，一方面出现了十分保守的只求守城保寨的消极防御作战思想；另一方面从实践中总结出了带有强烈革新内容的军事思想，如明代戚继光的《纪效新书》《练兵实纪》，茅元仪编纂的军事百科全书性的著作《武备志》。

清朝时，由于清代统治者没有认识到骑兵时代即将过去，火器时代已经到来这一时代特点，反而强调“骑射乃满洲之根本”，忽视对火器的开发与创新，最终无法与西方的坚船利炮相抗衡，被敲开了“闭关自守”的大门。鸦片战争后，中国进入了近代军事思想时期。

二、古代第一兵书《孙子兵法》

《孙子兵法》是我国和世界军事史上最早的最有价值、最有影响的军事理论专著，被誉为“世界古代第一兵书”。

（一）兵圣孙武

孙武，字长卿，人们尊称其为孙子或孙武子，春秋末期齐国乐安人（今山东博兴北），生卒年月不详。孙武是我国古代，也是世界古代最伟大的军事思想家，他的军事巨著《孙子兵法》的诞生，标志着人类古代军事思想进入了成熟的阶段。

春秋时期战争频繁，军事制度得以健全与发展，在上层社会中逐渐形成尚武习俗，尤其孙武从小生长在一个善于带兵作战的家族，为其学习、继承和总结前人的军事学术创造了良好的条件。因此，孙武在青年时代就显露出卓越的军事才华。春秋末期的齐国，正处于田、鲍、栾、高“四族谋为乱”的阶段，不愿做齐国卿大夫之间倾轧牺牲品的孙武投奔到了吴国。他专心研习兵法，以惊世骇俗的议论、新颖独到的见解得到了吴王阖闾的赞誉，“卒以为将”。从此，孙武在吴国几十年戎马生涯中，为吴国的崛起和兼并战争立下了赫赫功劳。他曾与伍员一起辅助吴王制定并实施“自强其力、待机而动、分兵轮番袭楚”的方略，达到了“疲楚”的战略目的。

公元前 506 年，吴王采纳孙武等的建议，率部千里奇袭楚国，以 3 万之兵大败楚国 20 万大军，连续五战五捷，一举攻入楚国首都 26 城，使一个长期雄踞江汉争霸中原的头等大国丧失了争霸能力。而吴国则出现了“西破强楚，北威齐、晋，南服越人”,以一隅之地而称雄的局面。孙武曾屡次提醒吴王要防范南方的越国,但没有受到吴王的重视。

孙武的最终归宿,已不可考。据《孙子·计》篇的观点,“将听吾计,用之必胜,留之;将不听吾计,用之必败,去之”,孙武很可能在吴王杀掉他的好友伍员之后,感到吴王夫差已经容不得忠臣,毅然归隐,死于吴国灭亡(公元前473年)之前。

(二)《孙子兵法》十三篇

《孙子兵法》共有十三篇,各篇既自成一体,又相互连贯,构成了完整的军事思想体系。各篇主要内容简介如下:

1.《计》篇:这是全书的总纲,概述了孙武的军事思想。主要论述和研究战争谋划的重要性,探讨决定战争胜负的重要条件。要点有:决定战争胜败的五个战略基本要素(五事)——“一曰道,二曰天,三曰地,四曰将,五曰法。道者,令民于上同意也,可与之死,可与之生,而不畏危也;天者,阴阳、寒暑、时制也;地者,远近、险易、广狭、死生也;将者,智、信、仁、勇、严也;法者,曲制、官道、主用也”;七个战术基本要素(七计)——“主孰有道、将孰有能、天地孰得、法令孰行、兵众孰强、士卒孰练、赏罚孰明”。他指出,未战之前必须将敌我双方的五事七计加以对比研究,推测出胜利的可能性有多大,才可出师作战。

2.《作战》篇:本篇主要论述作战的指导思想——速战速决。首先孙子指出战争对经济具有很强的依赖关系(“久暴师则国用不足”),指出“故不尽知用兵之害者,则不能尽知用兵之利也”,继之提出“善用兵者,役不再籍,粮不三载”作为速战速决的标准,以“因粮于敌”、“胜敌而益强”,作为速胜和减轻人力、物力、财力负担的手段,最后指出“兵贵胜,不贵久”。

3.《谋攻》篇:本篇主要论述运用谋略战胜敌人,强调以谋制胜,并揭示了“知彼知己,百战不殆”这一著名战争指导思想。主要观点有:百战百胜,非善之善也,不战而屈人之兵,善之善者也;上兵伐谋,其次伐交,其次伐兵,其下攻城;善用兵者,屈人之兵而非战也,拔人之城而非攻也,毁人之国而非久也,必以全争于天下,故兵不顿而利可全,此谋攻之法也。

4.《形》篇:主要论述军队作战要善于积蓄力量,使自己立于不败之地,尔后积极创造条件,寻求敌人的可乘之隙,以压倒的优势,达到“自保而全胜”。要点有:先为不可胜,以待敌之可胜;不可胜在己,可胜在敌(先使自己没有漏洞、不会被敌人战胜,再等待敌人出现破绽而一举战胜之;不可战胜由自己决定,敌人可以被战胜则是由敌人自己造成的);胜兵先胜而后求战,败兵先战而后求胜(胜利之师先创造使自己不会被敌人战胜的条件,等待、寻求可以战胜敌人的机会,而一举战胜之;打败仗的军队则是在仗打起来之后才想到要去争取胜利)。

5.《势》篇:本篇主要论述兵势。兵势就是军队在作战时所处的态势。“治众如治寡,分数是也;斗众如斗寡,形名是也;三军之众,可使必受敌而无败者,奇正是也。”意思是说,要统一指挥众多的军队,靠的是正确的兵力区分和编组;要使众多的军队,行动统一,发挥整体的战斗力,靠的是正确的指挥(旌旗金鼓的运用);要使军队在战斗中立于不败之地,靠的是奇正的运用。奇正,是中国古代军事术语中常用的一对军事矛盾。其含义包括以下两方面内容:在兵力部署上,担任正面作战的为正,担任侧击、包围、迂回的为奇;担任钳制敌人的为正,担任突击的部分为奇;列阵对敌的为正，集中机动的为奇。在战法上，明攻为正，偷袭为奇；按一般原则作战为正，采用特殊战法为奇。本篇还强调，善战者，能择人而任势（真正懂得战争的人，能够通过合理选择、使用得当的人来造成对自己有利的态势，为战争的胜利提供保证）。

6.《虚实》篇：本篇主要论述形成兵势之后，制胜敌人的重要法则——虚实。强调在作战指导上必须“避实而击虚”、“因敌而制胜”（根据敌情变化采取相应的对策才能取得胜利），“致人而不致于人”（调动敌人而不被敌人所调动），“形人而我无形，则我专而敌分”（能看透敌人的情形，而令敌人摸不透我方的情况，从而使我方能集中兵力，使敌人因搞不清情况而到处设防而分散兵力）。

7.《军争》篇：本篇主要论述两军作战如何趋利避害和争取先机之利，力争掌握战场上的主动权，并提出了“避其锐气，击其惰归”的军事原则。指出军争的重点是“以迂为直，以患为利”；“后人发，先人至”。军争的方法是“兵以诈立，以利动，以分合为变”、“悬权而动”。要更好地掌握主动权，军队的指挥员还应该善于四治，即“治气”（掌握军队士气），“治心”（了解士兵心理），“治力”（发挥战斗力），“治变”（灵活多变），并且提出用兵“八戒”，即“高陵勿向，背丘勿逆，佯北勿从，锐卒勿攻，饵兵勿食，归师勿遏，围师必阙，穷寇勿迫”。

8.《九变》篇：主要论述根据情况随机应变、灵活应用原则的用兵作战之道，并提出了有备无患的备战思想。主要阐述四个方面：一是知五地，圮地、衢地、绝地、围地、死地；二是知五危，“必死可杀，必生可虏，忿速可侮，廉洁可辱，爱民可烦”；三是辩证思维，强调“虑必杂于利害”；四是以不变应万变，强调“恃吾有以待也”。这四点做到了，就能根据不同情况灵活多变，取得战争的胜利。

9.《行军》篇：主要论述军队行动在多种地形上的处置和观察判断敌情的方法，并提出了“令之以文，齐之以武”的治军思想。阐述了处军（配置军队）、相敌（判断敌情）和附众（团结整饬内部）三个方面的问题。另外，孙武在本篇中还提出了“军无百疾，是谓必胜”的重要观点。

10.《地形》篇：主要论述利用地形的重要性以及地形对军队作战行动的影响，强调将帅要重视对地形的研究和利用。把地形与敌情、天候等融为一体，进行综合研究，进而构成对全面情况的判断，为将帅正确指挥奠定基础。要点有：地形者，兵之助也；地之道，不可不察。另外，孙武在本篇中还提出了“视卒如婴儿，故可以与之赴深溪；视卒如爱子，故可与之俱死”的爱兵带兵思想。

11.《九地》篇：主要论述在九种不同作战地区的用兵原则。本篇论述的九地是根据战略要求，把战场上各种地形组合的特点和它所处的位置从全局加以考虑，分为“散地”、“轻地”、“争地”、“交地”、“衢地”、“重地”、“绝地”、“围地”、“死地”九类，故称九地。

12.《火攻》篇：本篇主要论述了火攻的种类、目的、条件以及实施方法。此外，此篇中还提出了要慎重对待战争的思想。

13.《用间》篇：本篇主要论述使用间谍的重要性、种类及其方法。孙子高度重视侦察情报工作的重要性，指出：“明君贤将所以动而胜人，成功出于众者，先知也。”并且阐述了要事先掌握敌情，必须依靠聪明能干的人，他说：“先知者，不可取于鬼神，不可象于事，不可验于度，必取于人，知敌之情者也。”

综观《孙子兵法》，可以将十三篇分为以下三个部分：第一部分由《计》、《作战》、《谋攻》、《形》、《势》和《虚实》组成，侧重论述军事学的基础理论和战略问题。第二部分由《军争》、《九变》、《行军》、《地形》和《九地》组成，侧重论述运动战术和地形与军队配置，攻防战术和胜败关系。第三部分由《火攻》、《用间》组成，论述了战争中的两个特殊问题。

（三）《孙子兵法》的主要战略思想

《孙子兵法》总结了春秋及以前的战争经验，具有深刻的谋略思想，在一定程度上反映了战争的一般规律。该书无论是对战争本质、军队建设以及战略战术等理论和哲学思想，都达到了当时最高水平，成为后世兵书的典范。其主要战略思想如下：

1. 重战、慎战、备战思想

（1）重战思想

《孙子兵法》开篇就指出："兵者，国之大事，死生之地，存亡之道，不可不察也。"即战争是国家的大事，关系到军民生死、国家存亡，是不可不认真研究的。春秋末期，诸侯兼并，战乱频繁，战争不仅是各国维持其政治统治、向外扩张发展的主要手段，而且还关系到国家自身的存亡。孙武总结了一些国家强盛、一些国家灭亡的经验和教训，提出"兵者，国之大事"的著名论断，这对于人类认识战争的实质，无疑是一个巨大的贡献。

（2）慎战思想

孙子始终对战争抱着十分慎重的态度，慎战思想是其军事思想的核心，他的慎战思想，几乎渗透了其兵法的所有篇章，这是《孙子兵法》深刻性的一个重要方面。孙武"非利不动，非得不用，非危不战"的观点至今仍具价值。《孙子兵法》指出："主不可以怒而兴师，将不可以愠而致战；合于利而动，不合于利而止；怒可以复喜，愠可以复悦，亡国不可以复存，死者不可以复生。"为此，孙武明确提出："明君慎之，良将警之，此安国全军之道也。"

（3）备战思想

"用兵之法，无恃其不来，恃吾有以待也；无恃其不攻，恃吾有所不可攻也。"即战争的立足点要放在事先作好充分准备，严阵以待使敌人不敢轻易向我发动进攻的基点上。瑞士之所以近二百年无战事，并非仅仅因为它是中立国，而是因为它的战争潜力，在宣布中立后，更加重视国防建设，第二次世界大战时其防空洞大多是几十米，95%的人员可进入地下，据说是人手一支枪，所以希特勒不敢动它。

2."知彼知己，百战不殆"的战争指导思想

孙武在《谋攻篇》中提出"知彼知己，百战不殆"这样一个具有普遍意义的战争指导规律的著名观点，这是前无古人的，是孙子思想的精华。"知彼知己，百战不殆；不知彼而知己，一胜一负；不知彼，不知己，每战必殆。"孙武用简明扼要的语言，不仅揭示了战争指导者对彼己情况的了解与战争胜负之间的关系，而且指明了在了解彼己情况的基础上，找出双方行动的规律，并按照这些规律去确定自己的行动，以战胜敌人。自有战争以来，古今中外的战争指导者，皆不能违背这一规律。这条规律，从哲学意义上讲，是实事求是的朴素的唯物主义思想；从战争理论上讲，是分析判断情况的根本规律；从指导战争的意义上讲，是先求可胜的条件，再求必胜之机的重要抉择。

3. 以谋略制胜为核心的用兵思想

谋略，是指用兵的计谋。《孙子兵法》军事思想的核心是谋略制胜。它认为军事斗争不仅仅是军事力量的竞赛，而且是敌我双方政治、经济、军事和外交等方面的综合斗争，也是双方军事指导艺术的较量，即斗智。孙武谋略制胜思想突出体现在以下几个方面：

(1)“庙算”制胜

孙子特别强调作战之前要进行周密筹划，“多算胜，少算不胜，而况于无算乎！吾以此观之，胜负见矣”。“庙算”制胜主要是指战前要从战争全局上，对战争诸因素进行分析对比，做到有预见、有计划、有保障、心中有数，打则必胜，也就是说先求“运筹帷幄之中”，然后才能“决胜于千里之外”。

(2)诡道制胜

孙子认为要获得胜利还要善于运用计谋。“兵者，诡道也”，“兵以诈立”，用兵打仗是一种诡诈行为，要依靠诡诈多变取胜。军事上的诡道是指异于常规的一些做法。如果能较好地运用诡道，造成敌人的过失，创造战机，就能陷敌于被动。这种战例，举不胜举，如马陵道之战、诸葛亮的空城计，等等。孙武将兵者之诡道概括为骗敌十二法，即“能而示之不能，用而示之不用，近而示之远，远而示之近，利而诱之，乱而取之，实而备之，强而避之，怒而挠之，卑而骄之，佚而劳之，亲而离之”，并提出了两大奇袭原则，即“攻其无备，出其不意”。

(3)“不战而屈人之兵”

《孙子兵法》在作战指导上追求的最高理想是“不战而屈人之兵”，即通过威慑，达到“自保而全胜”的战略目的。《孙子兵法》指出：“故百战百胜，非善之善者也；不战而屈人之兵，善之善者也。”即在战争中，百战百胜，并不是好中最好的，不战而使敌人屈服才是好中最好的。这是在世界军事史上最早提出以不直接交战方式达成政治目的的“全胜”战略。孙武称不战而胜为“全”，战而胜之为“破”。为达“全胜”的目的，在“庙算”时要“先为不可胜”，也就是“庙算胜”。所以，孙武认为“上兵伐谋，其次伐交，其次伐兵，其下攻城”。军事行动的上策是在谋略上取胜，中策是用外交手段取胜，下策才是在战场上取胜，攻城则属下下策。战国时，秦国采取“远交近攻”的政策，逐步灭六国，就是以外交手段配合军事进攻而取得胜利的。但“不战而屈人之兵”毕竟是不易实现的理想境界，它是需要以强大的武力作后盾的，如果没有强大的军事力量，就不可能达到不战而胜的目的。

孙武还总结了若干作战用兵原则。如：先胜而后求战的原则，示形、动敌的原则；避实而击虚的原则；我专而敌分的原则；因敌制胜的原则等。

4.“文武兼施，恩威并用”的治军思想

“卒未亲附而罚之则不服，不服则难用也；卒已亲附而罚不行，则不可用也。故令之以文，齐之以武，是谓必取。”也就是说将帅还没有取得士卒的爱戴和拥护就去惩罚他们，他们就不会心服，心不服就很难使用他们去作战。将帅已经取得了士卒的爱戴和拥护，而纪律不能严格执行，也不能使用他们去作战。因此，一方面要用体贴和爱护使他们心悦诚服；另一方面要用严格的纪律使他们行动整齐。这样才能战必胜。

当然，《孙子兵法》作为一部诞生在 2500 多年前的军事著作，难免存有时代和阶级的局限性。其主要表现:战争观方面未能区分战争的性质;治军方面的愚兵政策;军队补给方面的抢掠政策以及作战原则方面存有某些片面性等。我们在学习和运用《孙子兵法》中应注意剔析这些缺点,但《孙子兵法》仍不失为我国春秋战国时期军事思想中最光辉灿烂的部分和杰出的代表,而且它具有超越时间和空间的科学价值,它是我国乃至世界最宝贵的文化遗产之一。

(四)《孙子兵法》的影响

1.《孙子兵法》在国内的影响

自从《孙子兵法》问世后,以它恢弘的思想、精深的理论、博大的体系,影响和哺育了我国历代军事思想家和无数著名将帅。中国历代名家无不重视对其研究与应用。《史记》上讲"世俗所称师旅,皆道《孙子兵法》十三篇"。以后有200多人注解《孙子兵法》,明代军事理论家茅元仪赞扬说:"前孙子者,孙子不能遗;后孙子者,不能遗孙子。"道出了这部划时代著作承前启后的地位和作用。我国古代军事思想家在他们的军事著作(兵书)中,广泛征引《孙子兵法》的观点。近代以来,孙中山曾评价说:"那十三篇兵书,便成了中国的军事哲学。"毛泽东称孙武是"中国古代大军事家",多次引用《孙子兵法》的一些原则来说明问题,新中国成立后,《孙子兵法》一书曾多次再版,有些原则被列入了我军的战斗条令之中;军事科学院及其他军事院校还建立专门机构,组织人员进行研究,同时,《孙子兵法》一直被作为军队院校中高级干部的必修课。

2.《孙子兵法》在国外的影响

在国外,《孙子兵法》也久负盛名。据粗略统计,迄今为止,《孙子兵法》在世界上已被译成20余种语言、约800种版本。首先传播到日本,尔后至法国、欧洲和美国。唐初传入日本,18世纪下半叶起传入法、俄、英、德等国,并得到一致高度赞扬。日本尊崇孙武为"百世兵家之师"、"兵圣",《孙子兵法》是"科学的、有生命力的、不朽的名著","武经之冠"。欧洲战略家对此书更是爱不释手。美国1973年出版的《大战略》称孙武是古代第一个形成战略思想的伟大人物。海湾战争期间,美国部队掀起了《孙子兵法》热,美国政界、军界一些人再三告诫战争决策者要重视用《孙子兵法》理论决策战争。目前世界上许多百科全书均为《孙子兵法》撰写条目,大加赞许。许多国家把《孙子兵法》列为军事人员必读之书和军事院校的重要教材。近年来,国外又将《孙子兵法》和现代战争理论、战略作战思想结合起来研究,并向经济、体育等领域扩展。《孙子兵法》不仅是我国宝贵的军事遗产,也是世界军事宝库中的珍贵财富。

即使是在战争发展至高科技的今天,《孙子兵法》仍有深刻的影响和作用。英国著名战略家利得尔·哈特说,在导致人类自相残杀、灭绝人性的核武器研制成功后,就更需要重新而且更加完整地翻译《孙子兵法》这本书了。美国战略研究中心斯坦福研究所主任、美国战略家福斯特首先提出,并和日本京都产业大学教授三好修合作研究运用《孙子兵法》,三好修称之为"孙子的核战略"。这种新的核战略不仅影响了美国政府的战略政策,而且在全世界也将产生深刻影响。

3.《孙子兵法》在社会其他领域也有着广泛影响

近年来对《孙子兵法》的研究与应用几乎遍及各个领域,它极大地吸引着一些政治家、哲学家、文学家、历史学家,甚至连企业家商人等也争相拜读。《孙子兵法》

俨然成了取之不尽、用之不竭的百科宝库。对《孙子兵法》,军事家评之为“兵学圣典”;文学家评之为“与其说是兵学的书,不如说是文学的书”,是“不朽不灭的大艺术品”;哲学家评之为“人生哲学”;政治家评之为“政治秘诀”、“外交教科书”;医学家评之为“孙武子十三篇,治病之法尽之矣”。就连有些商人和管理学家也把《孙子兵法》称之为企业管理和竞争的必读教材。

总之,《孙子兵法》是古今中外军事学术史上一部出类拔萃的兵书,是几千年来一直为人们所尊崇,并且现在仍享有巨大声誉和具有极高科学价值的军事理论名著。因此,无论从继承、发扬我国民族历史遗产的角度,还是从学习研究现代军事思想角度,《孙子兵法》都是值得认真钻研和必修的军事教科书。

第三节　毛泽东军事思想

中国人民的革命史实际上是一部中国人民反抗剥削、压迫,反侵略的武装斗争史。毛泽东是伟大的马克思主义者,是伟大的无产阶级革命家、战略家和理论家,是中国革命的领导者,是中国共产党、中国人民解放军和中华人民共和国的主要缔造者。以他的名字命名的毛泽东军事思想,是中国共产党军事工作的指导思想。因此,正确理解毛泽东军事思想的科学概念,对于完整准确地了解毛泽东军事思想的科学体系,对于把握毛泽东军事思想的精神实质,对于我们如何正确地对待毛泽东军事思想,在新的历史下坚持和发展毛泽东军事思想,都有极其重要的意义。

一、毛泽东军事思想的科学含义

毛泽东军事思想是以毛泽东为主要代表的中国共产党人关于中国革命战争和国防问题的科学理论体系。它是马克思列宁主义的基本原理和中国革命战争具体实践相结合的产物,是中国人民革命战争和国防建设与国防斗争实践相结合的产物,是中国共产党集体智慧的结晶,是毛泽东思想的重要组成部分。

(一)毛泽东军事思想是马克思列宁主义的基本原理和中国革命战争具体实践相结合的产物

这是毛泽东军事思想最基本的特征。只有正确理解这个基本特征,才能真正懂得什么是毛泽东军事思想。它告诉我们,一方面,必须坚持马克思列宁主义的基本原理,用马克思列宁主义的立场、观点、方法观察和分析战争;另一方面,必须从中国革命和战争的实际情况出发,运用马克思列宁主义的基本原理,实事求是地研究和指导战争,坚持理论和实践相统一的原则。

军事理论产生于战争实践。中国长期革命战争的实践是毛泽东军事思想的主要来源。毛泽东军事思想的产生、形成和发展,首先是由于战争的迫切需要,它离不开马克思列宁主义的理论基础,更离不开中国革命战争的实践。中国是一个以农民为主体的半殖民地半封建的国家,革命的主要斗争形式是战争,主要组织形式是军队,无产阶级政党怎样组织军队,如何进行革命战争,如何按照中国革命战争的客观规律将革命引向胜利,这是摆在中国共产党人面前的一个特殊困难的任务。要完成这个任务,需要解决许多特殊而又复杂的问题,在马列主义的著作中不可能找到直接的现成答案,参照抄照搬别国的经验,也是不能得到成功的。以毛泽东为主要代表的中国共产党人，适应中国革命战争的需要，在长期的革命战争的实践过程中，创造性地应用马克思列宁主义的科学原理，正确地解决了这些问题，因而形成了具有中国特色的、发展了的马克思列宁主义的军事理论——毛泽东军事思想。

（二）毛泽东军事思想是中国人民革命战争和国防建设实践经验的总结

毛泽东军事思想的显著特点，就是具有鲜明的实践性。中国革命战争的伟大实践，是毛泽东军事思想赖以产生和发展的源泉和基础。没有中国革命战争的具体实践，就没有毛泽东军事思想。正如毛泽东在1962年1月30日《在扩大的中央工作会议会上的讲话》中指出的，在抗日战争前夜和抗日战争时期，我写了一些论文，例如《中国革命战争的战略问题》、《论持久战》、《新民主主义论》、《〈共产党人〉发刊词》、替中央起草过一些关于政策、战略的文件，都是革命经验的总结。那些论文和文件，只有在那个时候才能产生，在以前不可能，因为没有经过大风大浪，没有两次胜利和两次失败的比较，还没有充分的经验，还不能充分认识中国革命的规律。

中国共产党在领导中国各族人民为完成民主革命而斗争的过程中，经历了国共合作的北伐战争，在第一次大革命失败后，又独立地领导了土地革命战争、抗日战争和全国解放战争，建立了伟大的中华人民共和国。这场革命，就其时间之长，规模之大，情况之复杂，道路之曲折，内容之丰富，形式之多样，歼灭敌人之多，在中国历史上是空前的，在世界战争史上也是罕见的。这是一场代表人民利益的、得到人民群众广泛参加和支援的、波澜壮阔的人民战争。新中国成立后，又进行了将近三年的抗美援朝战争以及抗击苏联、印度、越南侵犯边境的自卫反击作战，并从各方面进行了以现代化为中心的国防建设。毛泽东军事思想就是中国革命战争和国防建设实践经验在理论上的科学概括。

毛泽东军事思想的产生和发展，是同毛泽东的主观因素分不开的。中国革命战争的实践，是毛泽东军事思想产生和发展的客观基础。毛泽东对马克思列宁主义有着深刻的理解，对中国国情孜孜不倦地进行研究和探索，具有丰富的历史知识，又是集军事统帅和军事理论家于一身的人物。这使他不仅有可能从长期亲身参加和指导战争的实践中总结经验，使之上升为理论，而且有条件用这些理论去指导战争实践，并在战争实践中反复检验这些理论。通过实践产生理论，理论又指导实践，实践又丰富和发展理论，这样循环往复的过程，从而使他的军事理论得以逐步完善，成为科学的理论体系。

（三）毛泽东军事思想是中国共产党集体智慧的结晶

在人类历史上起过进步作用的正确思想，从来不是哪一个人的独创，毛泽东军事思想也是如此。它不只是毛泽东一个人智慧的产物，而是亿万军民集体智慧的产物，是毛泽东和他的战友们的共同创造。毛泽东在党的七大上就说过，毛泽东思想是全党集体智慧的结晶，他只不过是一个代表。1964年3月，他在谈到《毛泽东选集》时也说过，《毛选》哪是我一个人的著作啊，《毛选》里的这些东西，是群众教给我们的，是付出了流血牺牲的代价的。这个观点，作为毛泽东思想组成部分的毛泽东军事思想来说，当然也是适用的。

中国共产党领导的革命战争，代表着亿万人民群众的根本利益，成为人民群众自己解放自己的共同事业。伟大的中国革命战争造就了许多卓越的军事家。毛泽东军事思想的形成和发展，包含着亿万人民群众和广大指战员的斗争经验和首创精神，凝聚着老一辈无产阶级革命家和军事家的集体智慧。全党、全军和全国人民在规模空前的人民战争中发挥出来的聪明才智，成为毛泽东军事思想最宝贵的源泉。

中国革命战争是在若干彼此分割、互不相连的地区发生和发展起来的。从土地革命战争时期的“红色割据”区域，发展到抗日战争时期的各抗日民主根据地，再发展到解放战争时期的各解放区，虽然革命根据地在不断扩大，但在相当长的时间里，是处于被敌人分割的状态。在这种斗争环境中，各革命根据地不仅独立自主创造了适应本地区特点的各种斗争手段，而且造就了一大批能够独当一面的革命领袖人物，他们对毛泽东军事思想的形成和发展，作出了重要的贡献。

遵义会议以后，党中央逐步形成了以毛泽东为主的集体领导，毛泽东提出的许多有关党的路线、方针、政策和其他重大决策，都经过了党中央的集体讨论，凝聚了党中央的集体智慧。如抗日战争初期，毛泽东在洛川会议上提出了独立自主的山地游击战争的战略方针，党和军队的许多领导人相继发表了不少论文和专著，毛泽东概括大家的智慧和集体的经验，写了《抗日游击战争的战略问题》和《论持久战》，成为我党指导抗日战争的纲领性文件，对取得整个抗日战争的胜利起了巨大的作用。

我们强调毛泽东军事思想是集体智慧的结晶，并不是否认毛泽东个人的独特贡献。集体智慧和个人贡献是辩证统一的关系。毛泽东是我党军事家的杰出代表，是中国革命军事理论的奠基人和集大成者，他具有惊人的才能、非凡的智慧和坚韧的毅力，具有丰富的经历、渊博的学识、深邃的思维能力和正确的思想方法，以及刻苦的钻研精神。正如刘少奇在党的七大关于修改党章的报告中指出的，毛泽东“不但敢于率领全党和全体人民进行翻天覆地的战斗，而且具有最高的理论上的修养和最大的理论上的勇气。他在理论上敢于进行大胆的创造，抛弃马克思主义理论中某些已经过时的、不适合于中国具体环境的个别原理和个别结论，而代之以适合于中国历史环境的新原理和新结论，所以他能成功地进行马克思主义中国化这件艰巨的事业”[①]。毛泽东兼革命家、军事家和理论家于一身，他直接领导和指挥革命战争长达二十多年。加上建国以后他直接领导我党军事工作的时间，则长达半个世纪之久，他总结革命战争经验所撰写的军事论著，对我党的军事理论作了最集中最深刻的概括，我党的军事理论以毛泽东的名字命名，称为毛泽东军事思想，这是完全符合历史实际的，也是当之无愧的。

（四）毛泽东军事思想是毛泽东思想的重要组成部分

毛泽东军事思想之所以能成为毛泽东思想的重要组成部分，这是由于中国革命是武装的革命反对武装的反革命这个特点决定的。在取得全国政权以前的二十二年，我们党史实际上是一部武装斗争的历史，军事斗争是我们党的工作重心，占有最突出的地位，毛泽东和他的战友，不得不以极大的精力注重战争，研究军事。毛泽东的军事实践活动，是他一生中最光辉、最成功的部分，因而他的军事著作就很自然地占有大量篇幅和重要地位，不从整体研究毛泽东思想，固然不能很好掌握毛泽东军事思想，但不理解毛泽东军事思想也不能理解和掌握毛泽东思想。

① 《刘少奇选集》上卷，人民出版社 1981 年版，第 336～337 页。

二、毛泽东军事思想的形成和发展

(一)毛泽东军事思想的产生

从1921年中国共产党成立到1935年1月党的遵义会议前,是毛泽东军事思想的产生时期。我们党从成立那天起,就接受了马列主义关于暴力革命的学说。中国共产党的第一个纲领,就提出了"革命军队必须与无产阶级一起推翻资本家阶级的政权"。1924年5月,我们党帮助孙中山创办了黄埔军校,先后派出周恩来、恽代英、萧楚女、聂荣臻、熊雄等重要干部到黄埔军校工作,学习苏联红军的经验,创立了中国军队历史上从没有过的政治工作和党代表制度。

1924年,中共广东区委成立了军事部,以周恩来为部长,领导南方各地的军事工作。同年10月,北方的冯玉祥部队从直系军阀部队中分裂出来,改编为国民军时,李大钊派遣宣侠带领一批共产党员到冯部开展政治工作。1925年11月建立的国民革命军第四军独立团,由共产党员叶挺担任团长,许多基层军官都是共产党员,成为我党直接领导的一支部队。

在1924～1927年和第一次大革命期间,周恩来集中精力抓了军事工作,特别是军队的政治工作。党的其他许多领导人如彭湃、恽代英、瞿秋白、毛泽东对武装斗争和军队建设问题也作了可贵的探索。1927年3月,毛泽东写的《湖南农民运动考察报告》,明确提示了无产阶级领导农民,推翻地主武装,建立农民武装,推翻封建统治,建立农民政权的主张。这就为后来我们党独立领导革命战争,创建人民军队,奠定了一定的基础。

第一次大革命失败的惨痛教训,使我们党懂得了创建人民军队、进行武装斗争的极端的重要性。"八一"南昌起义标志着我们党独立领导革命战争和创建人民军队的开始。党的"八七"会议,确定了土地革命和武装反抗国民党反动派的总方针。毛泽东在会上提出了"枪杆子里面出政权"的著名论断。在"八七"会议的号召下,爆发了秋收起义、广州起义和其他许多地区的武装起义,这些起义保留原本的武装成为工农红军的最初来源和骨干力量。

毛泽东领导的湘赣边界秋收起义,转移到敌人统治力量薄弱的农村地区,实行"工农武装割据"创建了井冈山革命根据地。正是由于以毛泽东为代表的中国共产党人开拓性的实践斗争,开辟了一条适合中国特点的农村包围城市、武装夺取政权的道路。

鉴于中国革命的主要形式是武装斗争,革命的道路是农村包围城市,因此就必须把以农民为主要成分的革命军队,建设成为服从无产阶级思想领导的,服务于人民革命斗争和根据地建设的工具,成为一支无产阶级性质的、具有纪律的、同人民群众保持亲密联系的新型人民军队。

红军初创时期,弱小的红军面临强大敌人的"围剿",只能以游击战为主要作战形式。各根据地的红军,特别是毛泽东、朱德等领导的井冈山根据地的红四军,根据敌强我弱、敌大我小的特点,通过战争实践,总结游击战争的经验,制定了一整套适合当地情况的游击战争的战略战术原则。

毛泽东军事思想的产生有一个过程。从中国共产党成立至遵义会议前,以毛泽东为代表的中国共产党人,从中国的实际情况出发,对武装斗争和军队建设的经验,不断地进行探索和总结，提出了武装反抗国民党反动派的方针，创造性地解决了中国革命和革命战争的道路问题，创立了关于农村包围城市、武装夺取政权的理论；建立了新型的人民军队，并为这支军队规定了一系列建军原则；通过战争实践，提出了人民战争的思想，以及建立在人民战争基础上的战略战术原则。所以这个时期，毛泽东军事思想的基本内容已经产生，为后来科学体系的形成奠定了坚实的基础。

（二）毛泽东军事思想的形成

1935 年 1 月，党中央于长征途中召开了遵义会议。在会议通过的《中央中央关于反对敌人五次"围剿"的总结决议》中，彻底批判了王明"左"倾冒险主义在军事上的错误，重新肯定了以毛泽东为代表的正确军事战线及其一整套作战原则，在组织上实际确立了毛泽东在红军和全党的领导地位。遵义会议是我们党的中央根据马克思列宁主义的基本原理，从中国革命和革命战争的实际情况出发，在同共产国际联系中断的情况下，独立自主地解决中国革命中重大问题的会议。从此开始，党的中央领导机关走上了马克思列宁主义普遍真理和中国革命具体实践相结合的正确道路。遵义会议是中国革命战争由挫折走向胜利的一个伟大转折点，也是毛泽东军事思想由产生到形成发展过程的起点。从遵义会议至 1945 年抗日战争胜利止，是毛泽东军事思想形成比较完整系统的科学体系统的科学体系时期。

中央红军胜利完成到达陕北，正值日本帝国主义加紧侵略中国，中日民族矛盾上升为主要矛盾，全国抗日民主运动出现新的高潮。为适应由国内阶级矛盾向抗日民族战争转变，实现全国性的武装抗战，1935 年 12 月，党的瓦窑堡会议，提出了以坚决的民族革命战争反对日本帝国主义进攻中国的总任务，制定了抗日民族统一战线反对日本帝国主义进攻中国的总任务，制定了抗日民族统一战线的政治策略路线和军事战略方针，重申和强调了我军作战应遵循的基本原则，指出了抗日游击战争在战略上的重大作用。

1937 年 7 月 7 日，抗日战争爆发。8 月，党的洛川会议通过了《中央关于目前形势与党的任务的决定》和《抗日救国十大纲领》决定指示，在抗战阶段，党的中心的任务是动员一切力量争取抗战的胜利。决定认为，在新形势下，必须把过去的正规军和运动战，转变为游击军和游击战，实行独立自立的山地游击战的战略方针。

抗日战争的实践证明，我们党和毛泽东在抗战初期为我军制定的战争指导战线、战略方针和作战原则是正确的。同时经过战争实践，又丰富和发展了毛泽东军事思想。1942 年开始的整风运动，是一场马列主义的思想教育运动，使全党进一步懂得和掌握了马列主义和中国实际相结合的原则。1945 年党的六届七中全会作出的《关于若干历史问题的决议》，总结革命战争，对人民军队的建设和军事战略的理论，作了系统的阐述。同年 4 月 23 日至 6 月 11 日，中央又召开了第七次全国代表大会。毛泽东在《论联合政府》的报告中，专门谈了人民战争和人民军队问题，全面阐明了人民军队的建军宗旨和人民战争的基本内容。朱德在《论解放区战场》的报告中，全面地阐述了以人民军队、人民战争、人民战争的战略战术为基本内容的毛泽东军事思想。

这个时期，毛泽东军事思想的发展除上述外，还体现在毛泽东其他著作之中，如《和英国记者贝特兰的谈论》、《论新阶段》等，同时也体现在其他老一辈无产阶级革命家的著作中，如周恩来的《目前抗战危机与坚持华北抗战的任务》、《抗战军队的政治工作》，刘少奇的《抗日游击战争中的若干基本问题》，朱德的《论抗日游击战争》，彭德怀的《我们怎样坚持了华北六年的抗战》，刘伯承的《游击战与运动战》，等等。毛泽东军事思想所涉及的内容，在无产阶级的战争与方法论、人民军队、人民战争、人民战争的战略术等方面，都已发展成为系统的理论，形成比较完整的军事科学体系并经受了战争实践的检验。所以，这个时期是毛泽东军事思想的形成时期。

（三）毛泽东军事思想的发展

抗日战争胜利后，我军又经历了全国解放战争、抗美援朝战争以及社会主义革命与社会主义建设的新时期，毛泽东军事思想继续得到全面发展，更加丰富多彩。

全国解放战争，是我军和全国人民在党的领导下，同帝国主义、封建主义和官僚资本主义进行的一场大决战。毛泽东作为全军的统帅，同他的战友们一起，成功地组织领导了这场战争，并亲自指挥了若干重大战役，战争指导艺术得到了充分发挥。这个时期，毛泽东为指导战争、总结斗争经验所写的《抗日战争胜利后的时局和我们的方针》、《以自卫战争粉碎蒋介石的进攻》、《集中优势兵力，各个歼灭敌人》、《三个月总结》、《大举出击，经略中原》、《蒋介石政府已处在全民的包围中》、《解放战争第二年的战略方针》、《目前形势和我们的任务》、《评西北大捷兼论解放军的新式整军运动》、《关于辽沈、淮海、平津三大战役的作战方针》、《采取远距离包围迂回方法追歼逃敌》、《将革命进行到底》等大量文章、指示和电文，使毛泽东军事思想得到极大丰富，不仅战略防御和运动战的理论有了发展，而且创立了关于转入战略进攻、战略决战和战略追击的系统理论。

在全面内战爆发以前，针对蒋介石顽固坚持独裁，内战和卖国三位一体的反动方针，提出以革命的两手对付反革命的两手策略，“针锋相对，寸土必争”。在同蒋介石进行谈判争取实现全国和平的同时，认真作了以自卫战争粉碎蒋介石军事进攻的准备，使蒋介石玩弄假和平，挑动内战，企图消灭我党我军的阴谋未能得逞。

全面内战爆发后面对敌强我弱的严重的形势，毛泽东提示了“一切反动派都是纸老虎”、“蒋介石和他的支持者美国反动派也都是纸老虎”的著名论断。他强调指示，决定战争胜败的是人民，而不是一两件新式武器，提出了以歼灭国民党有生力量为主而不是以保守地方为主的正确的战略方针。

1947年7～9月，我军由战略防御转入战略进攻。毛泽东总结十年内战，抗日战争，全国解放战争初期的经验，提出了著名的十大军事原则。在战略进攻转入决战阶段后，我军大规模的运动战和阵地战相结合，对敌实施分割包围，逐次决战，各个歼敌，连续取得了辽沈、淮海、平津三大战役的胜利。随后我军实施战略追击，采取远距离迂回包围的战略部署，迅速歼灭了国民党反动派在大陆上的军事力量。这些理论原则为毛泽东军事思想增添了适应现代化战争需要的新内容。

建国以后，为防御外敌入侵，保卫社会主义革命和建设，保卫国家安全和领土主权的完整，毛泽东和中央军委领导对国防建设和反侵略战争的战略问题，作了正确而又重要的指示。早在建国前夕，他就指示：“我们将不但有一个强大的陆军，而且有一个强大的空军和一个强大的海军。”[①]在国防现代化建设的问题上，毛泽东

① 《毛泽东选集》第5卷，人民出版社1977年版，第6页。

强调指出，我们的陆军、空军和海军都必须有充分的机械化的装备和设备。要在大力发展国民经济，增强国家经济实力的基础上，建立完整的国防工业体系，发展现代化的技术装备，独立自主地建设强大的国防。

在建设方面，适应战略进攻的需要，提示了军队正规化建设的方向，进行了炮兵、工程兵、装甲兵等技术兵种的建设，强调了组织纪律性，规定了城市政策，加强了司令部和后勤工作等。

抗美援朝战争，是中国人民志愿军与朝鲜人民军一道进行的一场正义的反侵略战争，也是同当时拥有第一流武器装备的美帝国主义及其仆从的军队进行的一场现代化战争。在这场战争中，毛泽东根据当时的情况和特点，不断总结新鲜经验，提出和阐述了在现代化条件下进行反侵略战争和建军的一系列理论原则。

党的十一届三中全会以后，党中央特别是以邓小平为主席的中央军委，坚持实事求是的思想路线，在新的历史条件下，运用毛泽东思想的基本原理，总结我军历史和现实经验，精辟地论述了我军建设中的许多重大理论和实践问题，提出了新时期我军建设的一系列重要方针原则和战略措施，创造性地发展了马克思主义关于战争和战略问题的理论，坚持和发展了毛泽东军事思想。

三、毛泽东军事思想的主要内容

毛泽东军事思想博大精深，是一个完整的科学体系，主要内容包括无产阶级的战争观和方法论、人民军队建设理论、人民战争思想、人民战争的战略战术和国防建设理论五个部分。

无产阶级的战争观和方法论，是毛泽东研究和指导战争的基本立场，观点和方法，揭示了中国革命战争的指导规律，是毛泽东军事思想的理论基础；人民战争思想是我党从事革命战争的根本指导思想，是毛泽东军事思想的核心；人民军队思想是建设人民军队的指南，是实行人民战争的骨干力量；人民战争的战略战术是适应人民战争需要的战略原则和作战方法，是人民战争取得胜利的保证；国防建设理论是毛泽东军事在建国后新的历史条件下开拓性发展，是实现国防现代化的指南。

（一）毛泽东的战争观和方法论

战争观是人们对战争的看法和态度，揭示了研究和指导战争的立场和观点。方法论是人们在认识战争规律的基础上，依据战争规律确定自己指导战争的根本方法。

1. 毛泽东的战争观

毛泽东的战争观包含着战争的起源和根源、战争的本质和目的、战争的性质、对战争的态度、战争的最终目的和消灭战争的道路等方面的内容。

（1）战争的起源和根源

马克思主义认为，战争不是人类社会开始就有的，而是人类社会出现私有财产、分化为不同的阶级以后所特有的社会现象。它不是由偶然因素决定的，而是由社会的必然因素导致的。战争的起源同战争的根源不是一个概念，但两者有密切联系，只有弄清战争的起源，才能理解战争的根源。私有制是战争的起源，私有制导致了阶级的出现。压迫者阶级，为了贪图更多的私有财产，使以掠夺、奴役为目的的战争变成其经常性的行为。因此，压迫者、剥削者阶级是人类战争的根源。

毛泽东对战争的起源和根源作了精辟的概括，他说:“战争——从私有财产和有阶级以来就开始了的，用以解决阶级和阶级、民族和民族、国家和国家、政治集团和政治集团之间，在一定发展阶段上的矛盾的一种最高的斗争形式。”[①]同时，也指明战争的范围和战争的必然性与间断性关系。压迫与被压迫的矛盾，必然导致战争，但这种矛盾的对抗并不是时时以战争的形态表露，它有一定的潜伏期。潜伏期内表现为争斗形态，只有这种其他的形态无法解决时，才激化上升到战争这个矛盾的最高斗争形式，从而揭示了战争时起时伏的特性。

(2)战争的本质和目的

要认识战争的本质和目的，首先要弄清战争与政治、战争与经济的关系。

战争与政治。战争是政治的继续，在这点上说，战争就是政治，战争本身就是政治性质的行动，自古以来没有不带政治性的战争。但是战争有其特殊性，在这点上说，战争不等于一般的政治。战争是政治的特殊手段的继续。政治是不流血的战争，战争是流血的政治，毛泽东关于战争与政治的关系的论点，阐明了两层意思:一是战争从属于政治，服务于政治。政治处于主导和支配的地位，战争居于从属和被支配的地位，战争是达到政治目的的一种特殊手段，政治贯穿于战争的全过程。二是战争不仅是实现政治目的的手段和工具，而且反作用于政治、推动政治。

战争与经济。经济是战争的物质基础，战争依赖于经济。毛泽东结合战争的起源，说明战争与经济的关系的含义有:战争起源于一定的生产方式，战争依赖于社会的经济力量;战争的最终目的是为了一定的经济利益。由此可以看出，战争的本质和目的，无非是为了取得或维护政治地位和经济利益。

(3)拥护正义战争，反对非正义战争

毛泽东对战争的性质，进行了科学的划分。他说:“历史上的战争分为两类，一类是正义的，一类是非正义的。一切进步的战争都是正义的，一切阻碍进步的战争都是非正义的。”[②]毛泽东对战争性质的划分，奠定了无产阶级对待战争的根本态度，这就是反对非正义战争，拥护正义战争。毛泽东又说过，“在阶级社会中，革命和革命战争是不可避免的，舍此不能完成社会发展的飞跃，不能推翻反动的统治阶级，而使人民获得政权”[③]。毛泽东的论述说明了我们采取拥护正义战争的态度。

(4)战争的最终目的和消灭战争的道路

毛泽东明确指出:“战争——这个人类互相残杀的怪物，人类社会的发展终究要把它消灭的……但是消灭它的方法只有一个，就是用战争反对战争，用革命战争反对反革命战争，用民族革命战争反对民族反革命战争，用阶级革命战争反对阶级反革命战争。”[④]他又指出:“我们是战争消灭论者，我们是不要战争的;但是只能经过战争去消灭战争，不要枪杆子必须拿起枪杆子。”[⑤]毛泽东在这里非常鲜明地提出了反对战争的唯一选择，就是用革命战争去消灭反革命战争，从而将无产阶级对

---

① 《毛泽东选集》第1卷，人民出版社1991年版，第171页。

② 《毛泽东选集》第2卷，人民出版社1991年版，第475～476页。

③ 《毛泽东选集》第1卷，人民出版社1991年版，第343页。

④ 《毛泽东选集》第1卷，人民出版社1991年版，第174页。

⑤ 《毛泽东选集》第2卷，人民出版社1991年版，第547页。

战争的态度与战争的最终目的科学地统一起来，为无产阶级和革命人民，不仅指明了消灭战争的目标，而且指明了实现这个目标的根本道路和方法。

2. 毛泽东的战争方法论

以毛泽东为代表的中国共产党人，在指导中国革命战争时期的实践中，创造性地运用马列主义的辩证唯物论和历史唯物论，观察和分析战争的基本问题，认识和运用军事领域的辩证规律，阐明了无产阶级的战争观和方法论。它包括如下四个方面的内容：

(1)必须认识和把握战争规律

战争规律是战争在发生和发展过程中，战争双方在政治、经济、军事、自然地理诸方面因素的本质联系及其发展趋势。毛泽东在总结土地革命战争的经验时指出："战争的规律—这是任何指导战争的人不能不研究和不能不解决的问题。"[①]同样，"不懂得这些特殊的情形和性质，不懂得它的特殊的规律，就不能指导革命战争，就不能在革命战争中打胜仗"[②]。

战争规律分为一般战争规律和特殊战争规律。战争的一般规律与特殊规律之间是辩证统一的关系。在研究战争的一般规律时，要注意战争的特殊性，避免犯教条主义的错误；在研究战争的特殊规律时，要注意不凭个人臆断任意普遍化，避免犯经验主义的错误。

(2)主观指导必须符合客观实际

认识和研究战争规律的目的在于确立指导战争的方法。毛泽东把这种合乎战争客观规律的战争指导方法，比做"战争大海中的游泳术"，称之为"战争指导规律"。

毛泽东指出："一切战争指导规律，依照历史的发展而发展，依照战争的发展而发展；一成不变的东西是没有的。"[③]正确解决主观符合客观的问题，是战胜敌人的关键，是人的因素在战争指导者身上的主要体现，要解决指导上的主客观一致，需着重解决好三个问题：一是要熟识敌我双方的客观情况；二是要善于学习，勇于实践；三是要在客观物质的基础上，充分发挥主观能动性。

(3)着眼特点，着眼发展

毛泽东指出："战争情况的不同，决定着不同的战争指导规律。……我们研究在各个不同历史阶段、各个不同性质、不同地域和民族的战争的指导规律，应该着眼其特点和着眼其发展，反对战争问题上的机械论。"[④]由于各次战争的情况不同，有时间、地域、性质和对象的差别，因此，就各有其不同的特点和规律。

(4)关照全局，把握关节

全局是事物的整体发展的全过程，局部是组成事物整体的各个部分和发展全过程的各个阶段。全局统帅局部，局部从属全局，构成全局和局部之间的正确关系。有时局部的失利，并不给全局以严重影响，而有的局部的失利，却对全局带来重大影响，甚至导致全局的失利。比如下棋，有时下一着错棋，尚可挽回，但有时一

---

① 《毛泽东选集》第1卷，人民出版社1991年版，第171页。

② 《毛泽东选集》第1卷，人民出版社1991年版，第171页。

③ 《毛泽东选集》第1卷，人民出版社1991年版，第173～174页。

④ 《毛泽东选集》第1卷，人民出版社1991年版，第173页。

着不慎，全盘皆输。这个对胜负起关键作用的一着，就是关节。因此，关节就是对全局有重大影响的关键性环节。所以说，关照全局是战争指导的首要准则，把握关节是推动全局发展的重要方法。

(二)人民军队建设理论

以毛泽东为代表的老一辈无产阶级革命家、军事家，把创建人民军队作为进行武装革命的首要问题，强调没有一个人民的军队，便没有人民的一切。为了把以农民为主要成分的革命军队建设成为一支无产阶级性质的新型人民军队，毛泽东在长期的战争实践中，总结和提出了一整套建军的理论和原则。主要包括：

1. 确立了中国共产党对人民军队的绝对领导地位

毛泽东指出，人民军队是在中国共产党绝对领导下的执行无产阶级革命政治任务的武装集团，这是我军的性质。

1927 年 9 月底，毛泽东在秋收起义失败后所进行的三湾改编中，根据斗争的实际情况，建立了党代表制度，规定了班有党员，排有党小组，连有党支部，营团有党委，使起义军一开始就在中国共产党的绝对领导之下。1928 年 12 月，毛泽东在古田会议上又一次强调，一定要加强党对军队的绝对领导。1938 年 11 月 6 日，毛泽东在延安指出：我们的原则是党指挥枪，而绝不容许枪指挥党。

2. 规定了我军的宗旨

1945 年 4 月，在党的七大报告中毛泽东指出，紧紧地和中国人民站在一起，全心全意为中国人民服务，是我军的唯一宗旨。

3. 规定了人民军队的任务是战斗队、工作队、生产队

毛泽东指出，我们的军队是一个执行革命政治任务的武装集团，不是单纯打仗的，它除了打仗消灭敌人军事力量之外，还要担负宣传群众、组织群众、武装群众、帮助群众建立革命政权以至于建立共产党的组织等项重大任务。在条件允许的情况下，还要做生产队，自己动手，减轻人民的负担。

4. 在军队内部实行三大民主制度

贯彻群众路线，在军队内部实行政治、经济、军事三大民主。政治民主以达到政治上的高度团结；经济民主以改善生活，维护官兵切身利益，激发军人的革命热情；军事民主以达到提高技术和战术水平的目的。

5. 坚持官兵一致、军民一致、瓦解敌军的政治工作三大原则

官兵一致的原则就是在军队中肃清封建主义，废除打骂制度，建立自觉纪律，实行同甘共苦的生活，达成全军的团结一致；军民一致的原则就是秋毫无犯的民众纪律，宣传、组织和武装民众，减轻民众的经济负担，打击危害民众的汉奸卖国贼；贯彻瓦解敌军和优待俘虏的原则，使我们的胜利不但是依靠我军的作战，而且依靠敌军的瓦解。

6. 坚决执行“三大纪律八项注意”

三大纪律：(一)一切行动听指挥；(二)不拿群众一针一线；(三)一切缴获要归公。八项注意：(一)说话和气；(二)买卖公平；(三)借东西要还；(四)损坏东西要赔；(五)不打人骂人；(六)不损坏庄稼；(七)不调戏妇女；(八)不虐待俘虏。

7. 确立了人民军队的建设方向。要求人民军队要从低级阶段逐步向高级阶段发展，不断加强正规化和现代化建设。

8. 发扬勇敢战斗、不怕牺牲和艰苦奋斗的优良作风等。毛泽东号召，我们的军队具有一往无前的精神，它要压倒一切敌人，而决不能被敌人所屈服，无论在任何艰难困苦的情况下，哪怕只剩下一个人，这个人也要勇敢地战斗下去。

这些原则的核心是坚持党对军队的绝对领导。

(三)人民战争思想

以毛泽东为代表的中国共产党人，在领导中国革命战争的实践中，创造性地发展了马列主义关于人民战争的理论，对实行人民战争的必要性和可能性以及如何实行人民战争问题，作了系统的论述，阐明了人民战争的理论基础和政治基础，实行人民战争的指导原则，创立了具有中国特色的人民战争思想。人民战争思想是毛泽东军事思想的核心，是我军克敌制胜的法宝。

1. 人民战争思想的定义及特点

人民战争，是指广大人民群众为反抗阶级压迫或民族压迫而组织和武装起来进行的战争。人民战争具有三个显著的特点：群众性、正义性、组织性。

2. 人民战争思想的理论基础

(1)人是战争胜负的决定因素

战争是人和物的综合竞赛。战争中的物主要体现在武器装备上。因此也可以说，战争是人和武器的综合竞赛。毛泽东指出："武器是战争的重要的因素，但不是决定的因素，决定的因素是人不是物。力量对比不但是军力和经济力的对比，而且是人力和人心的对比。军力和经济力是要人去掌握的。"[①]战争中的人包括人力、人心、人的能动性三个方面，人心是人的能动性的动力，人力是物质力量，人心、人的能动性是精神力量，因此，人是物质力量和精神力量的统一体，是具有精神活动的物质力量。任何武器都要靠人去掌握，从而构成了人和武器之间的主导与非主导的从属关系。毛泽东历来重视武器这个重要因素的作用，以往战争年代，在我们没有军事工业的条件下，毛泽东采用从敌人手中夺取武器的办法，以缩小敌我武器的差距，建国后又强调"敌人有的，我们要有，敌人没有的，我们也要有"，迅速建立起独立的国防工业体系。毛泽东历来反对忽视武器、片面夸大精神作用的"唯意志论"，同时也反对片面夸大武器作用，把武器视作战争胜负的决定因素的"唯武器论"。他指明了人对武器的主导的支配的地位，肯定了人是战争胜负的决定因素；指明了武器优势是临时起作用的因素，而人心向背则是经常起作用的因素。所以说，人力众寡是衡量战争力量最主要的标志。人心向背，人的觉悟、士气、智慧等体现人心和人的能动性方面，在一定物质基础上，是对战争胜负起决定性作用的因素；随着高技术武器装备的出现，武器在战争中的重要地位明显加强，但它终不能代替人，上升到决定的地位。我们既要看到高技术条件下，武器地位的加强，又要看到高技术条件下，人的地位也大大加强，而且技术越高，更需要高素质的人去研制、去掌握。所以，人和武器在战争中各自所处的地位是永远不会改变的。

(2)人民群众是战争胜利的决定力量

战争是双方武装了的人群的较量。战争双方都拥有相当数量的人群，但两类

---

① 《毛泽东选集》第2卷，人民出版社1991年版，第469页。

人群有本质的差异。反革命战争一方，其人群是为反革命政治服务的，虽然其中多数人也是贫苦大众出身，但他们是被迫充当反革命战争的炮灰的，他们从事的战争违背他们的根本利益，因而其战争行动是被动的、消极的。革命战争一方，由于战争目的与投入战争的人群的根本利益的一致性，因此其战争行动是自觉的、积极的，能充分发挥他们战斗的勇敢顽强和自我牺牲精神。这样，革命战争一方，在人力和人心对比上处于绝对的优势。

列宁指出，谁的后备多，谁的人力多，谁在人民群众中更能支持得住，谁就能在战争中取得胜利。毛泽东以历史唯物主义的观点，深刻指出，“人民，只有人民，才是创造世界历史的真正动力”。战争的伟力之最深厚的根源，存在于民众之中。这就是毛泽东在指导革命战争中，之所以要倾注全党的力量，去从事发动和组织人民群众的根本理由。只有动员了千千万万的民众，组成浩浩荡荡的革命大军，才能造成陷敌于灭顶之灾的汪洋大海。因此，人民群众不仅是革命的基础，而且也是取得战争胜利的决定力量。

(3)战争的正义性是实行人民战争的前提

革命战争之初，革命一方是弱小的，装备处于劣势。通过人民战争，可以缩小武器装备的差距弥补战争物质条件供应的不足，最后战胜敌人。实行不实行人民战争，前提不是装备的优劣，而是战争的革命性、正义性，是从“革命战争是群众的战争”这一原理为出发点的，革命战争有着两个不可分割的目的，即改造客观世界和改造主观世界。在世界上有这样的事例，某些国家的人民，通过外力的帮助和扶持，建立了新制度，但由于本国人民并未受到应有的磨炼和改造，因而缺乏应有的能力去维护新制度，在旧制度复辟势力进攻和反扑面前，轻易地丢失了阵地。因此，选择人民战争的指导思想是基于革命战争的性质和所要达到的双重目的为出发点的，绝不是以装备优劣为出发点的。

战争的革命性、正义性，是唤起民众、激发热情的政治基础。革命战争的目的与民众的根本利益的一致，就能调动民众自觉的行动和勇敢奋斗的能动精神。这就是所谓“得道多助，失道寡助”。非正义战争违背民众的根本利益，尽管战争发起者采取蒙蔽欺骗手段，或者煽动民族仇恨，或者煽起宗教狂热，驱使人们去为他们卖命，但终有一天会被识破，造成众叛亲离、难逃失败的结局。所以，非正义战争是不可能实行人民战争的。

(4)马克思主义政党的正确领导是实行人民战争的必要条件

人民战争作为战争的指导思想，不是群众起来就可以自发形成的，它必须要有战争的领导条件，它是战争领导者制定的指导战争的路线。人民战争领导者必须具备两个条件：一是真正代表人民群众的利益，反映人民群众的根本愿望，全心全意为人民群众效力；二是懂得和掌握群众路线的指导方法，善于制定有利于调动群众革命热情的方针政策。这两个条件，唯有马克思主义的政党才能具备。

战争的正义性，揭示了实行人民战争的可能性，但并非具有必然性。具有正义性的战争，而不能实行人民战争的例子不胜枚举。二次世界大战中有不少国家的反侵略战争是正义的，但这些国家的资产阶级或封建势力的领导集团，出于他们的阶级本能，看不到人民群众的作用，也害怕人民群众起来后危及他们的统治。因此，不可能实行人民战争的指导思想，只能采取片面的抵抗政策。唯有像中国共产党这样的马克思主义政党和毛泽东这样的无产阶级领袖人物，才能真正认识人民群众是创造世界历史的动力，才能实行全面彻底的人民战争的指导思想。

革命战争的正义性，是实行人民战争的政治基础，具备着实行人民战争的可能性。但革命战争能否成为真正的人民战争或彻底的人民战争，则要看领导战争的阶级或集团是否相信和依靠人民群众，有没有一个正确进行人民战争的指导路线、方针和政策。在半殖民地的中国的社会各阶层和各种政治集团中，只有无产阶级和共产党，才最没有狭隘性和自私自利性，最具有远大的政治眼光和最有组织性，而且也最能虚心地接受世界上先进的无产阶级及其政党的经验而用于自己的事业。共产党代表人民的根本利益，以马列主义理论为指针，能从中国革命的实际情况出发，制定正确的路线、方针和政策，夺取革命战争的彻底胜利。

人民战争思想是人民革命战争唯一的战略指导思想，它不是与劣势装备必然联系在一起的权宜之计。确定人民战争的指导思想，是根据战争胜负的决定因素是人不是物，人民群众是战争胜利的决定力量，战争的革命性、正义性和马克思主义政党对战争的正确领导等科学原理为理论依据的。只有认识这些理论依据，才能从根本上理解坚持人民战争路线的道理。

3. 人民战争的指导原则

毛泽东不仅阐明了人民战争的基本理论观点，而且还从中国革命战争的实际情况出发，总结中国人民革命战争的独创性经验，阐明了如何进行人民战争的问题：

(1)坚持中国共产党对人民战争的统一领导。革命战争具备着实行人民战争的可能性，但能否成为彻底的人民战争，则要看领导战争的阶级或集团是否相信和依靠人民群众，有没有一个进行人民战争的指导路线、方针和政策等。

(2)进行广泛深入的政治动员，结成最广泛的革命战争的统一战线。

(3)实行野战军、地方军和民兵三结合的武装力量体制。野战军主要是在地方军和民兵的配合下，执行超地方的作战任务；地方军除协同野战军作战外，主要是在民兵的协同下，担负地区性的作战任务。它们是我军的两个组成部分，是进行人民战争的骨干力量。民兵人数多、分布广，是军队的有力助手和强大的后备军，是进行人民战争的重要力量。为形成全民参加的人民战争，还必须实行武装群众和非武装群众相结合，即把动员起来的群众，分别组织在工会、农会、青年、妇女、儿童等各种群众团体之中，平时从事各种生产和建设工作，帮助政府动员群众参军，拥军优属，清查奸细等；战时进行坚壁清野，侦察敌情，担负运输，直接帮助军队作战等工作。

(4)以武装斗争为主，各条战线、各种斗争形式相配合，形成全面的人民战争，最大限度地发挥人民战争的威力。

(5)建立巩固的革命根据地。开辟农村包围城市的武装革命道路，创建农村革命根据地，把武装斗争、土地革命和建立农村革命根据地有机地结合起来，发动和依靠以农民为主体的广大人民群众，把落后的农村造成为军事上、政治上、文化上的先进的革命阵地，作为实行人民战争的依托。

(6)实行灵活机动的战略战术。

(四)人民战争的战略战术

我军的战略战术，是在人民战争和人民军队的基础上，总结我军作战的丰富经验逐步形成起来的。由于中国革命战争是真正的彻底的人民战争，所以我军的战略战术从本质上说是人民战争的战略战术。它是在承认敌强我弱、敌大我小的条件下，充分地利用敌之劣点与我之优点，充分地依靠人民群众的力量，以求得生存、发展和胜利的战略战术。它是把唯物辩证法运用于作战指导，从战争实际出发，不拘一格，你打你的，我打我的，打得赢就打，打不赢就走，在人民群众的掩护下，造成敌人错觉，调动敌人就我范围，乘敌之隙，扬长避短，趋利避害，敌变我变，以灵活机动特点的战略战术。

1. 战略上藐视敌人，战术上重视敌人

毛泽东科学地指出，从战略上看，必须如实地把帝国主义和一切反动派都看成纸老虎。从这点上，建立我们的战略思想。另一方面，它们又是活的铁的真的老虎，它们会吃人的。从这点上，建立我们的策略思想和战术思想。他又指出，如果我们在全体上过高估计敌人力量，因而不敢推翻他们，不敢胜利，我们就要犯右倾机会主义错误。如果我们在每一个局部上，在每一个具体问题上，不采取谨慎态度，不讲究斗争艺术，我们就要犯“左”倾机会主义错误。毛泽东关于帝国主义和一切反动派既是“纸老虎”又是“真老虎”的论断，奠定了人民战争战略战术的基本原则。即战略上，敌人是纸老虎，我们要藐视它，建立敢斗敢胜的信心。在战术上，敌人又是真老虎，我们要重视它，注意善斗善胜的方法，讲究斗争艺术。

敌对双方战争力量的强与弱，是绝对性与相对性的统一。在特定的时间和空间内，作战双方总有一方强而另一方弱的事实。强的一方形成战争的主动和进攻态势，弱的一方则处于被动和防御态势，这就是绝对性。但构成战争力量诸因素中，往往都是有强有弱，强弱并存，强中有弱，弱中有强。总体上强，某些局部上有弱；总体上弱，某些局部上有强，这就是相对性。毛泽东在指导弱小的人民军队对抗强大的反动军队时，在充分认识绝对性和相对性基础上，通过其巧妙的指导艺术，抑制和创弱敌之强点，扩大和利用敌之弱点，并同时增加和扩大我军的强点，弥补弱点，先以我之局部的强，打击敌人之局部的弱，一战取胜。然后照此办理，各个击破敌人，逐步削弱敌人总体上之强，最后完成我军总体上由弱变强的转变。这种战略与战术上巧妙的结合和运用，从而造成敌人由真老虎向纸老虎的转化，取得我胜敌败的结局。

2. 保存自己，消灭敌人

保存自己，消灭敌人，是战争的目的。这个目的不是指战争的政治目的，而是指两军相杀过程中体现军队存亡的目的。消灭敌人的含义，是指解除敌人的武装，即“剥夺敌人的抵抗力”，不是要完全消灭敌人的肉体。毛泽东指出：“保存自己消灭敌人这个战争的目的，就是战争的本质，就是一切战争行动的根据。”[①]战斗中利用地形地物和射击中“隐蔽身体”的原则是为了保存自己，而突击跃进和射击中“发扬火力”的原则，是为了消灭敌人。进攻，是直接为了消灭敌人，同时也是为了保存自己。防御，是直接为了保存自己，同时也是辅助进攻或准备转入反攻以有力杀伤敌人的一种手段。两军相争的实质就是争夺战争中保存自己消灭敌人的有利

---

① 《毛泽东选集》第2卷，人民出版社1991年版，第483页。

时机。

保存自己，消灭敌人是兵家公认的原则，然而真正加以辩证地认识和运用，并不多见。而毛泽东用辩证唯物主义的方法，将两者统一了起来，指明两者之间的关系是相辅相成的，是对立统一于同一矛盾体中的。他指出："一方面，尽可能地保存自己的力量；另一方面，尽可能地消灭敌人的力量。"①保存自己的目的，在于消灭敌人；而消灭敌人，又是保存自己的最有效的手段。从而得出这样的结论：只有大量地消灭敌人，才能有效地保存自己；只有善于保存自己，才能有力地消灭敌人。在这里，既要反对片面强调消灭敌人而不注意保存自己的蛮干行为，又要反对片面强调保存自己而不努力消灭敌人的逃避行为。

取得战争胜利，要蒙受牺牲，要支付代价，这种牺牲与保存自己是什么关系呢？毛泽东指出这又是一个相辅相成的关系。他说："这种牺牲，不但是为了消灭敌人的必要，也是为了保存自己的必要——部分的暂时的'不保存'（牺牲或支付），是为了全体的永久的保存所必需的。"②毛泽东深刻指明了"保存自己"的"自己"概念是全局的整体概念，而不是局部的小集体概念，更不是个人的概念。为了整体的保存，就不可避免地要付出局部的不保存和牺牲。在战争中，一部分担负狙击的部队，就是以少抗多，不让敌援兵靠拢，保证我主力顺利歼灭被围之敌，担任狙击抗援的部队，硬是要发扬"人在阵地在"的勇敢牺牲精神，即使拼到最后一个人，也要坚守阵地。这种部分的牺牲就是为了保存全体。

战争的多数场合，消灭敌人是优先考虑的原则，是第一位的，保存自己是第二位的。但在特定条件下，保存自己上升到第一位。比如敌我力量悬殊情况下，不能与敌人硬拼，需要后退需要摆脱敌人，这时保存自己就处在领先考虑的地位。

3. 实行积极防御，反对消极防御

战斗中，基本的战斗形式，无非是进攻和防御两种。总体上讲，进攻是主动的，防御是被动的。进攻必须具备一定的优势条件。人民革命战争，由于开始时的敌强我弱条件，故在较长时间内，人民力量总体上居于劣势和防御地位。如何采取正确的防御方法，促使被动向主动转化，是战略指导的中心任务。毛泽东在指导战争中，巧妙地将防御与进攻结合起来，实行防中有攻的指导方法，这种方法毛泽东取名为积极防御，而将只有防御不求进攻的方法叫做消极防御。毛泽东说："积极防御，又叫攻势防御，又叫决战防御。消极防御，又叫专守防御，又叫单纯防御。消极防御实际上是假防御，只有积极防御才是真防御，才是为了反攻和进攻的防御。"③这是毛泽东对两种不同性质的防御概念的科学概括。毛泽东在领导红军打破蒋介石的"围剿"中，总结出积极防御是我军的基本战略思想。奠定了建立在人民战争思想基础上的军事战略理论。积极防御战略思想的基本精神是：从自卫的、后发制人的立场出发，在敌强我弱总形势下，将战略上的防御与战役战斗上的进攻紧密结合起来，以积极的攻势行动抗击敌人，不断歼灭和消耗敌人，转化敌我力量对比，夺取战略主动权，并适时地把战略防御导向战略反攻和进攻，彻底消灭敌人，夺取战

① 《毛泽东选集》第2卷，人民出版社1991年版，第406页。

② 《毛泽东选集》第2卷，人民出版社1991年版，第407页。

③ 《毛泽东选集》第1卷，人民出版社1991年版，第198页。

争的全面胜利。

积极防御战略思想的基本精神，主要体现在三个方面：一是自卫的后发制人原则。人民战争的反压迫性质决定着战争的正义性，是敌人拿起刀来，我们才被迫也拿起刀来。当压迫者将战争降临到我们头上时，我们才奋起反抗。但我们的反抗不是消极的，而是以积极的战争行动，最终制服敌人。二是战略上的防御与战役战斗的进攻相结合的能动指导，即在战略上进行防御战时，积极寻机打战役战斗的进攻战；在战略的持久战中，积极打好战役战斗的速决战；在战略的内线作战中，采取主动行动打好战役战斗的外线作战。这是促使敌我力量从开始的敌强我弱向我强敌弱的方向转变的有效方法。三是把战略防御适时地导向战略反攻和战略进攻，最终战胜敌人。例如，解放战争第一年，蒋介石依靠 430 万美式装备的兵力全面向我进攻时，战略上我军处防御态势。但由于毛泽东将战略上的防御与战役战斗的进攻紧密结合起来，取得了歼敌 112 万人的战果，为随后的战略防御转向战略反攻奠定了基础。解放战争第二年，我军转到战略反攻和进攻，又歼敌 152 万人，从而导致敌人战略上陷入完全被动的困境，为我军创造了战略决战最终战胜敌人的态势，并通过后两年的战斗，彻底战胜了敌人。

4. 歼灭战是基本的作战方针

歼灭战、消耗战与击溃战，是从消灭敌人的客观效果衡量的不同的概念。歼灭战是指消灭敌人全部或大部的作战，消耗战是逐渐消耗敌人力量的作战，击溃战是打跑敌人迫使敌溃退的作战。毛泽东在指导战争中，确定了歼灭战为我军的基本作战方针。他指出："击溃战，对于雄厚之敌不是基本上决定胜负的东西。歼灭战，则对任何敌人都立即起了重大的影响。"[①]他并形象地比喻："对于人，伤其十指不如断其一指；对于敌，击溃其十个师不如歼灭其一个师。"[②]在人民革命战争取得胜利后，若遇到敌人入侵时，战争指导的中心仍然是要有效地歼灭敌人的入侵部队，才能制止敌人的侵略行动。因此，歼灭战不仅是我们以往争取战争胜利的基本作战方针，而且在未来反侵略战争中，它仍是正确的作战方针。实行歼灭战方针，并不排斥消耗战。在战役的总体指导上，以歼灭战为主，而以消耗战为辅。例如，辽沈战役第一阶段首战锦州时，担负塔山地区和黑山、大虎山地区阻击蒋军东进和西进两路援兵的部队，是执行消耗任务的，像钉子一样钉在那里，使蒋军援兵在逐渐消耗的条件下无法前进，以保证我合围锦州守敌的部队打好歼灭战。战役的歼灭战在战争总体上又是起到战略上消耗敌人的目的。毛泽东指出："抗日战争是消耗战，同时又是歼灭战。……没有战役和战斗的歼灭战，就不能有效地迅速地减杀其强的因素，破坏其优势和主动。我之弱的因素也依然存在，战略上的劣势和被动还未脱离……因此，战役的歼灭战是达到战略的消耗战之目的的手段。"[③]抗日战争中，日寇就是在被我们逐渐消耗下崩溃的。解放战争中，蒋介石庞大的军队，也是在我们一系列的战役歼灭战后，力量逐渐消耗，最终形成 807 万军队被我消耗的结局。因此，将战略上的消耗战与战役上的歼灭战结合起来，将主要作战方向上的歼

---

① 《毛泽东选集》第 1 卷，人民出版社 1991 年版，第 237 页。

② 《毛泽东选集》第 1 卷，人民出版社 1991 年版，第 237 页。

③ 《毛泽东选集》第 2 卷，人民出版社 1991 年版，第 501 页。

灭战与其他方向上的消耗战结合起来，是毛泽东高超的战争指导艺术的体现。

5. 集中优势兵力，各个歼灭敌人

“集中优势兵力，各个歼灭敌人”的原则，是古今中外军事家都很强调的一条原则，毛泽东也极为重视。并成为毛泽东战略战术思想的重要组成部分，是我军的基本作战方法。集中优势兵力与各个歼灭敌人，二者是不可分割的，辩证统一的，只有集中优势兵力，才能达到各个歼灭敌人的目的；只有各个歼灭敌人，才能形成和保持兵力的优势。这条原则之所以重要，首先是由于只有集中优势兵力，才能使自己的军队在战争中处于主动地位。其次是只有集中优势兵力，才能最有效地打击敌人，既能全歼，又能速决；既能使我迅速转移兵力各个歼敌，又不致因敌援军云集而使自己陷于被动地位。在敌优我劣的情况下，要使我军由战略上的弱者变为战役战斗上的强者，最根本的办法就是集中优势兵力，各个歼灭敌人，以战役战斗上实行的外线速决的进攻战，达成以多胜少、以强胜弱、速决歼敌之目的。然后转移兵力，再击他路。随着时间的推移，逐渐改变敌我力量对比，使我变为战略上的优势和主动。集中优势兵力，看来容易，实行颇难。因此，要不为复杂的环境所迷惑，就是要把主要兵力、兵器集中于主要作战方向，反对军事上的平均主义。如果主次方向发生了变化，集中使用兵力、兵器的方向也应随之改变。至于集中兵力的程度，应根据当时的具体情况而定，以有把握歼灭敌人为原则。各个歼灭敌人，就是在向敌发动进攻时，为形成和保持真正的优势，要拣弱的打，先弱后强，由小到大，逐个予以歼灭。

6. 三种作战形式密切配合并适时转换

作战形式，主要有运动战、阵地战和游击战三种。运动战是正规兵团在较长的战线和较大的战区上，从事战役战斗的外线的速决的进攻战的形式。它的特点是进攻性和流动性，在广阔的战场上，实行高度机动，调动敌人，寻找战机，歼敌于运动之中或立足未稳之际。在大兵团实施运动时，需要一些部队通过运动防御、阵地防御和阵地进攻加以辅助。阵地战是军队依托阵地进行防御或对据守阵地之敌实施进攻的作战形式。游击战是民兵、游击队或正规部队组成的游击部队，分散流动、灵活机动地袭击敌人的作战形式。运动战、阵地战又叫“正规战”，游击战又叫“非正规战”。游击战通常是正规战的辅助形式，但也可以独立进行。游击战一般是较小规模的作战，但这种小规模作战铺天盖地地展开，也可形成战略上大规模的游击战争。游击战的主要特点是灵活性和隐蔽性，来去无踪，使敌人难以捉摸，给敌以出其不意的袭击。例如，抗日战争期间，我深入敌后广泛开展游击战，破坏敌人的后勤补给，骚扰敌人的驻守部队，破坏敌人的战斗行动计划，将敌人的物资焚烧于一夜之间，将敌人打死在睡梦之中。

毛泽东在指导中国革命战争中，根据敌我力量对比、我军作战能力和任务、战争的地理条件以及战争形势的发展，灵活地采用各种作战形式，并根据不同的战略形势，适时地进行作战形式上的战略转变。土地革命战争的前期，我军以游击战为主要作战形式，后期则以运动战为主要作战形式，这是我军历史上的第一次战略转变。抗日战争的第一阶段，维持土地革命后期以运动战为主、游击战为辅的作战形式；第二阶段随着日寇集中力量扫荡我解放区战场的形势，我军将游击战上升到主要地位，而以运动战和阵地战辅助之；到了第三阶段，随着我军发展壮大，运动战再上升为主要形式，而辅之以阵地战和游击战，这是第二次战略转变。解放战争的前期，我军以歼灭蒋军有生力量为主的运动战为主要作战形式，但到了后期，为了有力突破敌人防线，夺取敌人坚固设防的城市，阵地战的战略地位上升，形成运动战与阵地战并举的作战形式，这是第三次战略转变。抗美援朝战争的前期（第一年），我志愿军采用以运动战为主的作战形式连打五次战役，迫使敌全线后撤，而后期，我又以阵地战为主要作战形式迫使敌人签字停战，这是第四次战略转变。由于毛泽东在指导战争中，灵活地运用三种作战形式，根据不同情况适时地实施战略转变，从而有力地推动了革命战争的顺利发展。

7. 不打无准备、无把握之仗

毛泽东这条原则不仅适合于人民战争，而且也适合于其他战争，故这条原则具有普遍意义。盲目地去打无准备、无把握之仗，必将导致战争的失败。这对于初期极为弱小的人民军队来说，关系尤其重大。因此，毛泽东十分强调，不打无准备、无把握之仗，也不打只有准备但无把握之仗，并指出，每战都应力求有准备，力求在敌我条件对比下有胜利的把握。

“准备”与“把握”是紧密相连的，作战胜利的把握建立在事先有准备的基础之上。为此，毛泽东指出，没有事先的计划和准备，就不能获得战争的胜利。“准备”的内容，包括人力物力的准备，包括敌情侦察和了解，包括作战对象、作战地域、作战时机和作战方向的选择，包括兵力的部署和展开以及作战方法的确定，包括预作几套方案和临机处置的办法等。准备的程度，以敌我对比，我有把握取得胜利为前提。战前的把握建立在科学计划和充分准备之上，但这种“把握”只是一种可能性。要变可能为现实，使“胜可知”达到“胜可为”，还要靠战争实践中能动地实施“准备”的条件，并不断创造条件，才能真正获得。因此，既不要一味强调“准备”而错失战机，也不要过分强调“把握”而怯战不前。准备的立足点，要从困难处着眼，估计最困难最危险的可能性，预作解困的方案。在作战实践中，就能措置裕如，解围排险，争取最好的结局。

8. 慎重初战实行有利决战

初战是指战争或战役的第一仗。首仗获胜，对己会产生极大的鼓舞作用，对敌则是士气的沉重打击。初战胜负对随后战争或战役的发展影响颇大。因此，毛泽东非常重视初战，他提出了初战三个原则：第一，必须打胜；第二，必须照顾全战役计划；第三，必须照顾下一战略阶段。决战是指战争双方使用主力进行最后决定胜负的作战。决战分战役战斗的决战和战略决战。战略决战是全战争最关键的决定性阶段。毛泽东指出，一切无把握的战役和战斗应避免决战，赌国家命运的战略决战应根本避免。我们主张一切有利条件下的决战。为此，毛泽东规定了“执行有利决战，避免不利决战”的原则。战略决战是战争指导者运筹的重心。解放战争初，蒋介石集中优势兵力全面进攻解放区，企图与我展开决战。然而，毛泽东针对敌强我弱的总态势，力避决战而大踏步后退，持重待机。至解放战争第三年，蒋军总计被歼 264 万，且其长江以北的几个大主力集团被分割在东北、华北、华东等以城市为中心的比较孤立的地区，形成了我“农村包围城市”的有利态势，这时，毛泽东果断地导演了一出以三大战役为核心的战略大决战的活剧来，实现了“决战决胜”的计划，达成了将蒋军大部主力消灭在长江以北的目的。

9. 战争指导上的主动性、灵活性和计划性

主动性、灵活性和计划性，是战争谋划的基本要求，是战争指导者和一切战役战斗指挥员，指导和实施作战过程中能动性的体现。主动性是中心，灵活性和计划性是实现和保证主动性的手段。战争指导上主动性的根本目的，就是夺取战争中的主动权。战争主动权就是军队行动的自由权。毛泽东指出，行动自由是军队的命脉，失了这种自由，军队就接近于被打败或被消灭。战争双方的指导者，都力争战争的主动权。主动权既有客观物质条件的基础，又有主观指导的能力作为。毛泽东深刻地指出，战争力量的优劣本身，固然是决定主动与被动的客观基础，但还不是主动或被动的现实事物，必待经过斗争，经过主观能力的竞赛，方才出现事实上的主动或被动。所以，在一定的物质条件基础上，主观指导正确与否，是夺取战争主动权的决定性因素。当敌人以优势兵力向我进攻时，开始的主动权在敌人那边。然而，当我们采用毛泽东指导的方法，先避开敌之锋芒，并人工地造成我们许多的局部优势和局部主动地位，去剥夺敌人的许多局部优势和局部主动地位，把他抛入劣势和被动。使敌在丧失局部的主动权中一块一块被我分割，一部分一部分被我歼灭，从而导致在丧失许多局部主动权和优势的累积下，最终丧失了战争全局的优势和主动权。而我军则在夺取许多局部的优势和主动权的基础上，最终取得战争全局的优势和主动权。这就是毛泽东能动指导战争，从开始没有战略主动权到随后夺得战略主动权的精彩过程。

灵活性，就是灵活地使用兵力和战术，这是战争指导和战场指挥的中心任务，是实现主动权的保证。毛泽东认为，要从战争实际出发，紧紧抓住时机、地点、部队三个关节，必须灵活地使用兵力和变换战术。除了贯彻战争的计划要求，又要根据战情的变化，灵活处置。灵活性不是主观臆造的轻举妄动，而是在对客观变化了的实际，通过“审时度势”而采用“运用之妙”的处置方法的一种指导才能。

计划性，就是战前的预见计划与准备。依照情况制定作战计划，并随着情况的变化及时改变计划是战争指导的中心环节。毛泽东指出：“由于战争的情况和行动都有其相对的固定性，因而应之而生的战争计划或方针，也就必须拿相对的固定性赋予它。”[①]他并指出，由于战争情况之只有相对的确实性和战争是迅速地向前流动的（或运动的，推移的），战争的计划或方针，也只应给以相对的固定性，必须根据情况的变化和战争的流动而适时地加以更换或修改。这里，毛泽东既指明了战争具有相对固定性和相对确实性，从而说明了战争计划的必要性，同时，又指明了战争具有流动性，从而说明了因情况修改计划的必要性。为了适应情况变化，在制订计划时，需要考虑多种情况的变化趋势，制定几套方案。一旦情况变化也能基本处于事先的几种方案之中。例如，解放战争中的济南战役，由于事先制订了“围济打援”、“攻济阻援”、“攻济打援”等几套方案，因而部署了与几套方案相适应的变化措施，使战役的发展在我意料之中。

人民战争的战略战术是在中国人民革命战争的历史条件下总结出来的科学方法，它充分体现了毛泽东指导战争的灵活机动性，故又称为灵活机动的战略战术。

---

① 《毛泽东选集》第2卷，人民出版社1991年版，第496页。

随着历史条件的发展，战争的发展，人民战争的战略战术，将随这些客观条件的变化而发展，产生新的内容，增添新的活力。

（五）国防建设理论

毛泽东极为重视保卫和建设社会主义祖国的国防。在保卫和建设国防的实践中，毛泽东的国防理论逐步形成和发展，成为毛泽东军事思想的一个重要的组成部分。其主要内容是：

1. 明确了保卫和建设国防的目标与任务

毛泽东在建国前夕就指出，“我们的国防将获得巩固，不允许任何帝国主义者再来侵略我们的国土”；“加强人民的陆海空军，巩固国防，保卫领土主权完整，反对任何帝国主义国家的侵略”。1949 年 10 月，毛泽东明确指出全国国防的重点和华北、华东、东南各地区的国防重点，运筹战略力量，建立了强大的国防部署。还规定了第一、二、四野战军准备支援上述地区的兵力。美国发动了侵朝战争后，毛泽东除运筹抗美援朝的战略力量外，为防止帝国主义侵略和蒋军登陆袭击，又适时运筹战略力量加强华东、东南地区的国防部署。为制止印军蚕食中国领土，毛泽东于 1962 年 10～11 月，指挥中国边防部队进行了中印边境自卫反击作战，击退了进犯的印军；1969 年 3 月，取得了珍宝岛反击作战的胜利，并加强了“三北”地区的国防力量；1974 年取得了西沙群岛自卫反击作战的胜利，保卫了祖国的领土，捍卫了民族尊严和国家利益，积累了宝贵的经验。

2. 实行积极防御的战略方针

为防御帝国主义的侵略，保卫祖国，20 世纪 50 年代中期，毛泽东领导制定了积极防御的战略方针。其基本原则是，人不犯我，我不犯人，人若犯我，我必犯人；从军事、政治、经济、科技、外交上，采取各种战略举措，加强国防力量，力图制止或推迟侵略战争的爆发；若敌人对中国发动侵略战争，中国军民将在全民皆兵的基础上，进行全面的人民战争，适时将战略防御转入战略进攻，彻底消灭侵略者。

3. 建设强大的国防军

在建国前后，毛泽东反复指出，我们将不但有一个强大的陆军，而且有一个强大的空军和一个强大的海军。中国必须建立强大的国防军。要迅速把我军提高到足以在现代化的战争中取胜的水平。从 1949 年到 1950 年，建立了海军、空军、炮兵、装甲兵、防空部队、工程兵部队等军种、兵种，50 年代建立了防化兵、通信兵、铁道兵，60 年代建立了第二炮兵，实现了由单一陆军向诸军种、兵种合成军队的转变。创办了军事院校，形成了现代化教育体系。

4. 建立独立完整的国防工业体系

毛泽东指出，在过去一百多年的时间里，“全世界几乎一切大中小帝国主义国家都侵略过我国”，其原因是“社会制度腐败”，“经济技术落后”。今后若不改变经济技术落后的状态，“挨打是不可避免的”。“我们一定要加强国防，因此，一定要首先加强经济建设”。要按照“以我为主”、“自力更生为主，争取外援为辅”、“军民兼顾”、平战结合的方针发展国防工业，并使其服从经济建设。从 20 世纪 50 年代起，先后建立了以周恩来为主任的兵工委员会和中共中央十五人专门委员会，军委科学技术委员会和六个国防工业部等领导机构。到 70 年代，已基本上建立起一个独立的完整的国防工业体系，尔后不断完善，为加速国防现代化建设奠定了坚实的基础。

5. 发展现代军事科学，促进国防现代化建设

1953年毛泽东指出，“为了保卫祖国免受帝国主义者的侵略”，依靠过去较为落后的装备和战术是不够的了，“我们必须掌握最新的装备和随之而来的最新的战术”。1955年提出了要“钻现代化的国防”、“要钻原子能”的号召。毛泽东反复强调，发展军事科学，不能走外国技术发展的老路，跟在别人后面爬行。必须打破常规，采取先进技术，在一个不太长的历史时期内，把我国建设成一个社会主义的现代化的强国。提出了加强军事理论研究，编写战斗条令，发展常规武器，搞点原子弹、氢弹和人造卫星的历史任务，取得了伟大的成就

6. 建立了强大的国防防御体系

为了防御帝国主义的侵略，毛泽东指出，“头脑里要有个战略设防思想”。基本内容包括：明确主要敌人，从而规定主要战略方向和国防重点地区；实行重点设防、重点守备的原则，把强大的野战军放在便于机动的地方，以实施机动作战，进行重点打击；建设国防工程体系，在重点地区建设堡垒地带；在纵深地区修点防空降、防空袭工事；深挖洞，广积粮；守土有责，要加强地方武装和民兵建设，实行全民皆兵制度，各省、地、县都要建立地方武装，民兵建设要做到组织、政治、军事三落实，做到招之即来，来之能战，战之能胜；要准备打斯大林格勒式的大城市防御战，不让敌人长驱直入，等等。

7. 建立强大的战略后方体系

毛泽东在60年代提出全国要搞大后方，各个战区和各个省都要搞自己的大后方。把大三线作为国家的总后方，小三线作为各个省或大区的后方，从“三五”计划开始，集中力量建设大三线，经过十几年的努力，在西南、西北地区建立起独立的战略后方基地。还重视加强战略物资、武器生产设备和兵员的战略储备，以利备战、备荒、为人民。

四、毛泽东军事思想的历史地位

（一）毛泽东军事思想创造性地发展了马克思列宁主义的军事思想

第一，开辟了农村包围城市，武装夺取政权的道路。毛泽东根据中国的特点，在农村建立革命根据地，实行工农武装割据，以农村包围城市，最后夺取全国胜利，解决了在中国条件下无产阶级夺取政权要走什么样的道路问题。第二，解决了把以农民为主要成分的革命军队建设成为一支无产阶级性质的人民军队的问题。中国共产党和毛泽东把马列主义的建军学说同中国的实际情况结合，适应农村包围城市的需要，提出了一套人民军队的建军原则。第三，毛泽东等老一辈无产阶级革命家，在领导中国革命的实践中，充分地依靠人民群众的力量，把人民战争作为根本指导路线，广泛动员，组织和武装群众，以人民军队为骨干，实行主力兵团与地方兵团，正规军与游击队，民兵、武装群众与非武装群众相结合，各种斗争形式相配合，实行全面的彻底的人民战争，从而极大地丰富了马列主义的人民战争思想。第四，系统地制定了适合中国特点的人民战争的战略战术。以毛泽东为代表的中国共产党人，根据中国革命战争的特点，在敌强我弱、敌大我小的条件下，充分利用敌之弱点与我之优点，扬长避短，在人民战争的基础上，实行积极防御的战略方针，把战略上内线持久的防御战和战役战斗上外线速决的进攻战相结合，使我军由战略上的劣势变为战役战斗上的优势，集中优势兵力，各个歼灭敌人，逐步改变敌我力

量对比，由战略防御转入战略进攻，最后取得战争胜利，成功地解决了经过长期战争以弱胜强这个最困难的问题。第五，系统地阐明了关于研究和指导战争观和方法论。毛泽东在《中国革命战争的战略问题》一书中，就怎样研究战争问题作了系统的阐述。《论持久战》等军事著作，也对这个问题作了许多精辟的阐述。

（二）毛泽东军事思想是我军克敌制胜的法宝

中国共产党成立后，以毛泽东为代表的中国共产党人，运用马克思主义的辩证唯物主义和历史唯物主义的原理，批判地汲取古今中外优秀的军事遗产，总结中国革命战争的丰富经验，创立了毛泽东军事思想。毛泽东思想是中国历史上最科学、最先进、最完整的军事理论，它产生于中国革命战争的实践，又对中国革命战争的实践起着巨大的指导作用。在毛泽东军事思想的指导下，中国人民经过国内战争和民族解放战争，打败了国内外的强大敌人，推翻了帝国主义、封建主义和官僚资本主义三座大山的统治，创建了新中国。建国以后，毛泽东军事思想在新的历史条件下继续得到发展，对我国的国防现代化建设起了重要的指导作用。建国五十年来，特别是党的十一届三中全会以来，我国的国防现代化建设所取得的成就以及边境自卫反击作战所取得的胜利，都是和毛泽东军事思想的指导分不开的。

（三）毛泽东军事思想在世界上有着广泛的影响

毛泽东军事思想从它形成之日起，就受到国内外的注意。中国革命战争在全国取得胜利后，更是受到世界上各方面人士的重视，许多人开始对它进行探索学习。各国的报纸、杂志竞相发表介绍和评论文章，各种文字的研究专著相继出版，世界上许多论述战争、和平与革命的重要著作和评论文章，都提到了毛泽东的名字，称他是当代最伟大的军事家、战略家和著名的军事理论家。毛泽东的主要军事著作，已成为各国军事家必读的经典，甚至成为一些国家首脑人物的案头书。研究毛泽东军事思想的人，尽管身份不同，动机各异，但都从不同侧面证明：毛泽东军事思想已经越出国界，成为世界军事理论的重要对象。

20世纪六七十年代，毛泽东思想在第三世界广泛传播，成了许多国家被压迫民族和人民争取民族独立和解放的强大思想武器。

资本主义国家的一些军事理论著作家、评论家，对毛泽东军事思想也很重视，并给予很高的评价。例如：美国《纽约时报》称毛泽东是当代的“革命战略家”。日本军事评论家林克指出：毛泽东创造性地科学地划时代地发展了马克思列宁主义的革命的军事理论，建立了与资产阶级军事学说在本质上不同的无产阶级的军事学说和军事原则。基辛格在《核子武器与外交政策》一书中指出：毛泽东基于大家熟悉的列宁主义学说，即战争是斗争的最高形式，研究出一套军事理论，这套军事理论表现出高度的分析能力、罕有的洞察力。日本军事评论家宾户宽指出，毛泽东是一位伟大的革命家，伟大的理论家，与马克思、列宁所不同的是，他同时是一位伟大的军事领袖、军事理论家。

在美国、英国、法国、德国和日本，出版了不少研究毛泽东军事思想的论文和专著，研究的内容十分广泛，此较多的是战争观、人民战争、持久战、游击战、运动战等方面的问题，无论是朋友还是敌人，都从不同的目的出发认真研究毛泽东军事思想。这些说明，毛泽东军事思想已经成为世界人民共同的财富，在世界军事思想史上占有重要的地位。

第四节　邓小平新时期军队建设思想

邓小平同志作为党的第二代领导集体的核心，在领导全党和全国人民努力开辟社会主义现代化建设事业的伟大进程中，不仅创立了建设中国特色社会主义理论，而且在领导新时期我军建设的伟大实践中，适应新时期军队建设和军事斗争的客观需要，以大胆创新的精神和求真务实的态度，运用马列主义军事理论和毛泽东军事思想的基本原理，创造性地回答了新形势下国防建设和军队建设一系列重大理论和现实问题，提出了一整套具有中国特色的、符合新时期国防建设和军队建设实际的理论，揭示了新时期国防建设和军队建设的基本规律，形成了具有中国特色的新时期军队建设的指导思想。

邓小平新时期军队建设思想，是邓小平在中国社会主义建设的新的历史时期，关于军队建设及有关军事问题的科学理论体系。它是马列主义军事理论、毛泽东军事思想与新时期军队和国防建设实践相结合的产物；它是邓小平理论的重要组成部分；它是新时期国防建设和军队建设的科学指南；它是以邓小平为代表的全党全军集体智慧的结晶。

一、邓小平新时期军队建设思想的形成和发展

邓小平新时期军队建设思想，是从新时期面临的国际国内形势出发，为适应军队建设和国防建设的需要，在实践中逐步形成和发展的。

（一）初步形成阶段（1975～1978 年党的十一届三中全会前）

邓小平新时期军队建设思想的形成，从 1975 年 1 月邓小平参加党中央和中央军委领导工作开始。有的同志提出，既然新时期是从 1976 年 10 月为起端，为什么讲邓小平新时期军队建设的思想，往往追溯到 1975 年呢？这是因为 1975 年 1 月，邓小平重新复出担任了中共中央副主席、中央军委副主席兼总参谋长后，立即根据毛泽东关于军队要整顿的思想和军队当时存在的肿、散、骄、奢、惰的严重情况，发表了《军队要整顿》和《军队整顿的任务》等重要论述。这些论述符合客观实际，获得了广大指战员的拥护。然而，由于错误地“批邓反击右倾翻案风”，使这些重要思想未能得到贯彻落实。直到粉碎“四人帮”后，特别是党的十一届三中全会后，才又重新强调这些论述并真正得到贯彻落实。所以，这些重要论述尽管发表于进入新时期以前，但它实际上已经成为指导新时期军队建设的重要思想。因此，在讲邓小平新时期军队建设思想时，理所当然地要追溯到他 1975 年以来的重要论述。之后邓小平还发表了《关于国防工业企业的整顿》《军队要把教育训练提高到战略地位》《中央军委全体会议上的讲话》《在全军政治工作会议上的讲话》《解放思想，实事求是，团结一致向前看》等一系列重要讲话，就新时期军队建设问题提出了许多重要的论断和方针，指导我军各方面的工作胜利地实现了拨乱反正，为在新的历史条件下研究新情况、解决新问题，全面推进军队和国防现代化建设铺平了道路。针对“两个凡是”的错误方针，邓小平提出了要完整准确地领会和把握毛泽东思想科学体系的论断；提出了一切从实际出发、理论联系实际、实事求是，是毛泽东思想的出发点和根本点；提出了要把军队办成一个大学校，要把教育训练提高到战略地位，

以及在新的历史条件下加强思想政治工作等重要原则；针对林彪、“四人帮”对军队的破坏，高举军队要整顿的旗帜，恢复了毛泽东的建军传统，提出了一系列重要的建军思想，如抓编制、抓装备、抓战略的思想；要克服软懒散，建立“敢”字当头的领导班子的思想；要建立调整干部队伍和领导干部交流的思想；军队要建立克服派性、增强党性、加强纪律性的思想，以及关心群众生活的思想等。总之，在党的十一届三中全会之前，邓小平就在军队建设实践中总结出了一系列重要建军思想和原则，特别是对党的实事求是思想路线的恢复和提出毛泽东思想是一个完整的科学体系的论断，为新时期军队建设思想科学体系的形成作了必要准备。

（二）全面成熟阶段（1978 年 12 月党的十一届三中全会至 1985 年 6 月军委扩大会议召开）

1978 年 12 月党的十一届三中全会召开，实现了党的工作重心的转移。作为无产阶级革命家和军事家的邓小平，在继续致力于解决正确对待毛泽东思想这一重大问题的过程中，通过对新的历史条件下国防和军队建设面临的新问题的解决，不仅为我军现代化建设规划了蓝图，而且提出了一系列具有重大指导意义的新时期国防和军队建设的理论原则，并就新时期如何贯彻积极防御的战略方针、实现现代条件下的人民战争等问题发表了重要谈话，从而使邓小平军事理论进一步成熟和系统化。

1979 年 2 月 17 日～3 月 6 日，邓小平亲自部署对越自卫作战并取得了重大胜利。同年 7 月 29 日，邓小平在接见海军常委扩大会议全体同志的讲话中，强调军队建设要讲质量，讲真正战斗力，搞少而精的，真正顶用的。1980 年 3 月 12 日，邓小平在军委常委扩大会议上，发表了《精简军队，提高战斗力》的讲话，指出军队的问题主要是“消肿”，改革体制、训练和加强思想政治工作。1981 年 6 月召开的党的十一届六中全会上，邓小平当选中央军委主席。同年 9 月 19 日，邓小平在华北某地检阅演习部队时，发表了题为《建设强大的现代化正规化革命军队》的重要讲话。在这一纲领性文献中，邓小平深刻阐述了我军在新时期的地位和作用，规定了新时期我军建设的总方针、总目标和总任务。他还先后发表了《现代战争要取得制空权》《我们的战略方针是积极防御》《和平和发展是当代世界发展的两大主题》《军队要服从整个国家建设的大局》等重要讲话。综观这一时期邓小平的重要谈话及其所阐述的重要理论观点，可以看出，邓小平不仅提出了建设中国特色社会主义的理论，而且坚持和发展了毛泽东建国初期就提出的建设现代化、正规化革命军队的思想，阐明了新时期国防和军队建设的总方针、总任务及其基本途径、方法和要求，并就继承和发展人民战争理论，实行现代条件下的人民战争等一系列重大问题作出了比较系统的理论概括。这表明，在这一时期，邓小平军事理论作为一个完整的科学体系已趋于成熟。

（三）丰富发展阶段（1985 年 6 月军委扩大会议以后）

1985 年军委扩大会议以后，我国处于进一步改革开放、经济飞速发展的时期。邓小平基于对国际、国内形势和任务的科学分析，发表了《维护世界和平的实际行动》《在军委扩大会议上的讲话》《中国必须在世界高技术领域占有一席之地》《在接见首都戒严部队军以上干部时的讲话》《会见参加中央军委扩大会议全体同志时的讲话》等重要谈话和讲话，深刻阐明了军队建设必须从准备早打、大打、打核战争的临战状态转变到和平时期建设的轨道，进一步阐明了新的历史条件下军队的性质、职能及任务，并就如何在新的历史时期，结合发展变化了的新情况，继承毛泽东军事思想，研究和实行现代条件下的人民战争，发展我国军事科学等重大理论和实际问题，提出了一系列重要思想。

二、邓小平新时期军队建设思想的主要内容

邓小平新时期军队建设思想的主要内容包括：战争与和平问题的理论；建设中国特色的现代化国防；建设现代化和正规化革命军队；新时期军事战略思想四个部分。

（一）战争与和平问题的理论

邓小平现代战争理论，是邓小平对战争问题的系统的理性认识，是邓小平军事理论体系的重要组成部分。因为，战争问题是马列主义军事理论的重要内容，是涉及人类命运和文明发展的重大问题，也是影响和制约军事战略、国防建设和军队建设乃至国家内外政策的基本问题。邓小平科学地观察和分析了国际形势的发展变化，对战争与和平问题作出了新的战略判断。这些判断主要有：霸权主义是现代战争的主要根源，世界大战是可以避免的，和平与发展是当今世界的主题和"一国两制"、"共同开发"的战略构思。在科学判断基础上，他作出了军队建设指导思想实行战略性转变的重大决策。

1. 霸权主义是现代战争的主要根源

战争根源问题，是马列主义战争观的一个重要问题。邓小平在党的十一届三中全会后，通过对世界形势的进一步透视，对霸权主义是当代世界战争的主要根源的思想，作出了全面的科学论述。他指出："霸权主义是战争根源。"这是对马克思主义战争根源学说的重大发展。其主要表现是：

（1）揭示了霸权主义与帝国主义的区别和联系。邓小平关于东西方是现代战争根源的论断告诉人们：随着时代的发展变化，战争根源的主要表现形式可能有所不同。在资本主义上升时期，列宁提出"帝国主义就是战争"的论断是完全正确的。20 世纪 60 年代末以后，美苏霸权主义的争夺使世界和平受到严重威胁，因而霸权主义是现代战争根源的论断更符合当代国际社会的现实，也能更全面地概括当代国际社会的主要战争现象。霸权主义与帝国主义既有区别又有联系。二者的主要区别在于帝国主义是一种社会制度，而霸权主义则是一种对外政策。二者的联系主要表现在帝国主义国家必然推行霸权主义政策，这是由其社会政治和经济制度所决定的。只要帝国主义存在，霸权主义也会存在，战争根源就不会消失。因此，邓小平的论断实际上包括了列宁关于帝国主义是战争根源论断的基本含义，而且是对列宁所提出的论断的进一步深化。

（2）为正确认识某些社会主义国家推行霸权主义的问题提供了理论依据。根据邓小平论断，霸权主义包括两种类型，一种是帝国主义国家的霸权主义，一种是社会主义国家的霸权主义。两种霸权主义的表现形式基本相同，但产生背景有本质区别。社会主义制度与霸权主义没有必然性，它们两者本来是不相容的，但某些社会主义国家在特定的条件下也可能推行霸权主义政策，成为新的战争力量和战争根源。

(3)指明了威胁世界和平的主要因素。邓小平指出:霸权主义有全球霸权主义和地区霸权主义之分,它们都是危害和平的因素。但是,有资格打世界大战的超级大国推行的全球霸权主义,是引起世界大战的最主要根源,从而为人们正确认识现代战争的主要威胁指明了方向。

2. 世界大战是可以避免的

在世界大战问题上,党和邓小平的认识可以分为三个阶段:第一阶段(1971～1980年),认为大战不可避免,但可以推迟。第二阶段(1981～1985年),认为战争危险依然严重存在,但和平是有希望的。第三阶段(1985年后),认为和平力量的增长超过了战争力量的增长,工作做得好,世界大战是可以避免的。邓小平认为:当代制止世界战争、维护世界和平的出路是增强和平力量,用和平方式处理国际关系。

(1)坚持反对霸权主义是制止战争的首要措施。邓小平在作出霸权主义是现代战争根源论断的基础上,明确指出制止战争的首要措施就是反对霸权主义。早在1978年,邓小平在日本举行的记者招待会上就指出:霸权主义是国际不安全、不稳定的根源,谋求世界的和平与安全,不反霸是不行的。后来他又在不同场合多次指出:反霸已成为一切珍视独立、爱好和平的国家和人民的迫切任务;要维护世界和平,就要从各方面反对霸权主义,反对强权政治。

(2)在处理国家关系上,求同存异,不纠缠历史旧账,一切向前看。国家作为国际关系的主体,由于各自的利益不同,寻求利益的方式有别,因而不可避免地会发生这样或那样的矛盾和冲突。邓小平作为我们党和国家第二代领导集体的核心,坚持以和平共处五项原则为基础处理国家之间的关系。对于与我国社会制度、意识形态上有分歧的国家,邓小平提出寻找共同点,求同存异;对于在历史上与我国有过矛盾、有过恩怨的国家,邓小平强调不纠缠历史旧账,一切向前看。对于中美关系,邓小平强调求同存异,开辟未来;对于中日关系,邓小平强调要看得远些,把中日关系放在长远的角度来考虑和发展。

(3)重视发挥联合国在和平解决国际争端中的作用。随着国际形势的发展,联合国在国际事务中的作用日益突出,联合国应在和平解决国际中发挥更大的作用。《联合国宪章》为和平解决国际争端的国际法制度确立了基本原则,总结了以篇目国际条约和实践中已经形成的各种和平解决方法,并建立了联合国解决国际争端的体系和程序,构成了当代国际法和平解决国际争端的新制度。一个时期以来,联合国在世界冲突各地广泛开展调停、调解与和平斡旋,在有些地方开展了维持和平行动,对维护世界和平、稳定世界局势作出了积极的贡献。

(4)维护第三世界国家的团结是增强和平力量的重要条件。党的十一届三中全会以后,邓小平更加强调第三世界对于制止战争的重要作用。他认为第三世界是反对霸权主义的主力军,第三世界的力量,特别是第三世界国家中人口最多的中国的力量,是世界和平力量发展的重要因素。一些第三世界国家还对霸权主义的武装侵略进行了英勇抗击,有力地牵制了超级大国的全球战略,削弱了它们左右国际形势的能力,打破了它们任意摆布世界命运的企图,对制止战争、维护世界和平产生了重大影响。

3. 和平与发展是当今世界的主题

1980年以来,世界经济、政治、军事诸方面的发展变化,使人类社会进入到一个同以前的战争与革命时期不相同的新的历史时期，主要表现在以下四个方面：一是西方发达国家之间经济上相互渗透、相互依存，尽管它们在领土、资源、市场的争夺中，存在着许多矛盾和冲突，但还没有闹到兵戎相见、爆发帝国主义大战的地步。二是资本主义和社会主义两大社会体系之间，虽然帝国主义不忘颠覆社会主义，但它们已改变了同社会主义的斗争策略和方式，从武力扼杀为主转变为促使“和平演变”为主的战略。三是帝国主义国家同殖民地半殖民地国家的矛盾，由于帝国主义国家打出了“互利互惠”的旗号，而得到了缓解。四是以经济、科技为重点的综合国力竞争，成为当今国际竞争的中心。邓小平通过对国际形势发展的观察和分析，紧紧把握形势发展变化中最具有根本意义的时代条件，作出了和平与发展是当今世界两大主题的科学论断。

4.“一国两制”、“共同开发”的战略构想

邓小平为维护国际稳定环境，推动国际和平与发展，提出了以和平方式解决国际争端的总构想。他首先从解决我国台湾和香港问题为先导，提出了一个合情合理统一祖国的、具有深远意义的“一国两制”的构想。1997 年 7 月 1 日，我国用和平的方式恢复对香港行使主权，1999 年 12 月 20 日，澳门顺利回归祖国，这一切都证明了邓小平同志提出的“一国两制”战略构想的科学性、预见性，不仅为我国完成台湾回归、祖国统一的大业奠定了基础，而且还为全世界提供了用和平方式解决争端的光辉典范。对于国际上的领土、资源争端，邓小平提出要从尊重现实出发，找条新的路子来解决。他说，有些国际上的领土争端，可以先不谈主权，先进行共同开发。邓小平所说的“先不谈主权”绝不是“不谈主权”，而是一个如何选择谈主权的时机问题。因为在时机和条件不成熟的情况下谈主权，往往会把事情弄僵，得不到圆满解决；在时机和条件成熟的情况下谈主权，往往会得到较好的解决。可以先从经济利益入手，用经济利益的共同纽带将争议中的各方联结起来，各方共同得利，为合理解决争端创造和谐有利的气氛，最终达到消除争端。邓小平的这一战略构想，体现了他敢于用前人没有想过、没有做过的方式来解决国际争端的气魄。

（二）新时期国防建设理论

邓小平国防建设理论，是邓小平坚持解放思想，实事求是的思想路线，把马列主义、毛泽东思想关于国防建设的科学原理同新时期国防建设实践紧密结合的产物，是我国新时期国防建设的科学指南。

1. 以国家利益为最高准则

国与国的关系，无论是友好合作还是互相斗争，其目的都是为了维护国家利益。世界上不同的国家，有着不同的国家利益。在我国，阶级利益、民族利益、人民利益是高度一致的。我国是中国共产党领导下的社会主义国家，消灭了阶级对立，国家利益就是人民的利益，就是全民族的利益。邓小平说，我们这个军队永远是党领导下的军队，永远是国家的捍卫者，永远是社会主义的捍卫者，永远是人民利益的捍卫者，是最可爱的人！我国国防必须以保卫我国的国家利益为最高准则。

在国家利益中，意识形态是一个重要的组成部分。我国是社会主义国家，马克思主义是我们的理论基础，实现共产主义是我们的远大理想。而西方资本主义国家也把维护资产阶级的意识形态作为它们的国家利益。因此，我们要重视意识形态方面的斗争，把意识形态斗争与维护国家利益的斗争紧密联系起来。我国作为

目前世界上最大的社会主义国家，最重要、最现实的首先就是要保卫我们国家的安全并使之不断发展强大起来。

主权和安全是国家的根本利益。国家利益包括了国家的政治利益、经济利益、科技文化利益等。概括起来，国家利益可分为生存利益和发展利益两大类。其中生存是最根本的国家利益。邓小平明确指出，中国的国家利益问题，一个就是根治贫穷，巩固和发展社会主义；再一个就是维护和平，捍卫国家的独立、统一和安全。在国际战略格局发生重大变化的情况下，面对西方敌对势力对中国推行所谓“西化”和“分化”的政治图谋，邓小平严肃指出，确保国家主权和安全不受侵犯，是我们不可动摇的基本原则。

邓小平基于对战争与和平问题的新判断，适应党和国家工作重点的转移，我国国防建设的指导思想实行了战略性转变，即从准备“早打、大打、打核战争”的临战状态，真正转到和平时期的建设轨道上来。国防建设指导思想实行战略性转变，对于促进以经济建设为中心的国家总体建设，增强综合国力和国防能力，对于塑造中国的和平形象，争取在国际斗争中的战略主动权，对于把握历史机遇，推进军队的革命化、现代化、正规化建设，有着深远的意义。它标志着我国的国防建设已经进入一个新的发展时期。国防建设指导思想实行战略性转变并不等于可以“刀枪入库，马放南山”，相反，邓小平始终强调对战争问题要保持警惕。邓小平曾指出，世界上希望我们好起来的人很多，想整我们的人也有的是。我们自己要保持警惕，放松不得。

2．走常备军与后备力量相结合的精兵之路

邓小平在对我国社会主义现代化建设进行总体设计的同时，也描绘了我国国防建设特别是武装力量建设的发展蓝图，并指明了精干的常备军和强大的后备力量相结合，是建设现代化国防的必由之路。这是对我国国防建设实践经验的科学总结，反映了和平时期国防建设的普遍规律。

国防力量，是捍卫国家主权、领土完整和安全的各种实力和潜力的统称，包括军事及与国家安全有关的政治、经济、科学技术等方面的力量，其中武装力量是国防力量的主体内容。国防力量分为国防实力和国防潜力两大部分。以常备军为主体的国防现实力量是国防力量的骨干，是国家国防威力的主要标志。以民兵、预备役为主体，包括政治、经济和科技等方面的国防潜力是国防现实力量的后盾，是国家国防威力的基础。一个国家国防威力的强弱，不仅要看这个国家拥有的常备军及其装备的数量和质量，更要看人力后备、物力后备和科技后备的强弱。强大的国防是由常备军、后备力量、国防科技、国防工业、新的军事理论、战略思想等很多因素构成的。其中常备军和后备力量是构成国防的两大基本要素，常备军是骨干，后备力量是基础。没有常备军的国防或者没有强大后备力量的国防，都是不完整的国防，都不算强大的国防。军委领导指出：我们在推进现代化国防建设中，不仅要建设一支政治觉悟很高、装备精良、编制科学、训练有素、指挥灵便、快速反应能力和实战能力很强的常备军，而且要建设一支数量充足、质量较高、动员快速、机制完善的强大的后备力量。

常备军是国防实力的重要标志和国家综合国力的重要支柱，是国防力量的主要组成部分，也指国家平时保持的现役正规军队。在常备军建设上，主要抓了以下几个方面:通过几次裁军,减少了数量,使军队规模与国家安全需要相适应,合并大军区减少机关人员,提高了部队和指挥的整体效能;通过陆军改为集团军,增大了特种兵比例,提高了合成化程度和组织作战能力;通过恢复、调整军队院校,形成初、中、高等军事院校与地方院校相结合的军事人才培养生长机制,使我军在精干、合成、效能、提高战斗力等质量建设方面,达到了一个新的水平。

国防后备力量是常备军的后盾和国防潜在力量。我国国防后备力量是预备役制度和民兵制度相结合的体制。在后备力量建设上,确定了"减少数量,提高质量,突出重点,打好基础"的16字方针。减少数量——以达到适当规模,有利于减轻人民负担,有待于国家经济建设,有待于精兵利器;提高质量——通过强化训练,提高军政素质,以适应现代战争的要求和有效地完成各项任务;突出重点——即首先抓好陆、海边防地区的民兵建设,抓好专业技术民兵和大、中学生的教育训练,突出培养和储备指挥人员和专业技术人员;打好基础——包括组织上、物质上、技术上和理论上的建设。

3. 军民结合与平战结合发展国防工业

如何从国家安全与发展的实际需要出发,合理配置资源,确立力量结构,以最低的投入获得最大的国防效益与国家发展效益,这是每个国家都会遇到的需要悉心筹划的大问题。

我国在国防工业建设与生产实践中,摸索出了一条兼顾国防与民用工业生产的高效益的正确途径。邓小平对此进行了高度概括。他说:国防工业有四句话:军民结合,平战结合,军品优先,以民养军。这个方针既是过去我国国防工业发展的成功经验的总结,也是今后国防工业前进的正确方面。

"军民结合",是将国防工业中为军事需要而进行的生产与为一般民用需要而进行的生产结合起来。由于国防工业中军品生产技术同民用品生产技术之间存在着许多相近甚至是相同之处,因此,是可以做到把二者结合起来的。这样,一方面,可以利用国防工业的雄厚工业基础和技术优势,为国家经济建设服务;另一方面,可以增强国防工业的应急能力、平战转换能力和市场竞争能力,有力地推动国防工业的发展。

"平战结合",是将和平状态与战时状态下满足不同国防需求的国防工业生产结合起来。一般来说,国防工业的生产能力是相对稳定的,但是,国防需求在平时和战时是大不一样的。在和平状态下,由于国防需求的减少,必然造成国防工业的一部分生产能力闲置;如果仍然维持庞大的军工生产,则必然造成国家资源的浪费,对国民经济建设和人民生活产生不利影响。在战时状态下,武器装备的需求量会大量增加,仅仅靠原有的国防工业企业是不能满足急剧增长的国防需求,就要在工业领域实施国防动员,以扩大生产规模,保证武器装备和其他作战物资的供给。因此,国防工业的平战结合是十分必要的。

"军品优先",是指在国防工业生产中要确保优先完成军品订货的生产任务。在市场经济条件下,作为军工企业,仍然要坚持军品优先,不能单纯追求经济利益,而影响军品生产任务的完成。

"以民养军",是指国防工业企业通过发展产品生产来支持军品的生产。国防工业技术发展的道路,既存在着"军转民",把先进的军工技术转移为民用技术的方式；又存在着“民转军”，把先进的民用技术转移为军用技术的方式。在新的科技革命浪潮的推动下，大量的资金、人力首先涌入民用科技领域，并很快完成由技术向商品的转化，这就极大地加快了资金的回流，进一步加速了技术的发展。这些先进技术是完全可以由民用技术领域流向军工技术领域的。“以民养军”，在和平时期显得特别重要。

4. 自力更生与引进技术相结合，发展国防科技

在国防科技发展上，有两种错误倾向：一种是闭关自守，盲目排外；一种是依赖外援，迷信外国。排外者否定外国先进技术的引进，依赖者主张直接从外国买来武器。前者是一种蠢人思想，后者是一种懒汉思想。邓小平坚持我党自力更生为主的传统方针，并同时倡导对外开放，吸收外来先进技术。他说，关起门来搞建设是不能成功的，中国的发展离不开世界。当然，像中国这样大的国家搞建设，不靠自己不行，主要靠自己，这叫自力更生。但是，在坚持自力更生的基础上，还需要对外开放，吸收外国的资金和技术来帮助我们发展。独立自主，自力更生，是我党一贯坚持的重要原则，是各项工作的立足点，但自力更生不等于闭关锁国，科学技术是人类共同创造的财富，我们不仅因为今天科学技术落后，需要向外国学习，即使我们的科学技术赶上了世界先进水平，也还要学习人家的长处。引进先进技术绝不是一切照搬。依赖外援，依赖的结果必然是受制于人，成为人家的附庸。所以，只有以自力更生为主，与引进先进技术相结合，在先进性与适应性的结合点上找到最佳优选点，提高我们自己，才是出路。

（三）新时期军队建设理论

根据新的历史条件，邓小平明确提出，中国人民解放军必须建设成为一支强大的现代正规化的革命军队。这是新时期军队建设总的奋斗目标和任务。

1. 确立现代化为中心的建设方向

现代化、正规化、革命化，是我军建设的三项硬指标和总任务。

革命化，反映的是我军的阶级属性和政治思想水平，体现了人民军队的本质和宗旨，是我军的政治优势，是保持人民军队的革命性质和坚定正确政治方向的保证，是现代化、正规化的灵魂，是我军克敌制胜的法宝。革命化使我们这个军队真正成为党和国家的钢铁长城，不管如何更新换代，我们这个军队永远是党领导下的军队，永远是国家的捍卫者，永远是社会主义的捍卫者，永远是人民利益的捍卫者。

正规化，主要反映的是军队的组织、管理和军制水平状况。它是军队发展的必然要求，是军队建设的一项重要内容。加强正规化建设是提高军队战斗力的需要，是军队现代化的必要条件，是整顿军队的重要措施。

现代化，关键是科学技术现代化，还包括武器装备现代化、培养现代化的人才、体制编制现代化、后勤保障现代化、军事理论现代化。军队建设必须坚持以现代化建设为中心，努力提高我军现代化水平，以适应现代化战争的要求。以现代化建设为中心是时代发展对军队建设提出的客观要求，是解决当前我军建设主要矛盾的根本途径，是实现国家现代化总任务的需要，是进行现代条件下人民战争的需要。

“三化”是相互联结、相互促进、不可分割的统一体。以现代化为中心，必然带动其他“两化”相应地发展。现代化建设也需要革命化和正规化的保障，需要依靠广大指战员积极性、创造性的发挥，而这种人的主观能动性精神需要革命化去激

发，需要正规化加以融会。

2. 建立科学的体制编制

军队的体制编制，包括军队领导指挥机关、作战部队系统、院校和科研系统、后勤系统的设置、编组、任务区分和相互关系等制度，以保证军队各级各类组织有机地编成，体制编制改革的着眼点，就是提高战斗力。邓小平在主持我军裁减100万的同时，就是抓住了我军的体制编制的改革，这就是精简和整编相结合的军队整顿工作。几年来，我军在贯彻邓小平和军委提出的“精兵、合成、平战结合、提高效能”四条原则上，取得了可喜的进展。

3. 以提高战斗力作为军队建设的根本标准

军队战斗力的实质是军队全部物质力量和精神力量的总和，是军队夺取战斗胜利或遏制战争爆发的现实力量。因此，战斗力的客观标志，在战时主要体现在作战能力上，在平时主要体现在维护国家安全与发展和威慑敌人的能力上。提高现代战争条件下军队的战斗力，主要表现在提高以下五种作战能力：协同作战能力、快速反应能力、电子对抗能力、后勤保障能力和野战生存能力。

4. 把教育训练提高到战略地位

邓小平以伟大战略家的洞察力，密切注视世界军事斗争的发展，接连发出了“科学技术是第一生产力”，“尊重知识，尊重人才”，干部队伍要“革命化、年轻化、知识化、专业化”和“把教育训练提高到战略地位”等指示和号召。军队教育训练不仅是战斗力生成的途径，而且也是培养各种人才、锻炼战斗作风、增强部队凝聚力的重要措施。教育训练是联系相当广泛的实践活动，是联系军队建设各方面的纽带，军队建设的各项成果，往往需要通过教育训练的实践来检验、改进、完善和提高。

5. 新时期军队政治工作

邓小平指出，新时期我军的政治工作，必须服务于国家的社会主义现代化建设，服务于军队的现代化建设，从政治上、思想上、组织上，保证党对军队的绝对领导和人民军队的性质，保证军队的社会主义精神文明建设，保证军队内部的团结和军政军民团结，保证军队战斗力的提高和各项任务的完成，动员和团结全体官兵，把我军建设成为具有中国特色的现代化、正规化的革命军队。这就是我军政治工作基本指导思想。新时期，邓小平导引我军政治工作在理论和实践上的发展，大体概括为六个方面：

第一，适应军队建设的新形势、新情况，必须保持人民军队的性质，忠于党、忠于国家、忠于人民，保证我军政治上永远合格，是军队政治工作的根本任务。

第二，坚持用马列主义、毛泽东思想和新时期“一个中心，两个基本点”的基本路线教育和统一全军的思想，把忠实维护国家建设、维护改革开放、反对资产阶级自由化和反对“和平演变”作为政治工作的重点。

第三，把培养有理想、有道德、有文化、有纪律的“四有”合格军人，列为政治工作的目标。

第四，把坚持党对军队的绝对领导，发挥军队内各级党组织的核心堡垒作用和党员的先锋模范作用，保证枪杆子永远掌握在政治可靠的人手里，作为政治工作的核心内容。

第五，以树立永远是战斗队的观念，加强社会主义精神文明建设，发扬“五种革命精神”作为政治工作的着眼点。

第六，在实践中继承和创新，建立新时期政治工作理论体系，作为发展政治工作的动力。

(四)新时期军事战略理论

军事战略理论，是筹划和指导军事斗争全局的方略。在长期的中国革命战争实践中，以毛泽东为杰出代表的老一辈无产阶级革命家、军事家，把马克思主义军事战略理论的基本原理和原则，同中国革命战争战略指导的具体实际紧密结合，创立了充分反映中国革命战争特殊规律的军事战略理论——毛泽东积极防御战略思想。正是在这一具有鲜明中国特色的科学的军事战略理论指导下，中国共产党人及其领导下的人民军队，针对不同时期的形势和任务的发展变化，适时制定了符合客观实际的军事战略方针，为夺取军事斗争的胜利提供了战略指导上的可靠保证。在新的历史条件下，邓小平创造性地继承和发展了毛泽东积极防御战略思想，根据国际战略格局的变化和对战争与和平新形势的判断，预见现代战争发生、发展的特点，紧密结合我国军事斗争的实际，逐步形成了独具特色的适应新时期军事战略指导需求的军事战略理论，亦即邓小平新时期积极防御战略理论。这个军事战略理论，是我国制定新时期军事战略方针的理论依据，也是我们研究一切军事战略问题的理论基础。邓小平新时期军事战略理论的内容十分丰富，其基本观点可以概括为以下两个方面：

1. 贯彻积极防御的战略方针

在新的历史时期，面对复杂的军事斗争，采取什么战略方针指导我们的战争准备和战争实施至关重要。邓小平说，我们未来的反侵略战争，究竟采取什么方针？我赞成就是“积极防御”四个字。

在新的历史条件下，邓小平继承和发展了毛泽东积极防御战略思想，将其作为贯穿我军作战和建设始终的根本方针，具体体现在四个方面：一是要在积极防御战略方针的指导下，重视和平时期的战争准备，强调不论在任何情况下军队还是要随时准备打仗的。二是在战略上要实行后发制人的原则，面对国际风云变幻，他强调要保持高度的警惕性，要“冷静观察”、“稳住阵脚”、“沉着应付”，掌握后发制人的主动权。三是要坚持防御中有进攻。他说，积极防御本身不只是一个防御，防御中有进攻，积极防御也包括我们出去打，人若犯我，我必犯人。四是强调用劣势装备打败优势的敌人。邓小平认为，在未来高技术局部战争中，与交战之敌在武器装备上相比，我军仍将处于劣势。但因为我们进行的是正义战争，是人民战争，因此，我们要有充分的信心，用劣势装备去打败优势的敌人。

邓小平不仅强调坚持贯彻积极防御思想，同时还提出了在新时期贯彻积极防御战略方针应遵循的基本原则，主要包括五方面内容：一是要以国家利益为最高准则处理军事战略问题。二是要以遏止战争、维护世界和平为首要目标。三是以毛泽东军事思想为指导。四是要立足于打赢高技术条件下的局部战争。五是实施灵活正确的战略指导。

2. 认真研究现代条件下的人民战争

战争随历史的发展而发展。今天的战争不同于过去的战争，人民战争的传统经验在现代条件下也不能照搬照套。为了打赢现代条件下的人民战争，邓小平提出了“继承毛泽东军事思想，研究现代条件下的人民战争”的新课题。其内容主要有以下四个方面：

(1)必须认真研究现代条件下人民战争的新特点。邓小平指出，现在的人民战争与过去不同，主要是：条件不同，人民战争的表现形式也不同，装备不同，手段也不同。

第一，条件不同。首先是历史条件的不同。新民主主义革命时期，党领导中国人民所进行的革命战争，是为了推翻帝国主义、封建主义和官僚资本主义的反动统治，建立人民民主专政的国家政权。在社会主义革命和社会主义建设时期，我们所进行的战争是防卫性的正义战争，其目的是维护国家主权独立和领土完整，保卫国家的四化建设。其次是技术条件的不同。由于科学技术的发展并日益广泛地运用于军事领域，使得武器装备不断更新换代，高技术武器已登上战争的舞台，现代条件下的人民战争将是高技术条件下的人民战争。三是物质条件不同。在过去的战争中，我军力量弱小，物质条件差，没有统一的国家政权，军队得不到应有的物资供应，是在极其艰难困苦的条件下战胜国内外强大敌人的。建国以后特别是十一届三中全会以后，党制定了一条正确的政治路线，领导全国人民一心一意进行现代化建设，社会主义的综合国力空前增强。现代条件下的人民战争，将有强大的物质基础作为保障。四是战争战场条件的变化。过去，特别是在解放战争时期，战场广阔，我军在很大地幅投入重兵集团与敌军交战，便于展开，便于机动，便于实行灵活机动的战略战术。现代条件下的人民战争，将在局部地区展开，战场容量较小，不便于大兵团作战，人民战争的传统战法将受到战场条件的制约。

第二，表现形式不同。技术决定战术，武器装备的发展，使战争的表现形式也不同于以往。技术进步在当代军事上的最突出表现，就是高技术武器装备在战争中的广泛运用。现代条件下的人民战争，将在多维空间展开，作战样式将发生重大变革，作战行动是诸军兵种的联合作战。

第三，装备不同。装备的改进，使人民战争更有力量。建国以后，在党中央三代领导集体的关心下，在广大科技人员的共同努力下，我军武器装备有了长足的发展，已经拥有了包括导弹核武器在内的现代化武器装备，进行人民战争的力量空前强大。

第四，手段不同。由于武器装备的不同，进行人民战争的手段也不同。就是说，传统的作战形式和战法在新的形势下要有所发展。比如游击战，邓小平曾经形象地说现代条件下，老的游击战还是有用的，例如民兵从地道里出来，用导弹打敌人的坦克，就是现代武器的游击动作。也可以藏在山洞里，突然出现，袭击敌人，对飞机场也可以利用夜暗或地道接近，突然行动。他还根据现代战争已是诸军兵种合同作战的情况指出：打起仗来，没有空军是不行的，没有制空权是不行的。陆军需要空军掩护、支援，海军没有空军的掩护也不行。今后作战，陆海空军，首先要有强大的空军，要取得制空权。

(2)坚定以现有武器“最后也可以打胜”的信心。现代条件下的人民战争，我们仍将面临装备优势的敌人。针对在这种情况下一些人缺乏胜利的信心，邓小平指出，我们历来的经验，就是用劣势装备打败优势的敌人，因为我们进行的是正义战争，是人民战争。

(3)探索现代条件下人民战争的新战法。在长期的革命战争实践中,我军创造了一系列成功有效的人民战争战法。这些传统的战法,今天仍有其强大的生命力。但是,现代条件下的人民战争特别是高技术条件下的人民战争,将不是昨天战争模式的重复。未来作战对手武器装备的高技术化,对运动战、阵地战、游击战三种作战形式以及近战、夜战等传统战法提出了严峻的挑战。为此,就要在不断改进武器装备的同时,注重探索高技术条件下人民战争的战略战术,对传统战法在继承的基础上加以创新。

(4)充分作好现代条件下人民战争准备。能否作好现代条件下人民战争的准备,直接关系到未来战争的成败。邓小平多次强调,我们一定要利用相对和平时期作好现代条件下人民战争的准备。一是搞好国防教育,增强全民国防观念。全民国防意识的强弱表现出一个国家进行战争准备的思想基础是否牢固。在和平与发展成为世界两大主题的今天,世界各国并没有放松对国民的国防教育,普遍把增强民族的国防意识摆在提高国家综合国力的重要位置。平时就必须作好思想准备,切实具备相应的思想基础,即必须使广大人民群众始终保持着强烈的国防意识和高度的思想警惕。抓好全民国防教育,努力创造出各种有效的宣传、教育形式,持续稳步地提高广大人民群众的国防观念,建立健全国防教育体制,为作好新形势下人民战争准备打下坚实基础。二是增强综合国力,奠定雄厚的物质基础。一个国家的综合国力是军队建设的物质基础,制约着军队建设的发展。世界各国军队建设的实践表明,武器装备愈是现代化,对国家经济、科技、文化的整体水平要求就愈高。三是完善武装力量体制,增强人民战争整体威力。我国三结合的武装力量体制,是充分发挥人民战争整体威力的最有效的组织形式。战争年代,我们实行的是野战军、游击队和民兵三结合的武装力量体制。战争实践证明,这种体制使主力兵团和地方兵团相结合,正规军和民兵相结合,武装群众和非武装群众相结合,实现了军队和人民的总动员,形成了人民战争的汪洋大海,这是我们战胜敌人的法宝。建国以后,形势发生了变化,国家进入了相对和平时期,但外敌大规模入侵的威胁并没有消除,因此,我国武装力量体制是野战军、地方军和民兵三结合的组织形式。四是建立有效动员机制,提高人民群众参战能力。新时期,党和国家的工作重点转移到以经济建设为中心的社会主义现代化建设的轨道上。为了保证国家集中力量发展经济,武装力量建设必须走“精干的常备军和强大的后备力量相结合”的道路,既要保持适当规模的常备军,以应付突发事件;又要建立有效的后备力量动员机制,一旦需要,能够迅速动员人民群众参战。邓小平主持军委工作后,针对新形势下提高人民群众参战能力问题,提出要采取积极的措施,建立必要的制度,搞好民兵建设。他指出:民兵就是要提到战略地位。在他的领导下,民兵建设按照“控制数量,提高质量,抓好重点,打好基础”的方针,调整了组织,加强了政治思想建设和军事训练,使传统的民兵制度在新的历史时期保持了旺盛的活力。

三、邓小平新时期军队建设思想的历史地位

邓小平新时期军队建设思想是邓小平理论的重要组织部分,是对毛泽东军事思想在新的历史条件下的创造性运用和发展。它凝聚了新时期我国国防和军队建设实践经验的精华,是当代马克思主义军事理论的最新成果,也是我们建设现代化

国防和现代化、正规化革命军队,以及全面加强新时期军事斗争准备的科学指南。

(一)邓小平新时期军队建设思想是毛泽东军事思想的继承和发展,是具有时代精神和中国特色的当代马列主义军事理论

新中国成立以后,毛泽东曾经把建立强大的国防和强大的经济力量当作国家建设的两件大事,多次强调要"建设现代化国防"、"钻研现代化国防",并作出了发展"两弹一星"等一系列重大决策,在国防建设和军队建设方面做了大量工作,取得了举世瞩目的成就。邓小平充分肯定和一贯坚持毛泽东军事思想的指导地位,在新时期的伟大实践中,通过对不断变化的国际战略形势的科学分析,先后作出了新的世界大战可以避免,和平与发展是当今世界两大主题的科学论断,并据此作出了我国国防和军队建设指导思想实行战略性转变的决定,提出了建设强大的现代化、正规化革命军队的总目标、总任务,极大地丰富和发展了毛泽东军事思想。所以,新时期军队建设思想是最具时代特色和中国特色的当代马列主义军事理论。

(二)邓小平新时期军队建设思想是邓小平理论的重要组成部分

邓小平新时期军队建设思想是邓小平建设有中国特色社会主义理论体系的重要组成部分,其历史地位是与邓小平理论的整个科学体系历史地联系在一起的。

1. 邓小平新时期军队建设思想的产生、形成和发展与邓小平理论体系的形成和发展具有共同的实践基础

邓小平理论是在和平与发展成为时代主题的条件下,在我国改革开放和四个现代化建设的实践过程中逐步形成和发展起来的。邓小平始终站在国家发展的高度,将四个现代化建设作为一个整体来考虑,在建设现代化人民军队方面,提出了一系列重要决策,确立了包括基本目标、根本任务、发展道路在内的完整的指导思想和指导原则。

2. 邓小平新时期军队建设思想是邓小平理论的基本内容在军事领域的延伸和具体化

邓小平理论是当代中国的马克思主义,具有普遍的指导意义。邓小平提出的"一个中心,两个基本点"的基本路线是邓小平理论的核心内容,也是新时期军队建设思想的灵魂,按照基本路线来建设军队,全军指战员执行和捍卫党的基本路线,就成了我军历史性的任务;以经济建设为中心,解放和发展社会生产力是邓小平理论所规定的根本任务,正是这一点规定了军队建设要服从和服务于国家建设这个大局,而在这个大局下行动,就能为建设现代化正规化的革命军队提供充分的保障。

3. 邓小平新时期军队建设思想是邓小平理论所坚持的科学世界观和方法论在军事领域的贯彻和运用

"解放思想,实事求是"是邓小平理论的精髓,也是新时期军队建设思想的精髓。邓小平解决军队和国防现代化建设问题,总是始终如一地坚持党的解放思想、实事求是的思想路线,始终把中国的国情、军情、世界战略格局和世界军事发展形势,作为指导军队和国防建设的依据。解放思想、实事求是是新时期军队建设思想生长的历史起点,也是它作为一个严密科学体系的逻辑起点。正是在这一思想指导下,我们恢复和发展了党的建军传统,冲破了世界大战具有不可避免性的观点,提出了和平与发展的时代主题,实现了军队建设指导思想的战略性转变,突破了各

种旧的传统观念的束缚，认识到高技术对军队建设的影响，在战略方针上提出了立足于打赢现代技术特别是高技术条件下的局部战争问题，开辟了建设有中国特色的精兵之路。

（三）邓小平新时期军队建设思想是新时期国防和军队建设的科学指南

邓小平作为军队建设的总设计师，一方面运用马克思主义的军事理论科学地分析国内外形势，得出了许多重要的科学结论。另一方面又亲自领导了新时期军队建设的伟大实践，具体研究解决了军队建设实践中所遇到的一系列重大现实问题。他的许多重要论述都是针对实际问题作出的，他的许多重要思想都是在实践中集中了党中央、中央军委领导集体和广大指战员集体智慧后得出的，这就使得邓小平新时期军队建设思想具备了坚实的实践基础和群众基础，从而使邓小平新时期军队建设思想成为当代马克思主义军事理论宝库中的最新成果，同时也成为我军建设的根本指导思想。从十一届三中全会开始，经过十二大、十三大到十四大，我们党郑重地把邓小平建设有中国特色社会主义的理论写到了自己的旗帜上。邓小平新时期军队建设思想作为建设有中国特色社会主义理论的重要组成部分，已成为新时期军队建设的科学指导思想。这是由邓小平新时期军队建设思想的科学性和实践性所决定的。

第五节　江泽民国防和军队建设思想

江泽民国防和军队建设思想科学总结了 20 世纪 90 年代至 21 世纪初中国国防和军队建设实践的经验，深刻揭示了新形势下国防和军队建设发展的基本规律，是新世纪推进国防和军队现代化建设的根本依据和科学指南。

一、江泽民国防和军队建设思想的科学含义和形成背景

（一）江泽民国防和军队建设思想的科学含义

1. 江泽民国防和军队建设思想是关于中国国防和军队建设问题的系统理性认识

江泽民国防和军队建设思想科学地回答了新形势下建设一支什么样的军队和怎样建设军队，中国的国防现代化建设应该走什么样的发展道路等一系列问题。它的研究范畴明确，内容丰富，思想深刻，特色鲜明，是一个系统的理论体系。这一理论体系集中反映在江泽民在一系列重要会议和视察部队时的重要讲话，以及先后发表的一系列相关著述中。在这些重要讲话和著述中，江泽民系统地提出了新形势下中国国防和军队建设的一整套指导方针和理论原则。

2. 江泽民国防和军队建设思想是对毛泽东军事思想和邓小平新时期军队建设思想的继承和发展

江泽民国防和军队建设思想把坚持与发展毛泽东军事思想、邓小平新时期军队建设思想统一起来。从理论体系上讲，它与毛泽东军事思想、邓小平新时期军队建设思想是一脉相承的，都是马克思主义同中国革命战争实践、同各个历史时期中国国防和军队建设以及军事斗争准备的具体实践相结合的产物；从内容上看，它是毛泽东军事思想和邓小平新时期军队建设思想在新的历史条件、新的时代特点和

形势下的创新与发展。不同阶段的军事实践面临不同的历史条件和历史要求，每个时期的国防和军队建设都有各自的特点和规律，党和国家的军事指导理论必然要随之不断创新和发展。江泽民国防和军队建设思想就是在新的历史条件下，为适应国防和军队建设的新形势、新任务而创立的，是毛泽东军事思想、邓小平新时期军队建设思想的继承和发展。

3. 江泽民国防和军队建设思想是指导新时期中国国防和军队建设的根本依据

江泽民国防和军队建设思想是以江泽民同志为核心的党的第三代领导集体坚持与时俱进精神，在研究新情况、解决新问题、开创新局面的实践中，总结提炼出来的指导新时期中国国防和军队建设的理论结晶。这个理论体系凝聚了党的第三代领导集体在新形势下开拓奋进的集体智慧和新鲜经验，把党和国家的军事指导理论推向一个新的历史境界，是一个充满生机和活力，指引我国国防和军队建设迈上新的历史台阶的创新理论体系。

（二）江泽民国防和军队建设思想的形成背景

党的十三届四中全会以来，正值新旧世纪交替的时期，国际国内形势发生了重大变化，国防和军队建设面临多方面的新课题和新挑战。江泽民国防和军队建设思想就是在这样一个历史条件变更时期，为科学指引我国国防和军队建设开辟继往开来的前进道路而产生的。

1. 国际政治气候与世界军事潮流

在国际政治舞台上，20 世纪 90 年代发生了一系列重大事件，东欧剧变、苏联解体，国际共产主义运动遭受严重挫折。西方敌对势力利用这些事件大肆宣扬共产主义已遭到“大失败”，对继续坚持走社会主义道路的国家展开“和平演变”攻势，加紧对我国实施“西化”、“分化”和“弱化”战略，利用各种借口发动政治进攻和进行意识形态输出。这种渗透与反渗透、颠覆与反颠覆的尖锐斗争，势必通过各种途径反映到军队内部。我军能否始终保持坚定正确的政治方向和人民军队的先进性质，成为新形势下军队建设面临的一大历史性考验。

在世界军事领域里，随着高新技术在军事领域的广泛应用，世界军事变革迅猛发展，武器装备、军队组织体制、军事理论以及战争形态、作战样式等都发生了深刻变化。以信息化为基本特征的高技术战争已经登上历史舞台，并将成为战争的基本形态。战争的催化作用使得高技术竞争在全球范围内愈演愈烈，世界各主要国家纷纷调整军事战略，形成了争夺高技术质量优势的竞争态势。这就要求我们必须努力实现国防和军队现代化建设的跨越式发展，从根本上增强现代技术特别是高技术条件下的作战能力。

2. 世界战略形势和国家安全环境

20 世纪 90 年代，持续了近半个世纪的冷战宣告结束，世界进入一个大变动时期，两极世界格局被“一超多强”的新格局所取代，世界多极化、经济全球化的趋势与超级大国的霸权主义都在发展。国际战略舞台上围绕着建立一个什么样的世界新秩序的斗争日趋激烈。同时，由于民族、宗教和领土纠纷引发的局部战争和武装冲突接连不断，国际恐怖主义、宗教极端主义和民族分裂主义活动在一些国家和地区蔓延、扩散，恐怖主义成为国际安全的共同威胁，跨国犯罪等非传统安全问题日益凸显。国际战略力量严重失衡，新干涉主义抬头。世界呈现出“总体和平、局部战争，总体缓和、局部紧张，总体稳定、局部动荡”的状态。世界各国形成综合国力激烈竞争的新态势，国家安全的含义正逐步扩大为包括经济安全、政治安全和军事安全在内的综合安全。

世界形势的大变动必然使我国国防安全面临一系列新的威胁和隐患，有的还相当严峻。国际反华势力把蓬勃崛起的中国视为“潜在的竞争对手”，霸权主义加大了遏制中国的力度。在国际大气候的助长和外国势力的怂恿下，台湾海峡两岸问题的性质由两蒋时代在一个中国框架内的法统之争，变为分裂与反分裂的统独对抗，“台独”成为危害我国安全的主要现实威胁之一。我国周边地区还存在若干不稳定因素，一旦失控，有可能对我国的边境安全、能源安全和海上通道安全造成冲击。凡此种种，给我国的安全与发展带来广泛而深刻的影响。如何在国际大环境剧烈变动的条件下，切实维护我国的安全，成为摆在我国国防和军队面前的严肃的历史使命。

3. 国情条件和社会环境

中国共产党第十四次全国代表大会确定了建立社会主义市场经济体制的改革目标，中国的改革开放进入新的发展阶段，人民军队建设所处的社会环境发生了重大变化，面临着一系列新的历史性课题和要求。一方面，维护国内社会稳定，保持人民军队的传统和性质，已经成为国防和军队建设的一个重要着眼点。另一方面，随着我国日益加入经济全球化的进程，诸如海洋权益安全、能源进口安全、域外投资安全等问题日显重要。

江泽民着眼时代特点、社会历史条件和我国安全环境的发展变化，一直高度关注和思考两个历史性课题：一是在复杂的国际环境中，中国人民解放军能不能跟上世界军事发展趋势，打赢现代技术特别是高技术条件下的局部战争；二是在发展社会主义市场经济和对外开放的条件下，中国人民解放军能不能保持人民军队的性质、本色和作风，始终成为中国共产党领导下的革命军队。他在领导中国国防和军队建设的实践中，创造性地运用毛泽东军事思想和邓小平新时期军队建设思想，科学地回答和解决了新形势下中国国防和军队建设的一系列重大理论和实践问题。

二、江泽民国防和军队建设思想的基本内容

江泽民国防和军队建设思想是一个完整的理论体系，其核心思想是以毛泽东军事思想和邓小平新时期军队建设思想为指导，以打赢高技术局部战争为目标，以机械化建设和信息化建设为任务，以科技进步和改革创新为动力，坚持走跨越式发展道路，全面建设一支强大的现代化、正规化革命军队，建设一个符合我国国情并反映时代特征的有中国特色的现代化国防。

（一）军事战略思想

江泽民的军事战略思想是紧紧围绕我军在现代技术特别是高技术条件下“打得赢”而展开的，是新形势下维护我国安全和统一的总方略，是谋划国防和军队建设跨世纪发展的总依据。

1. 正确认识战争与和平问题，抓紧做好军事斗争准备

对战争与和平关系的科学认识和对世界形势的正确判断，是进行重大军事决

策的重要依据。江泽民十分重视这个判断,并指出:“尽管天下仍很不太平,但在较长时期内避免新世界大战是可能的。多极化格局的最终形成将是一个充满复杂斗争的长期过程,但这一历史方向不可逆转。”世界大战在今后一个较长时期内可以避免,争取一个良好的国际环境和周边环境是可以实现的。但是,霸权主义和强权政治依然存在,领土、民族、宗教等矛盾错综复杂,局部战争和武装冲突时有发生,国际恐怖主义活动加剧,世界并不安宁。江泽民还指出:“冷战思维依然存在,霸权主义和强权政治仍然是威胁世界和平与稳定的主要根源。”因此,在集中精力进行经济建设和加快发展的同时,必须保持高度警惕,坚决维护国家安全和国家利益。要从长计议,有计划、有步骤地推进国防和军队现代化建设,抓紧做好军事斗争准备,以有效地维护领土主权完整,实现祖国的完全统一。

2. 用新时期军事战略方针统揽军队各项建设和一切工作

江泽民极为重视军事战略方针的指导作用,强调军事战略归根结底是治国之道。他指出:“一个国家,一个民族,要生存和发展,要在竞争激烈的国际环境中站稳脚跟,就不能没有正确的军事战略方针。在当前复杂多变的国际新形势下,为了掌握战略主动,我们必须确立正确的军事战略方针。”在这一思想的指导下,1993年年初,中央军委及时为我军制定了新时期的军事战略方针,把军事斗争准备的基点放到打赢现代技术特别是高技术条件下局部战争上。同时强调要坚决以新时期战略方针统揽全军的各项建设。江泽民指出:“全军的各项建设和一切工作,包括军事训练、政治工作、后勤保障、国防科研等,都要在新时期军事战略方针的指导和统揽下,立足于打赢现代技术特别是高技术条件下的局部战争,周密规划、全面部署和深入展开。也就是说,全军的各项建设和一切工作,都要服从和服务于这一战略方针的需要,都要为确保这一战略方针的胜利实现做好各方面的充分准备。”

3. 切实提高我军“打得赢”的能力

在新的历史条件下,必须坚定不移地坚持积极防御方针和人民战争思想,在新时期军事战略方针统揽下,围绕“打得赢”这个目标要求,扎实抓好各项工作的落实。

(1)要按照“精兵,合成,高效”的原则,加强军队的质量建设。江泽民指出:“加强质量建设,走有中国特色的精兵之路,是实现我军现代化的正确选择。随着高新技术广泛运用于军事领域,争取质量优势已成为世界上许多国家军队建设的一个共同趋势。减少数量,提高质量,是我军现代化建设的一条基本方针。在这个问题上,认识要更加明确,行动要更加坚决。必须把加强质量建设全面具体地贯彻到部队各项工作中去。”要积极稳妥地推进体制编制的调整改革。江泽民要求我军按照“精兵,合成,高效”的原则,紧紧围绕建设一支强大的现代化、正规化的革命军队这个总目标,朝着规模适度、结构合理、指挥灵便的方向努力。要把重点放在结构调整和指挥体制改革上。按照有利于加强集中统一领导,有利于军队的教育训练和管理,有利于未来作战的需要等要求搞好调整和改革,以增强部队联合作战、机动作战和执行多种任务的能力。

(2)贯彻科技强军方针,提高部队战斗力,实现“两个转变”。随着科学技术在军事领域的广泛应用,军事力量的要素构成、运用方式等发生了很大变化,使军队的质量对战争胜负的作用凸显。提升军队质量,成为世界新军事变革的显著特征;

争夺质量优势,成为世界军事竞争的重要发展趋势。能否适应这一趋势,把我军的质量建设搞上去,关系到我国在世界格局中的战略地位,关系到我军能否打赢未来可能发生的高技术局部战争。江泽民把加强军队质量建设,依靠科技强军,走有中国特色的精兵之路,加快我军的现代化建设,提升我军在现代技术特别是高技术条件下的作战能力,作为军队建设的重要指导思想。实施科技强军战略,核心内容是依靠科技进步提高战斗力。在指导思想上,“由应付一般条件下的局部战争向打赢高技术条件下的局部战争转变”;在军队建设上,实现“由数量规模型向质量效能型、由人口密集型向科技密集型的转变”。这“两个转变”的实质,就是把提高战斗力的重点转移到依靠科技进步的轨道上来。同时开展科技练兵,推动军事训练向更高层次发展。现代战争特别是高技术局部战争的一个显著特点,就是知识和技术高度密集,要求军人必须具备现代科学技术知识,同时也应有过硬的军事素质。军事训练是和平时期军队战斗力生成途径,是提高指挥员组织指挥现代战争能力的方法。部队要做到政治合格、军事过硬、作风优良、纪律严明、保障有力,都要通过严格的训练。

(3)重视人才培养,造就大批高素质军事需要人才。江泽民指出:“军队的现代化,人员素质是个至关重要的因素”,“人才是兴军之本,必须把培养和造就大批高素质人才作为军队现代化建设的根本大计来抓”。军事资源中,人才是最宝贵、最具有决定意义的资源。在新的历史时期,为确保“打得赢”,江泽民把提高军人素质摆到了十分突出的地位。在未来的信息化战场上,敌我双方的较量将更加突出地表现为高素质人才的较量。江泽民指出,未来的仗能不能打赢,军队会不会变质,关键是人。没有高素质的人才,一切都是空话。我军要打赢高技术局部战争,对新型军事人才的素质有严格要求。首先,要具备良好的全面素质,在思想政治、科学文化、军事专业和身体心理等全面发展、全面过硬。其次,要具有复合的知识结构和综合能力,尽可能成为既精通某一专业又具有广博知识的一专多能的人才。同时,要具有创新精神和能够创造性地解决问题。无论武器装备如何发展,人总是战争胜负的决定因素,因此培养大批高素质军事指挥人才,是我军人才培养的重中之重。没有高素质的军事人才,就无法创造先进的作战理论,无法形成高超的军事谋略和战法。人才是建军之本,也是战争制胜的关键因素。江泽民指出:培养高素质的军事人才,必须把院校教育摆在优先发展的战略地位。这是我军现代化建设的历史经验,也是现代军事发展的客观要求。军队院校教育,对军队现代化建设具有重要作用。我军要赢得人才资源优势,跻身世界强师劲旅之林,必须发挥院校在培养高素质军事人才中的主渠道和基地作用,建设一批高水平的军事院校。

(4)加快发展新式武器装备,实现武器装备现代化。江泽民指出,在当今世界上,一个国家如果不随着经济和社会的发展,努力增强国防实力,提高军队的素质和武器装备水平,在现代技术尤其是高技术条件下的作战能力不强,一旦战争发生,往往会陷入被动挨打的地位,国家利益、民族尊严和国际威望就要受到极大损害。军队武器装备的高科技化,已经成为当今世界军事发展的一个重要趋势。在现代高技术战争中,武器装备的科技含量是决定战争胜负的重要因素。高技术武器装备,作为先进科学技术的应用,体现和凝聚着人的智慧;不重视武器装备,人在战争中的决定性作用就不能最大限度地发挥出来。武器装备落后,缺少有效的制敌手段，在战争中要取胜就会付出很大的代价。因此必须尊重科学，高度重视武器装备的作用，千方百计把武器装备搞上去。同时必须把国防科研和武器装备建设摆在提高军事实力的突出位置，特别要注重发展我们自己的“杀手锏”，增强我军打赢高技术战争的物质技术基础。坚持以自力更生为主、引进为辅，把武器装备建设的着力点放在自主创新上。江泽民指出，发达国家与发展中国家的军事技术形态出现又一轮“时代差”。国防尖端技术和高新技术武器装备，依靠别人是靠不住的，唯有自己掌握核心技术，拥有自主知识产权，才能将祖国的发展与安全的命运牢牢掌握在我们手中。在大力推进高科技自主创新，发展自主知识产权技术的同时，利用一切可利用的资源，学习一切可以借鉴的经验，有选择地引进关键的装备和技术，努力实现国防科技事业和武器装备建设的新突破、新发展、新跨越。

(5)要加强军事科学研究，探索高技术战争的作战方法。江泽民要求全军要从我军的实际出发，面向世界，着眼未来，努力发展我们的军事理论。江泽民指出：“先进的军事理论，历来是军队建设得以健康发展的必要条件，是战争的重要制胜因素。”

(二)军队建设思想

江泽民的军队建设思想是紧紧围绕着我军在改革开放、发展社会主义市场经济的条件下，如何解决好“不变质”的问题而展开的，是新的历史条件下，保持人民军队性质、本色和作风的理论指南和建军治军纲领。

1. 保持人民军队的性质、本色和作风

保持人民军队的性质最根本的是坚持党对军队的绝对领导，坚持人民军队全心全意为人民服务的根本宗旨。1993 年 9 月 26 日，江泽民指出：“我们党历来强调，我们的人民军队是在党的绝对领导之下的。在这个问题上，我们要始终坚定不移。一个军队要有军魂。我看，我们军队的军魂就是党的绝对领导。坚持这个根本政治原则，加强军队中各级党组织的全面建设，任何时候都是至关重要的。”因此，江泽民强调要教育全军官兵牢固树立党对军队绝对领导的观念。他指出：“我们一定要提高警惕，毫不动摇地坚持党对军队的绝对领导。保证枪杆子永远听党指挥，这是确保人民军队的性质，确保我们党执政地位的巩固，确保国家长治久安的根本政治问题。”江泽民还强调要坚持从严治党的方针，把军队中各级党的组织建设好，增强党的凝聚力和战斗力，从组织上保证党对军队的绝对领导。要严守政治纪律，从纪律上保证党对军队绝对领导。他指出：“军队的领导干部都是党的干部，必须坚定不移地、不折不扣地坚持和维护党的领导，都要自觉地把自己置于党的领导之下，都要保证党对军队的绝对领导。”

要始终保持人民军队的政治本色。江泽民指出：要抓好对广大官兵的爱国奉献教育、革命人生观教育、尊干爱兵教育、艰苦奋斗教育，使干部战士树立起正确的世界观、人生观和价值观，正确对待金钱、名利、苦乐等问题，坚决抵御“灯红酒绿”和腐朽思想文化的侵蚀，做到拒腐蚀、永不沾，加固拒腐防变的思想防线；要反对拜金主义、享乐主义和极端个人主义，树立高尚的精神境界；要不怕鬼，不信邪，坚持真理，维护党的原则，旗帜鲜明地同各种不良倾向和邪恶势力作斗争，对重大原则问题决不能含糊，决不能退让和屈服，永远保持人民军队的政治本色。

要始终保持人民军队的优良作风。中国人民解放军在长期的斗争实践中形成了自己的优良传统和作风，在新形势下，人民解放军一定要保持和发扬人民军队的优良传统和作风，努力做到：一切从实际出发，坚持实事求是，坚决反对形式主义、弄虚作假、欺上瞒下的不良风气；要密切联系群众，与群众同呼吸，反对脱离群众的官僚主义；要发扬艰苦奋斗的革命精神和艰苦朴素的优良作风，保持革命战争年代那么一股劲，那么一种革命热情，那么一种拼命精神。

2. 坚持依法治军、从严治军，全面加强军队建设

提高军队的正规化水平，必须坚持依法治军。江泽民指出："全军同志要适应社会主义民主法制建设的这一重要发展，更加自觉地贯彻依法治军的方针，把国防和军队建设事业纳入法制的轨道，做到有法可依，有法必依，执法必严，违法必究。依法治军，把党关于国防建设和武装力量建设的主张，通过法定程序上升为国家意志，使党的领导同依法办事统一起来，目的是从制度上和法律上保证党对军队的绝对领导，保持人民军队的性质，推动军队现代化建设。"

搞好依法治军，必须坚决维护军事法规和条令条例的权威性和严肃性。军队要"吃皇粮"，坚决停止一切经商活动。在 1998 年 7 月召开的中央军委常务会议上，江泽民指出："为了从根本上防止消极腐败现象，进一步推进全军的党风廉政建设，中央已下定决心做出一个重大决策，这就是军队、武警必须'吃皇粮'，必须彻底停止一切经商活动。"

3. 按照"政治合格、军事过硬、作风优良、纪律严明、保障有力"的总要求，全面加强军队革命化、现代化、正规化建设

人民军队的革命化、现代化、正规化建设相互联系，相互促进，不能把它们割裂开来，对立起来，必须统一考虑，全面推进。革命化决定着军队现代化的性质和方向，同时也为军队现代化提供强大的精神动力，因而必须把革命化建设放在第一位。江泽民指出："我军的革命化、现代化、正规化，是一个相互关联的整体，革命化始终是第一位的。"同时，必须努力提高现代化、正规化水平。江泽民指出："提高我军的战斗力，主要任务是解决现代化问题。因此，我军建设必须坚持以现代化为中心，军队的全部工作都要围绕现代化来展开。正规化建设是现代化建设的必然要求，从一定意义上讲，没有军队的正规化，就没有军队的现代化。正规化建设的一个重要任务，就是把革命化和现代化建设的基本成果和经验，用法规和条令条例的形式确定下来，使军队各项建设都有明确的规范，做到依法从严治军。"

1992 年 10 月，江泽民在中国共产党第十四次全国代表大会政治报告中指出："军队要努力搞好各项建设和改革，切实把教育训练摆到战略地位，全面提高官兵素质，使全军部队做到政治合格、军事过硬、作风优良、纪律严明、保障有力"。第一次明确提出人民军队建设的总要求。1997 年 9 月，在中国共产党第十五次全国代表大会上，江泽民进一步明确要求把人民军队"三化"建设与"五句话"总要求紧密地联系起来，更好地贯彻落实下去。

（三）国防建设思想

江泽民的国防建设思想是紧紧围绕着维护国家安全利益，增强国家战略能力而展开的，是建设一个符合我国国情并反映时代特征的有中国特色的现代化国防的理论纲领和行动指南。具体内容如下：

1. 注重增强综合国力，不断提高国家战略能力

在当今时代，要维护国家的综合安全，归根到底要靠不断增强以经济为基础的包括经济实力、国防实力和民族凝聚力在内的综合国力，这是确保国家长治久安的根本所在。江泽民指出："当前国际竞争的实质，是以经济和科技实力为基础的综合国力的竞争。只有经济实力强大，才可能处于主动地位，否则就会被动挨打。我们只有加快发展，才能增强国家的综合国力，才能在风云变幻的国际局势中处于主动地位，立于不败之地。"

从维护国家安全的角度来说，综合国力也就是国家的战略能力。要增强国家的战略能力，必须统筹经济、政治、科技、军事、外交、文化等各个方面的建设与发展，核心是要发展军事实力。江泽民指出："在国家的综合实力中，经济实力是最基础的力量，但是如果不随着经济的发展及时地把一部分经济实力转化为军事实力，不形成与经济实力相协调和与国防建设需要相符合的不断壮大的军事实力，我们就不能有力地保证国家的安全。这一点，对于我们这样一个幅员辽阔的社会主义大国来说，始终是十分重要和千万要加以注意的。"

2. 国防建设与经济建设相互促进、协调发展

首先，坚持以经济建设为中心，国防建设必须服从国家经济建设大局。江泽民指出："国防和军队现代化建设，作为国家现代化建设的一个重要组成部分，必须与国家经济建设协调发展，既要跟上国内外形势的发展，又不能占用过多的经费，影响国家经济建设这个大局。我们要有一个与国家经济发展战略相配套的战略构想，从总体上把握好国防和军队现代化建设的发展进程，量力而行，尽力而为，逐步推进。"他要求全军要坚决拥护和支持改革开放，积极参加和支援国家经济建设，为国家的繁荣富强作出自己的贡献。

其次，在集中力量进行经济建设的同时，努力加强国防建设，使国防建设在国家财力增加的基础上不断有所发展。江泽民指出："国防现代化是我国社会主义现代化事业的重要组成部分，一个巩固的国防是经济发展和国家安全的基本保障。如果不随着经济的发展而努力加强国防建设，提高军队武器装备的现代化水平，一旦发生战争，我们就可能陷于被动，就难以有效地维护国家安全。国防建设和军事斗争准备，必须能够确保国家的利益与安全。"

3. 大力加强国防后备力量建设，建立和完善国防科技建设体制

要在加强军队建设的同时，高度重视国防后备力量的建设。在我国军队建设实现两个根本性转变和裁减常备军数量的情况下，如何使我国的国防更加巩固，这是一个历史性课题。以江泽民为核心的党中央第三代领导集体继承毛泽东"战争的伟力存在于民众之中"的人民战争思想，走出了一条"精干的常备军与强大的后备力量相结合"的国防发展道路。江泽民指出："按照人民战争的战略思想，必须实行精干的常备军与强大的国防后备力量相结合，在加强军队建设的同时高度重视国防后备力量建设，做到平时少养兵，战时多出兵。新形势下的国防后备力量建设要适应未来军事斗争的特点和发展社会主义市场经济的要求，注重提高质量，完善组织体制及相关的政策制度。预备役部队和民兵要保持适度规模，优化结构，提高快速动员能力和训练水平，真正做到招之即来，来之能战。同时，要按照'平战结合、军民结合、寓兵于民'的方针，进一步调整和完善国防动员体制，提高国防动员能力。"

坚持寓军于民,形成充满活力的国防科技建设体制。江泽民指出:“把经济建设搞上去和建立强大的国防,是我国现代化建设的两大战略任务……寓军于民,是把这两项战略任务有机统一起来的重要举措。”江泽民要求国防科技战线要在发展社会主义市场经济的新形势下,不断探索和完善国防建设与经济建设相互促进、协调发展的机制,坚持寓军于民,推动国防科技工业走“军民结合、平战结合、军品优先、以民养军”的发展道路,真正形成充满活力的国防科技建设体制,不断提高军民兼容程度,增强平战转换能力。

4. 大力加强全民国防教育,增强全民国防观念

越是和平时期越要加强国防教育。国防现代化包括十分丰富的内容,国防精神和国防观念是其中不可忽视的重要方面。江泽民指出:“越是在和平时期,越要宣传国防建设的意义,克服和平麻痹思想,增强人们的国防观念。”在党的十四大、十五大和十六大报告中,江泽民同志都一再强调:“加强国防教育,增强全民国防观念。”

国防教育应纳入思想教育总体系。江泽民明确指出:“把国防教育纳入思想教育总体系,首先是由国防教育的社会性所决定的。国防不仅是军队的事,而是整个国家的防务,是一个国家综合国力的体现。”“国防教育应当成为社会教育不可分割的一部分”,“每个公民无一例外地都应接受国防教育。”国防教育“不能搞‘一阵风’,不能形势紧张就搞,形势缓和就不搞”,而是要长期进行下去。

三、江泽民国防和军队建设思想的地位作用

江泽民国防和军队建设思想是以江泽民为核心的党的第三代领导集体,在创造性地实践邓小平理论及邓小平新时期军队建设思想过程中集体智慧的结晶,具有深远的历史意义和重要的现实意义。

(一)江泽民国防和军队建设思想把党的军事指导理论推进到了一个新的历史发展阶段

江泽民国防和军队建设思想是马克思主义军事理论、毛泽东军事思想、邓小平新时期军队建设思想在新的历史条件下与中国国防和军队建设实际相结合的产物。江泽民担任中国共产党中央委员会总书记、国家主席和中央军事委员会主席期间,国际国内形势发生了重大变化,中国的国防和军队现代化建设面临着一系列新情况、新问题。江泽民国防和军队建设思想的理论体系是在解决这一系列新情况、新问题的实践中创立的。它系统地回答了在国内外新的历史条件下,我国国防和军队建设的外部环境、根本任务、政治保证、总体要求、历史任务、发展模式、发展动力、发展依托、战略步骤、战略牵引和防范对象等一系列根本问题,成功地开辟出了国防和军队建设的跨世纪发展道路,把我国的军事指导理论推进到了一个新的历史发展阶段。

(二)江泽民国防和军队建设思想进一步丰富和发展了马克思主义军事理论宝库

江泽民国防和军队建设思想在新的历史条件下创造性地继承和发展了毛泽东军事思想和邓小平新时期军队建设思想,在许多方面丰富和发展了马克思主义军事理论宝库。首先,江泽民关于打赢在现代技术条件下特别是高技术条件下的局部战争的思想观点,丰富和发展了马克思主义的战略战术思想宝库,为我军迎接世

界军事发展的挑战，做好新形势下军事斗争准备和赢得高技术条件下战争的胜利指明了方向。其次，江泽民关于保持人民军队的性质、本色和作风的重要思想观点，丰富和发展了马克思主义关于人民军队建设的思想宝库，为全面推进我军的革命化、正规化和现代化建设奠定了坚实的理论基础。最后，江泽民关于建设有中国特色的现代化国防的思想观点，丰富和发展了马克思主义国防建设的思想宝库，对于指导中国国防建设与经济建设协调发展，走出一条符合中国国情并反映时代特征的国防现代化建设道路，具有重要的现实指导意义和深远的历史意义。

（三）江泽民国防和军队建设思想是我们在新世纪继续开拓前进的行动纲领和理论指南

江泽民国防和军队建设思想是以江泽民为核心的党中央、中央军委在领导中国的国防和军队现代化建设的进程中创立的，是全党全军集体智慧的结晶。这一思想体系所阐述的一系列理论观点和方针原则，科学总结了新时期中国国防和军队建设的实践经验，深刻揭示了国际战略格局多极化、世界军事领域发生深刻变革、中国改革开放和发展社会主义市场经济新形势下中国国防和军队建设的特点和规律，是新形势下中国国防和军队建设的科学依据，是我们在新世纪继续开拓前进的行动纲领和理论指南。对于加强和推进中国国防和军队现代化建设，做好军事斗争准备，具有重大的现实指导意义和深远的历史意义。

第六节　胡锦涛关于国防和军队建设的重要论述

胡锦涛担任中央军委主席以来，根据国际国内环境发生的重大变化，对国防和军队建设做出了一系列重要论述，创新和发展了党的军事指导理论，为新世纪新阶段国防和军队建设及军事斗争准备提供了科学的依据和理论指南。

一、胡锦涛关于国防和军队建设重要论述的科学含义和历史背景

胡锦涛关于国防和军队建设的重要论述是新世纪新阶段具有鲜明特点的马克思主义军事理论创新成果。它既具有科学的内涵，又具有其形成的独特背景。

（一）胡锦涛关于国防和军队建设重要论述的科学含义

胡锦涛关于国防和军队建设的重要论述是“三个代表”重要思想和科学发展观在国防和军队建设领域里的具体应用。胡锦涛主持军委工作以来，结合我军的实际情况做出的国防和军队建设的一系列重要论述，既体现了“三个代表”重要思想和科学发展观对国防和军队建设的根本要求，又是“三个代表”重要思想和科学发展观的“军事篇”，丰富和发展了“三个代表”重要思想和科学发展观理论。

胡锦涛关于国防和军队建设的重要论述，是毛泽东军事思想、邓小平新时期军队建设思想、江泽民国防和军队建设思想的创造性继承和发展。胡锦涛担任军委主席以来，结合我国国防和军队建设的新情况，创造性地把党的军事理论成果运用于当代军事实践，进一步科学地揭示了国防和军队建设的规律，回答了国防和军队建设领域具有全局性、长远性和方向性的重大问题，把中国共产党的军事指导理论推进到了一个新的境界，形成了特点鲜明的党的军事指导理论的最新成果。

胡锦涛关于国防和军队建设的重要论述是新世纪新阶段国防和军队建设的科

学指南。它科学地规定了新世纪新阶段我军的历史使命，揭示了国防和军队建设坚持科学发展观重要指导方针的一系列原则和要求，为新世纪新阶段国防和军队建设提供了基本的认识论、方法论。

(二)胡锦涛关于国防和军队建设重要论述形成的背景

1. 基于对国际形势和国家安全形势的科学判断

胡锦涛指出：新世纪新阶段我国面临的国际局势和国家安全形势可以概括为"两个总体"、"一个增强"。"两个总体"是指从国际上看，国际战略形势保持总体和平、缓和、稳定的基本态势，和平、发展、合作成为时代的主流；从国内看，国家发展形势总体上很好。"一个增强"是指传统安全威胁和非传统安全威胁因素相互交织，影响我国安全的不稳定不确定因素增多，国家安全问题的综合性、复杂性、多变性进一步增强。

2. 基于对军队建设主要矛盾和重大现实问题的准确把握

进入新世纪新阶段，我国的国防和军队建设取得了巨大成就，军队现代化水平大幅度提升，作战能力不断增强。但是我国国防和军队建设依然面临着严峻的挑战，受制于诸多因素的影响。主要矛盾表现为"两个不相适应"：一是现代化水平与打赢信息化条件下的局部战争的要求不相适应；二是军事能力与履行新世纪新阶段我军历史使命的要求不相适应。这"两个不相适应"又突出地表现为军队建设和军事斗争准备中的四个重大现实问题：一是如何进一步加强部队思想政治建设，牢牢坚持党对军队的绝对领导；二是如何进一步深化军事斗争准备，全面提高部队在信息化条件下的作战能力；三是如何加速推进中国特色军事变革，完成好机械化信息化双重历史任务；四是如何进一步落实从严治军方针，提高部队的正规化水平。要解决好我军建设的主要矛盾和重大现实问题，必须以党的军事指导理论创新为牵引，"以与时俱进的精神，集中精力研究和解决军队建设和军事斗争准备面临的重大现实问题"。

3. 基于对我军应当承担什么样的历史使命和如何履行好历史使命的深入思考。新世纪新阶段，党要团结带领全国各族人民建设小康社会，实现继续推进现代化、完成祖国统一、维护世界和平与促进共同发展的三大历史任务。在这一进程中，我军应当担负什么样的历史使命？应当如何履行好使命？这是国防和军队建设必须深入思考和认真回答的重大问题。

二、胡锦涛关于国防和军队建设重要论述的主要内容

胡锦涛关于国防和军队建设的重要论述具有科学的内涵和丰富的内容，主要包括：

(一)军队要忠实履行新世纪新阶段新的历史使命

在2004年年底召开的军委扩大会议上，胡锦涛向全军郑重提出："军队要为党巩固执政地位提供重要的力量保证，为维护国家发展的重要战略机遇期提供坚强的安全保障，为维护国家利益提供有力的战略支撑，为维护世界和平与促进共同发展发挥重要作用。""三个提供、一个发挥"的历史使命进一步明确了我军在新的历史条件下的地位和作用，进一步拓展了我军的职能，进一步指明了我军革命化、现代化、正规化建设的发展方向。

胡锦涛指出：军队要为党巩固执政地位提供重要的力量保证，就是要坚持党对军队绝对领导的根本原则和制度，加强军队的革命化、现代化、正规化建设，确保我军能够经受住各种斗争任务和各种复杂环境的考验，始终成为党巩固执政地位的中坚力量；军队要为维护国家发展的重要战略机遇期提供坚强的安全保障，就是要把国家主权和安全放在第一位，履行好维护国家主权、统一和稳定的神圣职责，为创造一个有利于全面建设小康社会、加快推进社会主义现代化的长期安全环境作出应有的贡献；军队要为维护国家利益提供有力的战略支撑，就是要拓展安全战略和军事战略视野，不仅要关注和维护国家生存利益，还要关注和维护国家发展利益，不仅要关注和维护领土安全、领海安全、领空安全，还要关注和维护海洋安全、太空安全、电磁空间安全以及其他方面的国家安全；军队要为维护世界和平与促进共同发展发挥重要作用，就是要努力建设一支同我国安全和发展利益相适应的军事力量，提高应付危机、维护和平、遏制战争、打赢战争的能力。

（二）努力建设一支听党指挥、服务人民、英勇善战的革命军队

胡锦涛指出："建设一支听党指挥、服务人民、英勇善战的革命军队，是革命的依托、民族的希望。"

听党指挥是党和人民对军队的最高政治要求，即我军必须坚持党对军队的绝对领导，在思想上、政治上和行动上与党中央、中央军委保持高度一致，一切行动听指挥，这集中体现了我军建设的根本原则和制度，是我军永远不变的军魂；服务人民是人民军队一切奋斗和发展的出发点和归宿，是人民军队必须永远坚持的根本宗旨，即我军必须把人民群众作为最高的价值主体，坚持全心全意为人民服务的宗旨；英勇善战是人民军队履行职能使命的根本要求，是我军威武之师、胜利之师的重要标志，即我军必须具有勇往直前、压倒一切敌人而绝不被敌人所屈服的英雄气概，具有打硬仗、恶仗，一不怕苦、二不怕死，勇于牺牲奉献的革命精神，具有以劣势装备打败优势装备之敌的信心和战略战术。

（三）把科学发展观作为国防和军队建设的重要指导方针

科学发展观是我们党领导社会主义现代化建设实践经验的理论结晶，是推进社会主义经济建设、政治建设、文化建设、社会建设全面发展的指导方针。贯彻落实科学发展观，既是治国安邦之道，又是建军治军之道。胡锦涛强调，国防和军队建设要以科学发展观为指导，要自觉把科学发展观贯彻落实到国防和军队建设的各个领域和全过程，实现国防和军队建设全面协调可持续发展。胡锦涛还强调，把科学发展观作为国防和军队建设的重要指导方针，其总体要求是坚持党绝对领导下的人民军队的根本性质和宗旨，着眼有效履行新世纪新阶段我军历史使命，以提高信息化条件下的威慑和实战能力为根本出发点和落脚点，全面加强革命化、现代化、正规化建设，全面落实"政治合格、军事过硬、作风优良、纪律严明、保障有力"总要求，统筹中国特色军事变革与军事斗争准备，统筹机械化建设与信息化建设，统筹诸军兵种作战力量建设，统筹当前建设与长远发展，统筹主要战略方向建设与其他战略方向建设，进一步实施科技强军战略，着力推动军事理论创新、军事技术创新、军事组织体制创新和军事管理创新，加快转变战斗力生成模式，充分发挥广大官兵的主体作用，坚持军民结合、寓军于民，实现国防和军队建设全面协调可持续发展。

(四)走中国特色军民融合式发展道路

胡锦涛敏锐把握世界军事发展的新趋势和我国发展的新要求,提出必须坚持军民结合、寓军于民,把国防和军队现代化建设融入经济社会发展体系之中,要积极探索新形势下实现军民结合、寓军于民的新途径新方法,全面推进经济、科技、教育、人才等各个领域的军民融合,建立和完善军民结合、寓军于民的武器装备科研生产体系、军队人才培养体系和军队保障体系,在更广范围、更高层次、更深程度上把国防和军队现代化建设与经济社会发展结合起来,走出一条投入少、效益高的具有中国特色的军民融合式发展道路。

(五)用新时期军事战略方针统揽全局

胡锦涛强调要坚持以新时期军事战略方针统揽全局,加速我军全面建设和抓紧做好军事斗争准备。

用新时期军事战略方针统揽全局,最重要、最现实、最紧迫的战略任务就是要抓紧做好军事斗争准备。军事斗争准备是遏制"台独",维护祖国统一,保卫国家安全,保持社会稳定,促进世界和平的重要前提和保证。全军各方面的建设和工作都要围绕军事斗争准备来部署和展开。要继续以临战的姿态、实战的标准,扎扎实实地做好军事斗争准备,切实增强应对危机、维护和平、遏制战争、打赢战争的能力。

用新时期军事战略方针统揽全局,要以只争朝夕、时不我待的紧迫感,加速推进中国特色军事变革,努力提高我军的信息化建设水平。推进中国特色军事变革,要以军事斗争准备为龙头,以未来作战需求为牵引,贴近未来作战实际来确定军队建设的战略布局;要坚持以机械化为基础,以信息化为主导,推动机械化和信息化复合发展;要以解决制约军事斗争准备和军队现代化建设的突出矛盾和问题为突破口,优化战略资源配置,集中抓好武器装备、作战力量、人才队伍、体制编制和政策制度等重点建设和改革,通过局部跃升带动整体协调发展。

(六)狠抓军事训练,提高部队打赢信息化战争的能力

军事训练是军队在和平时期战斗力生成的基本途径,要提高部队的作战能力,必须进行严格的军事训练。要用新时期军事战略方针统揽军事训练转型,要确实把军事训练进一步摆在战略地位,切实把军事训练作为部队的经常性中心工作,集中精力,抓紧抓实;要坚持从难从严从实战需要出发,坚持高标准、严要求,改进和创新训练的内容和方式方法,努力摸索和掌握对付高技术对手的有效办法;要把培养战斗精神贯穿于训练的全过程,培养英勇顽强的战斗作风和铁的纪律;要充分发挥科技进步和创新对战斗力提高的巨大推动作用,着眼于提高军队的科学技术水平和人的素质的全面提升,切实转变我军战斗力生成模式,坚持科技练兵、科技兴训,改革训练内容和组训方式,创新训练手段和方法,运用科技成果提高训练质量,促进部队战斗力的发展,提高部队打赢信息化战争的能力。

(七)必须培养和造就一大批高素质新型军事人才

人才是强国之本,也是兴军之本。要以指挥军官队伍、参谋队伍、科学家队伍、技术专家队伍、士官队伍这"五支队伍"建设为重点,加大实施人才战略工程的力度,努力造就大批高素质新型军事人才;要根据军事人才成长规律和各类岗位需求,强化院校和部队合力育人,加大开放式培养力度,建立和完善以提高能力为核心、培训与使用紧密结合的人才培养机制,努力形成院校教育与部队训练衔接、军

事教育与依托国民教育并举、国内培养与国外培训结合的官兵素质培养格局，使军队人力资源得到有效开发和充分利用；要培养领导干部特别是高级领导干部的政治意识、大局意识和战略意识，具备良好的战略素质，有很强的全局观念和宽广的世界眼光，使领导干部善于从维护国家安全、推进现代化建设、实现祖国统一的大局高度来分析判断形势、思考问题、谋划军队建设。善于从政治高度思考和处理军事问题，善于着眼国家利益全局筹划和指导军事行动。

（八）必须大力推进"四个创新"

胡锦涛指出：军事领域是竞争和对抗最激烈的领域，也是最具有创新活力的领域，必须把军事创新作为实现军队发展的基本动力，"着力推动军事理论创新、军事技术创新、军事组织体制创新和军事管理创新"。军事理论创新是指要着力研究新世纪新阶段治军的特点与规律、军事斗争准备的特点与规律、信息化战争的特点与规律、国防和军队建设的特点与规律，围绕"打什么仗、建什么军、怎样打仗、怎样建军"来思考问题，善于运用现代科技手段与科学方法，注重在实践中创新和检验军事理论，实现军事理论创新的科学化；军事技术创新是指要突出自主创新，要以信息技术为核心，要完善技术创新机制，使军事技术创新始终成为推动国防和军队建设发展的强劲动力；军事组织体制创新的目标是创新适应信息化作战需要的军事组织体制，建立起适应武器装备现代化发展水平和信息化条件下作战方式变化的新型体制编制；军事管理创新是指要在管理理念、管理思维、管理模式、管理手段、管理理论方面有所突破，要努力适应军队现代化建设的新形势，更新管理观念，加强现代管理知识的学习，大力提高科学管理的能力。

（九）坚持把思想政治建设摆在全军各项建设的首位

思想政治建设是革命化建设的核心，是军队最根本的基础性建设，任何时候都不能放松。胡锦涛强调，要坚持不懈地用党的创新理论武装官兵，深入开展我军历史使命教育、理想信念教育、战斗精神教育和社会主义荣辱观教育；要着眼增强主动性、针对性、实效性，积极推进思想政治工作创新发展。胡锦涛还强调，要围绕强化官兵精神支柱，大力培育"忠诚于党、热爱人民、报效国家、献身使命、崇尚荣誉"的当代革命军人核心价值观。

在新的历史时期，我军要持久地开展以坚定理想信念和树立正确的世界观、人生观、价值观为核心的思想政治教育，使广大官兵始终保持政治上的坚定和思想道德上的纯洁，始终保持坚强的革命意志和旺盛的战斗精神；要把解决思想问题和解决实际问题结合起来，与落实完善政策制度结合起来，热情帮助官兵解决实际困难，尤其要集中力量解决那些制约部队发展和群众反映强烈的突出问题，增强思想政治工作的说服力、感召力和战斗力。为我军提高应对多种安全威胁，完成多样化军事任务能力提供强大的精神动力。

（十）紧紧依靠人民，全民办国防

胡锦涛强调，要坚持全民办国防的方针，广泛开展全民国防教育，在全社会形成关心国防、热爱国防、建设国防、保卫国防的生动局面。要增强全民国防观念，完善国防动员体系，加强国防动员建设，提高预备役部队和民兵建设质量。要加强人民武装警察部队建设，更好地履行维护国家安全和社会稳定、保障人民安居乐业的职责使命。各级党委和政府要关心支持军队建设，积极做好拥军优属等各项工作。军队要发扬优良传统，进一步加强军政、军民团结，巩固和发展军爱民、民拥军的生动局面。各级党组织和政府要一如既往地支持国防和军队建设，军队要热爱人民、尊重地方政府，积极支持地方经济建设和社会发展，继续在社会主义精神文明建设中走在前列，在构建社会主义和谐社会中贡献力量，以实际行动为民造福，为国兴利。

三、胡锦涛关于国防和军队建设重要论述的地位和作用

（一）胡锦涛关于国防和军队建设重要论述是新世纪新阶段党的军事指导理论创新的新成果

胡锦涛关于国防和军队建设的一系列重要论述进一步丰富了三代领导人军事思想的内容。他提出的我军新时期新阶段的历史使命，揭示了军队职能任务必须与党的历史任务相一致、军事战略必须与国家发展战略相协调、军队建设和改革必须与世界军事发展趋势相符合的客观规律，进一步拓展了军事战略指导的视野；坚持把国防和军队建设融入国家现代化建设的战略全局，明确了富国与强军相统一的发展方针；强调全面加强、协调推进革命化、现代化、正规化建设，明确了军队建设发展的重要原则；坚持以军事斗争准备为龙头带动军队现代化建设整体发展，明确了我军建设发展的战略牵引；确立以人为本的重要建军治军理念，进一步明确了军队建设发展的宗旨和主体；强调依靠科技进步转变战斗力生成模式，明确了国防和军队建设的发展途径；强调更加有力、更加扎实、更加富有成效地推进思想政治建设，明确了国防和军队建设科学发展的思想政治保证。总之，胡锦涛对国防和军队建设客观规律的揭示，明确了新世纪新阶段国防和军队建设的发展目标、发展主体、发展模式、发展动力、发展道路和发展保证，进一步回答了建设什么样的军队、怎样建设军队的根本问题，反映了我们党对国防和军队建设规律的新认识，是党的军事指导理论创新的新成果，在我军建设发展史上具有重要的意义。

（二）胡锦涛关于国防和军队建设重要论述是新世纪新阶段国防和军队建设的强大思想武器

胡锦涛关于我军新的历史使命的深刻揭示具有重大而深远的意义。“三个提供、一个发挥”的历史使命，正确回答了国防和军队建设持续发展带方向性、根本性、全局性的重大问题，进一步明确了新世纪新阶段国防和军队建设的发展思路、奋斗目标和指导原则，为我们在更高的起点上研究解决国防和军队建设存在的矛盾和问题，推动国防和军队建设更快更好地发展，指明了前进方向，是新世纪新阶段加强国防和军队建设的强大思想武器。

（三）胡锦涛关于国防和军队建设重要论述是新世纪新阶段军事斗争准备的根本依据

在新世纪新阶段做好军事斗争准备，我军既面临来自世界军事变革的挑战，又面临霸权主义、强权政治和国内少数反动分裂分子的挑战，从而给军事斗争准备增加了难度。为此，胡锦涛要求全军把捍卫国家主权、安全和领土完整，保障国家发展利益放在高于一切的位置，明确提出新世纪新阶段我军的历史使命，为军事斗争准备提出了新的更高的要求。同时，胡锦涛提出的国防和军队建设贯彻落实科学发展观思想，蕴含着解决问题的新思路、新方法，是做好军事斗争准备的科学认识论和方法论，是新世纪新阶段军事斗争准备的根本依据。

第七节　习近平关于国防和军队建设的重要论述

党的十八大以来，习近平总书记着眼坚持和发展中国特色社会主义、实现中华民族伟大复兴中国梦，对加强国防和军队建设作出一系列重要论述，鲜明的回答了在世界形势发生深刻复杂变化、我国全面建成小康社会进入决定性阶段新的历史条件下，建设一支听党指挥、能打胜仗、作风优良的人民军队的重大课题。

一、习近平国防和军队建设重要论述的科学含义

习近平国防和军队建设重要论述，是习近平自党的十八大以来，在新的历史条件下，根据新的国际形势和情况，对新时期我军建设、国防建设和军事战略等基本问题所作的一系列重要讲话和论述。它是习近平在治国理政的实践中，着眼坚持和发展中国特色社会主义，实现中华民族伟大复兴中国梦，围绕强军兴军提出一系列重大战略思想、理论观点和决策部署，深刻阐述了国防和军队建设的根本性、方向性等和全局性的重大问题。它是对毛泽东军事思想、邓小平新时期军队建设思想、江泽民国防和军队建设思想、胡锦涛国防和军队建设重要论述在新的历史条件下的继承和发展，是党的军事指导理论创新发展的最新成果，反映了实现中华民族伟大复兴中国梦的根本要求，是新形势下加快推进国防和军队现代化科学指南。

现阶段，国际安全环境的基本态势是总体稳定，局部动荡，霸权主义、强权政治依旧活跃，我国周边安全环境不容乐观。一方面，国家统一问题仍未得到解决，外部大国长期坚持遏制与制衡策略，阻滞我国发展的图谋不会根本改变；另一方面，美国重返亚太，进行战略再平衡，少数国家借机推行所谓安保合作，制造地区紧张氛围，使我国外部安全环境的不确定性因素增多。

当前我军现代化建设面临的主要矛盾就是，现代化水平与打赢信息化条件下局部战争的要求不相适应、军事能力与履行新世纪新阶段我军历史使命的要求不相适应，这些矛盾并没有从根本上完全得到解决，要解决这些矛盾，最根本的就是要主动迎接挑战，敢于攻坚克难，继续深化国防和军队改革。

二、习近平国防和军队建设重要论述的主要内容

（一）牢牢把握党在新形势下的强军目标

1. 建设强大的人民军队是我们党的不懈追求

在各个历史时期，我们党都根据形势任务的变化，及时提出明确的目标要求，引领我军建设不断向前发展。党的十八大后，习近平总书记鲜明提出党在新形势下的强军目标。2013 年 3 月，在十二届全国人大一次会议解放军代表团全体会议上，他明确指出，建设一支听党指挥、能打胜仗、作风优良的人民军队，是党在新形势下的强军目标，并强调“全军要准确把握这一强军目标，用以统领军队建设、改革和军事斗争准备，努力把国防和军队建设提高到一个新水平”。这一目标，回答了为什么要强军、强军目标是什么、怎样走中国特色强军之路的重大课题体现了新形势、新任务对军队建设的新要求，是我们党在新形势下建军治军的总方略。

2. 强军目标是实现中华民族伟大复兴中国梦的必然要求

实现中国梦对军队来说就要实现强军梦。富国与强军，是坚持和发展中国特

色社会主义、实现中华民族伟大复兴中国梦的两大基石。中国梦包含强军梦，强军梦支撑中国梦。历史经验表明，任何一个国家要真正强大起来，没有坚强的军事实力做后盾是决然不行的。现在，我们前所未有地靠近世界舞台中心，前所未有地接近实现中华民族伟大复兴的目标，前所未有地具有实现这个目标的能力和信心。但中华民族伟大复兴绝不是轻轻松松、顺顺当当就能实现的，我们越是发展壮大，面临的阻力和压力就会越大，遇到的风险和挑战就会越多。没有一个巩固的国防，没有一支强大的军队，中华民族伟大复兴就没有安全保障。强军目标顺应了我国由大向强迈进关键阶段的时代呼唤、昭示了我们党着眼实现中国梦，建设强大国防和军队的决心意志，进一步阐明了国防和军队建设在党和国家事业全局中的重要战略地位，要求我们把国防和军队建设放在实现中华民族伟大复兴这个大目标下来认识和推进，为实现中国梦提供坚强力量保证。

3. 强军目标适应了国际战略形势和国家安全环境发展变化

当今世界，求和平、谋发展、促合作已成为不可阻挡的时代潮流，国际形势保持总体和平、缓和、稳定的基本态势，但天下还不太平、霸权主义、强权政治和新干涉主义有所上升，世界依然面临着现实和潜在的战争威胁，世界急剧变化增大了我国安全的不稳定性不确定性。我国周边特别是海上方向安全面临的现实威胁呈上升趋势、亚太地区正成为国际战略竞争和博弈的一个焦点。一些西方国家千方百计对我国进行战略遏制和围堵，我国周边领土主权争端、大国地缘竞争、军事安全较量、民族宗教矛盾问题更加凸显，我们家门口生战生乱的可能性增大。世界新军事革命加速发展，世界主要国家都在加紧推进军事转型，这给我军提供了难得的历史机遇，同时也提出了严峻挑战。维护国家政治安全和社会稳定的任务更加艰巨。我国安全形势的复杂性和严峻性、要求国防和军队建设必须有一个大的发展。强军目标从时代发展和国家利益全局的高度思考军事问题，充分体现了放眼世界的战略视野、居安思危的战略清醒、强军兴军的战略筹划。

（二）铸牢新形势下“听党指挥”这个强军之魂

1. 坚持党对军队的绝对领导是我军的立军之本

2012 年 11 月，习近平总书记在中央军委扩大会议上强调，“保证党对军队的绝对领导，关系我军性质和宗旨、关系社会主义前途命运、关系党和国家长治久安”。这个最根本的问题守不住，军队就会变质，就不可能有战斗力。任何时候任何情况下，都必须铸牢“听党指挥”这个强军之魂，坚持党对军队绝对领导的根本原则和人民军队的根本宗旨不动摇。

2014 年 10 月 30 日，全军政治工作会议在福建省上杭县古田镇召开，习近平强调，军队政治工作的时代主题是，紧紧围绕实现中华民族伟大复兴的中国梦，为实现党在新形势下的强军目标提供坚强的政治保证。全军必须坚持以马克思列宁主义、毛泽东思想、邓小平理论和“三个代表”重要思想、科学发展观为指导，贯彻党中央关于全面推进依法治国和从严治党的部署要求、贯彻落实依法治军、从严治军方针，紧紧围绕我军政治工作的时代主题，加强和改进新形势下我军政治工作，充分发挥政治工作对强军兴军的生命线作用。

人民军队之所以有力量，根本就在于有凝聚军心意志的神圣军魂。我军是党缔造的，一诞生便与党紧紧地联系在一起，始终在党的绝对领导下行动和战斗。我们党是马克思主义政党，是全心全意为人民服务的政党，只有坚持是靠党的坚强领导。这是我军的军魂和命根子，永远不能变，永远不能丢。

2. 坚持党对军队的绝对领导是由我军性质决定的

坚决听党指挥是强军之魂，必须毫不动摇对军队的绝对领导，这是我军永远不变的军魂，是我军的基本军事制度和中国特色社会主义政治制度的重要组成部分，是党和国家的重要政治优势。要牢牢把握这一最高政治要求，做到绝对忠诚、绝对纯洁、绝对可靠。毫不动摇坚持党对军队绝对领导的根本原则和制度。在长期实践中，我们党形成了一整套确保党对军队绝对领导的根本原则和制度。这些原则和制度是保证军队时刻听党话、跟党走的根基，必须一如既往地坚持和维护。要更加注重强化军魂意识，持续深化培育当代革命军人核心价值观，大力发展先进军事文化，扎实抓好坚定信念、铸牢“军魂”教育活动，坚决抵制“军队非党化、非政治化”和“军队国家化”等错误政治观点，确保官兵在这个重大原则问题上始终头脑清醒、态度鲜明、立场坚定。

3. 充分发挥政治工作对强军兴军的生命线作用

坚持党对军队绝对领导是强军之魂，筑牢军魂是我军政治工作的核心任务，任何时候都不能动摇。坚持党对军队绝对领导，必须坚持党委统一的集体领导下的首长分工负责制。各级党委要把落实党对军队绝对领导的制度作为第一位责任，把党领导军队一系列制度贯彻到部队建设各领域和完成任务全过程，确保党指挥枪的原则落地生根。

着力抓好高中级干部管理。军队要像军队的样子，很重要的要体现在高中级干部身上。军队好干部的标准，就是要做到对党忠诚、善谋打仗、敢于担当、实绩突出、清正廉洁。坚持党管干部、组织选人，坚持五湖四海，坚决整治用人风气，纯洁干部队伍，真正把好干部选出来、任用好。着力抓好作风建设和反腐败斗争。

着力抓好战斗精神培养。加强马克思主义战争观和我军根本职能教育，加强军事文化建设，发扬一不怕苦、二不怕死的精神，从难从严从实战要求出发摔打部队，注重发挥政策制度的调节作用增强军事职业吸引力和军人使命感、荣誉感，培养官兵大无畏的英雄气概和英勇顽强的战斗作风。

着力抓好政治工作创新发展。积极推进政治工作思维理念、运行模式、指导方式、方法手段的创新，提高政治工作信息化、法制化、科学化水平，形成全方位、宽领域、军民融合的政治工作格局，增强政治工作主动性和实效性。

4. 充分提高军队党的建设水平，为实现强军梦提供坚强思想和组织保证

在接见全军党的建设工作会议代表时，习近平强调，当前，我们正在进行具有许多新的历史特点的伟大斗争，这对全面推进党的建设新的伟大工程提出了更高要求，必须把军队党的建设摆在更加突出的位置，始终坚持党对军队的绝对领导。始终坚持以能打仗、打胜仗为根本着眼点，始终坚持党要管党、从严治党方针，始终坚持以改革创新精神加强军队党的建设，不断提高军队党的建设科学化水平，为实现党在新形势下的强军目标提供坚强思想和组织保证。

军队的党建工作是我军的命脉。我军之所以能够战胜各种艰难困苦、不断从胜利走向胜利，最根本的就是坚定不移听党话、跟党走。这是我军的军魂和命脉，永远不能变，永远不能丢。军队党的建设的首要任务是确保党对军队的绝对领导，

这也是对军队党的建设的根本要求。要深入贯彻党的十八大精神，坚持不懈用党的创新理论武装官兵，毫不动摇坚持党对军队绝对领导的根本原则和制度，确保全军在任何时候任何情况下都坚决听从党中央、中央军委指挥。

军队的党建工作是部队战斗力的增强剂和功放器。习近平强调，我军是执行党的政治任务的武装集团，军队党的建设必须高标准、严要求，努力走在全党最前列。全军要强化战斗队思想，把战斗力标准贯彻到军队党建设各个方面。加强各级党组织能力建设，造就高素质干部队伍，发挥党委领导核心作用、党支部战斗堡垒作用、党员先锋模范作用，团结带领广大官兵坚决完成党和人民赋予的光荣使命。

（三）扭住新形势下"能打仗、打胜仗"这个强军之要

2012 年 12 月，习近平总书记在广州战区考察时强调，"要记牢，能打仗、打胜仗是强军之要，必须按照打仗这个标准搞建设、抓准备，确保军队能够做到招之即来、来之能战、战之必胜"。新形势下我军职能使命不断拓展，但作为战斗队的根本职能始终没有变。战场打不赢，一切等于零。历史经验表明，能战方能止战，准备打才可能不必打，越不能打越可能被动挨打，这就是战争与和平的辩证法。我们必须看到，能打胜仗的能力标准是随着战争实践发展而不断变化的，以前能打胜仗不等于现在能打胜仗。我军打现代化战争能力不够，各级干部指挥现代化战争能力不够，这两个问题很现实的摆在我们面前。

1. 牢固树立战斗力这个唯一的根本标准

军队建设各项工作，如果离开战斗力标准，就失去其根本意义和根本价值。要始终坚持用打得赢的标准搞建设，坚持把提高战斗力作为全军各项的出发点和落脚点，坚持用是否有利于提高战斗力来衡量和检验各项工作，使全军各项建设和工作向实现建设信息化军队、打赢信息化战争的战略目标聚焦。要按照战斗力标准理清发展思路、实施决策指导、配置力量资源、选拔任用干部、评定工作实绩，真正把战斗力标准在军队建设中立起来、落下去。要进一步解决好影响战斗力生成提高的思想观念、体制机制等方面的突出矛盾和问题，形成更加明确的用人导向、工作导向、评价导向、激励导向，推动战斗力建设不断取得实质性进展。各级党委和领导干部，要把全部心思向打仗聚焦、各项工作向打仗用劲，真想打仗的事情，真谋打仗的问题，真抓打仗的准备。

2. 积极推动军事战略创新发展

实施正确的军事战略指导，是我军新形势下能打仗、打胜仗的必然要求，对军队建设和军事斗争准备具有引导和牵引作用。军事战略指导的生命力在于创新，我们要坚持贯彻新时期积极防御军事战略方针，同时要丰富和完善积极防御战略思想的内涵。创新军事战略指导，必须紧紧抓住战略指导这个根本。战争是政治的继续，必须坚持军事服从政治，从政治高度思考战争问题，着眼国家利益全局筹划和指导军事行动。加强各战略方向战略指导研究，搞清楚、弄明白未来与谁打仗、打什么仗、怎么打胜仗这个重大问题，立足最复杂、最困难情况搞好应对强敌军事干预的战略筹划，增强军事战略指导的针对性和有效性。军事战略指导重心要前移，更加注重军事力量和军事手段营造有利战略态势，把预防危机、遏制战争、打赢战争统一起来，把备战和止战、威慑和实战、战争行动和和平时期军事力量运用

作为一个整体加以运筹，为国家发展营造良好的外部环境和战略格局。

3. 坚持不懈拓展和深化军事斗争准备

军事斗争准备是军队的基本实践活动，是维护和平、遏制危机、打赢战争的重要保证。要始终扭住核心军事能力建设不放松，统筹安排并抓好非战争军事行动能力建设，把各项准备工作往前头赶，往实里抓。坚持以军事斗争准备为龙头带动军队现代化建设整体发展，推动信息化建设加速发展，扎实做好新型作战力量建设，努力建设保障打赢现代化战争、服务部队现代化建设、向信息化转型的后勤。大力发展高新技术武器设备，夯实能打胜仗的物质技术基础。加强高素质新型军事人才培养，实施人才强军战略，坚持院校优先发展战略，把联合作战指挥人才、新型作战力量人才培养作为重中之重，努力培养造就能够担当强军重任的优秀军事人才。深化国防和军队建设，把领导指挥体制作为重点，优化结构，完善功能，深化政策制度改革，推动军民融合深度发展，解决制约国防和军队建设的突出矛盾和问题，构建中国特色现代军事力量体系。

（四）夯实新形势下“依法治军、从严治军”这个强军之基

1. 作风优良是我军的鲜明特色和政治优势

古往今来，作风优良才能塑造英雄部队，作风松散可以搞垮常胜之师。在长期实践中，我军教育和形成了一整套光荣传统和优良作风，把这些宝贵精神财富一代代传下去，关系军队建设全局，关系军队形象和战斗力建设。任何时候任何情况下，我军人民军队的性质永远不能变，老红军的传统永远不能丢，艰苦奋斗的政治本色永远不能改。作为党领导下的人民军队，如果不提倡艰苦奋斗，贪图享乐，不可能成为一支具有强大战斗力的军队。坚持勤俭办一切事业，反对大手大脚、讲排场比阔气、公款吃喝，坚决抵制享乐主义和奢靡之风。要重点在解决“四风”问题、纠治发生在士兵身边的不正之风方面下功夫旗帜鲜明反对腐败、反对特权，着力在纠治官兵反映强烈的突出问题上见到成效，在解决深层次矛盾和问题上见到成效，在构建规范化、制度化的长效机制上见到成效，保持人民军队长期形成的良好形象。

2. 牢固树立基层是部队全部工作和战斗力的基础

部队所有工作都要靠基层去落实，在第一线冲锋陷阵也全靠基层。要强化强基固本思想，把工作重心放在基层，把党支部建设作为基层建设的重点来抓，研究解决基层建设中的突出矛盾和问题，推动基层建设全面进步、全面过硬。坚持士兵至上、基层第一，切实把官兵冷暖放在心上，积极为官兵排忧解难，关心官兵成长进步和安危冷暖，注意把人力物力财力向边防、向基层、向一线倾斜。坚持把基层一线作为培养锻炼干部的基础阵地，科学设置干部的成长路径，给基层一线成长起来的干部一个施展才华的空间。组织好下连当兵、蹲连住班，广泛开展尊干爱兵、兵兵友爱活动，培养干部对士兵的感情，培养士兵对干部的感情，培养全军官兵对军队的深厚感情，把部队基础打得更加牢固。

3. 从严治军是建设强大军队的铁律

要夯实依法治军、从严治军这个强军之基，坚持以纪律建设为核心，下大气力整肃军纪，培养官兵自觉而又严格的组织纪律观念，坚决克服管理松懈、作风松散、纪律松弛现象。加强军事法制建设，提高法规制度建设执行力，坚决克服有法不

依、执法不严、违法不究现象。把关系关爱士兵和从严治军统一起来，把严格管理和科学管理统一起来，增强管理工作科学性和有效性。研究新的历史条件下建军治军的特点和规律，建立健全一整套适应现代军队建设和作战要求的组织模式、制度安排、运作方式，推动军队正规化建设向更高水平发展。

4. 加快完善武器装备体系，为实现强军梦提供强大物质技术支撑

武器装备是军队现代化的重要标志，是国家安全和民族复兴的重要支撑。建设一支掌握先进装备的人民军队，是我们党孜孜以求的目标。在战争制胜问题上，人是决定因素。同时也要看到，随着军事技术不断发展，装备因素的重要性在上升，人的因素、装备因素结合得越来越紧密，人与装备已经高度一体化，重视装备因素也就是重视人的因素。

2014 年 12 月初，在全军装备工作会议上，习近平指出，必须把装备建设放在国际战略格局和国家安全形势深刻变化的大背景下来认识和筹划，放在实现“两个一百年”奋斗目标、实现中华民族伟大复兴中国梦的历史进程中来认识和筹划，放在国防和军队现代化建设优先发展的战略位置来抓。

坚持作战需求的根本牵引，建立健全具有我军特色的作战需求生成机制，增强装备发展的科学性、针对性、前瞻性。坚持体系建设思想，统筹各军兵种装备发展，统筹各类装备发展。坚持创新驱动发展，跟进世界军事革命特别是军事科技发展方向，超前规划布局。坚持质量至上，把质量问题摆在关系官兵生命、关系战争胜负的高度来认识，贯彻质量就是生命、质量就是胜算的理念，建立质量责任终身追究制度。坚持实战化运用，各级指挥员要带头学装、知装、用装，教育引导官兵大胆操作和使用装备，真正让装备活起来、动起来，在体系运用中检验性能、发掘潜能，推动新装备成建制成体系形成作战能力和保障能力。坚持人才队伍建设优先，开放视野选人才、不拘一格用人才。

5. 加快推进国防和军队建设，实施军民融合发展

2015 年 3 月，习近平在出席十二届全国人大三次会议解放军代表团全体会议时强调，把军民融合发展上升为国家战略，是我们长期探索经济建设和国防建设协调发展规律的重大成果，是从国家安全和发展战略全局出发做出的重大决策。

长期以来，军地各级按照党中央部署要求，在军民融合发展上积极探索实践，取得了丰硕成果，促进了经济实力和国防实力的同步增长。同时要看到，我国军民融合发展刚进入由初步融合向深度融合的过渡阶段，还存在思想观念跟不上、顶层统筹统管体制缺乏、政策法规和运行机制滞后、工作执行力度不够等问题。要坚持问题牵引，拿出思路举措，以强烈的责任担当推动问题的解决，正确把握和处理经济建设和国防建设的关系，使两者协调发展、平衡发展、兼容发展。

加快形成全要素、多领域、高效益的军民融合深度发展格局，丰富融合形式，拓展融合范围，提升融合层次。强化大局意识，军地双方要树立一盘棋思想，站在党和国家事业发展全局的高度思考问题、推动工作，做到责任到位、措施到位、落实到位。习近平指出，军政军民团结是我军特有的政治优势。军队要强化宗旨意识和群众观念，积极参加和支援地方经济社会建设，以实际行动为人民群众造福兴利。各级党委和政府要把关心支持国防和军队建设当作分内之事，满腔热情为军队建设、为广大官兵排忧解难。全党全军全国各族人民要大力弘扬军爱民、民拥军的光

荣传统，巩固发展坚如磐石的军政军民关系，为实现“中国梦”凝聚强大力量。

三、习近平国防和军队建设重要论述的意义和作用

习近平关于国防和军队建设的重要论述承上启下，继往开来，是党军事指导理论的重要创新和马克思主义军事思想中国化的最新成果。它为新形势下加快推进我国国防和军队现代化建设提供了根本的理论指南

（一）习近平关于国防和军队建设重要论述是马克思主义军事思想中国化的最新成果

习近平关于国防和军队建设的重要论述紧密结合新形势下的军事实践，提出一系列富有创造性的军事战略思想。例如，努力建设一支听党指挥、能打胜仗、作风优良的人民军队；紧密围绕实现强军目标加强和改进军队思想建设政治建设；深化国防和军队改革是回避不了的一场大考；围绕实现国家外交和安全战略，加强军事外交整体设计等。这些论述，坚持了党一以贯之的建军治军思想，反映新形势下党和国家事业发展对于军队的新要求。既充分体现了马克思主义关于军事问题的立场、观点和方法，又深刻揭示了走中国特色强军之路的特点和规律，为马克思主义军事理论宝库增添了新内容，开辟了新境界。

新形势下，习近平准确把握时代特征和当代中国军事实践，对我军所处历史方位和阶段性特点作出新定位，明确了筹划推进国防和军队建设的战略基点；对军队建设目标作出新概括，拎起了国防和军队建设的总纲；对推进军队建设、改革和军事斗争准备提出新要求，揭示了新的历史条件下建军治军的特点规律，等等。习近平关于国防和军队现代化的重大理论和现实问题，丰富发展了党的军事指导理论，续写了马克思主义军事理论中国化的新篇章。

（二）习近平关于国防和军队建设的重要论述反映了中国梦对国防和军队建设的根本要求

富国与强军，是实现中华民族伟大复兴的两大基石。习近平指出：实现中华民族伟大复兴，是中华民族近代以来最伟大的梦想。可以说，这个梦想是强国梦，对于军队来说，也是强军梦。伟大梦想要变为现实，离不开科学理论的指导。习近平关于党在新形势下的强军目标的重要论述，顺应时代发展趋势，明确了党和人民实现强军梦的战略任务，反映了实现中华民族伟大复兴中国梦的根本要求。

国防和军队建设历来与国家民族的生存发展紧密相连。当前，我国正面临前所未有的发展机遇，同时，随着我国的不断发展壮大，遇到的阻力和压力也越来越大，面临外部风险也越来越多，迫切需要与之匹配的国防和军队力量来做支撑。习近平关于国防和军队建设的重要论述，站在实现中华民族伟大复兴的战略高度，深刻阐述了新形势下军队建设的地位作用、目标任务、方针原则、战略步骤等重大问题，反映了中国梦对国防和军队建设的根本要求，为我军更好地担负起维护国家统一、领土主权、海洋权益和发展利益的职能使命提供了有力引领。

新时代孕育新理论，新理论指引新征程。习近平关于党在新形势下的强军目标的重要论述，准确把握了我军建设的基础和现状，抓住了建设强大军队的关键，为解决军队建设面临的突出矛盾和问题，指明了方向，是新形势下加快推进国防和军队现代化的科学指南。

(三)习近平国防和军队建设思想重要论述更加丰富了党的军事指导理论

建军80多年来,我党先后形成了毛泽东军事思想、邓小平新时期军队建设思想、江泽民国防和军队建设思想、胡锦涛国防和军队建设重要论述,有力指引人民军队不断阔步前进。习近平关于国防和军队建设的重要论述内涵丰富、涵盖广泛,涉及军队建设、改革和军事斗争准备各领域各方面。这些重要论述紧密联系、互相贯通,围绕党在新形势下的强军目标这一核心,抓住事关军队建设全局的关键和要害问题,形成了一个有机统一的整体。这些重要论述清晰勾画强军兴军的"目标图",明确了加强军队建设的聚焦点着力点;科学规划强军兴军的"金钥匙",开阔了破解矛盾问题的视野思路;日益成为强军兴军的"强磁场",凝聚了实现中国梦强军梦的意志力量。近年来的生动实践使我们深刻认识到,国防和军队建设取得新进步、呈现新气象,根本在于党中央、中央军委和习近平的英明领导,在于党的军事指导理论最新成果的实践威力。习近平关于国防和军队建设的重要论述作为科学指南,贯彻到部队建设各领域全过程,必将开创军队建设新局面。

第二章　中国国防

[学习目的]

通过学习了解现代国防的主要内容、国防历史及中国武装力量建设的情况，熟悉国防法规的基本内容、国防的重要性和公民义务、国防动员的内容与要求，以及我军的性质、任务和军队建设指导思想，增强依法建设国防的观念，树立为国防建设尽义务的责任感。

国无防不立，民无兵不安。作为一个国家、一个民族，最重要的无非两件大事：一是生存与发展问题，二是安全与稳定问题。国防，是人类社会发展与安全需要的产物，它是关系到国家和民族生死存亡、荣辱兴衰的根本大计。党的十八大政治报告中明确提出：建立巩固的国防是我国现代化建设的战略任务，是维护社会稳定的重要保障。作为中华民族的一员，关注国防、建设国防、保卫国防，是义不容辞的责任。

第一节　国防概述

国防是事关国家安全、民族尊严、社会发展的大事。本节内容包括国防的基本内容、国防的基本类型、国防精神、现代国防的基本特征等。

一、国防的含义和基本类型

（一）国防的含义

国防是国家为防备和抵抗侵略，制止武装颠覆，保卫国家的主权、统一、领土完整和安全，而进行的军事及与军事有关的政治、经济、外交、科技、教育等方面的活动。

维护国家安全利益是国防的根本职能，捍卫国家主权、领土完整和防止外来侵略、颠覆是国防的主要任务。

国防伴随着阶级的出现和国家的形成而产生，只要世界上有国家存在，国防就会存在。在人类社会发展的不同阶段中，在不同国体的国家中，其国防具有不同的特征。奴隶社会和封建社会，国防的主要职能是将各阶级维持在一定的“秩序”范围之内；资本主义社会，国防的主要职能是用军队保护和扩大商品与贸易，对外进行疯狂掠夺；社会主义国家诞生之后，国防有了新的阶级内涵，其主要职能是确保各民族的平等生存、发展，抵抗外来侵略，维护世界和平。

衡量一个国家国防力量的强弱，军事力量不是唯一标准，还涉及这个国家的政治、经济、文化、科技、外交等方方面面。尤其是21世纪，人类社会的一切都是建立在社会化大生产基础之上的，社会诸方面已经成为一个紧密联系的有机整体，国防只有成为这个有机整体的不可分割的一部分，才可能具有更大的威力。因此，我们要树立大国防观，把国防建设纳入整个国家大系统中进行思考、规划。

（二）国防的基本类型

国防的性质是由国家的社会制度和国家政策所决定的。国家的社会制度不同，制定的国防政策和追求的国防目标也就不同，因而，国防的类型也会各不相同。目前，世界各国的国防类型归纳起来主要有四种，即扩张型、自卫型、联盟型和中立型。

第一类，扩张型：也就是奉行霸权主义侵略扩张政策的国家，为了维护本国在世界许多地区的利益、打着防卫的幌子，对别国进行侵略、颠覆和渗透等扩张活动。

第二类，自卫型：是以防止外敌侵略为目的，在国防建设上主要依靠本国的力量，广泛争取国际上的同情和支持，维护本国的安全、周边地区和世界的和平与稳定。

第三类，联盟型：也就是以结盟形式，联合一部分国家来弥补自身力量的不足。联盟型国防中也可以分为扩张和自卫两种情况。

第四类，中立型：主要是指中小发达国家，为了保障本国的安全，严守和平中立的国防政策，制定总体防御战略和寓兵于民的防御体系。

我国的政治制度和国家政策决定了我们采取自卫型国防。我国是社会主义国家，在对外关系方面一贯奉行“和平共处”五项原则。我国向世界公开承诺，永远不称霸，不做超级大国，不首先使用核武器或以核武器相威胁，不对无核国家和地区使用核武器，不侵略别国，以反对侵略、维护世界和平、保卫国家的安全与发展为国防的根本宗旨。在国防力量的运用上，坚持自卫立场，实行积极防御的战略方针。

二、国防精神

国防精神是指一个国家的民众关心祖国的前途和命运，支持国防的巩固与强大，维护国家的尊严与安全的民族意识与心理素质。它是一种巨大的精神力量，表现为保卫祖国，建设祖国的高昂热情和献身精神。作为一种社会意识形态，国防精神也会对经济基础产生巨大的反作用。国防精神在不同的国家和不同的历史时期，有着不同的内容。在当代中国，我们所讲的国防精神主要包括爱国主义精神、革命英雄主义精神、爱军尚武精神。

（一）爱国主义精神

爱国主义精神是人们在长期的历史发展过程中形成的对自己祖国的一种最深厚的感情，是一个国家民族意识和觉悟的集中反映。爱国主义就是热爱祖国、热爱人民、热爱本民族的优秀文化遗产和优良历史传统，坚决保卫祖国的安全、主权和民族尊严。具体地说，它主要表现在以下四个方面：①经受住自然和社会各种困难、风险的考验，爱护并世代相承祖国的资源、宝藏、祖国的山河、大地，为祖国不断创造出新的物质和文化财富。②维护各民族团结和国家统一,反对分裂。③维护国家的主权和领土完整,在国家安全和民族利益受到外来威胁和侵略时,敢于挺身而出,奋勇抗击,直到彻底战胜侵略者。④敢于同阻碍社会发展和历史进步的一切反动阶级、反动制度作斗争,为祖国的繁荣富强贡献力量。

爱国主义是一个历史范畴,在中华民族的不同历史时期,有着不同的具体内容。但它又有着贯穿古今的共性,那就是每个中华儿女都应时刻关心祖国和民族的命运。千百年来,在广大民众中广泛流传着“天下兴亡,匹夫有责”、“位卑未敢忘忧国”等名言警句,都是中华民族爱国主义精神的体现,也是广大民众爱国主义行为的生动写照。正是凭借着这种深厚的爱国主义传统,中华民族才能历经劫难而不衰,我们的祖国才能屡遭侵略而不亡。

(二)革命英雄主义精神

革命英雄主义,就是把国家和人民的利益看得高于一切,为了祖国和人民的利益,不怕艰难困苦,不怕流血牺牲,坚忍不拔,一往无前的革命精神。革命英雄主义精神的内容是多方面的。邓小平曾提出了五种革命精神:“发扬革命和拼命精神,严守纪律和自我牺牲精神,大公无私和先人后己精神,压倒一切敌人、压倒一切困难的精神,坚持革命乐观主义、排除万难去争取胜利的精神。”这是新的历史时期对革命英雄主义精神的最好的概括和阐述。

革命英雄主义精神是无产阶级世界观和人民军队本质的表现,是人民军队克敌制胜的重要精神因素,也是人民群众战胜一切敌人、克服一切困难的强大精神力量。过去,我们在中国共产党的领导下,靠着革命英雄主义精神,打败了国内外的强大敌人,战胜了各种困难,赢得胜利。在新的历史条件下,我们仍面临着许多困难,因此,更需要继承和发扬革命英雄主义精神,保卫祖国和建设祖国,创造新的英雄业绩,续写新的英雄篇章。

(三)爱军尚武精神

爱军尚武精神是指人们为了国家和民族利益,关心国防,崇尚武事;热爱武装,尊重、拥护和支持军队;学习军事知识,努力掌握一至几门军事技术,随时为投入保卫祖国的战斗作好准备。

自古以来,中华民族是一个多灾多难的民族。不仅有自然灾害,战争更是频繁不断。正是这种历史环境,造就了中华民族爱军尚武的优良传统。早在春秋战国时期,诸子百家中的儒、墨、道、法四大家,尽管在哲学思想和政治上的主张不同,但在尚武方面的主张却十分接近。例如,儒家有“有文事者,必有武备”的主张,墨家有“非战寝攻”的设想,道家有“以正治国,以奇用兵”的建议,法家有“富国强兵”的目标。至于兵家,则是专门研究军事作战的一家学派。仅古代兵书就有3380部、23503卷之多,这些都是中华民族尚武精神的见证。到了近代,中华民族饱受帝国主义列强的侵略和欺辱,富国强兵更成了解放民族于水火之中的重要手段。

历史上的爱军尚武精神,不仅造就了中华民族众多的军事人才,而且也锻炼了人民勇武、坚韧的性格和不屈不挠、敢于斗争的英雄气概。今天的情况虽然不同于过去,但在优胜劣汰的竞争世界里,要求中华民族必须具备更强烈的危机感。因此,中华民族尚武精神的优良传统是永远不会过时的。

三、现代国防的基本特征

现代国防又叫做“社会国防”、“大国防”、“全民国防”，是对传统国防的继承和发展，是一种全新的国防观念和新的国防实践活动。现代国防的主要内容包括：国防体制、国防战略、国防政策、国防力量、国防科技、国防工业、国防工程、国防教育、国防动员、国防法规以及与国防有关的其他方面的建设和斗争。其基本特征主要表现在三个方面：

（一）现代国防是国家综合国力的体现

现代国防绝非单纯的武力较量，而是在综合国力的基础上，以军事手段为主，在政治、经济、科技、外交、文化等多种手段配合下进行的总体较量。现代国防，已成为综合国力的对抗。综合国力主要由人力、自然力、政治力、经济力、科技力、精神力和国防力等组成。其中，经济实力、国防实力和民族凝聚力是综合国力的基本要素，经济实力是基础，国防实力是支柱，民族凝聚力是灵魂。现代国防与国家的综合国力有着密切的联系，国家的发展水平制约着武器装备发展水平和国防力量的总规模。

国防不仅依赖于国家的现实实力，而且还依赖于国家的潜力，以及将潜力转化为现实实力的能力。诸如国土面积、地理位置、自然资源、生产能力、人口数量和质量、科技和文化水平、交通运输、通信状况、国家政策、管理能力、国际关系和国际地位等。如何充分运用本国所具有的各种条件，并在战时尽快而有效地使其转化为战争能力，是一个国家综合国力强弱的重要体现。

（二）现代国防既是一种国家行为又是一种国际行为

一个国家想要持续发展，重要条件之一是巩固国防。国防巩固，政府才能集中精力制定正确的政策，才能调动一切人力物力进行经济建设，人民也才能安居乐业。然而，经济全球化的发展趋势，使得国家的发展离不开国际环境。世界的和平与战争、经济的繁荣与衰退，都是一个国家持续发展的相关因素，也涉及国防的方方面面。世界尤其是周边国家局势动荡，该国就要在国防方面给予更多的关注，如果他国武力相加，该国就必须进行国防动员，以迎接外来挑战。可见，现代国防作为一种国家基本行为的同时，也日益成为一种国际行为。

（三）现代国防具有多层次的目标

国际政治、经济在现代国防上打下的烙印越来越深刻。由于各国的国家利益不同，特别是经济利益不同，所制定的战略也会各有不同，再加上各国军事实力和综合国力的差异，就使得现代国防呈现出多层次的目标体系。

从范围上，可分为自卫目标、区域目标和全球目标。自卫目标：由本国政治制度决定，因本国在国土之外的经济利益有限，加上自身实力不足，因此，只能将国防目标定位于自卫层次上，着眼于维护国家主权和领土完整。区域目标：一些国家虽然在世界范围都有自己的经济利益，但不奉行扩张政策，或者军事实力达不到全球范围，所以，将防卫目标锁定在本国及周边区域，也就是说，区域目标国防在维护本国安全利益这个层次上再提高一步，努力为本国的发展创造一个良好的周边环境，并扩大自卫的纵深和弹性。全球目标：少数实力雄厚、推行扩张政策的国家，国家利益遍及全球，出于保护本国利益、称霸世界的企图，将国防的目标对准世界，以维护世界和平、稳定和消除战争危险为旗号，进行侵略扩张，将自己的意志强加给别国。

还可从内涵上对国防的目标层次进行分类。一种是基于保证国家生存、民族独立型的国防，称为生存目标；另一种是国家生存无忧，民族独立无虑，其目标在于争取一个适合国家发展的空间，称之为发展目标。

总的来说，国防因国家性质、制度、国力及其推行的政策不同而具有不同的特征。所有国防的着眼点都在于捍卫和扩大国家利益。

第二节 中国国防历史

中国国防的历史源远流长。公元前21世纪，伴随着奴隶制国家夏王朝的出现，作为抵御外来侵略和讨伐他国的工具——国防便产生了。在人类社会的历史长河中，神州大地先后经历了奴隶社会、封建社会、半殖民地半封建社会和社会主义社会。与之相应，国防也经历了无数个强盛与衰落的交替，从而给我们留下了宝贵的国防遗产和深刻的历史教训。

一、中国古代国防

我国古代的国防从公元前21世纪夏王朝的建立到1840年鸦片战争，共经历了近四千年的漫长历史。期间，中华民族经历了无数次战争的锤炼，形成了强大的民族凝聚力，培育出了自强不息、前仆后继、不畏强暴、卫国御敌的尚武精神，最终成为一个多民族的大疆域国家。

（一）古代的兵制建设

兵制即“军事制度”，又称“军制”。兵制建设是我国古代国防的一个重要方面，它包括武装力量体制、军事领导体制、兵役制度等方面的内容。

据史书记载：原始社会末期，没有军队，氏族之间的暴力斗争建立了夏王朝，奴隶主阶级为巩固其统治，镇压奴隶的反抗，平息被征服民族的反叛，抵御外族侵扰或继续征服周边的氏族，从客观上形成了建立军队的必要。同时，夏朝时期，青铜器冶炼技术已经发展起来，生产力较原始社会有了提高，基本具备了建立军队的物质条件。所以，夏朝就出现了由少数不参加生产劳动的贵族上层成员组成的卫队，担任王室警卫。一旦发生战争，便临时征集平民组成军队，贵族的卫队就是军队的核心和骨干。这种贵族卫队就是夏朝最初形式的国家军队，也就是后世国家常备军的雏形。那时的军队由夏王亲自率领。

据从殷墟出土的甲骨卜辞中发现，到了商朝，已经有“王作三师：左、中、右”的记载，这说明当时国家军队已经有固定的编制——王师。

商朝后期，随着社会的发展，战争的不断扩大，军队的建制也趋于成熟。在西周灭商的“牧野之战”中，已有“戎车三百乘、虎贲三千人、甲士四万五千人，以东伐纣”(《史记·周本纪》)的记载。同时西周已有“宗周(今西安西南)六师”、“成周(今洛阳东北)八师”之说。六师、八师的出现，说明西周已经出现常备军，而且常备军主要是车兵，最高单位为师。车兵的基本建制单位为“乘”，一个师为一百乘，师的统帅称“师氏”，并且出现了高层军事领导体制，“周王”、“卿”和“司马”。同时部队的编成也出现了不同的类型，有虎贲、甲士、车兵、步卒、厮徒，等等。

到了春秋战国时期，随着战车数量的增加，各国又出现了军的编制，多数编为左、中、右三军或上、中、下三军，每军有战车二百乘左右。军事领导体制上也出现了将、相分职。在国王下边，文职称相，武职为将，相议政、将领军，出现以将为领帅组成的军事机构。同时，随着冶铁业的发展，战国时期铁兵器已大量应用于战场，使军队由单一兵种向多兵种发展，西周时期的主要兵种——车兵及车战，到战国时地位逐渐下降，步兵从车兵的依附地位中解脱出来，成为一支独立的兵种，在战争中占据了主要地位。

继车兵、步兵之后，春秋战国之交产生的建制骑兵，在战国时期也成为战场上的一个重要兵种。同时，有的诸侯国，为了战争的需要，水师也成为能独立作战的兵种。

公元前 221 年，秦统一中国后，随着中央集权制的建立，全国有了统一的军队，并形成了由京师兵、郡县兵、边兵组成的武装力量体制。

京师兵：类似现在的野战部队或战略机动部队（兵称“正卒”），由皇帝直接指挥调遣。

郡县兵：类似现在的地方部队，部署在各郡县，维护地方政权（兵称“更卒”）。

边兵：主要部署在边境地区，类似现在的海、边防守备部队（兵称“戍卒”）。

秦朝以后，汉承秦制，以后随着社会的发展，虽然热兵器代替了冷兵器，兵役制度进行了更改，根据作战空间又进行了陆、海、空军的分工，但武装力量体制基本上沿用了中央部队、地方部队、边防部队这三种基本类型。

（二）古代的国防工程建设

我国古代为抵御外敌的侵犯，巩固边海防，修筑了数量众多、规模庞大的国防工程。如城池、长城、京杭运河以及海防要塞等。我国古代的边防和海防，到了明朝就形成了比较有代表性的完整的边、海防体系。

1. 边防建设

著名的万里长城，是我国古代当时中华民族内部纷争中分裂的各国，在漫长的岁月中修建起来的巨大的国防工程。

早在两千多年前，战国时期的燕国、赵国、秦国开始各自修建长城，那时是一段一段修建的。秦始皇统一六国后，派大将蒙恬负责，征集大量人员，大力修建和扩展，把北部长城连接起来。以后，经各个朝代的多次修建，到明代形成了东起辽东山海关、西至甘肃嘉峪关全长 5000 多公里（1.27 万多华里）的长城。

历代还沿着长城一线设置重镇，驻守重兵，边防线上一旦有事，即可机动作战。历史上有著名的“九镇”、“三关”。“九镇”指的就是辽东镇、蓟州镇、宣府镇、大同镇、太原镇、延绥镇、宁夏镇、固原镇及甘肃镇。

“九镇”作为一个整体，前有外三卫，后有内、外三关。外三卫指的是：大宁卫、开平卫、东胜卫。外三卫为九镇中坚固的外围要地，防维边塞。内三关为：居庸关、紫荆关、倒马关，内三关起着直接屏障京师的作用；外三关为：雁门关、宁武关、偏关，固山西而联全陕，互为犄角，形成防卫整体，以卫京师。

2. 海防建设

我国古代海防建设是从明代开始的，明代以前，如春秋战国时期，一些依江傍海的诸侯国，虽建有水师并进行水战和海上攻防作战，但还没有明确的海防设施。

我国元朝末年时，当时日本正处于南北朝的分裂时期，封建领主下面失意的武士、浪人、商人等形成了庞大的海盗队伍，他们在中国东南沿海进行武装掠夺和骚扰，历史上称为“倭寇”。到了明朝初期，倭寇的侵扰活动日益严重，给沿海地区带来了深重的灾难。为了抵御倭寇，朱元璋开始加强海防建设，在沿海设置卫、所，建立水军，有效地防御了倭寇对我国东南沿海的入侵和骚扰。

明朝中期以后，朝政腐败，边防松弛，中国沿海地区倭患达到了高潮，倭寇流窜数省，并深入内地，甚至攻掠到芜湖、南京。直到1561年，严嵩专权结束，抗倭斗争才取得了进展。其中最著名的抗倭名将戚继光，在浙江组成戚家军，在沿海地区构筑水城，编练军队，与倭寇斗争。在浙江九战九胜，戚家军先后消灭了福建、广东的倭寇，于1566年彻底平定了倭寇，使海防得到巩固。

清朝前期，在明代卫、所的基础上，逐步将沿海建成炮台要塞式的防御体系。炮台要塞分为海岛要塞、海口要塞、海岸要塞和江防要塞。

海岛要塞有：长山、舟山、澎湖等。

海口要塞有：虎门、温州、镇海、吴淞、大沽等。

海岸要塞有：厦门、福州、乍浦、威海、烟台、山海关、旅顺、大连等。

江防要塞有：江阴、江宁（南京）、营口等。

除了建有这些炮台要塞式的防御体系，还编有江河水师和外海水师。在天津还建有满蒙八旗水师营（相当于海军基地）。

但是，随着清朝政府的腐败，到清朝中期海防也日渐虚弱。

二、中国近代国防

我国近代国防是指自1840年鸦片战争开始到1949年新中国成立，也就是清朝后期、北洋军阀统治时期和国民党政府统治时期的国防。

这一百多年间，随着当时统治阶级的腐败衰落，中国的国防每况愈下，中华民族屡遭外敌的侵略欺侮。其国防史，是一部遭受民族耻辱的历史，也是中国人民反对外国列强侵略和压迫，争取民族独立和解放的斗争史。

（一）清朝后期的国防

清朝后期的国防，指1840～1911年的国防。这一时期，国防衰败，强敌入侵，中华民族受尽欺凌。

1840年鸦片战争以前，中国是一个主权独立的封建国家，对外实行“闭关锁国”的政策，虽然生产力的发展已经开始落后于当时欧美各主要资本主义国家，但从国防上看，还是巩固的。

18世纪后期，中国封建社会开始走下坡路，国防力量由盛到衰，在鸦片战争前夕，国防能力衰竭到了极点，将无斗志，兵不能战，军队装备仍然是古典式的大刀、长矛、弓箭以及少量的鸟枪、火绳枪和用黑色炸药发射的铁炮；作战方法仍采取以往方阵形的密集整体冲杀；作战指导仍以骑射为主。相反，当时世界资本主义正处于迅速发展时期，军队热兵器代替了冷兵器，作战方法上广泛运用“线式”散兵战术，作战能力大大提高。资产阶级在其强大国防力的支持下，向国外扩大市场，他们除了向中国输出一般商品外，还大量地向中国倾销鸦片，年输入量由19世纪初的4000箱左右到1838年猛增到4万余箱。由于鸦片的大量输入，严重地损害了中国的经济和人民的健康，给中国社会带来了严重的危机。

在这种情况下，清道光皇帝派林则徐到广东查禁鸦片。林则徐在当地人民的支持下，于1838年四五月间，缴获英、美等国输入的鸦片237万斤，在虎门海滩上全部销毁，这就是历史上有名的"虎门销烟"。

中国的禁烟，使英国资产阶级牟取高额利润，最大限度地掠夺中国人民的美梦破灭了。他们为了贪婪的欲望，便以鸦片为借口，于1840年发动了侵华战争，这就是第一次鸦片战争。1842年，战败的清王朝被迫在英国的军舰上签订了我国历史上第一个丧权辱国的不平等条约——中英《南京条约》。中国的领土和主权遭到破坏，开始沦为半殖民地半封建社会。

1856～1860年，英国不满足已获得的利益，联合法国，分别以"亚罗艇事件"和"马神甫事件"为借口，对中国发动了第二次鸦片战争。战败的清王朝被迫与英国签订了中英《天津条约》，与法国签订了中法《北京条约》，此时的沙俄趁火打劫，强迫清政府签订了中俄《瑷珲条约》等一系列条约，割占了中国大片的领土。中国的领土主权进一步遭到破坏，半殖民地程度加深。

19世纪80年代初，法国殖民主义者在完全占领越南后，开始觊觎我国西南地区。1884～1885年中法交战。爱国将领冯子材率领的清军奋勇杀敌，在刘永福黑旗军的配合下痛击法军，取得了镇南关大捷，由此导致法国茹费里内阁的倒台。但是腐败的清政府却一味苟且偷安，李鸿章认为法国船坚炮利，强大无敌，中国即便一时而胜，难保终久不败，不如趁胜而和。因此，清政府和法国签订了《中法新约》，将广西和云南两省的部分权益出卖给了法国，使中国不败而败，法国不胜而胜。清政府的腐败无能暴露无遗。

1895年日本以清朝出兵朝鲜为由发动了甲午战争。北洋水师全军覆没，清政府被迫与日本签订了《马关条约》，中国被进一步肢解，中国半殖民地程度加深，民族危机加剧。

1900年，英、美、德、法、俄、日、意、奥八国，以"保护在华侨民利益"为借口，组成联军，发动侵华战争。战败的清政府被迫与八国签订了《辛丑条约》。这个条约从政治、经济、军事各方面都扩大和加深了帝国主义对中国的统治，并表明清政府已完全成为帝国主义统治中国的工具。中国完全沦为半殖民地半封建社会。

在外国列强弱肉强食政策下，从1840年鸦片战争到1911年辛亥革命的70多年间，中国五次战败，清政府与外国签订了500多个不平等条约，割让领土160万平方公里，共赔款2700万元、白银7亿多两。在国防上，当时1.8万多公里海防线上，竟找不到一个属于自己享有主权的港口。在中华大地上，俄国在长城以北，英国在长江流域、日本在台湾、福建，德国在山东，法国在云南，绝大部分中国领土成了帝国主义的势力范围。列强的入侵，不仅使中国在政治上、经济上、文化上蒙受了巨大损失，而且使中国人的人格尊严丧失殆尽。

（二）民国时期的国防

1911年的辛亥革命，终于推翻了几千年的封建统治，但由于革命的不彻底，仍没有使中国摆脱半殖民地半封建的状况，帝国主义依然在华夏大地上横行无忌。他们为维护其在华利益，纷纷扶植自己的代理人：先有袁世凯称帝，后是张勋复辟，各派军阀以帝国主义为靠山，割据称雄，混战不休。直、皖、奉三大派系军阀先后窃取中央政权，贿选国会议员和总统，出卖国家和民族利益。此时，中国已无国防可言。1914年日本借口对德宣战，出兵我国山东，强占胶济铁路和青岛（原是德国侵占）；1915年日本又提出灭亡中国的“二十一条”要求；沙俄策划“外蒙自治”；英国也提出西藏从中国分割出去由英国统治的主张，在阴谋没有得逞情况下，英国又在中印边境制造了一条非法的“麦克马洪线”。1918年段祺瑞又签约，将我国东北置于日本的控制之下，并由日本掌握中国军队的训练权和警察权等。内忧外患，给中国造成了严重破坏。“二十一条”的签订和“巴黎和会”中国外交的失败，充分暴露出北洋政府的腐败无能，使中国面临被帝国主义进一步瓜分的命运，这激起了中华民族同仇敌忾、共御外侮的决心和勇气。以五四运动为标志，中国反帝反封建的资产阶级民主革命发展到新阶段。1921年7月，中国共产党的成立，把中国人民的救亡图存斗争推向新的阶段，中国工人阶级开始以自觉的姿态登上了历史舞台。

1931年9月18日，日本发动了“九一八”事变。面对日本帝国主义的野蛮侵略，蒋介石却奉行“攘外必先安内”的方针，一味奉行不抵抗政策，出卖民族利益，使东北大片国土迅速沦陷。1937年7月7日，日本发动“卢沟桥事变”，进一步扩大了对中国的侵略，中华民族到了生死存亡的紧要关头。中国共产党高举团结抗日的旗帜，肩负起救民族于危难的神圣使命，领导全国各族人民进行了艰苦卓绝的八年抗战，终于取得了我国近代史上第一次抗击外敌侵略的完全胜利。

抗日战争胜利后，中国人民迫切需要一个和平安全的休养生息的环境。中国共产党顺民心，从民愿，不计前嫌，准备与国民党第三次携手，合作建国。但蒋介石背信弃义，妄图消灭中国共产党及其所领导的军队。在中国共产党的领导下，经过四年的解放战争，中国人民终于推翻了蒋家王朝，建立了新中国。

三、国防历史的启示

中国数千年的国防史告诉我们：

（一）经济发展是国防强大的基础

早在春秋时期齐国的政治家管仲就提出“富国强兵”的思想，孙子则更直接地指出：兵不强则不可以摧敌，国不富不可以养兵，富国是强兵之本，强兵之急。如汉、唐、明、清各代前期国防的强盛，都是休养生息、发展经济的结果；与此相反，以上各朝代的衰败，也都由于经济的衰落导致政治腐败和国防孱弱所至。

（二）政治开明是国防巩固的根本

纵观我国数千年的国防史，不难发现，凡是兴盛的时期和朝代，都十分注意修明政治，实行较为开明的治国之策。原本西陲小国的秦国，从商鞅变法开始，修政治，明法度，发展生产，繁荣经济，国防日渐强大，为吞并六国奠定了坚实的基础；大唐初建之时，满目疮痍，百废待兴，正是由于制定并实施了一系列开明的政治制度，使国家很快从隋末的战争废墟中恢复过来，很快成为国力昌盛、空前统一的大唐帝国。凡是衰落的时期和朝代，无不因为政治腐败导致国防虚弱。唐朝中期以后，两宋乃至于晚清都是如此。

（三）国家的统一和民族的团结是国防强大的关键

翻开几千年的国防史，人们都会发现这样一个规律：凡是国家统一、民族团结的时期，国防就巩固、就强大；凡是国家分裂、民族矛盾尖锐的时期，国防就虚弱、就颓败。

晚清时期，在西方列强的进攻面前，清政府不仅不敢发动反侵略战争，不依靠、不支持人民群众进行战争，反而认为“患不在外而在内”、“防民甚于防火”。对人民群众自发组织的反侵略斗争实行残酷的镇压，最终造成对外作战屡战屡败，割地赔款，逐步沦为半殖民地半封建社会。

历史的教训最为深刻，经验弥足珍贵，值得我们永远记取。

第三节　新中国国防建设

中华人民共和国成立后，经过五十多年的艰苦努力，我国国防建设取得了举世瞩目的成就。今天的中国之所以能巍然屹立在世界的东方，并享有很高的声誉，主要是我国在政治上独立、经济上发展和国防不断强大的结果。

一、国防领导体制

国防领导体制是指国防领导的组织体系及相应制度。它包括领导机构的设置、职权划分、相互关系等。它是国家政权组织形式和机构的重要组成部分，它包括最高统帅、最高国防决策机构、国家行政机关中管理国防事务的部门、武装力量领导指挥系统等。根据宪法、国防法和有关法律，我国建立和完善国防领导体制，对国防活动实行高度集中统一的领导。

（一）国防领导体制的形成

国防领导体制，亦称“军事领导体制”，即国家或政治集团领导国防（军事）建设，指挥和管理武装力量的组织系统和工作制度。它与国家的国体、政体、国家的职能有着密切的联系。国家的性质，又称“国体”，是国家的内容。国家作为统治阶级有组织有系统的暴力机器，包括军队、监狱、警察、法庭等暴力机构，这就要直接联系到国防领导体制。国家的职能有对内、对外两种，对内包括统治职能和社会职能。而对外职能之一就是国防。

严肃地对待国防，是马列主义国家学说的基本观点之一，也是国家政权建设的历史经验总结。新中国成立以来，我国人民先后进行过抗美援朝、抗美援越和中印、中越边界自卫反击作战，胜利地保卫了国家的领土和主权，从实践和理论上丰富和发展了马克思主义关于“保卫祖国”的国家政权学说。

在构成国防实力和潜力的诸因素中，国家对国防的领导能力尤为重要。而国家对国防的领导，则是指在国家战略思想指导下，对整个国防事业进行统一筹划，采取有效措施，使之付诸实现的决策与实施的过程，使构成国防力量的诸因素协调发展，以充分发挥保卫国家安全的职能。国家对国防的领导具有战略性、全面性和长远性等特点，在国防建设事业和武装力量建设中处于十分重要的地位。历史反复证明，能否驾驭风云变幻、错综复杂的国际形势，能否组织现实的及潜在的军力、经济力和政治力，以对付危及国家安全的不测事件，领导军队和人民赢得反侵略战争的胜利，是检验国防领导能力的根本标志。现代历史条件下，错综复杂的国际国内情况，对国防领导提出了更高的要求。新技术革命的发展，特别是高技术及其在军事上的应用，大大加快了武器装备更新换代的步伐，要求国家及时确定国防科技和武器装备发展的方向和目标；现代战争对经济条件的依赖性日益增强，要求国家从总体上增强国防实力，合理地规划武装力量的规模及总体结构，正确处理国防建设和经济建设的关系；现代战争对常备军和后备力量的素质提出了新的要求，如何拓宽国防人才培养途径，提高教育训练质量，已提到了战略地位；国际形势的发展变化，要求国家科学预测未来，更加重视决策的咨询，发挥“思想库”、“智囊团”在国防决策中的“外脑”作用，制定符合国家军事战略的方针和国防政策等等。因此，世界各国都把加强和完善国防领导体制，作为国家致力于国防现代化的总目标之一。

（二）我国国防领导体制的组织形式

我们党和国家对国防的领导，核心是制定战略方针，对武装力量和国防建设事业实施全面的领导和管理。作为国防建设、武装力量建设根本依据的战略方针正确与否，关系到国家的安全与发展。武装力量是国家军事实力的主体，它的建设和发展直接关系到国家的安危。国防建设事业的领导和管理，涉及国家整体力量的正确运用和作用的发挥，直接关系到国家安全与发展。所以，党和国家对国防的领导是党和国家的重要职能，是国家政权机构行使最高国家权力的一种表现。正是由于国家对国防领导的这种职能，决定国防领导在组织上具有最高层次性、在意志上具有最高权威性、在内容上具有极大的广泛性、在活动方式上具有严密性等特点。

党和国家对国防领导在组织上的最高层次性，主要表现在这种领导是由最高国家权力机关、国家元首、最高国家行政机关和国家军事领导机关来进行的。由于国防领导在组织上具有最高层次性的特点，因此，便产生了在意志上的最高权威性的特点。国防最高领导对国防问题的决策和发布的指示、命令，社会所有组织及全体成员都必须服从，有关的法律要强制执行。否则，全社会就不能形成最大的合力，阶级和国家的意志不能得以贯彻。

国防领导活动内容上的极大广泛性，主要表现在它不仅直接领导国防建设和武装力量建设，而且还包括与国家相关的政治、经济、科技、文化和外交等方面的领导和管理。

正由于国防领导涉及国家各种高层机构和国家整个社会活动，要使它们形成最大的社会整体合力，这些国家高层机构的协调一致对整个国家社会活动则是不可或缺的，因此，决定了最高国防领导的活动方式具有严密的整体性。

党和国家对国防的领导，是通过一定的组织机构来实现的。这种组织形式，同本国的社会制度、历史传统和国体政体密切相关。因此，世界各国最高国防领导的组织形式，既有共同点，又不尽相同。比如，美国最高国防领导的组织机构是国家安全委员会，前苏联的最高国防领导是由苏共中央、最高苏维埃和部长会议来实施的。

我国最高国防领导的组织形式，体现了国体、政体和传统的一致性。它的一个基本特征就是党在国防领导中的决定性地位和作用。革命战争年代，军事最高领导是党中央的军事委员会，党中央主席兼任军委主席，实行一元化领导。新中国成立以来，中国共产党成为执政党，是国家和社会主义建设事业的领导核心。我国的最高国防领导，也在实践中不断发展完善。其组织形式经历了多次变革，但根本的一条没有变,即中国共产党的核心领导。1948 年《中国人民政协会议共同纲领》中规定由中央人民政府人民革命军事委员会统率全国武装力量,1954 年 9 月新成立了中共中央军事委员会,领导整个军事工作。同时,根据新中国第一部宪法,设立国防委员会和国防部,由国家主席担任国防委员会主席,赋予国家主席统率全国武装力量的权力,规定国务院领导武装力量建设,这是一种党和国家领导的国防领导体制。我国在 1975 年和 1987 年颁发的两部宪法中,规定由中共中央主席统率全国武装力量。从 1954 年到 1981 年,中共中央主席担任中央军委主席,进行一元化领导。1982 年 12 月 4 日,中华人民共和国第五届全国人民代表大会第五次会议通过的《中华人民共和国宪法》(第四部宪法)规定,中华人民共和国军事委员会领导全国武装力量。同时规定,国家中央军委和中共中央军委同设一个机构,组成人员和对军队的领导职能完全一致。这样,既坚持和完善了党的领导,又进一步明确了军事系统在国家机构中的地位,确立了由党和国家共同行使领导职责的最高国防领导体制。

因此,我国最高国防领导体制的组织形式,既体现了党对武装力量和国防建设事业的领导,又有利于国家机构领导全国武装力量,领导和管理国防建设职能的发挥,这对于国家加强武装力量的革命化、现代化、正规化建设,增强国防力量,实现国防现代化的宏伟目标,是强有力的组织保证。

(三)中华人民共和国国防领导职权

根据宪法和国防法,中华人民共和国的国防领导职权由中共中央、全国人大及其常务委员会、国家主席、国务院、中央军委行使。

1. 中共中央的国防领导职权

中国共产党作为执政党,是领导中国社会主义事业的核心力量。中共中央在国家生活包括国防事务中发挥决定性的领导作用。有关国防、战争和军队建设的重大问题,都是由中共中央、中央军委、中央政治局及其常务委员会作出决策并通过必要的法定程序,作为党和国家的统一决策贯彻执行的。

2. 全国人民代表大会及常务委员会的国防领导职权

中华人民共和国全国人民代表大会是最高国家权力机关。它在国防方面的职权主要有:决定战争与和平的问题;制定有关国防方面的基本法律;选举中央军委主席,根据中央军事委员会主席的提名,决定中央军事委员会其他组成人员,并有权罢免以上人员;审查和批准包括国防建设计划在内的国民经济和社会发展计划以及计划执行情况报告;审查和批准包括国防经费预算在内的国家预算和预算执行情况报告;改变或者撤销全国人民代表大会常务委员会在国防方面的不适当的决定;应当有全国人民代表大会行使的国防方面的其他职权。

全国人民代表大会常务委员会在国防方面的职权主要有:在全国人民代表大会闭幕期间,如果遇到国家遭受武装侵犯或者必须履行国际间共同防止侵略的条约的情况,决定战争状态的宣布;决定全国总动员或者局部动员;制定国防方面的法律;在全国人民代表大会闭幕期间,审查和批准包括国防建设计划在内的国家经济和社会发展计划,包括国防经费预算在内的国家预算在执行过程中所必须作的部分调整方案;监督中央军事委员会的工作;在全国人民代表大会闭幕期间,根据中央军事委员会主席的提名,决定中央军事委员会其他组成人员的人选;根据最高人民法院院长和最高人民检察院检察长的提请，任免军事法院院长和军事检察院检察长；决定同外国缔结的有关国防方面的条约和重要协定的批准和废除；规定军人的衔级制度；规定和决定授予在国防方面国家的勋章和荣誉称号；全国人民代表大会授予的国防方面的其他职权。

3. 国家主席的国防领导职权

中华人民共和国主席的国防领导职权主要有：根据全国人民代表大会的决定和全国人民代表大会常务委员会的决定，宣布战争状态；根据全国人民代表大会的决定和全国人民代表大会常务委员会的决定，发布动员令；公布全国人民代表大会及其常务委员会制定的有关国防方面的法律；根据全国人民代表大会常务委员会的决定，授予在国防方面国家的勋章和荣誉称号；根据全国人民代表大会常务委员会的决定，批准和废除同外国缔结的有关国防方面的条约和重要协定。

4. 国务院的国防领导职权

中华人民共和国国务院是最高国家权力机关的执行机关，是最高国家执行机关。它的国防领导职权包括：编制国防建设发展规划和计划；制定国防建设方面的方针、政策和行政法规；领导和管理国防科研生产；管理国防经费和国防资产；领导和管理国民经济动员工作和人民武装动员、人民防空、国防交通等方面工作；领导和管理拥军优属工作和退出现役军人的安置工作；领导国防教育工作；与中央军事委员会共同领导中国人民武装警察部队、民兵的建设和征兵、预备役工作以及边防、海防、空防的管理工作；法律规定的与国防建设事业有关的其他职权。

5. 中央军事委员会的国防领导职权

中华人民共和国中央军事委员会是最高国家军事机关，负责领导全国武装力量。其职权主要包括：统一指挥全国武装力量；决定军事战略和武装力量的作战方针；领导和管理中国人民解放军的建设，制定规划、计划并组织实施；向全国人民代表大会或者全国人民代表大会常务委员会提出议案；根据宪法和法律，制定军事法规，发布决定和命令；决定中国人民解放军的体制和编制，规定总部以及军区、军兵种和其他军级单位的任务和职责；依照法律、军事法规的规定，任免、培训、考核和奖励武装力量成员；批准武装力量的武器装备体制和武器装备发展规划、计划，协同国务院领导和管理国防科研生产；会同国务院管理国防经费和国防资产；法律规定的其他职权。

中央军委实行主席负责制，中央军委主席实际为全国武装力量的统帅。中央军委组成人员为：中央军委主席，副主席若干人，委员若干人。中央军委下设总参谋部、总政治部、总后勤部、总装备部。总部既是中央军委的工作机关，又是全军军事、政治、后勤、装备工作的领导机关。

二、国防建设成就

国防建设是国家为提高国防实力而进行的各方面的建设，主要包括：武装力量，边防、海防、空防、人防及战场建设，国防科技与国防工业建设，国防法规与动员体制建设，国防教育等方面。新中国成立后，在这些方面都取得了显著成绩。

（一）建立了中国特色的武装力量领导体制

新中国成立后，根据中央人民政府 1949 年 10 月 19 日的命令，成立了中央人民政府人民革命军事委员会，作为全国武装力量的最高统率机关。

1954年9月，第一届全国人民代表大会第一次会议通过的宪法规定，中华人民共和国主席统率全国武装力量，并决定设立国防委员会和国防部，由国家主席担任国防委员会主席。与此同时，取消了中央人民政府人民革命军事委员会，在同月召开的中央政治局会议上，决定在中央政治局和书记处之下成立中共中央军事委员会，领导中国人民解放军和其他武装力量。

1982年设立中华人民共和国中央军事委员会，领导全国的武装力量。与此同时，中共中央军事委员会继续存在，其职能和国家中央军会完全相同。这表明中央军委同时有两个名义：一个是中共中央军委，一个是国家的中央军委，从而确立了党和国家高度集中统一的行使领导职权的国防领导体制。这种体制，既贯彻了党对军队绝对领导的根本原则，又适应我军已成为国家主要成分的实际，进一步完善了国家武装力量的领导体制，体现了党领导军队与国家领导军队的一致性，体现了中国共产党作为唯一的执政党在国家政治生活中的领导地位和作用。

军委下设总参谋部、总政治部、总后勤部，作为军委的工作机关。为加强我军武器装备建设，1998年，中央军委增设了总装备部。在中央军委的领导下，还设有负责指挥驻在各大战略区范围内的陆、海、空军部队和民兵的大军区领导机关和负责各军种组织建设、军事训练和战备作战的海军、空军、第二炮兵指挥机关，此外，直接隶属中央军委的还有军事科学院、国防大学、国防科学技术大学和武警部队等单位。

（二）中国人民解放军的革命化、现代化和正规化建设有了突破性的进展

中华人民共和国成立时，人民解放军基本上是一支单一的以步兵为主的陆军，炮兵、装甲兵等技术兵种所占比例非常小，且海军、空军仅具雏形。经过五十多年的艰苦努力，人民解放军实现了由单一陆军向诸军兵种合成军队的发展，不仅研制和装备了种类比较齐全的常规武器装备，而且拥有了具有一定威慑力的原子弹、氢弹等尖端武器装备。

20世纪90年代以来，人民解放军继续向着更高级的阶段迈进。

1991年爆发了海湾战争，这是第二次世界大战以来现代化程度最高的一场战争。以美国为首的多国部队集中使用大量高技术兵器，凭借高技术的明显优势，夺取了地、海、空、天、电磁等战场主动权，使号称世界第四军事强国的伊拉克始终处于被动挨打的境地，最后宣告彻底失败。双方的军事实力对比与战争的结果大相径庭，中、低技术与高技术装备之间的差距，对战争的影响之大实属空前。战争的结果，对我国国防的发展，具有深远的影响。

根据高技术战争的特点和影响，开始把军事斗争准备的立足点放在打赢现代技术特别是高技术条件下的局部战争上面，军队建设正逐步实现由数量规模型向质量效能型、由人力密集型向科技密集型的转变。

在发展武器装备方面，根据现代技术特别是高技术条件下局部战争的需要，努力发展高技术“杀手锏”。江泽民主席多次强调：我们必须抓住难得的机遇，加速国防科技和武器装备的发展，尤其是重点发展打高技术战争必需的武器。1998年春组建了中国人民解放军总装备部。我军常规武器已进入自行研制的新阶段，显著地提高了我军打赢未来高技术条件下局部战争的能力。

在改革调整体制编制方面，在进一步压缩军队规模、减少数量的同时，根据优先发展海、空军、二炮及加强技术兵种建设的原则，优化了诸军兵种的比例结构，完善合成体制，使军队体制编制更能适应联合作战的需要。

面向21世纪的人民解放军将按照江泽民主席提出的“政治合格，军事过硬，作风优良，纪律严明，保障有力”的总要求，继续优化编制体制，更新教育训练内容和手段，改善武器装备，加强质量建设，提高诸军兵种的合成化水平，向精兵、合成、高效的方向发展。可以预见，21世纪的人民解放军将能够面对任何挑战而不辱使命。

（三）形成了门类齐全、综合配套的国防科技工业体系

国防科技是衡量一个国家综合国力的重要标志之一，也是国防现代化建设的一个重要方面。经过五十多年的建设和发展，我国的国防科技工业从无到有、从小到大、从落后到先进，建立起了包括电子、船舶、兵器、航空、航天和核能等门类齐全、综合配套的科研实验生产体系，取得了一大批具有国内或国际先进水平的科研成果，为我军现代化建设和切实增强我国的综合国力作出了重要贡献。

在军事电子方面，逐步发展成为具有相当规模、门类齐全的新兴工业部门，特别是在指挥自动化、情报侦察、预警探测、电子对抗和通信等方面，为我军提供了各种新式装备和产品，进一步增强了部队侦察、通信、指挥和作战能力；在船舶工业方面，先后自行研制建造了核动力潜艇、常规潜艇、导弹驱逐舰、导弹护卫舰、导弹快艇等作战舰艇，以及各种辅助船舶和新型鱼雷、水雷、反水雷等新装备；在兵器工业方面，研制生产了一大批性能先进的坦克、装甲车辆、火炮、弹药、轻武器、军用光电器材和综合火控、指挥系统等新型武器装备，为我军现代化作出了重要贡献；在航空工业方面，已累计生产歼击机、轰炸机、直升机、运输机、教练机等60多个型号1万余架军用飞机，基本满足了海空军作战和飞行训练的需要；在航天科技工业方面，已拥有地地、地空、海空和空空导弹武器系统，运载火箭、各种应用卫星的研制发射和实验能力，在世界航天技术领域占有一席之地；在核工业方面，我国不仅可以生产制造原子弹、氢弹，而且还掌握了核潜艇技术，形成了我国的核威慑力量，在和平利用核能方面，我国也取得了突破性进展。

（四）国防后备力量建设取得了长足的发展

我们党和国家历来十分重视国防后备力量建设。1985年，党中央、国务院、中央军委又明确提出“精干的常备军和强大的后备力量相结合，是建设现代化国防的必由之路”这一基本指导方针。我国国防后备力量建设，经过几十年的努力，取得了明显的成绩。

一是健全了国防动员机构。在党中央、国务院领导下，各省、市、自治区政府都设有动员机构。从总部机关到各军区、集团军、师团均设有动员机构和动员军官。从地方和军队兼有的省军区、军分区、人武部门，既是同级党委的军事部门，又是政府的兵役机关，是兼后备力量建设与动员工作于一体的机构。所有这些机构的建立，为战时动员的顺利开展奠定了良好的基础。

二是建立了强大的国防后备力量。我国国防动员体制、除自上而下地建立人民武装领导机构外，实行民兵与预备役相结合的制度。民兵已基本做到“三落实”，完成了由单一步兵向多兵种转换，成为具有专业技术兵在内的强大武装力量。预

备役部队是由现役军人为骨干、预备役人员为基础组成的，从而使预备部队在军政素质、动员速度、反应能力等方面达到了较高水平。另外，1985 年以来先后在 400 多所大学和高级中学开展了军训试点，到 2001 年学生军训全面展开，为国防建设培养了一批能文能武的后备力量。

三、现行国防政策

国防政策，指国家进行国防建设和使用国防力量的准则，是国防建设和国家安全的保证。中国制定国防政策的根本依据，是中国的国家利益。它主要包括：维护国家主权、统一、领土完整和安全；坚持以经济建设为中心，不断提高综合国力；坚持和完善社会主义制度；保持和促进社会的安定团结；争取一个长期和平的国际环境和良好的周边环境。

（一）实行积极防御，坚决保卫国家利益

中国实行积极防御军事战略，在战略上坚持防御、自卫和后发制人的原则。为适应世界军事领域的深刻变革和国家发展战略的要求，中国制定了新时期积极防御的军事战略方针。这一方针立足于打赢现代技术特别是高技术条件下的局部战争；这一方针注重遏制战争的爆发；这一方针坚持和发展人民战争思想。我们将积极、主动、灵活地使用一切武力与非武力的手段，坚决捍卫国家利益。

（二）国防建设与经济建设协调发展

江泽民同志在党的十六大报告中指出，坚持国防建设与经济建设协调发展的方针，在经济发展的基础上推进国防和军队现代化。建立巩固的国防是我国现代化建设的战略任务，是维护国家安全统一和全面建设小康社会的重要保障。

（三）坚持走有中国特色的精兵之路

江泽民同志指出，要实行精兵政策，这是我军建设的必由之路。如果我们不采取有力措施，进一步提高我军的质量水平，就不可能适应形势的发展，就无法完成新时期军事斗争准备的各项任务。走有中国特色的精兵之路，目标是建设一支现代化、正规化的革命军队。

（四）独立自主地建设和巩固国防

独立自主，就是立足于依靠自己的力量来保障国家的安全。中国独立自主的国防政策要求：坚持不与任何国家或国家集团结盟，不加入任何军事集团；坚持从国情出发，独立自主地进行决策和制定战略；坚持主要依靠自己的力量建设国防工业和国防科技体系，发展武器装备；坚持国家利益高于一切的原则，独立地处理一切对外军事事务。

（五）实现国防现代化

国防建设以现代化为中心，是由中国国防和军队建设的主要矛盾所决定的。中国国防和军队建设的主要矛盾，是现代战争的客观需要同国防现代化、军队现代化水平还比较低的矛盾。只有坚持以现代化建设为中心，不断提高国防现代化、军队现代化的水平，才能适应现代战争特别是高技术局部战争的客观需要，有效地维护国家的安全。

（六）实行军民结合，全民自卫

在国防建设和国防斗争中，要继承和发扬人民战争的优良传统，坚决地依靠广

大人民群众的力量，坚持军民结合、平战结合、全民自卫的原则，寓国防人才于民，寓国防科技于民，寓国防物资于民，把国防事业植根于人民群众之中。

（七）致力于维护世界和平和促进人类进步事业

中国奉行独立自主的和平外交政策，不搞霸权主义，不搞侵略扩张，不同任何国家结成军事同盟，不在国外驻军或建立军事基地。中国国防政策的核心和实质是：捍卫国家独立、主权、统一和安全，促进国家的改革开放和国民经济的发展，维护世界和周边稳定。

第四节　国防法规

国防法规是调整国防和武装力量建设领域各种社会关系的法律规范的总和。在国家建立社会主义市场经济体制的形势下，在依法治国的大环境中，国防法规对于加强国防和武装力量建设，作好新时期军事斗争准备，发挥着越来越重要的作用。

一、国防法规的产生和发展

我国奴隶社会的军事法规，主要表现形式是临战前统治者发布的誓命文诰，如《尚书》中的甘誓、汤誓、牧誓、大诰、费誓等。这些既是战争动员令、讨敌檄文，也是最初的军事法规。

进入封建社会，军事法规的形式发生了明显改变。这时已经有了稳定的成文法，而不再是临时性的军事誓言了。军事法规的调整范围不断拓展，军事立法、司法以及监督制度也逐步建立起来。

近代中国跟随世界军事变革的历史潮流，借鉴西方法治思想，军事法制建设也有所进步。1933 年 6 月，国民党政府颁布了我国历史上第一部《兵役法》，规定实行征兵制，并建立了预备役制度。规定兵役区分为国民兵役和常备兵役，常备兵役又区分为现役、正役、续役。但是，由于国民党政治腐败，国家内忧外患，形势混乱，《兵役法》并没有得到认真贯彻执行，国民党军队扩充经常要靠抓壮丁。

新中国成立后，我们国家就开始着手制定国防法规，很快颁布了《兵役法》、《民兵组织条例》以及军队的各种条令条例。特别是最近二十年，国家加大了国防立法工作的力度，制定了一系列国防法律、规章，初步形成了中国特色的国防法规体系，使国防和武装力量建设走上了法制化轨道。

我国的国防法规体系，按立法权限区分为四个层次：第一个层次是法律。关于国防和武装力量建设的法律由全国人民代表大会及其常务委员会制定。第二个层次是法规。由中央军委制定的为军事法规，由国务院制定或国务院与中央军委联合制定的为军事行政法规。第三个层次是规章。由军委各总部、各军兵种、各军区制定的为军事规章，由国务院有关部委与军委有关总部联合制定的为军事行政规章。第四个层次是地方性法规。地方性法规是由省、自治区、直辖市人民代表大会及其常务委员会制定的贯彻执行国家国防法规的实施办法、实施细则、补充规定等。

我国的国防法规按调整领域划分为十六个门类：一是国防基本法类，二是国防组织法类，三是兵役法类，四是军事管理法类，五是军事刑法类，六是军事诉讼法类，七是国防经济法类，八是国防科技工业法类，九是国防动员法类，十是国防教育法类，十一是军人权益保护法类，十二是军事设施保护法类，十三是特区驻军法类，十四是紧急状态法类，十五是战争法类，十六是对外军事关系法类。

二、国防法规的特性

国防法规是调整国防和武装力量建设领域各种社会关系的法律规范的总和。国防法规的特性，包括共性和个性两个方面。

从共性方面来说，国防法规是国家法律的一个组成部分，也是由国家制定和认可的、并由国家强制力保证其实施的行为规范，它具有法律的一般特性：一是鲜明的阶级性。国防法规是统治阶级意志的体现，是为统治阶级的利益服务的。二是高度的权威性。国防法规是由有立法权的国家机关制定的，除此之外，其他任何组织或个人都无权制定。三是严格的强制性。国防法规所确定的行为准则，必须严格遵守和执行，如果违反，要依法受到追究。四是普遍的适用性。法律面前，人人平等，无论职务高低，无论什么行业部门，都必须依法办事，没有例外。五是相对的稳定性。国防法规是国家机关通过法定程序制定的，一经颁布，往往要稳定相当长的时间，不会朝令夕改。这些是国防法规的共性所在。

从个性方面来说，国防法规还有着区别于其他法规的特殊性质。

一是调整对象的军事性。法律是调整社会关系的行为规范，而不同的法律规范用来调整不同领域的社会关系。比如，民法用来调整公民、法人之间的财产和人身关系，婚姻法用来调整公民的婚姻家庭关系，国防法规就是专门用来调整国防和武装力量建设领域的各种社会关系的法规，包括军队内部的社会关系、武装力量内部的社会关系、武装力量与外部的社会关系。这些带有军事性的社会关系是国防法规特有的调整对象，是其他任何法律规范所不能代替的，这是国防法规特性的一个基本表现。

国防和武装力量建设领域的社会关系是军事性的，但这些社会关系所涉及的行为主体并不都是军队和军人。国防是国家行为，是整个国家的事，是全民族的事，政治、经济、外交、科技、教育等各个部门和社会各阶层人士都与国防有密切的关系。调整对象的军事性并不意味着国防法规只管军队，不管地方。一切社会团体和个人都必须按照国防法规的要求，履行自己的国防义务。

二是公开程度的有限性。公开性是法律固有的特性，因为法律只有公开才能使人们普遍了解和遵守。公元前 18 世纪巴比伦国王把《汉谟拉比法典》刻在黑色玄武石柱上，春秋时郑国的子产把《刑书》铸在铜鼎上，一方面是为了记载，另一方面也是为了使法律公开。现代法制更强调公开：立法程序公开，法律内容公开，执法活动公开，监督检查公开。所以，一般的法律不存在保密问题，但国防法规有些不同。从整体上来说，法制的公开性原则对国防法规也是适用的，一些基本的、主要的国防法规是公开的，如《国防法》、《兵役法》、《军事设施保护法》等。但有一部分国防法规，特别是关于军队的作战、训练、编制、装备和战备工作等方面的法规只限一定范围的人员知晓，如各种《战斗条令》、《军事训练条例》、《战备工作条例》等，都规定了保密等级。所以说，国防法规的公开性是有限的，是公开性和保密性相结合的。为了加强法制，对能公开的国防法规，要尽量公开，以便大家了解和遵守。

为了国家安全，该保密的国防法规也要严格保密，以免国家利益受到损害。

三是司法适用的优先性。这是指在解决与国防利益、军事利益有关的法律问题时，如果国防法规和其他法规都有相关的规定，这时要以国防法规的规定作为司法依据，以国防法规作为评判是非的标准和采取行动的准则，其他法规要服从国防法规。同时要注意，优先适用不是指的先后顺序，而是一种排他性的单项选择。在解决与国防利益、军事利益有关的法律问题时，只有国防法规起作用，其他法规不起作用。有一条国际公认的法律适用原则——“特别法优先于普通法”。特别法是在特定领域、特定时间，对特定对象起作用的法律。国防法规属于特别法，因而在司法过程中实行“军法优先”。有的国家在法律条文中就明确体现了这一原则。

四是处罚措施的严厉性。国防法规所保护的国防利益，是关系国家兴衰存亡的、最根本的国家利益，因而对危害国家利益的犯罪实行比较严厉的处罚。如《刑法》规定，抢劫罪通常处三年以上十年以下有期徒刑；而冒充军警人员抢劫的，抢劫军用物资的，处十年以上有期徒刑、无期徒刑或者死刑。破坏公用电信设施罪，处三年以上七年以下有期徒刑；破坏军事通信罪，处三年以上十年以下有期徒刑；情节特别严重的，处十年以上有期徒刑、无期徒刑或者死刑。同一类型的犯罪，战争时期的处罚要更严厉一些。《刑法》《兵役法》都有战时从重处罚的规定。如平时应征公民拒绝、逃避征集的，在两年内不得被录取为国家公务员、国有企业职工，不得出国或者升学，还可处以罚款。而战时要依法追究刑事责任，通常要判 2～3 年有期徒刑。国防法规所保护的国防利益，是关系国家安危的重大利益，因而对危害国防利益的犯罪实行比较严厉的处罚。

三、主要国防法规介绍

（一）国防法规的基本含义、作用、体系

1. 国防法规的基本含义

国防法规是国家法律的重要组成部分，是指国家为了加强防务，尤其是加强武装力量建设，用法律形式确定并以国家强制手段保证其实施的行为规则的总称。它是建设现代化国防的重要保证，是依法治军、加强武装力量建设、提高军队战斗力的强大武器，是衡量一个国家国防是否现代化的重要标志。

2. 国防法规的作用

国防法规的作用主要有三个：

一是把国家防务纳入了法制化轨道。新中国成立以来，我国在加强国防建设的同时，在国防领域也逐渐形成了一整套行之有效的方针政策。这套方针政策具有中国特色，符合中国国情。国防法规把这些国防方针、政策，以法律法规的形式确定下来，上升为国家意志，能更好地保证国防建设的稳定性和长期性。

二是保证了国防活动顺利运行。在我国，国防活动涉及国家的政治、经济、外交、科技、教育等多方面活动。在现实中，这些方面的活动往往容易与国防活动发生抵触。国防法规的颁布，就明确地规定了我国一切单位和所有个人的国防职责，并对国防活动与国家其他方面活动之间的关系进行了定位，规定了其他方面的活动与国防活动发生抵触时，要优先保障国防活动的正常运行。

三是为依法治军提供了保证。我军从诞生以来，就一直坚持依法治军。早在

1929 年的时候,毛泽东同志就制定出《三大纪律八项注意》。建国初期,当时担任解放军总司令的彭德怀元帅就明确提出,正规化建设就是要把全军的各个方面用正式的规格,即条令条例彻头彻尾地统一起来。

3. 国防法规体系

新中国成立以来,我国颁布实施了《国防法》、《兵役法》、《国防教育法》等许多部与国防建设有关的法律、法规。国防法规就是这些法律、法规的总称。因此,国防法规也自成一个体系。在这个体系中,国防法对与国防建设有关的方面进行了全方位的规范,通常说,国防法在国防法规体系中处于母法的地位。而兵役法、国防教育法、预备役军官法等其他国防法规,只对与国防建设有关的某个方面进行了规范,它们是国防法的分支。

(二)国防法简介

《中华人民共和国国防法》(以下简称《国防法》)于 1997 年 3 月 14 日由第八届全国人民代表大会第五次会议审议通过,江泽民主席签署主席令,将《国防法》颁布施行。制定《国防法》的经过充分说明,《国防法》集中了全国人民的智慧,反映了广大人民群众关注国防建设的强烈愿望和要求。

1.《国防法》的主要规定

《国防法》共有十二章七十条。

《国防法》的第一章是总则。《国防法》在总则中规定,制定《国防法》的依据是宪法。制定《国防法》的目的是“为了建设和巩固国防,保障社会主义现代化建设的顺利进行”。

第二章规定了我国国家机构的国防职权。一是全国人民代表大会及其常务委员会的国防职权;二是国家主席在国防方面的职权;三是国务院的国防职权;四是中央军事委员会的国防职权;五是地方各级人民代表大会和地方各级人民政府的国防职权。在我国,全国人大、国家主席、国务院、中央军委是中央国家机构,而地方各级人大和地方各级人民政府是地方国家机构。地方国家机构和职权就是在相对应的中央国家机构的领导下,在本行政区域内执行国防法律、法规。

第三章规定了我国的武装力量。国防法规定:“我国的武装力量,由中国人民解放军、武警部队和民兵组成。”

第四章介绍了我国边防、海防、空防。边防、海防和空防,是指我国在陆地边境、领海和领空所采取的防卫工作和管理工作。

防卫工作,就是防止对我国领陆、领海、领空的武装侵犯。管理工作,主要是指边境地区的人员出入境和交通运输工具出入境的管理。其中,缉查偷渡、缉查走私、缉查贩毒等都属于这项管理工作的范畴。这项管理工作主要是由武警部队执行的。

第五章,规定了国防科研生产和军事订货。

一是规定了国防科研生产的对象。根据国防法的规定,国防科研生产的对象主要是武器装备。二是规定了对国防科研生产任务的企业事业单位的要求。国防法规定:“承担国防科研生产任务的企业事业单位必须完成国防科研生产任务,保证武器装备的质量。”这里突出强调了两个方面:一是必须完成国防科研生产任务;二是要保证武器装备的质量。

第八章规定了国防动员和战争状态。

《国防法》对国防动员的基本含义是:“国防动员是指中华人民共和国的主权、统一、领土完整和安全遭受威胁时,广泛发动全社会力量支持国防活动。”

国防动员的时机:一是国家即将或已经遭受外敌侵犯,二是国家即将或已经发生严重内乱。国家可依据当时的具体情况,决定在全国范围内进行国防动员,或者在局部地区进行国防动员。

国防动员的内容:《国防法》在以往基础上,对国防动员的内容进行了补充完善,主要规定了四个方面的动员:一是人民武装动员,二是国民经济动员,三是人民防空动员,四是国防交通动员。

第十一章是对外军事关系。我国对外关系的五项原则是“互相尊重主权和领土完整、互不侵犯、互不干涉内政、平等互利、和平共处”。我国对外军事关系作为国家对外关系的一个重要方面,也是以这五项原则为依据,一贯坚持“维护世界和平,反对侵略扩张”的方针。

2.《国防法》的重要作用

具体可以概括为“三个有利于”:

(1)有利于国防法规体系的健全与完备。在《国防法》颁布施行前,我国的若干部国防法规,每一部仅对国防活动的某一个方面作出了规定,致使国防法规体系呈现出“群法无首”的态势。《国防法》的出台,从而使我国的国防法规体系更加健全与完备。

(2)有利于国防建设与经济建设协调发展。我国实行改革开放以来,随着社会主义市场经济体制的确立,随着人们生活水平的逐步提高,人们的国防观念有所淡薄,出现了一些影响国防建设发展的问题。针对这些现实问题和今后可能出现的问题,《国防法》对我国一切机构和所有公民应当履行的国防义务作出了规定,使国防利益得到了确认和保护,从而保证了国防建设与经济建设协调发展。

(3)有利于维护我国爱好和平的国际形象。二十多年来,我国的综合实力日益增强,在国际事务中的地位作用也日益突出。但是一些国外的敌对势力,不愿意看到中国经济发展,更不愿意看到中国的国防强大,视我国为潜在的威胁,他们蓄意制造“中国威胁论”,竭力歪曲和破坏我国的国际形象。我国的《国防法》以基本法的形式,向国际社会庄严宣告:中华人民共和国的国防是为了“防备和抵抗侵略”;“中华人民共和国在对外军事关系中,一贯主张维护世界和平,反对侵略扩张”。这就清清楚楚地表明,中国加强国防建设是为了不再受人家欺负,而不是为了去欺负人家!

3.《国防法》所规定的国防活动的五项基本原则

(1)独立自主。“国家独立自主、自力更生地建设和巩固国防。”坚持独立自主,就是立足于依靠自己的力量保障国家安全,不与其他国家结盟,不参加国际军事集团,保持国防事务的自主权。我们始终坚持独立自主原则。

(2)积极防御。“实行积极防御战略。”我们中华民族是爱好和平的民族,我们的国家是社会主义的国家,我们不要别国的一寸领土,也不向国外派驻一兵一卒,更不会发动侵略战争。我国的国防是以保障国家安全、维护地区稳定和世界和平为目标,实行防御性的国防战略。

(3)全民自卫。“坚持全民自卫原则。”坚持全民自卫,就是要继承和发扬人民战争的优良传统,依靠广大人民群众的力量进行国防建设,一旦发生战争,动员和依靠广大人民群众进行防卫作战

(4)协调发展。“国家在集中力量进行经济建设的同时,加强国防建设,促进国防建设与经济建设协调发展。”经济是国防的基础,没有雄厚的经济实力,要建设强大的国防是不可能的。国防是经济建设的保障,国防不巩固,经济建设就没有一个安全稳定的外部环境。高度重视国防建设,使国防建设与经济建设相互促进共同发展。

(5)统一领导。《国防法》明确规定,“国家对国防活动实行统一的领导”。“全国人民代表大会决定战争和和平的问题。”“国务院领导和管理国防建设事业,中央军事委员会领导全国武装力量。”只有国家对国防活动实行集中统一的领导,才能凝聚全国人民的意志,汇集各方面的力量,万众一心地建设和巩固国防。

4. 公民、组织的国防义务和权利

国防义务是公民和组织依照宪法和法律规定在维护国防利益方面应当履行的责任,由国家强制力保证其落实。按照权利与义务一致的原则,公民在履行国防义务的同时,也享有相应的国防权利。国防权利和义务在总体上是一致的,但在和平时期,一般公民更多的是履行国防义务,而行使国防权利的情况比较少。

公民所享有的最基本的国防权利是和平劳动和正常的学习、生活受保护的权利。根据《中华人民共和国国防法》的规定,我国公民、组织承担的国防义务主要有:服兵役的义务;承担国防科研生产任务、接受国家军事订货的义务;在交通建设中贯彻国防要求和优先保障军人、军车(船)通行的义务;接受国防教育的义务;保护国防设施的义务;保守国防秘密的义务;支持国防建设的义务;协助军事活动的义务。

根据《中华人民共和国国防法》的规定,我国公民、组织承担的国防权利主要有:对国防建设提出建议的权利;对危害国防行为进行制止或者检举的权利;因国防建设和军事活动在经济上受到直接损失的,依照国家有关规定取得补偿的权利。

(三)兵役法简介

1. 兵役法的发展历史

兵役法的核心是兵役制度。我国的兵役制度经历了几个发展阶段。

在长期革命战争中,中国共产党领导的人民军队一直是实行志愿兵役制。

新中国的第一部《兵役法》是 1955 年 7 月由第一届全国人民代表大会第二次会议审议颁布的。从那时起,我国开始实行义务兵役制,建立了定期征兵、退伍制度,建立了预备役制度和学生军训制度。义务兵役制的优越性在于:一是有利于保持部队士兵的年轻健壮。义务兵有法定的服役期限,我军义务兵的服役期为两年。由于服役期比较短,从而保证大部分士兵年轻力壮,朝气蓬勃。二是有利于储备大量经过训练的后备兵员。义务兵定期轮换,这样就可以使许多青年轮流到部队接受锻炼,掌握一定的军事技能。士兵退伍以后,按照法律规定服预备役。一批又一批的退伍士兵,就汇集成了一支庞大的后备兵员队伍,为战时军队快速扩编打下了坚实的基础。

1984 年 5 月 31 日由六届全国人大二次会议通过重新修订的《兵役法》,对我国

的兵役制度作了重大修改，规定我国实行义务兵役制为主体的义务兵与志愿兵相结合、民兵与预备役相结合的兵役制度。义务兵与志愿兵相结合，是常备军的兵役制度；民兵与预备役相结合，是后备力量的兵役制度。民兵与预备役相结合，是我国军事制度改革的一项重要成果。民兵是不脱离生产的群众武装组织，民兵制度成为我国人民喜闻乐见的军事制度。预备役是指公民在军队以外所服的兵役，是国家储备后备兵员的形式。在我国，凡是参加民兵组织的和经过预备役登记的，都属于预备役人员。预备役人员又分为预备役军官和预备役士兵，并各自分为一类预备役和二类预备役。民兵和预备役各有特点、各有优长。从现代战争的兵员动员这个角度来看，只有民兵制度，没有健全的预备役制度是不行的。现代战争，特别是高技术战争，要求军队的兵员不仅有足够的数量，而且要有较高的质量，特别是要有大批的预备役军官和技术兵。从我国民兵组织的实际情况来看，战时动员所需要的普通兵员可以从民兵中解决，但训练难度较大的军官和技术兵，光靠民兵组织还解决不了。因此，必须建立预备役制度。从平时保卫陆海边疆、维护社会治安和战时开展人民战争这个角度来看，只有预备役，没有民兵也是不行的。因为民兵不仅是后备力量，而且还是现实的军事力量。预备役要经过动员，转服现役以后才能执行任务，而民兵只要招集起来就可以执行任务。实际上，民兵平时就在陆海边境担负着战备执勤任务，还经常协助公安部门执行严打任务，维护社会治安。战时，民兵还将以各种形式配合和支援军队作战，或独立开展游击战、开展高技术的网络战、信息战，形成人民战争的汪洋大海。所以，建立预备役制度后，仍然要坚持民兵制度。

1998 年 12 月 29 日九届全国人大常委会第六次会议又对《兵役法》进行了修改，主要有：一是志愿兵开始采取分期服役的方式。所谓分期服役，就是部队与志愿兵分期签合同，志愿兵服满一期现役，再根据部队需要和本人自愿，确定是否入下一期服役。志愿兵的服役期，从改为志愿兵之日算起，至少 3 年，一般不超过 30 年，年龄不超过 55 岁。而且，志愿兵可以从地方招收，这将使许多有知识、有才华的青年充实到部队的各个专业岗位上去，从而大大提高了军队成员的科技素质，加快了我军现代化进程。二是删去了“义务兵役制为主体”。这是因为，随着我军现代化水平的进一步提高，需要更多的志愿兵长期在部队服役。“九五”期间我军志愿兵占士兵总数的比例达到 35%，一些技术性较强的部队，主要由志愿兵组成。在这种情况下，再强调义务兵役制为主体，显然就不合适了。增加志愿兵的比例，提高军队职业化程度，是世界各国军队建设的发展趋势。我国根据世界军队建设的规律和我军的实际情况，一方面逐步增加志愿兵的比例，另一方面保留义务兵役制，这样可以充分发挥这两种制度的长处，有利于加强国防和军队建设。

2011 年 10 月 29 日，第十一届全国人民代表大会常务委员会第二十三次会议表决通过《全国人民代表大会常务委员会关于修改〈中华人民共和国兵役法〉的决定》，同日，国家主席胡锦涛签署第 50 号主席令予以公布。2011 年《兵役法》主要从四个方面做了调整：

第一，增加了一系列完善兵员征集制度的措施。一是把大学生纳入征集对象。同时，将兵员登记时间相应调整到与大学生毕业和大学招生同步的时间，并完善了大学生士兵的优待政策。二是明确了在征集期间，应征公民被征集服现役，同时被机关、团体、企业事业单位招收录用或者聘用的，应当优先履行服兵役义务。

第二，提高军队对人才的吸引力。一是增加军人基本待遇的规定；二是拓宽现役军官的来源渠道，明确将接收普通高等学校的毕业国防生和其他应届优秀毕业生作为军官的来源；三是完善了义务兵和士官的优待。

第三，拓宽军人退役安置渠道。一是实行退役士兵城乡一体化安置政策。二是完善了职业教育和技能培训制度，规定县级以上人民政府应当组织自主就业的退役士兵免费参加职业教育、技能培训。三是充实了促进退役军人就业的优惠政策。

第四，提高《兵役法》的执法力度。一是对平时应征公民拒绝、逃避征集，拒不改正的，将原规定“在两年内不得被录取为国家公务员、国有企业职工，不得出国或者升学”修改为“不得被录用为公务员或者参照公务员法管理的工作人员，两年内不得出国(境)或者升学”。二是对国防生违反培养协议规定、不履行相应义务的，要承担违约责任，并根据情节，由所在学校作退学等处理；对毕业后拒绝服现役的，除承担违约责任外，还应按照应征公民拒绝、逃避征集的处罚办法处理。三是对机关、团体、企业事业单位不履行法定责任的，在规定追究直接负责的主管人员和其他直接责任人员的基础上，增加了追究“单位负有责任的领导人员的责任”的规定。四是增加了对违反兵役法的处罚，由“县级以上地方人民政府兵役机关会同行政监察、公安、民政、卫生、教育、人力资源和社会保障等部门具体办理”的规定。这次修订《兵役法》，在健全完善法律责任方面，主要是加大对违反《兵役法》行为的处罚力度，进一步明确实施处罚的主体，增强执行处罚的可操作性，以强化《兵役法》的执行力。

2. 兵役法的主要内容

兵役法是国家关于公民参加军队和其他武装组织或在军队外接受军事训练的法律，是指国家制定的关于兵役制度和公民兵役义务的法律规范的总称。我国现行《兵役法》共有十二章、七十四条，主要规定有：

(1)服役制度

我国的兵役分现役和预备役。在解放军和武装部队中服役，都是服现役。服现役的称为现役军人，由军官和士兵组成，其中，士兵由义务兵和士官组成。根据现行《兵役法》规定，我军陆海空三军的义务兵服役期限一律是2年。士官的服役期限是3年以上、30年以下。

服预备役是国家储备后备兵员的形式。服预备役的称为“预备役人员”，由预备役军官和预备役士兵组成。

根据《兵役法》规定，每年到12月31日以前，年满18岁的男性公民，都应当在当年六月三十日以前，按照县、自治县、市、市辖区的兵役机关的安排，到兵役机关进行兵役登记，经初步审查合格的，称为应征公民。应征公民一般要服士兵预备役。

(2)平时征集制度

平时征兵，一般每年一次。在每年12月31日前，年满18岁的男性公民，应当被征集服现役，那么，当年未被征集的，在22岁以前(普通高等学校毕业生的征集年龄可以放宽至二十四周岁)，仍可以被征集服现役；根据军队需要，可以按照上述规定征集女性公民服现役;根据军队需要,可以征集未满18岁的男女公民服现役。

《兵役法》规定了二种例外情况:一是有严重生理缺陷或严重残疾不适合服兵役的人,免服兵役;二是正在受侦查、起诉、审判,或者正在服刑的公民,或者依法被剥夺政治权利的人不得服兵役

(3)军衔与职务制度

目前现役军官军衔设三等十级,由低到高分别为:一是尉官,设少尉、中尉、上尉;二是校官,设少校、中校、上校、大校;三是将官,设少将、中将、上将。

(4)对违反兵役法行为的处罚制度

在我国,对违反和破坏《兵役法》的行为,作出了明确的处罚规定,具体如下:

用法律手段来处罚那些不自觉履行义务的人,只是一种手段,国防法规的执行,关键要靠我国全体公民的自觉行动。随着全民国防意识的增强,我们有理由坚信,国防义务的履行,会成为全体人民的自觉行动。

(5)公民履行兵役义务的主要形式

《中华人民共和国宪法》第五十五条规定:"保卫祖国、抵抗侵略是中华人民共和国每一个公民的神圣职责。依照法律服兵役和参加民兵组织是中华人民共和国公民的光荣义务。"《中华人民共和国兵役法》第三条规定:"中华人民共和国公民,不分民族、种族、职业、家庭出身、宗教信仰和教育程度,都有义务依照本法的规定服兵役。"这一规定表明,公民的兵役义务是平等的、普遍的。

公民履行兵役义务的主要形式:服现役,服预备役,参加学生军训。这三种形式不能互相代替。参加过学生军训,仍有依法服现役的义务;服过现役也有依法服预备役的义务。

①服现役

现役是公民在军队中所服的兵役。参加中国人民解放军和武装警察部队都是服现役。服现役的途径:一是应征服现役。即每年征兵时报名参军。二是报考军事院校。普通中学学生可以报考军事院校,如被录取,也就是入伍了。三是应招为国防生。国防生是军队依托地方普通高校培养的学生。国防生在学习期间由军队提供学费和一定的生活补助费,毕业后分配到军队工作。招收国防生是依托国民教育培养军队干部的一种方式,是一项开创性的工作。从2000年开始,全军和武警部队在各级教育主管部门和普通高校的大力支持和配合下,在全国部分普通高校进行试点。2002年3月,教育部、总政治部联合下发《普通高等学校招收国防生暂行规定》,使招收国防生工作步入了规范化轨道。四是普通高等学校应届毕业生入伍。鼓励普通高等学校应届毕业生入伍服义务兵,是党中央、国务院、中央军委作出的一项重大战略决策,对于提高兵员质量,改善部队官兵文化知识结构,推进有中国特色军事变革,加快军队和国防现代化建设具有重要意义。

在服现役方面,《兵役法》规定对某些人员缓征:应征公民是维持家庭生活的唯一劳动力或正在全日制学校就学的学生,可以缓征。对维持家庭生活的唯一劳动力实行缓征,是国家对公民的一种照顾,有利于减轻地方政府和人民群众在优待军属方面的负担。这里要说明的是,唯一劳动力与独生子女是两个不同的概念。如果独生子女是维持家庭生活的唯一劳动力,他就属于缓征对象,如果其父母或家庭其他成员仍有劳动能力,他就不属于缓征对象。否则,将来都是独生子女,征兵就

无法进行了。对正在全日制学校就读的学生缓征，是为了使学生们集中精力学习，以利于国家培养人才。这里讲的全日制学校，是指高级中学，包括中专、职高和普通高等院校，不包括电大、夜大、函大和各种培训班。

现在，这个基本原则没有变，但在具体工作上有新的规定。2001 年 9 月修订的《征兵工作条例》第二十五条规定："依法可以缓征的正在全日制高等学校就学的学生，本人自愿应征并且符合条件的，可以批准服现役，原就读学校应当按照有关规定保留其学籍，退伍后准其复学。"为加强军队质量建设，实行科技强军，对兵员的文化素质提出了更高的要求。但随着我国教育事业的发展，高等学校招生数量逐年增加，未被录取的高中毕业生中可以征集的对象相应减少，对征兵工作产生了影响。针对这种情况，为了提高新兵质量特别是文化质量，修改后的《征兵工作条例》增加了可以批准在校大学生入伍的条款。这样规定，有利于提高新兵整体素质，适应军队现代化建设需要。由于正在全日制高等学校就学的学生，属于依法可以缓征的对象，所以强调对这部分青年的征集必须是本人自愿；同时考虑到在校大学生服现役时没有修完学业，强调了原就读学校应当按照有关规定保留其学籍，退伍后准其复学。这样规定，既满足了一部分在校大学生投笔从戎、保卫祖国的夙愿，又充分照顾到了他们的切身利益。

②服预备役

预备役是公民在军队之外所服的兵役。预备役包括军官预备役和士兵预备役，并分别区分为第一类预备役和第二类预备役。服预备役的途径：一是经过登记服预备役。我国《兵役法》规定，每年 9 月 30 日之前要对到年底满 18 岁的男性公民进行兵役登记。登记后经审查合格的称为应征公民。应征公民当年未被征集服现役的，一律服第二类士兵预备役。同时，兵役机关还专门对退伍军人和与军事专业对口的地方技术人员进行预备役登记，审查合格的人员服第一类士兵预备役或军官预备役。二是参加民兵组织服预备役。我国实行民兵与预备役相结合的兵役制度，所有的民兵都是预备役人员，参加民兵组织也就是服预备役。三是编入预备役部队服预备役。预备役部队是以现役军人为骨干，以预备役军人为基础，按照军队的编制体制组建起来的准正规部队。编入预备役部队担任军官或士兵，都是服第一类预备役。

③参加学生军训

高等院校和高级中学学生参加军训也是履行兵役义务的一种形式。我国对大学生的军训始于 1955 年，当时北京钢铁学院、邮电学院等 14 所院校的学生进行了军训试点，后来中断。1985 年，根据《兵役法》的规定，国家决定恢复学生军训，首先在 51 所高等学校和 102 所高级中学进行军事训练试点。到 2001 年，试点高等学校发展到 157 所，高级中学发展到 500 余所，年训练学生约 60 万人。2001 年 6 月，国务院办公厅、中央军委办公厅转发教育部、总参谋部、总政治部《关于在普通高等学校和高级中学开展学生军训工作的意见》，决定从 2001 年起，在全国各普通高校和高级中学逐步普遍开展学生军训工作。

（四）国防教育法简介

《中华人民共和国国防教育法》于 2001 年 4 月 28 日由第九届全国人民代表大会常务委员会第二十一次会议通过，江泽民主席第五十二号主席令公布实行。《国防教育法》规定,国家设立全民国防教育日。2001 年 8 月 31 日九届全国人大常委会第二十三次会议通过《全国人民代表大会常务委员会关于设立全民国防教育日的决定》,规定每年 9 月第三个星期六为全民国防教育日。

《国防教育法》不只是规定国家设立全民国防教育日,而是对国防教育作了全面的规范,是我们开展国防教育的基本法律依据。这部法律共有六章,三十八条,主要规定了国防教育的地位、目的,国防教育的方针、原则,国防教育的保障,学校的国防教育,社会的国防教育和法律责任等。

1. 国防教育的地位和目的

(1)国防教育的地位

《国防教育法》第二条规定:“国防教育是建设和巩固国防的基础,是增强民族凝聚力、提高全民素质的重要途径。”这一规定,明确了国防教育的重要地位。

①国防教育是建设和巩固国防的基础。只有搞好国防教育,才能使全体公民明确国防的目的、任务,自觉地为国防建设贡献力量;只有搞好国防教育,才能造成爱军尚武的风气,为国防建设创造良好的社会氛围;只有搞好国防教育,才能激发公民的爱国奉献精神,为国家利益舍生忘死。以爱国主义精神为支柱的国防力量是不可战胜的,而国防教育的主要作用正是激发公民的爱国热忱,为国防建设奠定坚实的思想基础。

②国防教育是增强民族凝聚力的重要途径。在长期的和平环境中,人们容易思想麻痹,精神涣散。特别是在改革的新形势下,人们的经济意识有所增强,奉献意识有所削弱;自主意识有所增强,集体意识有所削弱。加强新形势下的国防教育,对于振奋民族精神、增强民族凝聚力具有特殊的现实意义。

③国防教育是提高全民素质的重要途径。进行国防教育,既可以提高公民的政治觉悟,增强法制观念,提高思想道德水平,又可以扩大知识面,改善知识结构,提高科学文化水平,从而全面提高公民的素质。因此,应把国防教育作为加强国防建设的战略性措施,纳入社会主义精神文明建设总体规划,纳入国民教育体系,常抓不懈,筑起中华民族坚不可摧的精神长城。

(2)国防教育的目的

《国防教育法》第三条规定:“国家通过开展国防教育,使公民增强国防观念,掌握基本的国防知识,学习必要的军事技能,激发爱国热情,自觉履行国防义务。”这一规定,明确指出了国防教育的目的。

①增强国防观念。公民只有具备一定的国防观念,才可能积极学习国防知识和军事技能,主动履行国防义务。增强国防观念,主要是培养公民的忧患意识、尚武意识和责任意识,做到居安思危,常备不懈,人人关注国家安危和兴衰,在不同岗位上为国防建设作贡献。

②掌握基本的国防知识。公民掌握基本的国防知识,可以使行动建立在理性认识的基础上,明确自己在国防活动中应当做什么以及怎么做,从而更自觉、更有效地参加和支援国防建设与国防斗争。

③学习必要的军事技能。学习军事技能的过程可以使公民进一步加深对国防知识的理解、掌握,提高在战争中保卫国家和进行自卫的技术、能力。

④激发爱国热情。爱国热情是千百年来固定下来的对自己祖国的一种最深厚

的感情，是国家安全最深厚的根基。要通过教育，激发公民对祖国辽阔土地、壮丽山河的无限热爱，对祖国灿烂文化、悠久历史的无限热爱，对人民忠诚和对国家命运的深切关心，增强维护国家安全的责任感。

⑤自觉履行国防义务。要通过国防教育，使每一个公民都明确应当承担哪些国防义务，履行义务对国防事业有什么作用，从而更好地在国家的领导下实施国防行为。

2. 国防教育的方针和原则

《国防教育法》第四条规定："国防教育贯彻全民参与、长期坚持、讲求实效的方针，实行经常教育与集中教育相结合、普及教育与重点教育相结合、理论教育与行为教育相结合的原则，针对不同对象确定相应的教育内容分类组织实施。"这一规定，明确了国防教育的方针和原则。

(1)国防教育的方针

①全民参与。全民参与国防教育有两方面的含义：一方面，全体公民都是国防教育的对象，都有接受国防教育的权利和义务；另一方面，全体公民都是国防教育的主体，普及和加强国防教育是全社会的共同责任，国家支持、鼓励社会组织和个人开展有益于国防教育的活动。

②长期坚持。国防观念的形成，是日积月累的历史积淀，绝非一朝一夕之功；国防观念的保持，是反复教育、不断强化的结果，不可能一劳永逸；国防观念的承续，需要一代又一代地口授身传，不能止息。因此，国防教育必须长期坚持，代代相传，以便使国防意识成为民族的心理定势，对公民的行为产生习惯性影响。

③讲求实效。国防教育应注重实际效果，不能片面追求形式，制造表面效应。要保证国防教育收到实效，必须加强教育的针对性，根据不同人员、不同时期的思想反映，采取不同的方法，提出不同的要求，突出不同的内容，使国防教育切合实际，深入人心。

(2)国防教育的原则

①经常教育与集中教育相结合。经常教育是在日常工作和生活中随机进行的非专门教育。其形式灵活多样，不拘一格，其作用是耳濡目染、潜移默化。集中教育是利用一定的时间、在一定的场所对有关人员进行的专门教育，主要形式是授课和专题参观活动。经常教育的特点是广泛性、群众性，集中教育的特点是系统性、组织性，两者在增强公民国防观念方面有不同的功效，其作用不可互相替代。要把这两种教育形式有机地结合起来，使其相辅相成。

②普及教育与重点教育相结合。普及教育是对全体公民的一般教育，重点教育是对部分公民的加强教育。重点教育的对象是：各级领导干部、现役军人、民兵、预备役人员、高等院校和高级中学的学生。重点教育要着重抓，普及教育要普遍抓。普及教育是重点教育的基础，只有搞好普及教育，重点教育才能取得更显著的成效。

③理论教育与行为教育相结合。理论教育，是以课堂讲授、阅读书籍等形式进行的，以传播国防思想、国防历史、国防法规等方面的知识为目的的教育活动。行为教育，是结合军事训练、执行任务等进行的，以传授技能、锻炼体格、陶冶情操为目的的教育活动。理论教育和行为教育是密不可分的两个方面，应该重视理论教育的同时，加强行为教育，促进国防知识向国防行为的转化，提高公民的国防行为能力。

3. 国防教育的组织和保障

《国防教育法》第六条规定:"国务院领导全国的国防教育工作。中央军事委员会协同国务院开展全民国防教育。地方各级人民政府领导本行政区域内的国防教育工作。驻地军事机关协助和支持地方人民政府开展国防教育。"根据这一规定,国务院和地方各级人民政府是领导国防教育工作的主体,在组织实施国防教育中发挥主导作用。军事机关担负着直接领导国防活动的重任,协助和支持人民政府搞好国防教育是义不容辞的责任。

(1)国防教育的组织

①学校国防教育。《国防教育法》第十三条规定:"学校的国防教育是全民国防教育的基础,是实施素质教育的重要内容。"搞好学校的国防教育,不仅可以提高青少年学生的综合素质,而且还可以有力地推动全社会的国防教育。学校应当将国防教育列入学校的工作和教学计划,采取有效措施,保证国防教育的质量和效果。小学和初级中学应当将课堂教学与课外活动相结合,对学生进行生动活泼的国防教育。高等学校、高级中学和相当于高级中学的学校应当将课堂教学与军事训练相结合,对学生进行系统的国防教育。负责培训国家工作人员的各类教育机构,如党校、行政学院等,应当将国防教育纳入培训计划,设置适当的国防教育课程。

②社会国防教育。《国防教育法》第五条规定:"一切国家机关和武装力量、各政党和各社会团体、各企业事业组织以及基层群众性自治组织,都应当根据各自的实际情况组织本地区、本部门、本单位开展国防教育。"根据这一规定,国家机关应当根据各自的工作性质和特点,采取多种形式对工作人员进行国防教育。企业事业单位应当将国防教育列入职工教育计划,结合政治教育、业务培训、文化体育等活动,对职工进行国防教育。城市居民委员会、农村村民委员会应当将国防教育纳入社区,成为农村社会主义精神文明建设的内容,对居民、村民进行国防教育。文化、新闻、出版、广播、电影、电视等部门和单位应当根据形势和任务的要求,采取多种形式开展国防教育。

(2)国防教育的保障

①师资保障。国防教育教员应从热爱国防教育事业、具有较高文化素养和军事素养的人员中选拔。人民解放军和武装警察部队应当根据需要和可能,为驻地有组织的国防教育活动选派军事教员。对国防教育教员,应根据其担负的任务,采取适当方式进行培训,不断提高他们的理论水平和教学能力。

②经费保障。国防教育经费主要来源于国家财政,同时应广开渠道,多方筹集国防教育经费。国家鼓励社会组织和个人捐赠财产,资助国防教育的开展。国防教育经费应本着节俭的原则,合理使用,杜绝浪费,提高使用效率。

③教材保障。全民国防教育使用统一的国防教育大纲。国防教育大纲由国家国防教育工作机构组织制定。各地和有关部门应依据国家的国防教育大纲编写本地区、本部门的国防教育教材。

④设施保障。人民解放军和武警部队应当根据需要和可能,为驻地有组织的国防教育活动提供必要的军事训练场地、设施以及其他便利条件。被命名为国防教育基地的烈士陵园、革命遗址和其他具有国防教育功能的博物馆、纪念馆、科技馆、文化馆、青少年宫等场所,应当对有组织的中小学生免费开放,在全民国防教育

日向全社会免费开放。有条件的地方可创办少年军校、国防教育园或国防教育中心。各种国防教育设施应随着当地经济的发展,不断改善条件,充分发挥其在传播国防知识、培植国防观念、提高公民素质方面的作用。

第五节　国防动员

国防动员,又称“战争动员”,是指国家或政治集团由平时状态转入战时状态时,统一调动人力、物力、财力为战争服务所采取的措施。国防动员通常包括人民武装动员、国民经济动员、人民防空动员、交通运输动员、政治动员、科学技术动员和信息动员等领域。

国防动员,直接关系到战争的胜负,关系到国家的安危。所以,世界各国都非常重视国防动员。胡锦涛总书记在党的十七大报告中提出:“要完善国防动员体系,加强国防动员建设。”十一届全国人大常委会第十三次会议表决通过了《中华人民共和国国防动员法》。该法的颁布施行,为完善国防动员体系、促进军民融合式发展、提高国防动员能力提供了基本的法律依据,标志着我国国防动员建设进入了一个法制化、规范化发展的历史新阶段。加强国防动员建设,对于正确处理国家安全与发展的关系,打赢未来反侵略战争,增强国家应对紧急和突发事件的能力,维护国家安全与稳定,具有十分重要的意义。

一、国防动员的意义

国防动员的意义,主要包括以下几个方面:

(一)做好国防动员工作是夺取战争胜利的重要因素

现代高技术战争决定战争胜负的因素是多方面的,尤其是战争动员准备和实施得好坏是一个重要因素。突然袭击、不宣而战、先发制人是二战后作战进攻一方的惯用手段。所以,只有做好战时动员工作的准备,并能以最快的速度动员足够的兵力、物力、财力投入战争,保证战略适时展开,粉碎敌方的战略突袭。制止敌方长驱直入,掩护国家在军事、政治、经济文化等一切领域适时转入战时体制,争取战争的主动权,赢得战争的胜利。

(二)做好国防动员工作是加强经济建设及增强国防实力的重要措施

当今世界上任何一个国家,哪怕是经济发达的国家,在平时要保持战时需要的那么庞大的军队显然也是不现实的。这在经济上负担太大,而且也没有必要。所以,国防动员的准备工作应当遵循经济建设的基本规律,顾全国家经济建设的大局,纳入国家经济和社会发展的总体规划,贯彻军民结合、平战结合的方针。武装力量建设,采取常备军和后备军力量相结合的原则和平时少养兵、养精兵的原则,保持精干的常备军作为战时动员扩建部队的骨干力量,同时积极训练储备后备力量,以便战时根据需要组编参战。这样做既可以加强经济建设,又可以从根本上增强国防实力。

(三)做好国防动员工作是壮大国威、威慑敌人的重要战略

威慑,是当代不可忽视的重要手段之一。威慑从本质看,它是非实战,而从实际情况看它是实战功能的表现形式。保持强大的正规军和后备力量,健全全民动

员、武装力量、兵员动员的体制，并公开声明本国战争的实力和潜力，使强大的舆论和实力相结合，以充分而有效的动员，使本国人民精神振奋，一往无前。这样可壮大国威，显示拼死抗敌的决心，迫使敌人不敢贸然发动战争。

（四）做好国防动员工作是迅速扩充军事力量的直接因素

战争是一个军事力量不断消耗与不断补充的活动过程。军队数量、质量构成战争胜负的直接因素。因此，世界各国在进行战争时，非常重视扩大自己的军队，以求在绝对人数上压倒敌人。动员不仅是人力、物力的动员，也是民心、军心的动员，更是振奋民族精神的大动员，是夺取战争胜利的精神力量，它对于战后经济恢复和国家建设有重大意义。

二、国防动员的主要内容

我国法律对国防动员有明确的规定。《国防法》第四十四条规定："中华人民共和国的主权、统一、领土完整和安全遭受威胁时，国家依照宪法和法律规定，进行全国总动员或者局部动员。"《兵役法》第五十条规定："在国家发布动员令以后，各级人民政府、各级军事机关，必须迅速实施动员：现役军人停止退出现役，休假、探亲的军人必须立即归队；预备役人员、国防生随时准备应召服现役，在接到通知后，必须准时到指定的地点报到，机关、团体、企业事业单位和乡、民族乡、镇的人民政府负责人，必须组织本单位被征召的预备役人员，按照规定的时间、地点报到。"《兵役法》第五十一条规定，战时根据需要，国务院和中央军事委员会可以决定征召三十六周岁至四十五周岁的男性公民服现役，可以决定延长公民服现役的期限。

国防动员的内容十分丰富，归纳起来，通常主要包括：人民武装动员、国民经济动员、人民防空动员、交通运输动员、政治动员、科学技术动员和信息动员等。

（一）人民武装动员

人民武装动员，是指国家为适应战争的需要，扩充和调整军队及其他武装组织，使其由平时状态转入战时状态所进行的活动。人民武装动员，是国防动员的核心。主要包括：现役部队动员、预备役部队动员、后备兵员动员和民兵动员。

1. 现役部队动员

现役部队动员，是指人民解放军各军兵种和武警部队从平时编制转为战时编制所进行的活动。其主要工作：一是进入临战状态；二是实行战时编制；三是扩建现役部队；四是组建新的部队。

2. 预备役部队动员

预备役部队动员，是指国家为实施战争或应对其他危机，征召预备役部队服现役，并使之达到可遂行任务状态的活动。预备役部队动员，是战时迅速扩编军队的重要组织形式。

3. 后备兵员动员

后备兵员动员，是指征召适龄公民到军队服现役的活动。主要是征召预备役军官和士兵补充到现役部队。其主要任务：一是补充不满编的现役部队；二是补充扩建和新组建的部队；三是补充战斗减员的部队。

4. 民兵动员

民兵动员，是指国家为实施战争或应对其他危机，征召民兵并使之达到可遂行任务状态的活动。近期几次局部战争的实践表明：现代战争对民兵动员的需求正在发生变化，突出表现在：一是作战类需求在减少，保障类需求在增加；二是非技术性的需求在减少，技术性的需求在增加；三是成建制补充的需求在减少，单个补充的需求在增加。许多国家据此调整民兵动员建设的重点，民兵动员将向动员征召网络化、力量编组模块化和人员结构技术化的方向发展。

（二）国民经济动员

国民经济动员，是指国家将经济部门、经济活动和相应的体制从平时状态转为战时（应急）状态所进行的活动，是国防动员的重要基础。国民经济动员主要包括：工业动员、农业动员、贸易动员、财政金融动员、劳动力动员、战略物资储备动员、医药卫生动员等。

国民经济动员不仅是一个国家国防建设不可缺少的内容，而且已经成为提高综合国力和遏制战争的战略手段。国民经济动员更是解决国防经济与国民经济、战时经济与平时经济矛盾的重要途径。

（三）人民防空动员

人民防空动员，是指国家发动和组织人民群众防备敌人空袭，减少空袭损失，消除空袭后果所进行的活动。人民防空动员被形象地称为人民群众的“保护伞”。

在现代战争中，由于远距离精确打击武器的广泛使用，作战样式发生了极大的变化，空袭与反空袭已成为主要作战方式。因此，大中城市和经济基础设施面临的空袭威胁日益严重。在科索沃战争中，南联盟面对世界上最“精确”的空中打击，装备损失率不到4%，人员损失仅为1%，为其战后重建奠定了重要基础。南联盟在高强度空袭面前成功的防空实践，对于我们今后加强人民防空建设、保护战争潜力具有诸多有益启示。加强人民防空动员也是我国国防动员的重点，特别是对指挥枢纽、交通命脉、大型企业、城市生命线、供水供电供气这些工程更应该引起我们的高度重视。

（四）交通运输动员

交通运输动员，是指国家或政治集团为实施战争或应对其他军事危机，组织调动交通运输资源的活动。通常包括铁路运输动员、公路运输动员、水路运输动员、航空运输以及管道运输动员等。

改革开放以来，我国交通建设获得了前所未有的大发展。做好交通运输动员，对于保障战争需要，夺取战争胜利具有重要意义。目前，搭乘国家交通建设的快车，我国国防交通也加快了调整、改革和建设的步伐，走上了“平战结合、军民结合、寓军于民”的新路子，为今后确保军队机动、人员和武器装备的补充、物资的前运后送奠定了坚实的基础。

（五）政治动员

政治动员，是指国家或政治集团为实施战争或应对其他突发事件，在政治和思想方面进行的活动。有效的政治动员，对于迅速实现政治体制的平战转换，形成多种政治力量共同对敌的局面，占据有力的舆论阵地，充分调动社会各界参加和支持战争的积极性具有重要意义。

政治动员在未来战争中仍将具有重要的地位和作用，世界各国将一如既往地加强政治动员准备。在政治动员实施的过程中，将更加重视对国内军民的思想政治发动;更加重视国际政治力量的动员;充分运用高度发达的大众传媒,进一步强化战时宣传教育,全面加强舆论和心理斗争。

(六)科学技术动员

科学技术动员,是指为保障战争对科学技术的需要,国家统一组织调整科学研究部门和科研技术力量,从事战争所需科学技术的开发研究而采取的措施和行动。它是国防动员的重要组成部分,其内容有:开发、研制先进武器装备,输送专业技术人才,提供技术保障,增加战争技术含量等,使军队在战争中保持科学技术和武器装备方面的优势。

当今世界,国防实力更多地表现为科技化的人和物力。平时的科技动员准备,不仅可以带动促进经济和社会发展,而且可以储备雄厚的战争潜力;战时,通过调整、筹集和运用科技力量,可大大增强军队的作战能力和增加取胜战争的砝码。但是,在未来局部战争中,既要重点抓好高技术的动员,也不能忽略一般技术的动员,要找到让一般技术与高技术互补的方法和途径,保持国家在战争过程中军事科学技术处于优先地位,适应战争的需要,提高打赢未来战争的能力。

(七)信息动员

信息动员是指战时国家统一组织调整信息领域资源和力量,确保打赢信息化战争所采取的措施和行动。其内容主要包括信息人才动员、信息装备动员和信息经济动员。目前信息战已经上升为一种主要作战样式,以指挥、控制、通信、情报、计算机为主的 C^4ISR 是系统现代化作战指挥系统的神经中枢。必须扩大信息产品生产能力,满足军队需要;组织信息技术人员、设备支援前线;掌控战争传媒领域,发动强大的舆论宣传攻势、瓦解敌军意志、鼓舞军民士气,夺取战争制信息权;调整通信网络,组织通信防卫,抢修抢建通信线路和设施,做到迅速、准确、保密、不间断,确保通信联络安全、稳定、畅通等。

三、国防动员的基本功能

随着社会经济形态和战争形态的发展,国防动员的地位与作用逐步得到提高。特别是经过两次世界大战后,世界上许多国家开始建立和完善国防动员制度,形成了相对独立的国防活动,并逐步把其功能扩展到非传统安全领域,使其具有“战时应战、急时应急、平时服务”的多重功能,成为国家国防制度的重要组成部分和实现战略目标的重要工具。

(一)应战功能

应战功能,是指国防动员在服务于战争方面的作用和效能,是国防动员的基本功能,也是核心功能。这一功能,具体表现在以下两个方面:

一是胜战功能——国防动员是打赢战争的基础环节,对于发挥国防资源的综合效能、夺取战争的主动权发挥着至关重要的作用。尤其是在战争突然降临的情况下,它所表现的作用就更加明显、更加突出。

二是止战功能——国防动员是遏制战争爆发、遏止危机发生的有效手段。它可以凭借本身所具有的强大战略威慑力,达到“不战而屈人之兵”的效果。

(二)应急功能

应急功能,是指国防动员在平时应对紧急突发事件方面的作用和效能。当国家遭遇重大自然灾害和社会不稳定等紧急状态时，国防动员系统可以利用自身所特有的机制体系调动人力、物力和财力资源为国家抵御自然灾害，处置紧急突发事件、维护社会稳定作出贡献。

（三）服务功能

服务功能，是指国防动员在服务国家经济建设与发展方面所发挥的作用和效能。它既可以节约国防开支又可以直接支援国家经济建设，对于促进国防建设和经济建设的协调发展、实现国防现代化、提高国家的综合国力、促进国家长远发展具有重要意义。

四、国防动员的分类和要求

（一）国防动员的分类

战争动员作为一个大的领域，它是由许多具体领域构成的。战争动员整体，表明战争动员的总体范畴，共同属性；战争动员的各组成部分，则表明组成部分的个别范畴，特殊属性。当前，世界各国对战争动员分类问题没有一个共同的标准，比较流行的有以下几种：

1. 按规模可分为总动员和局部动员

总动员，是指国家在全国范围内所进行的全面动员，就是将全国的军事、政治、经济、外交、科技、卫生、文化以及社会生活的各个方面都转入战时轨道。采用总动员的形式，通常是在国家爆发大规模战争需要举国迎敌时来进行。如中国的抗日战争动员、前苏联在二次世界大战时抵抗德国侵略的战争动员，都属于总动员。

局部动员，是指国家在部分地区或部门内所进行有限的动员。它具有规模小、时间短、相对独立的特点。通常是动员部分武装力量和人力、物力、财力进行战争。不过根据战争的发展，局部动员有可能升为总动员。如在20世纪80年代我国在对越自卫反击战时所进行的动员，就属于局部动员的一种形式。

2. 按方式可分秘密动员和公开动员

秘密动员，是为了避免暴露军事企图，在各种伪装手段掩护下隐蔽进行的动员。秘密动员在军事上是为了造成军事行动的突然性；政治上为了避免给敌人以发动战争的口实。因此，力图在不被敌方发现的情况下进行动员。如第二次世界大战苏德战争爆发前，德国以执行“海狮计划”为名对英国佯动，并与苏联签订贸易协定，有效地迷惑了苏联，掩护了战前的动员，使其“闪击”收到了巨大的作战效益。

公开动员，是公开宣布进入战争状态，发布动员令，实行各项动员。公开动员通常是在战争爆发后或宣战后进行的。公开动员是由国家公开发布动员令，宣布全国处于紧急状态，向全国军民进行通告实施战争动员，号召全国人民全力投入战争。公开动员既可以对本国军民起到巨大的动员发动作用，又可以对敌人起到一定的威慑作用。

3. 按时间可分为早期动员、应急动员、战争初期动员及战争中后期动员

早期动员，是在预见到敌人确有发动战争的企图，并已有某些征候时实施的，是在平时状态下进行。

应急动员，也称临战动员，是在突然出现的军事冲突或战争威胁的情况下的紧急动员。其目的在于以最快的速度在最短的时间内形成与战争适应的作战力量。

应急动员主要是在受军事威胁最直接、最紧迫有限地区以及担负该地区应急参战部队，以迅速进入战备状态，按紧急作战需要补充武器装备和其他作战物资，开赴作战地区展开，随时作好战斗准备。同时作好对参战部队的支援性动员，包括支前的人员、物资、运输工具、被装粮秣、作战经费等等。在高技术局部战争的突发性，突变性不断增强，战争进程大大缩短，争取时间对战争胜负具有决定性的意义，应急动员将成为现代条件下国防动员的主要方式。

战争初期动员，通常指战争爆发后3个月到半年内的动员。其基本特点是：时间短，战斗强度大、损耗大、敌情多。这些特点决定战争初期动员任务的艰巨性、复杂性和重要性。如战前动员任务没有完成，就会给战争初期动员代来很大的困难。苏德战争，苏方由于战前动员准备不充分，战争爆发后，初期动员就出现了极大的困难，经济转入战时轨道半年时间才完成。

战争中后期动员，是指在战争过程中中期和后期为继续扩大和补充部队所进行的动员。高技术战争破坏性大、损耗多、人员伤亡巨大，对中后期动员提出了更高的要求。如果说战争初期的动员是关系夺取战争初期战略主动权的话，那么，战争中后期的动员则是关系到保持持续动员能力不断提高的条件下，充分发挥国家的一切动员潜力，以源源不断的人力、物资、财力支援持久的战争。如在海湾战争中，美国总统布什曾三次签署行政命令或授权国防部征召预备役人员服现役，并动用后备部队及物资，以保证“沙漠盾牌”等行动。因此，战争中后期的动员，是决定战争命运的动员。谁能够经得起持续不断的动员考验，谁把握有雄厚的动员潜力并能把它逐步地、充分地释放出来，在最后的大决战中占有优势，谁将赢得这场战争的最后胜利。

另外，国防动员按战争性质还可分为战略进攻的动员和战略防御的动员；按战争中使用的武器标准又可分为常规战争动员和核战争动员等。总之，采用何种形式进行动员，主要是依据战争的规模、进程和国家的战略意图来确定。决定动员的实施权限属于国家最高权力机关。动员令通常由国家元首、政府首脑发布。

(二)国防动员的要求

随着科学技术和武器装备的不断发展，战争规模和消耗的不断增大，使国防动员明显地表现在：动员范围扩大、动员速度加快、动员数量增多和质量要求高。动员组织工作异常艰苦、复杂，所以对国防动员提出了更高的要求。现代国防动员的要求是：能够应付各种战争威胁和危机事件，因时因势的应变能力，全面需要的保障能力，长期持久的后续力，统揽全局的筹划力，急剧快速的爆发力，注重效益的组织力以及从国情出发确定平常的动员方式，等等。

古今中外的战争发展历史说明，动员了全国老百姓，就可以陷敌于人民战争的汪洋大海之中。因此，对于坚持正义战争，抗击外敌入侵的国家，特别是坚持用人民战争反对帝国主义和霸权主义的国家，能否在战争爆发前和整个战争过程中，持续不断地深入广泛地做好全体军民的政治动员，将对战争进程和结局产生重大影响。

五、国防动员实施的时机和程序

(一)国防动员实施的时机

国防动员实施的时机是指国家在何种情况下进行动员。正确地把握动员时机，是个至关重要的大问题。《国防法》规定：中华人民共和国的主权、统一、领土完整和安全遭到威胁时，国家依照宪法和法律规定，进行全国总动员或者局部动员。根据这一规定，国家进行国防动员的时机：一是在战争爆发之前，当国家发现有遭受威胁的征候，确有战争危险时，提前进行动员。战争未起，动员先行，既可以做到严阵以待，发挥威慑作用，遏制战争和消除战争威胁；又能做到即使是战争不可避免，也可以有准备地迎战。二是在战争爆发之后，当国家遭受到突然袭击时，立即进行紧急动员，变被动为主动，抗击敌人侵略。三是在国家即将或已经发生动乱，国家可依据当时的具体情况决定在全国范围内进行国防动员或者在局部地区进行动员。所以，动员的时机一定要掌握好节拍，前后照应，综观全局，保持后劲适时调整。

（二）国防动员实施的程序

1．进行动员决策

动员决策，是指在正确分析国家安全形势的基础上，按照法定程序对动员做出决定的过程。进行动员决策，是国防动员实施过程中首先要解决的问题。只有实施了动员决策，整个国家的政治、军事、经济、文化和外交部门或领域才能相应地转入战时体制。

进行国防动员决策的关键，是正确分析判断敌情。必须充分利用各种手段，广泛收集各国尤其是敌国的政治、经济、军事等各方面的情况，并对这些情况进行综合分析，尽早洞察敌国的战争企图，从而视情确定动员实施的时机、规模和方式等。

2．发布动员令

动员令是宣布全国或部分地区、某些部门转入战时状态的命令，是实现国防动员决策的决定性环节。发布动员令就意味着宣布进入“战争状态”，国家开始实行战时管制。各国大都由最高权力机关或国家元首、政府首脑发布动员令。我国根据宪法规定，由全国人民代表大会或人大常委会决定，以国家主席名义发布。发布动员令分公开发布和秘密发布两种。公开发布一般是战争在即或战争已经爆发的情况下施行，可以动用一切宣传工具和通信手段，不受任何保密限制。这种方式传递速度快，能在短期内家喻户晓，迅速转入战时体制。秘密发布要有严格的保密限制，通常只下达给政府有关部门和军事机构、预备役部队、军工厂和需要转产的民用工厂。秘密发布动员令通常适用于在战争不可避免但尚未爆发的情况下。

3．调整和加强动员机构

国防动员机构，是指平时负责动员准备、战时负责动员实施的组织领导机构。一旦实施战争动员，和平时期的动员机构，无论在人力上还是物力上，都难以适应需要，必须及时调整扩大动员机构，加强动员机构的力量，赋予动员机构较高的指挥职权。

4．修订动员计划

国防动员计划，是实施国防动员的依据。在面临战争的情况下，由于国际国内战略环境都发生了变化，事先制定的动员计划难免与战争的实际情况不完全吻合，需要及时予以修订。战时国防动员计划的修订由国家各级动员机构负责实施，吸收有关部门参加。通常以平时制定的计划为基础，以国家发布的动员令和最高统率部的战略战役计划为依据，以满足战争动员需要为目标，对战时动员计划进行修订。

5. 落实动员计划

负有动员任务的地区、部门和行业，应根据修订的动员计划，迅速转入战时体制，武装力量、国民经济、科教文化等部门和社会生活，都以保障战争胜利为轴心迅速进行调整。武装力量要迅速转入战时状态。地方政府各部门要根据上级下达的动员任务，积极实施动员计划，落实各项动员措施。总之，各行各业都要动员起来，落实战争动员计划，有组织、有计划地转入战时体制，为战争服务。

第六节　中国武装力量

武装力量，就是国家或政治集团所拥有的各种武装组织的统称。一般来说，是以军队为主体，由军队和其他正规的、非正规的武装组织结合构成。其最高统帅，通常由国家或政治集团的最高领导人担任。

一、我国武装力量的组成

中华人民共和国的武装力量，由中国人民解放军、中国人民武装警察部队和民兵组成。中华人民共和国中央军委领导并统一指挥全国的武装力量。

中华人民共和国武装力量体制，是中国共产党领导中国人民在长期的革命战争中逐步形成的，是在具有中国特色的武装力量体制的基础上发展起来的。

在长期的中国革命战争中，中国共产党领导中国人民，为适应人民战争的需要，逐步建立发展了野战军、地方军和民兵三结合的武装力量体制。

新中国成立后，大规模的武装斗争逐步停止，国家进入了和平建设的新时期。为了适应新的历史条件，根据国际国内形势和任务的需要，在继承和发扬革命战争年代传统的基础上，不断改革发展，逐步形成了中国人民解放军、中国人民武装警察部队和民兵相结合的武装力量。

党的十一届三中全会以后，我国进入了以经济建设为中心的现代化建设新时期，为了防止国内外敌对势力对我国进行危及国家安全的阴谋犯罪活动，1982 年党和国家对我国的武装力量体制作了新的调整，重新组建中国人民武装警察部队，实行国务院、中央军委双重领导。1984 年 5 月，由最高国家机关——全国人民代表大会通过的《兵役法》，正式确立了由中国人民解放军、中国人民武装警察部队和民兵组成的武装力量新体制。

新世纪新阶段，以胡锦涛为核心的党中央，坚持把科学发展观作为国防和军队建设的重要指导方针，主动适应世界军事发展新趋势，适应打赢信息化条件下局部战争要求，在更高起点上推进国防和军队的现代化建设。加强新型作战力量建设，推进以信息化为主导的机械化、信息化复合发展，提高基于信息系统的体系作战能力，实现火力、机动力、防护力、保障力和信息力整体提高。

2012 年 11 月 15 日，习近平在党的十八届一中全会上当选中共中央军事委员会主席。这一时期是我国进入全面建成小康社会的决定阶段和实现中华民族伟大复兴的重要时期。以习近平为核心的党中央和中央军委，根据复杂多变的安全环境，对国防和军队建设提出了新的要求：一是要坚持以国家核心安全需求为导向，统筹经济建设和国防建设，努力实现富国和强军的统一；二是确立了党在新形势下强军目标，即建设一支听党指挥、能打胜仗、作风优良的人民军队；三是要加强海洋、太空、网络空间安全问题研究。

2013 年 11 月，党的十八届三中全会对全面深化改革作出整体部署，将国防和军队建设纳入国家全面深化改革的总体布局。2015 年 9 月 3 日，在纪念中国人民抗日战争暨世界反法西斯战争胜利 70 周年的大会上，习近平宣布，中国人民解放军将裁军 30 万员额。2015 年 11 月 24 日，中央军委召开改革工作会议，部署深化国防和军队改革任务，对领导管理体制和联合作战指挥体制进行一体设计，通过调整军委总部体制、实行军委多部门制，组建陆军领导机构、健全军兵种领导管理体制，重新调整划设战区、组建战区联合作战指挥机构，健全军委联合作战指挥机构等重大举措，着力构建军委——战区——部队的作战指挥体系和军委——军种——部队的领导管理体系。2015 年 12 月 31 日，中国人民解放军陆军领导机构、中国人民解放军火箭军、中国人民解放军战略支援部队成立。2016 年 1 月，军委机关调整组建，由原来的总参谋部、总政治部、总后勤部、总装备部 4 个总部，改为军委办公厅、军委联合参谋部、军委政治工作部等 15 个职能部门。2016 年 2 月 1 日，中国人民解放军新战区成立，由原北京军区、沈阳军区、济南军区、南京军区、成都军区、兰州军区、广州军区七大军区，改为东部战区、南部战区、西部战区、北部战区、中部战区五大战区。经过这一轮改革调整后，中国的国防和军队的领导管理体制与联合作战指挥体制会更加优化，解放军作战能力将进一步得到飞跃式提升。

站在新的历史起点上，在以习近平同志为核心的党中央和中央军委的领导下，我国国防和军队建设事业将展开更加辉煌的一页。

(一)中国人民解放军

中国人民解放军是中华人民共和国武装力量的主要组成部分，是抵抗侵略、保卫祖国、维护国家主权和安全的主要力量。

1. 中国人民解放军的组成

中国人民解放军由现役部队和预备役部队组成。

(1)现役部队

现役部队是国家的常备军，由陆军、海军、空军、火箭军和战略支援部队组成，主要担负防卫作战任务。

(2)预备役部队

预备役部队，是以现役军人为骨干，以预备役军官、士兵为基础，按统一编制为战时能迅速转为现役部队而组建起来的部队。它是中国人民解放军的重要组成部分，是具有一定战斗力的准正规部队，是战时首批动员的后备力量，是我军后备力量建设的重中之重。

中国人民解放军预备役部队组建于 1983 年，分为陆军、海军、空军和兵种预备役部队。其师(旅)、团已列入军队建制序列，授有番号、军旗，执行中国人民解放军的条令、条例。预备役部队平时隶属于省军区(卫戍区、警备区)建制领导，海、空军预备役师归海、空军建制，平时受海、空军和省军区双重领导。战时动员后，归指定的现役部队指挥或单独遂行作战任务。

2. 中国人民解放军军委机关及五大战区

(1)中国人民解放军军委机关:按照军委管总、战区主战、军种主建的总原则,把总部制改为多部门制,由原来的总参谋部、总政治部、总后勤部、总装备部4个总部,改为军委办公厅、军委联合参谋部、军委政治工作部、军委后勤保障部、军委装备发展部、军委训练管理部、军委国防动员部、军委纪律检查委员会、军委政法委员会、军委科学技术委员会、军委战略规划办公室、军委改革和编制办公室、军委国际军事合作办公室、军委审计署、军委机关事务管理总局15个职能部门。

军委机关在军队领导指挥体制中居于承上启下、协调左右的重要位置,必须有很强的服务意识,要转变职能、转变作风、转变工作方式,自觉为军委服务、为战区服务、为军种服务、为官兵服务。要服从服务于党和军队工作大局,围绕大局反映情况、报送信息,围绕大局出谋划策、贡献智慧,围绕大局加强督办、促进落实,围绕大局统筹协调、搞好保障,努力提供优质高效的服务。

(2)中国人民解放军五大战区:2016年2月1日,中国人民解放军战区成立大会在北京八一大楼隆重举行。中共中央总书记、国家主席、中央军委主席习近平向东部战区、南部战区、西部战区、北部战区、中部战区授予军旗并发布训令。

习近平指出,战区担负着应对本战略方向安全威胁、维护和平、遏制战争、打赢战争的使命,对维护国家安全战略和军事战略全局具有举足轻重的作用。

习近平命令:各战区要牢记使命,坚决贯彻党在新形势下的强军目标,坚决贯彻新形势下军事战略方针,坚决贯彻军委管总、战区主战、军种主建的总原则,建设绝对忠诚、善谋打仗、指挥高效、敢打必胜的联合作战指挥机构。

——各战区要毫不动摇听党指挥,坚持党对军队的绝对领导,坚持政治建军原则,强化政治意识、大局意识、核心意识、看齐意识,自觉同党中央和中央军委保持高度一致,严守政治纪律和政治规矩,不折不扣执行党中央和中央军委命令指示。

——各战区要聚精会神钻研打仗,关注国家安全形势,拓宽战略视野,研究现代战争制胜机理,把握军事力量运用的特点和规律,加紧拟制战区战略,完善作战方案计划,抓好联合训练和指挥训练,积极主动谋取未来战争主动权。

——各战区要高效指挥联合作战,落实军委赋予的指挥权责,按照平战一体、常态运行、专司主营、精干高效的要求,推进指挥能力建设,理顺指挥关系,强化联合指挥、联合行动、联合保障,扎扎实实组织部队完成日常战备和军事行动任务。

——各战区要随时准备领兵打仗,时刻听从党和人民召唤,牢固树立战斗队思想,发扬一不怕苦、二不怕死的战斗精神,培养英勇顽强的战斗作风,保障国家主权、安全、发展利益,以实际行动谱写人民军队光荣历史新篇章,向党和人民交出优秀答卷。

3. 中国人民解放军的性质和任务

中国人民解放军的性质,是中国共产党缔造和领导的,用马克思列宁主义、毛泽东思想、邓小平理论武装起来的人民军队,是中华人民共和国武装力量的重要组成部分,是我国人民民主专政的坚强柱石。

中国人民解放军的主要任务是,巩固国防,抵抗侵略,保卫祖国,保卫人民的和平劳动,参加国家建设。

中国人民解放军武器装备现代化建设也取得了重大进展,以新型主战坦克、导弹驱逐舰、歼击机和机动战略导弹等为标志的一批高新技术兵器陆续装备部队,表明我军的武器装备已经有了新的、质的跃进。

建军八十多年来，中国人民解放军从无到有，从小到大，从弱到强，不断发展壮大。特别是新中国成立后，中国人民解放军由单一陆军发展为包括陆军、海军、空军和第二炮兵在内的诸军兵种合成军队。目前，我军不仅掌握着种类比较齐全的常规武器装备，而且拥有了具有一定威慑力的原子弹、氢弹、战略战术导弹等尖端武器装备。应该说，当年以“小米加步枪”威震敌胆、扬威中外的人民解放军，已经发展成为诸军兵种合成、具有高技术条件下作战力的现代化军队。

中国人民解放军是捍卫社会主义祖国的钢铁长城，是建设有中国特色社会主义和维护世界和平的重要力量。无论是历史还是现实，无一例外地表明，人民解放军在中国革命和建设的实践中，在建立和巩固新中国的国防事业中，具有不可替代的作用。

(二)中国人民武装警察部队

中国人民武装警察部队，是以武装的形式执行国内安全保卫任务的现役部队，是中华人民共和国武装力量的重要组成部分，是保卫社会主义现代化建设的一支重要力量。

1. 中国人民武装警察部队的组成

我国武警部队，组建于 1983 年 4 月，由内卫、边防、消防、警卫部队以及黄金、水电、交通、森林警察部队组成。

中国人民武装警察部队依其任务不同分为三类：

第一类，内卫部队(由各省总队和机动师组成)。这是武警部队主要组成部分，受武警总部的直接领导管理。其主要任务：一是承担固定目标执勤，保障国家重要目标的安全；二是处置各种突发事件，维护国家安全与社会稳定；三是反恐怖任务，主要是反袭击、反劫持、反爆炸；四是支援国家经济建设，遇有严重灾害时，执行抢险救灾任务。

第二类，边防、消防和警卫部队。这是列入武警序列由公安部门管理的部队。其中，边防部队主要担负边境检查、管理和部分地段的边界巡逻以及海上缉私；消防部队主要担负防火灭火任务；警卫部队主要担负党和国家领导人、省市主要领导及重要来访外宾的警卫任务。

第三类，黄金、水电、交通和森林部队。这是列入武警序列受国务院有关业务部门和武警双重领导的部队。其中，黄金部队主要担负黄金地质勘察、黄金生产任务；水电部队主要承担国家能源重点建设项目，包括大中型水利、水电工程以及其他建设任务；交通部队主要担负国家交通重点建设项目，包括公路、港口及城建等施工任务；森林部队主要担负森林的防火灭火以及维护林区治安、保护森林资源的任务。

中国人民武装警察部队属于国务院编制序列，由国务院、中央军委双重领导，实行统一领导管理与分级指挥相结合的体制。中国人民武装警察部队设总部、总队(师)、支队(团)三级领导机关。武警总部直辖若干师和大专院校。省级设武警总队，地区级设武警支队，县级设武警中队。

2. 中国人民武装警察部队的任务

《中华人民共和国国防法》规定，中国人民武装警察部队担负国家赋予的安全保卫任务，维护社会秩序。它是人民民主专政的重要工具之一。

中国人民武装警察部队的主要任务是：

(1)维护国家主权和尊严。中国人民武装警察部队主要是通过执行边境武装警卫勤务、边防检查勤务、安全检查勤务、海上巡逻检查勤务来履行这一职能的。

(2)维护社会治安。作为公安机关的一部分，中国人民武装警察部队担负着用公开武装的形式预防和镇压敌对势力的破坏，应付各种紧急意外情况，维护社会治安的任务。

(3)保卫党政领导机关、重要目标和人民生命财产的安全。中国人民武装警察部队主要通过执行警卫勤务、守卫勤务、消防工作、反恐怖活动来实现。

中国人民武装警察部队的武器装备轻便、精良。以步兵轻武器为主，兼有少量重型武器和特种武器。中国人民武装警察部队有自己的服装式样、识别标志和军衔等级。

中国人民武装警察部队自重新组建以来，在巩固和加强人民民主专政、维护国家主权和尊严、维护社会治安、参加社会主义现代化建设等各项任务中，发挥了重要作用。

所以说，中国人民武装警察部队是国家必不可少的人民武装力量。它的存在，直接关系到国家和社会的稳定，关系着人民生命财产的安全和人民民主专政的巩固。

(三)中国民兵

中国民兵，是不脱离生产的群众武装组织，是中华人民共和国武装力量的组成部分，是中国人民解放军的强大后备力量。

1. 中国民兵的组成

中国民兵的组织领导体制。中国民兵是国家的后备武装力量。全国的民兵工作在国务院、中央军委领导下，由总参谋部主管。各大军区按照上级赋予的任务，负责本区域的民兵工作；省军区、军分区和县(市)人民武装部是本地区的民兵领导指挥机关；乡、镇、部分街道和企事业单位设有人民武装部，负责民兵和兵役工作。

中国民兵的编组，一般以乡(镇)、行政村和厂矿企业为单位，按照民兵人数多少，分别编为班、排、连、营、团。目前，我国民兵已经遍及广大城乡，并编有应急分队和高炮、高机、便携式防空导弹、地炮、通信、防化、工兵、侦察兵分队，以及海军、空军的一些专业分队，能随时遂行作战任务。

2. 中国民兵的任务

(1)积极参加社会主义现代化建设，带头完成生产任务；

(2)担负战备勤务，保卫边疆，维护社会治安；

(3)随时准备参军作战，抵抗侵略，保卫祖国。

中国民兵的武器装备已经完全国产化，基本上达到了与陆军连队相同的水平，并有一定的储备。反坦克和反空降的作战能力也有了很大的提高。

中华人民共和国成立后，我国民兵配合人民解放军、武警部队和公安部门，在保卫祖国尊严和领土完整、维护社会治安和稳定的斗争中，在抢险救灾和工农业生产中，发挥了突击队和生力军的作用，创造了辉煌的业绩。应该说，中国民兵成为国家武装力量的组成部分，在建设祖国、保卫祖国中发挥了重大作用。

在未来反侵略战争中，随着战争的现代化，需要更多的民兵在更广的范围、更大的规模上配合和支援军队作战。因此，我国民兵在未来战争中的战略地位仍然十分重要，仍然是反抗外来侵略，进行人民战争的重要武装组织形式和巨大力量。

中国人民解放军，是中华人民共和国武装力量的骨干，是抵抗侵略、保卫祖国、维护国家主权和安全的主要力量。

中国人民武装警察部队，是中华人民共和国武装力量的重要组成部分，是保卫社会主义现代化建设的一支重要力量。

中国民兵，是中华人民共和国武装力量的组成部分，是中国人民解放军的强大后备力量。

二、中国人民解放军各军兵种的编成、任务和武器装备

中国人民解放军由陆军、海军、空军、火箭军和战略支援部队组成。

(一)陆军

陆军，是以步兵、装甲兵、炮兵为主体，主要在陆地上遂行作战任务的军种，是陆战场上决定胜负的主要力量。它具有强大的火力、突击力和快速的机动能力，既能独立作战，又能与海军、空军协同作战。

我国陆军，建于1927年8月1日，发展到今天，已由过去单一的步兵发展到诸兵种合成，是人民解放军的三大军种之一。我国陆军是与我军同时建立和产生的，是我军的基础。在建国前22年的历程中，人民解放军基本上都是单一的军种。新中国成立后，我国陆军先后进行了1次出国作战，3次自卫反击作战。所以，陆军为建立和保卫新中国作出了巨大的牺牲和重大的贡献。

陆军按照机动作战、立体攻防的战略要求，实现区域防卫型向全域机动型转变，加快小型化、多能化、模块化发展步伐，适应不同地区不同任务需要，组织作战力量分类建设，构建适应联合作战要求的作战力量体系，提高精确作战、立体作战、全域作战、多能作战、持续作战能力。

2015年12月31日，中国成立中国人民解放军陆军领导机构。中共中央总书记、国家主席、中央军委主席习近平向陆军授予军旗并致训词。习近平强调，陆军是党最早建立和领导的武装力量，战功卓著，为党和人民建立了不朽功勋。陆军对维护国家主权、安全和发展利益具有不可替代的作用。陆军全体官兵要按照机动作战、立体攻防的战略要求，加强顶层设计和领导管理，优化力量结构和部队编成，加快实现区域防卫型向全域作战型转变，努力建设一支强大的现代化新型陆军。

1. 陆军的编成

我国陆军由步兵、炮兵、装甲兵、防空兵、陆军航空兵、工程兵、通信兵、防化兵、电子对抗兵等兵种和各种专业勤务部队组成。各兵种以其专业特性，遂行不同的战斗或保障任务。

陆军按其总体任务又可区分为野战军(野战部队)和地方军(地方部队)。

(1)野战军

野战军是执行全国机动任务的正规军，是陆地作战的骨干和核心力量，按方面军(战时编成)、集团军(军)、师(旅)、团、营、连、排、班序列编成，由统率部或大军区管辖，主要遂行超区域性的作战任务。必要时，部分力量可转为地方军序列，执行区域性的作战或其他任务。

(2)地方军

地方军是指在一定地区范围内(省、地、县)执行作战任务的地方部队。按其任务性质不同区分为边(海)防部队、内卫部队和守备部队,按独立师、团、营、连、排、班序列编成,由大军区或省军区管辖。平时主要担负本地区的警备、守卫、协同地方维护社会治安、训练民兵、做群众工作等各项任务;战时配合野战军作战,也可在广大民兵配合下独立执行游击作战任务。必要时,也可成建制地纳入野战军编制序列,执行超区域性的作战任务。

2. 陆军的任务

陆军是我军的重要力量,在抗击外敌入侵、保卫国家主权、维护国家和平统一和社会稳定等方面起着重大作用。我国陆军的主要任务是:

(1)抗敌军事入侵;

(2)在一定地区和方向上打赢局部战争;

(3)维护国家和平统一和社会稳定。

3. 陆军各兵种编成、任务及武器装备

(1)步兵的编成、任务及武器装备

步兵是陆军进行地面作战的主要兵种。它的武器装备简单、轻便,易于保障;作战行动受地形、气象因素影响小;具有夜战、近战和在艰苦环境下独立、持久作战的能力。

步兵主要是由摩托化步兵、机械化步兵和山地步兵组成。通常按师(旅)、团、营、连、排、班编成。

步兵担负的主要任务是:独立或与其他军兵种共同夺取或扼守阵地,歼灭敌有生力量;必要时,可搭乘直升机或登陆舰船,随行机降或登陆作战任务。

步兵的武器装备主要有:手枪、自动步枪、冲锋枪、机枪、手榴弹、火箭筒、轻型火炮(迫击炮、无坐力炮)和反坦克导弹等。摩托化步兵装备有各种输送汽车、机械化步兵战车和装甲输送车。

(2)炮兵的编成、任务及武器装备

炮兵是以火炮、火箭炮、地地战役战术导弹和反坦克导弹为主要装备的战斗兵种,是陆军的重要组成部分和主要火力突击力量。它具有强大的火力、较远的射程、良好的射击精度和较强的机动能力,能突然、迅速、连续地对地面和水面目标进行火力突击,杀伤敌有生力量,摧毁敌装备和工程设施。炮兵由压制炮兵、反坦克炮兵、战役战术导弹部队和侦察、通信等专业部(分)队组成,其中压制炮兵是主体。炮兵通常按师(旅)、团、营、连编成。编入大军区以上的炮兵为预备炮兵,编入集团军以下部队的炮兵为队属炮兵。

炮兵担负的主要任务是:压制、摧毁敌核、生、化武器和导弹发射装置以及指挥、通信、控制、情报系统和后勤支援系统;与敌炮兵作斗争,击毁敌坦克等装甲目标;歼灭敌有生力量;破坏和封锁敌交通枢纽、机场、港口、空降场;破坏敌工程设施及其他重要目标;执行迷盲、照明、散发宣传品等特种射击任务;必要时,在敌障碍物中开辟通路等。

炮兵的武器装备主要有:85 毫米、122 毫米、130 毫米、152 毫米口径的加农炮;122 毫米口径的榴弹炮;152 毫米、155 毫米口径的加农榴弹炮;107 毫米、122 毫米、130毫米、237毫米口径的火箭炮;82毫米、100毫米、120毫米口径迫击炮;100毫米、120毫米口径的滑膛炮;82毫米、105毫米的无坐力炮;“红箭-73”、“红箭-8”反坦克导弹;“东风”系列多种型号的战役战术导弹。上述各种火炮和导弹构成不同,性能各异,用途也各不相同。

(3)装甲兵的编成、任务及武器装备

装甲兵是以坦克为主要装备的战斗兵种,是现代陆军的重要突击力量。它具有较强的火力、快速的机动力和良好的装甲防护力。它既可与其他军兵种联合作战,也可独立地遂行任务。通常按师(旅)、团、营、连编成,坦克师(旅)、团中编有装甲步兵及其他勤务保障部(分)队。

装甲兵担负的主要任务是:以强大的火力和高速机动能力与其他军兵种共同对敌实施穿插、迂回、分割、包围、追击、反突击、反空降等行动,歼灭敌有生力量,夺占或扼守重要目标或地区。

装甲兵的武器装备主要有坦克、战斗配套和勤务保障车辆。坦克按任务性质区分为主战坦克和特种坦克;按战斗全重可区分为重量型(40吨以上)、中型(20～40吨)和轻型(20吨以下)坦克。特种坦克有水陆坦克、扫雷坦克、侦察坦克、喷火坦克等。战斗配套和勤务保障车辆有步兵战车、装甲输送车、自行火炮、装甲侦察车、装甲指挥及各种修理、抢救、牵引和运输车辆等。

(4)防空兵的编成、任务及武器装备

防空兵由高射炮兵、地空导弹兵和雷达兵等部(分)队组成,按旅(团)、营、连编成,是陆军对空作战的主要力量。

防空兵的主要任务是:实施对空侦查、警戒和空请报知,制止敌航空侦察。拦截和消灭敌飞机、直升机、巡航导弹和其他航空器及空降兵机载,掩护我军主要部署和后防重要目标免遭敌空袭。

防空兵的武器装备主要有:12.7毫米、14.5毫米口径的高射机枪;25毫米、37毫米、57毫米、100毫米口径的高射炮;“红缨-5”单兵肩射式低空导弹;“红旗-7”车载防空导弹等。根据其性能的不同,用以打击不同高度和批次的空中目标。此外,防空兵还装备有各种炮瞄雷达、指挥仪和自动化指挥系统。

(5)陆军航空兵的编成、任务及武器装备

陆军航空兵是陆军的一个新兴兵种。它以直升机为主要装备,具有较强的机动、火力突击和勤务保障能力。陆军航空兵通常由飞行、场站和航空维修等部(分)队组成。飞行部队一般按团、大队、中队编成。

陆军航空兵担负的主要任务是:进行战场侦察,反敌空中侦察;参加夺取制空权作战;实施近距离空中火力支援;对敌纵深重要目标实施突击;实施反敌直升机作战;实施空中机动作战和反敌空中机动作战;实施空中补给、通信、校射、救护等勤务保障任务。

陆军航空兵主要装备有:多种型号的攻击直升机、运输直升机和特种用途直升机。

(6)工程兵的编成、任务及基本装备

工程兵是担负工程保障任务的专业兵种,是陆军遂行工程保障任务和以工程手段遂行战斗任务的技术骨干力量。它专业种类多,机械化程度高,技术性和完成任务的时效性强，主要由工兵舟桥、建筑、工程维护、伪装、野战给水工程等专业部(分)队组成。隶属于大军区以上的预备工程兵，通常按旅(团)、营、连编成；隶属于集团军以下的队属工程兵，通常按团、营、连编成。

工程兵的主要任务是：实施工程侦察；构筑指挥所及其重要工事；构筑、维护道路、港口、机场，开设渡场，架设、抢修桥梁；对重要目标实施工程伪装；消除敌核、生、化武器袭击后果；设置和排除障碍；设置假目标；构筑给水站；对其他军兵种、民兵和人民群众实施的工程作业进行技术指导等。

工程兵的主要装备有：工程侦察器材，地雷爆破器材(包括各种地雷、陆军水雷、布雷扫雷器材、工程爆破器材等)，渡河桥梁器材，工程器材，伪装器材和工具器材等。

(7)通信兵的编成、任务及装备

通信兵是担负军事通信联络任务，保障军队指挥连续不间断的专业技术兵种。它装备器材复杂，通信手段多样，技术性、专业性、保密性和时效性较强，主要由固定通信、野战通信、通信工程、指挥自动化、观通、导航、军邮等专业部(分)队组成，通常按团、营、连编成。

通信兵的主要任务是：组织运用各种通信手段，保障军队警报、情报报知，作战指挥、协同和后方通信联络；建立自动化指挥系统；组织实施无线电干扰和反干扰；组织实施观通、导航、军邮勤务；根据上级指示，管理、调度和使用战区内的既设通信设施。

通信兵的装备分为固定通信装备和野战通信装备及其他装备器材等。野战通信装备有：多种型号的短波、超短波电台、单边带电台、超短波接力机、载波电话机、收讯机等各种通信联络工具及自动化指挥设备与器材等。

(8)防化兵的编成、任务及武器装备

防化兵，也叫"防化学兵"，是担负防化保障任务的专业兵种，是陆军对核、生物、化学武器进行防护的技术骨干力量，并同时担负喷火和发烟任务。它的专业性、技术性和完成任务的时效性，主要由防化(观测、侦察、洗消)、喷火和发烟等分队组成，通常按团、营、连编成。

防化兵的主要任务是：实施不间断的核观测、化学观察和气象观测；对受染地域实施化学、辐射侦察，兼负非专业性生物侦察，并对其进行监测；对沾染人员、装备等进行沾染检查和洗消；对染毒地域进行消毒；运用喷火、纵火设备配合其他军兵种消灭敌有生力量，破坏敌装备、设施；施放烟幕，掩护重要目标和重要行动安全；组织指导部队、地方党政机关和人民群众对核、生物、化学武器及燃烧武器进行防护。

防化兵的武器装备主要有：核爆炸观测器材，辐射侦察器材，化学侦察器材，洗消车辆，喷火器和发烟器材等。

(9)电子对抗兵的编成、任务及装备

电子对抗兵是陆军的一个新兵种，是陆军中与敌进行电子战斗的主要力量。它通常不与敌进行面对面的斗争，而是通过电磁频谱这一特殊领域与敌进行较量。其行动具有很强的技术性、隐蔽性和谋略性，并贯穿于作战全过程，对作战行动和结局影响很大。它通常按(团)大队、营、连编成。

电子对抗兵的主要任务是：搜索敌电子设备的电磁辐射信号，查明其类型、参数和部属情况;协同其他军兵种对敌指挥、控制、通信和情报系统实施干扰和火力突击,破坏敌指挥协同;干扰敌武器控制、制导系统,使其不能发挥出效能;与敌电子对抗兵进行斗争;实施电子佯动和电子伪装等。

电子对抗兵的装备主要有:各种类型的电子侦察设备,电子干扰和电子伪装器材等。

现代陆军是一个多兵种组成的合成军队。随着科学技术的发展,新式技术装备将源源不断地装备部队,使部队的分工越来越细,兵种逐渐增多。除上述兵种外,陆军编成内还有空降兵、侦察兵、汽车兵等若干专业技术兵种,在合同作战中,以其专业技术特长,发挥着重要作用。例如,侦察兵,它是获取军事情报的专业力量,装备有各种侦察器材和交通工具,具有遂行多种侦察任务的能力,及时为部队指挥、作战获取准确情报。汽车兵,是利用汽车运送部队和物资器材的主要力量。汽车兵装备有运输、载重、牵引、加油、救护和修理等各种车辆,具有陆上快速、连续、灵活运输的能力,主要用以保护军队实施机动、运送人员、装备和物资器材等。

我国陆军武器装备的发展,应该说已经有了质的飞跃。以7.62mm枪族、新一代主战坦克、火炮、反坦克武器等为代表的一批高新技术武器装备,其技术性能有的已经接近或达到世界先进水平。陆军的重型作战装备,已经基本实现了由骡马化、摩托化到机械化的跨越,基本上形成了立体机动作战的装备体系和比较配套的支援和保障体系,独立作战的能力得到了进一步的增强,这就为今后遂行诸军兵种联合作战任务创造了有利的条件。

经过五十多年的建设和发展,我国陆军部队已经发展成为一支诸兵种合成的军种,20世纪80年代以后,编组了装备有先进水平的坦克、装甲车、火炮、武装直升机和导弹的陆军集团军,使其成为一支具有强大火力、突击力和高度机动能力的合成军队。

(二)海军

海军是以舰艇部队为主体,主要在海洋遂行作战任务的军种。它具有在水面、水下和空中作战的能力,既能单独在海上作战,又能协同陆军、空军作战。

我国海军成立于1949年4月23日,先后参加过海、空战斗1263次,有效地维护了祖国领海主权和海洋权益,为保卫祖国万里海疆作出了重大贡献。

1. 海军的编成

海军由潜艇部队、水面舰艇部队、海军航空兵、海军岸防兵、海军陆战队等兵种和各种专业勤务部队组成。

海军的编制序列为:军委海军—舰队、海航—基地、舰航—水警区、舰艇支队、航空兵师—舰艇大队、团。军委海军是海军的最高领导机构,下辖三个舰队和海军航空兵部。舰队是海军担负某一海洋战区作战任务的战役军团,受军委海军和所在战区的双重领导。舰队下辖海军基地、潜艇部队、水面舰艇部队、航空兵部队、岸防兵、陆战队及各种专业勤务部队。

2. 海军的使命和任务

海军是一个战略性军种,具有多重国防功能。

海军的使命是:①防御外敌海上入侵;②收复敌占岛屿;③保卫我国领海主权;④维护祖国统一和海洋权益。

海军的任务是:①协同陆军、空军进行反袭击,保卫海军基地,港口和沿海重要目标;②消灭敌战斗舰艇和运输舰船,破坏敌海上交通运输;③袭击敌海军基地、港口和岸上重要目标;④协同陆军、空军进行登陆、抗登陆作战;⑤进行海上封锁和反封锁作战;⑥保障我海上交通运输、渔业生产、资源开发、科学实验和海洋调查的安全。

3. 海军各兵种的编成、任务、武器装备

我国海军是由多兵种组成的技术装备比较复杂的合成军种,各兵种因为有其不同的特点,担负着不同的作战任务,所以,有其不同的武器装备。

(1)水面舰艇部队编成、任务、武器装备

水面舰艇部队是以水面舰艇为基本装备,在水面遂行作战任务的海军兵种。它是海军区别于其他军种的标志性力量和骨干突击力量。它可担负多种作战和勤务保障任务,具有较强连续作战和机动作战能力。它包括驱逐舰、护卫舰(艇)、导弹艇、鱼雷艇、猎潜艇、扫(布)雷舰(艇)等战斗舰艇部队和登陆舰(艇)及担负各种保障任务的勤务舰艇部队。战斗舰艇部队通常按支队、大队、中队编成;勤务舰艇部队根据技术性能和所担负的任务,编成不同专业性质的大队。

水面舰艇部队的主要任务是:消灭敌海上兵力,破坏敌岸上目标,参加登陆、抗登陆作战,实施封锁和反封锁作战,参加夺取制电磁权、制空权和制海权斗争,担负侦察、巡逻、反潜、布雷、扫雷、护航、救生和运输等任务。

水面舰艇部队装备有多种型号的导弹驱逐舰、护卫舰、导弹艇、鱼雷艇、护卫艇、猎潜艇、布雷舰、扫雷舰艇、登陆舰艇、气垫船及各种专业勤务舰船。舰艇上的武器装备主要有:中(76、100、130 毫米)、小(20、25、30、57 毫米)口径的各型舰炮;多种舰舰导弹;反潜武器(深水炸弹、鱼雷);舰空导弹(“红旗-61”、“红旗-7”);有的舰上还装备有舰载直升机。这些舰种各异、大小不同的舰艇各有优长,各有不同的用途,遂行不同的作战任务。

(2)潜艇部队编成、任务、武器装备

潜艇部队是以潜艇为基本装备,主要在水下遂行作战任务的海军兵种,是海战场的重要突击力量。它具有良好的隐蔽性、强大的突击力和持续作战能力。潜艇部队主要由攻击潜艇部队和战略导弹潜艇部队组成。其基本编制是潜艇支队的潜艇基地。

潜艇部队的主要任务是:对敌陆上重要目标实施核突击,破坏敌海上交通线,攻击敌各型水面舰船。实施反潜、侦察、布雷、救援、遣送特种部队登陆等。

潜艇部队装备有多种型号的常规动力潜艇和核动力潜艇。艇上的武器装备有鱼雷、水雷、飞航式导弹、弹道导弹等。

(3)海军航空兵编成、任务、武器装备

海军航空兵是以作战飞机为主要装备,主要在海洋和濒海地区上空遂行作战任务的海军兵种,是海军的重要突击力量。它机动性强,活动范围大,不受各种障碍限制,并具有较强的突击能力。海军航空兵由航空兵部队和防空部队组成,最高统率机关是海军航空兵部,下辖舰队航空兵,通常按师、团、大队、中队编成。

海军航空兵的主要任务是:攻击敌方海上和空中目标,袭击敌方和保护己方海军基地、港口、机场和海上交通线,夺取海洋战区的制电磁权、制空权和制海权,从空中支援、掩护己方舰艇部队的作战行动,遂行侦察、巡逻、反潜、布雷、预警、通信、运输等任务。

海军航空兵装备的飞机和空军航空兵基本相同。有多种型号的歼击机、轰炸机、强击机、水上飞机、反潜机等。此外,还有各种运输机、直升机和其他特种飞机。机载武器有航炮、航空火箭弹、航空炸弹、空空导弹、空舰导弹、鱼雷和深水炸弹等。防空部队装备有 37 毫米、57 毫米、100 毫米的高炮和各种雷达。

(4)海军岸防兵编成、任务、武器装备

海军岸防兵是以岸炮和岸舰导弹为基本装备,部署在沿海重要地段,主要遂行海岸防御作战任务的海军兵种,是海岸防御的骨干力量。

它能充分利用岛岸的有利条件进行持久的作战,既能攻击近距离的海上目标,又能袭击远距离的海上目标。海军岸防兵主要由海岸导弹部队和海岸炮兵部队组成,通常按团、营、连编成。

海军岸防兵的主要任务是:突击敌方舰船部队保卫基地、港口和沿海重要地段,扼守重要海峡、水道,掩护近岸海上交通线和已方舰船,支援岛岸和要塞守备部队作战等。

海岸导弹部队装备有海鹰(海鹰-1、海鹰-2)和鹰击(鹰击-6、鹰击-8)系列多种型号的岸舰导弹。岸炮部队装备有双管 130mm 的自动化火炮。

目前,在新一代岸舰导弹的装备下,海军岸防兵可谓是保卫祖国海防的海疆长城。

(5)海军陆战队编成、任务、武器装备

海军陆战队,是以两栖作战武器为基本装备,主要遂行登陆作战任务的海军兵种,是海军登陆作战的一支重要力量。它主要由陆战步兵、装甲兵、炮兵、工程兵、通信兵、侦察兵、防化兵等部(分)队组成,通常按旅、营、连编成。

海军陆战队的主要任务是:独立或协同其他军兵种实施登陆作战,参加海军基地、港口、岛屿防御作战,进行特种作战、机动作战等。

海军陆战队装备有自动化的步兵武器、反坦克导弹、防空导弹、各种火炮、火箭炮,还配有舟桥、冲锋舟、气垫船、水陆两用坦克、装甲输送车及其他特种装备和作战器材。

经过五十多年的建设和发展,我国海军部队已经成为一支兵种齐全、常规和尖端武器兼备,具有立体攻防能力,能有效保卫国家领海的战斗力量。

(三)空军

空军是以航空兵为主体,主要遂行空中作战任务的军种。空军是空中进攻和对空防御的主要力量,是现代战争中首先使用的一支重要力量,具有高速机动、远程作战和猛烈突击的能力。它既能协同陆军、海军作战,又能单独作战。其作战行动对战争的进程和结局能产生重大影响。

我国空军成立于 1949 年 11 月 11 日,在国土防空、抗美援朝、抗美援越等作战中,取得了击落击伤敌机 3700 余架的辉煌战绩,为保卫祖国领空和社会主义建设作出了重大贡献。

1. 空军的编成

空军由航空兵、地空导弹兵、高射炮兵、空降兵、雷达兵等兵种及其他各种专业勤务部队组成。

空军的编制序列为：军委空军—军区空军—空军军(空军基地)—师(旅)。军委空军是空军的最高领导机构，下辖军区空军和空降军。军区空军是空军的战役军团，下辖空军军(空军基地)各兵种部队和专业部队。

2. 空军的使命和任务

空军的使命是：①组织国土防空；②夺取制空权；③协同陆、海军作战；④保卫祖国领土、领空、领海主权和国家利益；⑤维护国家统一和安全；⑥保障我国改革开放和经济建设的顺利进行。

空军的任务是：①国土防空；②独立实施空中进攻作战；③实施空降作战；④协同陆、海军作战；⑤实施空中威慑；⑥实施空中输送；⑦实施电子对抗、航空侦察、无线电技术侦察和雷达侦察。

3. 空军各兵种的编成、任务及武器装备

(1)航空兵

空军航空兵，是以军用飞机和直升机为基本装备，主要遂行空中作战和保障任务的兵种，是空军的基本兵种。它具有强大的突击力、快速机动能力和远程作战能力，通常按师、团、大队、中队编成。根据装备性能、用途的不同，航空兵可分为歼击航空兵、轰炸航空兵、强击航空兵、侦察航空兵和运输航空兵。各航空兵装备各具特色，担负不同任务。

歼击航空兵的主要任务是：拦截、消灭来袭敌机，掩护己方重要目标和重要作战行动的空中安全；实施空中掩护，保障其他航空兵的作战行动；参加反空降作战，拦截敌空降兵截击，消灭敌空降兵；必要时，也可对地面和水上目标进行突袭。

轰炸航空兵的主要任务是：突击敌后方重要目标，削弱敌战争潜力；突击敌机场、指挥机构、防空设施，夺取制空权；突击敌高技术兵器、重兵集团，削弱敌作战能力；突击地交通枢纽，迟滞敌行动。

强击航空兵的主要任务是：突击敌战役、战术纵深目标，打乱敌作战部署，削弱敌作战能力；对地面部队实施近距离航空火力支援。参加空降和反空降作战；参加夺取制空权作战等。

侦察航空兵的主要任务是：查明敌兵力兵器部署和行动情况，检查我军对敌突击的效果。

运输航空兵的主要任务是：保障地面部队的空中机动，输送空降兵实施空降作战，运送作战物资和伤员等。

航空兵的武器装备：航空兵装备的飞机有多种型号的歼击机、轰炸机、强击机、侦察机、运输机等。此外，还有空中加油机、电子干扰机、预警指挥机等专业飞机。机载武器有航炮、航空火箭弹、航空炸弹、空空导弹、常规炸弹和鱼雷，也可携带核弹等。

(2)地空导弹兵

地空导弹兵是以地空导弹武器系统为基本装备，遂行地面防空作战任务的兵种。它是国土防空的重要力量，具有较强的战斗力、较高的射击精度和机动能力，能全天候遂行作战任务，通常按师、团、营或旅、连编成。

地空导弹兵的主要任务是：担负要地防空，保卫领空主权；参加夺取制空权作战，掩护己方主要部署和作战行动的安全。

地空导弹兵的武器装备：地空导弹兵装备有红旗系列导弹和引进的第三代 C-

300 地空导弹。我国自行研制的第三代地空导弹，即将装备部队。

(3)高射炮兵

高射炮兵是以高射炮武器系统为基本装备，主要遂行地面防空作战任务的兵种。它是国土防空的重要力量，具有较强的火力和机动力，通常按旅(团)、营、连编成。

高射炮兵的主要任务是：担负要地、军队集团等重要目标的防空任务，必要时，可对地面、水上目标进行射击。

高射炮兵的武器装备：主要装备 57mm 高炮系统，配有雷达自动寻找目标，自动装填设备，能全天候作战。

(4)空降兵的编成、任务及武器装备

空降兵是以降落伞和陆战武器为基本装备，航空器为运输工具，主要遂行伞降和机降作战任务的空军兵种。它具有较强的快速反应、远程作战和全纵深作战能力。目前我军空军空降兵按军、师、团、营、连编成。

空降兵的主要任务是：夺取或扼守敌纵深的重要目标或地域，配合主力的作战行动；突袭敌纵深的指挥机构、高技术兵器阵地、重要军事设施和后方补给系统，打乱敌作战部署，削弱敌作战能力；实施敌后特种作战。

空降兵的武器装备：主要有步兵轻武器，包括机枪、冲锋枪、自动步枪，侦察分队还有微型、微声冲锋枪；炮兵武器，包括 82 毫米、100 毫米迫击炮，82 毫米、105 毫米无坐力炮，高射机枪和双 25 毫米高炮，107 毫米火箭炮和 122 榴弹炮；特种装备有轻型雷达干扰机，超短波侦听机，无线电干扰机；各型降落伞等。

(5)雷达兵的编成、任务及基本装备

雷达兵是以雷达获取空中情报的空军兵种，是防空预警系统的主体和实施指挥、引导的主要保障力量。它具有全天候搜索、测定和监视空中目标的能力，通常按团、营、连编成。

雷达兵的主要任务是：实施对空警戒侦察，提供空中情报；保障有关部门对航空器的指挥、引导和实施航空管制。

雷达兵的武器装备：主要有多种型号的超视距、超远程、中远程、中近程警戒雷达。装备有引-2、引-3、引-5、383、384 等多种引导雷达，尤其是三坐标雷达，精度高，可以同时测报方位、距离和高度，以保障准确地实施指挥引导。另外，还有航管雷达和测高雷达。

从 1949 年至今，经过五十多年的建设和发展，我国空军部队已经具备了执行空中突击、空中支援、空中运输、航空侦察和防空等任务的能力，成为一支既能独立完成国土防空任务，又能协同陆、海军作战的战斗力量。

(四)火箭军

中国人民解放军火箭军，由中国人民解放军第二炮兵更名而来，于 2015 年 12 月 31 日正式成立，是中国大国地位的战略支撑，是维护国家安全的重要基石。习近平强调，火箭军全体官兵要把握火箭军的职能定位和使命任务，按照核常兼备、全域慑战的战略要求，增强可信可靠的核威慑和核反击能力，加强中远程精确打击力量建设，增强战略制衡能力，努力建设一支强大的现代化火箭军。

成立火箭军是党中央和中央军委着眼实现中国梦、强军梦作出的重大决策，是构建中国特色现代军事力量体系的战略举措。

1. 火箭军的编成

火箭军由地地近程、中程、远程、洲际等导弹部队组成，按导弹基地、旅、营编成。

2. 火箭军的使命和任务

火箭军是我国核力量的主体，担负着实施核反击的战略任务。

火箭军的使命是：①威慑。即平时遏制敌国可能对我国发动核战争和局部入侵，打破敌核讹诈，为我国的和平外交政策服务；战时遏制常规战争升级为核战争。②实战。即在我国遭受到核突袭时，根据需要，对敌实施坚决、及时、有效的核反击，打击敌国战略目标；发挥战役战术常规导弹的突击作用，赢得高技术条件下局部战争的胜利。

火箭军的任务是：①打击敌海、空进攻力量，削弱敌远程航空兵和海军的作战能力，减轻来自空中和海上对我的威胁。②打击敌重要交通枢纽，中断敌交通运输，以阻止或迟滞敌人的战略机动和物资补给。③打击敌重要经济目标，削弱敌战争潜力和进攻能力。④打击敌政治、经济中心，在政治上、心理上威慑敌人，使其国民经济和战争潜力遭到严重损失。⑤打击敌军首脑指挥中心，打乱和破坏其战略指挥。⑥打击敌重兵集团，杀伤其有生力量，削弱其他地面部队的作战能力。⑦配合其他军种实施常规导弹突击，遂行常规作战任务。

3. 火箭军的武器装备

火箭军装备有多种型号的地地导弹，包括：近程导弹（射程在1000千米以内）、中程导弹（射程在1000～3000千米）、远程导弹（射程在3000～8000千米）、洲际导弹（射程在8000千米以上）。这些导弹可固定发射，也可机动发射，可陆基发射，也可海基发射。

经过四十多年的建设和发展，我国火箭军部队已经成为了一支装备多种型号导弹、配套齐全的合成兵种，具有一定规模和实战能力的主要战略核反击的作战力量。

我国执行不首先使用核武器的承诺和有限报复的核战略，坚持后发制人的原则，独立自主地使用核武器，做到防御性、威慑性、有限性、有效性相结合，更好地发挥威慑作用和实战作用，完成党中央和中央军委赋予的战略使命。

（五）战略支援部队

中国人民解放军战略支援部队于2015年12月31日正式成立，是维护国家安全的新型作战力量，是我军新质作战能力的重要增长点，主要是将战略性、基础性、支撑性都很强的各类保障力量进行功能整合后组建而成的。成立战略支援部队，有利于优化军事力量结构、提高综合保障能力。

战略支援部队主要的使命任务是支援战场作战，使我军在航天、太空、网络和电磁空间战场能取得局部优势，保证作战的顺利进行。具体地说，战略支援部队的任务包括：对目标的探测、侦察和目标信息的回传；承担日常的导航行动，以及北斗卫星和太空侦察手段的管理工作；承担电磁空间和网络空间的防御任务。这些都是决定我军在未来战场上能否取得胜利的新领域。

习近平强调，战略支援部队全体官兵要坚持体系融合、军民融合，努力在关键领域实现跨越发展，高标准高起点推进新型作战力量加速发展、一体发展，努力建设一支强大的现代化战略支援部队。

第三章　战略环境

[学习目的]

通过对本章的学习，掌握战略基本理论，理解战略环境的相关概念和研究范畴，了解国际战略格局的基本概况，正确认识和分析我国周边安全环境，增强国家安全意识。

战略环境是制定战略的客观基础。对环境进行深入的分析是战略谋划的思维起点。研究国防建设，确定国防发展战略，首先必须廓清环境，辨析我们所处的国际环境条件，并依据客观环境做出正确的战略决策。

第一节　战略环境概述

一、战略

（一）战略的含义及其分类

1. 战略的含义

(1)战略是筹划和指导战略全局的方略。即根据对国际形势和敌对双方政治、军事、经济、科学技术、地理等诸因素的分析判断，科学预测战争的发生与发展，制定战略方针、战略原则和战略计划，筹划战争准备，指导战争实施所遵循的原则和方法。

(2)战略在军事斗争的实践中产生，并随着军事斗争实践的不断发展、深化而丰富和完善。古代早期的战争，进行的方式是两军对阵，在战场上角力斗勇，胜负主要决定于兵员的数量、勇气和体力，作战方法简单，往往一次交战就决定胜负，无战略战术之分。随着战争的发展和长期实战经验的积累，人们逐渐懂得了在战争中使用谋略，并总结出指导战争的方法，于是便产生了战略。随着社会的演变，环境的变化，以及军事斗争的不断发展，在人们运用和驾驭战略的能力不断得到提高的同时，对战略的认识也不断得到深化和完善。战略产生于战争实践，长期使用于军事领域，本义即军事战略。但由于近年来被其他领域广泛使用，为了便于对不同领域的战略做出明确的区分，在军事领域之外使用时，在"战略"二字之前冠以领域的名称，如政治战略、外交战略等。

(3)战略是从全局上谋划和运筹军事领域的活动。军事战略应当解决的主要问题是:判明国家(集团)安全面临威胁的性质和程度,确定战略上的主要对手和作战对象,提出军事斗争所要达到的总体目的和主要任务,规定战略上的重点方向、地区,确定准备与实施军事斗争的指导方针和基本原则,明确斗争的主要手段、形式和协同、保障的主要方法等,并依此制定总体的行动计划和实施步骤。不同历史时期的战略,有着不同的内容和特点,其决定因素主要有三个方面,即战略思想、战略环境和军事力量。战略指导者基于对一定历史时期内上述情况的综合分析,提出军事斗争的基本对策和保障国家(集团)安全的基本方法,就是这个时期军事战略的基本内容。

(4)战略的指导对象是军事斗争全局。军事斗争是为了一定的政治经济目的,在军事领域以军事手段进行的各种形式的对抗活动。军事斗争本身是一个复杂的系统,军事战略则从全局上对其进行谋划和运筹,既指导它从发生、发展到结束的全部过程,又关照其各个方面和各个部分间的关系,以充分发挥它的整体效能。军事斗争的表现形式既有战争方式,也有非战争方式。军事战略从全局上对不同方式的军事斗争进行统一筹划和指导,根据不同时期军事斗争的目的、任务和主客观条件,提出斗争的方针和方法,规定不同斗争方式的运用时机和原则,明确它们之间的主次地位和关系,充分发挥不同方式的优长,以获得最好的整体效益。可见,战略对军事斗争全局指导是全方位、全过程的指导。它既指导战时,也指导平时;既指导军事力量的使用,也指导军事力量的建设;既指导准备与实施战争,赢得战争的胜利,也指导遏制战争,维护和平。

(5)军事战略是国家总体战略的重要部分。一个国家要生存和发展,必须根据社会发展的要求和现实斗争特点,从总体上对各个领域的活动和斗争进行运筹和指导。在不同的历史条件下,国家有不同的历史任务和发展目标,实现目标的方式也不尽相同,军事战略在国家总体战略中所处的地位和作用也不完全一样。军事战略只有符合国家战略的总体要求,并与其他领域的战略相协调,才能得到实现既定目标的可靠条件,同时,也才能为共同实现国家战略的总体目标发挥应有的作用。

(6)战略把国家的安全利益作为其基本的历史使命。战略既要为国家的主权、民族的解放而斗争,为国家民族提供最基本的生存条件,又要为政权的巩固、社会的稳定而斗争,为国家和民族的发展与繁荣昌盛提供强有力的安全保证。因此,战略具有对外反侵略、对内反颠覆的双重职能。根据国家利益的要求,它既指导战争时期的作战活动,也指导和平时期的军事斗争;既指导准备和打赢战争,也指导遏制和防止战争;既要保卫国家和平与安全,维护国家统一和稳定,又要捍卫国家主权和领土完整,并要以有效的军事行动,支持国家的外交斗争,维护国家的国际地位、威望和权益。

2. 战略的分类

战略可按不同的标准划分不同类型。按社会历史时期划分,有古代战略、近代战略、现代战略;按作战性质划分,有进攻战略和防御战略;按使用武器的类型划分,有常规战争战略和核战争战略;按军种划分,有陆军战略、海军战略和空军战略;按作战持续时间划分,有速决战略和持久战略。

(二)战略的构成要素

战略的基本要素,就是构成战略的基本成分。它是战略本质属性的集中反映,也是战略内容和形式的具体展现。

1. 战略目的

战略目的是战略行动所要达到的预期结果,是国家在一定时期内总的路线、方针、政策在军事上的反映,它既是制定战略的出发点,也是实施战略的归宿点。

战略目的主要是根据国家利益和战略形势来确定的。

首先,战略目的要体现国家利益的时代特点。国家利益是指一个国家或一个地区生存和发展的最高利益。国家利益最根本的是生存和发展。但在不同的历史条件下,国家利益的具体内容和表现形式则不相同,其对军事斗争的要求也不一样。在全面战争条件下,国家面临着生死存亡的考验,夺取战争胜利是国家的最高利益,也是对军事斗争的最基本的要求;在和平条件下,国家的发展是国家利益的最高表现,为国家的发展提供一个安全可靠的内外环境,为国家在国际竞争中处于有利地位提供强有力的支撑,维护国家的各种权益,就成为对军事斗争的基本要求。可见,战时与平时的战略目的有着不同的内容。在现代条件下,国家安全是一个综合性的概念。在当今世界维护国家安全的斗争中,军事斗争仍然有着非常重要的作用。维护国家发展中的经济安全,保卫国家的经济利益,已成为军事战略目的的有机组成部分,军事斗争要与政治、外交、经济、科技、思想文化等领域的斗争密切配合,共同维护国家的权益。

其次,战略目的要与战略形势相适应。一是要反映国际战略形势的总特点和整个国际斗争的主题,并与其相适应。中国军事斗争战略目的,既是维护本国的独立、主权和统一、稳定,又是全世界人民反对霸权主义、维护和平斗争的一个有机组成部分。战略目的只有反映出这个特点,才能符合时代主题,并在国际斗争的大潮中处变不惊,始终处于的主动地位。二是要反映国家安全形势的特点,并与现实斗争的重点吻合。国家安全面临的威胁往往是多层次的,其程度和性质是不断变化的,对象和方向也不是固定不变的。战略目的关系着国家和民族的前途命运,必须建立在可靠的客观基础之上。因此,一定要科学分析安全形势,恰当估计战争威胁,正确认识国家安全面临的主要矛盾,并不断对安全形势的发展趋势做出系统、科学的预测。

不同性质的国家和军队,其战略目的不同。对于奉行防御战略的国家来说,维护国家和民族的根本利益、长远利益和整体利益,特别是维护国家的领土主权完整和统一是其战略的基本目的。

确定战略目的,应强调需要与可能相结合,具有科学性和可行性,符合国家的路线、方针和政策,与国家的总体目标和国力相适应,满足国家在一定时期内对维护自身利益的基本要求。战略目的必须以军事力量水平和能力为物质基础。军事力量是完成战略任务、达成战略目的的主体,如果离开了军事力量的实际水平和能力,战略目的就成了空中楼阁,是不可能实现的。因此,战略目的所确定的指标要适当,既不能定得过高,也不能定得过低;既要能满足需要,又要有现实可能。指标定得过高,超过了国家利益要求的限度,超越了客观条件的许可,就会使整个战略脱离正确运行的轨道;指标定得过低,战略的功能和社会作用就不能得到正确的发挥，国家利益的基本要求就得不到满足，国家安全也得不到可靠的保障。

2. 战略方针

战略方针是指导战争全局的方针，是指导军事行动的纲领和制定战略计划的基本依据。它是战争客观规律和战争实践需求的反映，是由国家或政治集团的最高领导机关依据其基本政策和奉行的战略思想，在全面分析政治、经济、军事、科技、地理等因素的基础上制定的。战略方针正确与否，对军事斗争的进程、结局有关决定性意义。在和平时期，正确的战略方针可以使国家在复杂多变的国际斗争中站稳脚跟，创造、赢得并保持战略上的主动地位。在战争时期，战略方针则往往决定着战争的胜败。

战略方针是在分析国际战略形势和敌对双方战争诸因素基础上制定的，具有很强的针对性。对不同的作战对象，不同条件下的战争，应采取不同内容的战略方针。每个时期或每次战争，除了总的战略方针外，还需制定具体的战略方针，以确定战略任务、战略重点、主要的战略方向、力量的部署与使用等问题。如，抗日战争的"持久战"是战略总方针；抗日战争第一、第二阶段实行战略防御的战役战斗中的进攻战，战略相持阶段的战役战斗中的速决战，是贯彻战略总方针的具体方针。

3. 战略力量

战略力量是战略的物质基础和支柱。它是以综合国力为后盾，以军事力量为核心。战略筹划指导的对象是军事斗争，而军事斗争是由军事力量来承担和实施的。因此，对军事斗争的筹划和指导活动集中体现在对军事力量的建设和运用上。战略指导者一方面要根据敌我军事力量的实际状况制定战略；另一方面又要根据战略目的的需求，指导军事力量的建设与运用，以夺取军事斗争的胜利。军事力量与战略有着密不可分的联系，是战略的基本要素。军事力量既是确立战略的重要物质基础，又是实行战略的主要工具；战略既决定着军事力量建设与运用的性质和方向，又主要依靠军事力量得到具体的贯彻和落实。因此，必须在发展经济和科学技术的基础上，根据战略目的和战略方针的要求，确定其建设的规模、发展方向和重点，并与国家的总体力量协调发展。

4. 战略措施

战略措施，也称战略手段，是为准备和进行战争而实行的具有全局意义的战略保障措施，是战略决策机构根据战争的需要，在政治、军事、外交、经济、科学技术和战略领导与指挥等方面，所采取的各种全局性的切实可行的方法和步骤。战略目的和战略方针是战略行动的方向、目标、纲领与准则，但还不是行动本身，只有通过战略措施，才能将其付诸实施，使其得以贯彻落实。因此，战略措施是任何一个具体战略都不可缺少的重要组成部分。

（三）战略的基本特性

世界上任何事物都具有区别其他事物的本质属性。战略也有其特定的研究对象、内容和表现形式，具有自身特有的属性。

1. 政治性

军事战略具有鲜明的政治性质，这是军事对政治的从属性和工具性所决定的。军事战略所展示的不仅是军事力量之间的抗衡，而且是政治力量、政治意志之间的较量。任何军事战略，从本质上讲都是政治的选择、政治意志的体现。军事战略来源于政治并服务于政治，政治对军事战略的制定和实施起支配和主导作用，它规定军事战略的方向和任务，确定遏制战争、准备战争和进行战争的基本途径和方法，并动员和分配国家资源来支撑、保障战争和战略性军事行动。军事战略的制定和实施，必须考虑国际和国内政治状况，服从和服务于党和国家的政治要求，在其他领域、其他战线的配合下，努力完成政治赋予的使命任务。在任何时候、任何情况下，军事战略都不能背离国家的基本制度和基本政策，不能脱离政治而独立存在。军事战略对政治也有反作用。正确的军事战略可以为政治的发展提供必要手段、创造有利条件，错误的军事战略则可能造成严重的政治后果，甚至导致政治上的失败。

2. 全局性

军事战略是关于军事问题的最高决策和顶层设计，它所考虑的是军事领域里的全局性问题。

全局是可以区分层次的，凡是相对独立并带有统领各方面、各部门、各阶段性质的，都可称之为全局。对军事战略来说，它所考虑的全局有着特定的对象和范围。具体来说，它把整个国家、整个军队作为全局，各个方向、各个战区和军队各个构成成分是其局部；它把整个战争作为全局，各种斗争方式、各种斗争手段是其局部；它把整个战阵作为全局，各个战场、各个战役战斗行动是其局部。在军事领域，军事战略的研究对象层次最高，设计范围最广，具有总揽的意义。军事战略要对军事力量运用和军事力量建设的全局进行整体思考，横向上统筹各个方面和各个部分，使其按统一的战略目标构成紧密联系、密切协调的有机整体；纵向上统筹各个阶段和全部过程，使其在总的战略方针指导下相互衔接、有序展开。

军事战略对全局的指导，通常是通过对全局具有决定性影响的关键问题的解决来实现的。因此，战略的领导和指挥最要紧的，是把注意力摆在关照全局上面，胸怀全局，通观全局，把握全局，处理好全局中的各种关系，抓住主要矛盾，解决关键问题；同时注意了解局部，关心局部，特别是注意解决好对全局有决定意义的关键性的局部问题。

3. 博弈性

军事战略体现了军事斗争中对立双方在利益、意志、力量等方面的抗衡和较量。任何军事战略都是在对抗中产生的。军事战略的运行过程，就是对立双方互为条件、相互发生作用的过程。军事战略的制定和实施，始终会面临着一个或者多个对手从反面提出问题的挑战。每当做出一项战略决策或展开一项战略行动，都会从对手那里引起反馈，又要求己方采取新的对策和行动，构成一系列“作用－反作用”的较量和反应。军事战略所体现的对抗，涉及的领域十分广阔，相关因素和约束条件错综复杂，不确定性和偶然性空前活跃，双方互动过程迂回曲折，对整体运筹和谋略运用提出很高要求。这就使得军事战略具有浓厚的博弈色彩，强调整体上的布局造势，强调谋略艺术的运用，注重对抗互动中的针对性、应变性和灵活性。

4. 预见性

军事战略是在一个较大的时空范围内发挥作用的，只能对战略环境、战争形态、对手战略意图和双方力量消长，以及军事斗争发展的方向、进程、结局等作出预先判断，才能有效地发挥战略指导的功能。预见性是谋划的前提，决策的基础。正确的战略指导必须建立在科学预见的基础上，没有预见就没有战略。军事战略的制定和实施，不能囿于一时一事一域，而要进行前瞻性、开放性思维。当处于一个战略阶段时，应考虑和计算到以后数个阶段，把今天联结到明天，把小的联结到大的，把局部联结到全体，反对走一步看一步。通过全面客观地分析各种情况，抓住对全局有决定性影响的基本因素或关节点，揭示其内在联系和发展规律，把握事物的本质和基本走向。战略预见在时间跨度上有长短之分，其中最有指导意义的是对中近期情况的分析预测。时间跨度越短，对预见的准确性要求越高。特别是在实现军事斗争准备中，把战略预见具体化为对重大情况的战略预警尤为重要。

在广泛调查研究的基础上，全面分析、正确判断、科学预测国际国内战略环境和敌友关系以及敌对双方战争诸因素等可能的发展变化，认清时代的特征，明确现实的和潜在的斗争对象，判明面临威胁的性质、方向和程度，科学预测未来战争可能爆发的时机、样式、方向、规模、进程和结局，预测未来战争的特点和规律，是制定、调整和实施战略的客观依据。

5. 相对稳定性

军事战略不是一成不变的，而是随着形势的发展变化而调整转变。但与一般军事学术理论和实践相比，军事战略变化所受的制约比较多。只要全局情况没有发生根本性变化，军事战略应保持基本稳定。当一个时期内一些局部发生变化，对全局产生一定影响时，军事战略应视情况进行相应调整，但这种调整只是局部性的修正，目的是使战略指导更符合客观实际，使战略全局的稳定建立在更加可靠的基础上。军事战略的基本指导思想和原则也具有相对稳定性。对一个国家来说，只要基本制度和基本政策没有发生根本性变化，其军事战略的性质就不会改变。其基本指导战略思想和原则虽然会随着形势发展变化而不断充实发展，但其精神实质却不会发生根本改变。一定时期内确立的军事战略方针，是就全局情况做出的重大决定，其内容一经确定，就成为行动的准则和依据，也不能随意变动，否则就会造成全局上的混乱和战略重心的摇摆。只有当全局形势发生重大变化时，才需要对军事战略进行阶段性调整或转变。

二、战略环境

（一）战略环境的基本概念

战略环境是指影响国家安全或战争全局的客观情况和条件，主要包括国际和国内的政治、经济、军事、外交、科技、地理等方面综合形成的客观情况和条件，以及由此而形成的战略态势，特别是战争与和平的总态势。战略环境是动态的，随着国内外形势的发展而不断变化。

（二）战略环境研究的重点

1. 国际战略环境

国际战略环境是指世界各主要国家和政治集团在一定时期内，通过战略上相互联系、相互作用、相互斗争所形成的国际战略格局和国际战略形势。它是国际政治、经济和军事形势的综合体现。国际战略环境关系到国家（集团）的生存与发展、安危与兴衰，影响一个国家（集团）军事斗争的对象、性质、目标和敌友关系，以及据此确定的军事力量建设与运用的基本方向，是各个国家（集团）制定战略必须首先考察和关注的外部环境和条件。国际战略环境，涉及的主要内容有：

(1)时代主题

时代,是指人类社会发展进程中各个不同的历史发展阶段。时代主题,是指某一时代中带有全球性、战略性和关乎全局的核心问题。它是某一时代基本特征的集中反映,代表着这个时代的本质和发展趋势。正确认识时代主题,有助于战略指导者从宏观上把握当代世界的主要矛盾和总的发展趋势,从而对国际战略环境作出准确的判断,避免战略指导的重大失误。

20 世纪 70 年代末至 80 年代初,邓小平同志冷静地观察了第二次世界大战后四十多年世界形势发生的一系列变化,认为时代主题发生了重大的变化,和平力量压倒战争力量,帝国主义的三大矛盾得到缓和,经济发展问题成为国际关系中的主要因素,因此,战争与革命已经不符合时代的特征,和平与发展成当今时代的两大主题。也就是说,当今世界上带有全球性的战略问题,一个是和平问题,一个是发展问题。和平问题就是反对霸权主义,维护世界和平;发展问题主要是南北问题,即发展中国家的发展问题,也是全人类的发展问题,这是当今世界的核心问题。不解决南北问题,人类的发展将遇到困难。对于这个问题要从人类发展的高度来认识,真正做到在和平中求发展,以发展促和平。这既是发展中国家的责任,也是发达国家的责任。当今世界,国际竞争的重点逐渐由军事转向经济和科学技术,几乎所有的国家都在为经济和科技发展,提高综合国力而进行调整和改革,求发展已经成为世界各国的共识。

和平与发展的时代潮流不是一帆风顺的,而是充满着矛盾和斗争,在曲折和反复中前进。虽然在这个过程中会出现一些逆流和新情况,但是并不能改变和平与发展是当今时代主题的根本判断。

时代主题是军队建设、国防建设和军事斗争准备的立足点。邓小平同志的时代主题论断为我国的国家发展战略和军事战略的制定提供了理论基础。我国因此就由“早打、大打、打核战争”的临战状态转入和平时期的建设轨道,一心一意搞经济建设,以经济建设为中心,国防建设和经济建设协调发展。

(2)国际战略格局。国际战略格局是指对国际事务具有重要影响力的力量在一定历史时期内相互联系、相互作用而形成的较为稳定的力量结构。对国际战略格局进行分析与研究,有助于从总体上了解世界主要国家在世界全局中的地位以及战略利益方面的矛盾和需求,有助于对世界形势以及可能的发展趋向作出基本的估计。

(3)主要国家的战略动向。世界各国之间由于战略利益和政策的异同,既可能是对手,也可能是朋友。各国的战略动向,既互为条件、相互依存,又相互影响和制约。其中,一些实力较强的世界性和地区性大国,特别是超级大国所推行的战略,对地区乃至世界的安全与稳定具有重大的影响,对其他国家的战略也有不同程度的影响。因此,一定时期内各主要国家的战略及其发展趋势,是国际战略环境的重要部分。了解主要国家的战略动向,有助于从世界各国特别是大国之间关系上具体地研究国际战略环境,进而对世界形势作出正确的判断。

(4)当代世界战争与和平的发展趋势。战争是解决阶级和阶级、民族和民族、国家和国家、政治集团和政治集团之间利益矛盾和冲突的最激烈的手段。只要战争根源还存在,战争与和平始终是国际安全面临的重大问题。对于一个国家的主权和安全来说，来自外部的战争威胁是最严重的威胁。因此，当代世界战争与和平的发展趋势在国际战略环境中最引人注目，也是世界各国研究和制定军事战略时关注的中心。

2. 国内战略环境

国内战略环境，是指对筹划、指导军事斗争全局具有重大影响的国内社会环境与自然环境。它反映了国家军事力量建设与运用的可能条件和制约因素，决定着战略的基本性质和方向，是制定战略的依据。国内战略环境主要包括国家的政治、经济、军事、地理等方面的基本状况，其中，对战略具有直接影响的是国家的地理环境、政治环境和综合国力状况。

(1)地理环境

地理环境主要包括国家(战区)的地理位置、幅员、人口、资源、地形、气候以及行政区划、交通、要地等状况。这些地理要素与军事斗争的关系十分密切，是军事力量生存、活动的空间。军队的集结、机动、作战、训练、后勤补给等一切军事活动都离不开一定的地理空间，都要受到地理环境的影响和制约。地理环境不仅是制定战略的重要客观依据，而且是影响战争胜负的重要因素。加强对地理环境的研究与认识，是使战略指导符合客观实际的一个重要环节。

(2)政治环境

国内政治环境，涉及的范围较广，但对战略影响最大的有两个方面：一是国家的政治法律制度与基本国策，二是政治安全形势。

国家的政治、法律制度和基本国策是国内政治环境的本质和核心，对军事斗争全局的筹划指导具有决定性的影响。《中华人民共和国宪法》是我国的根本大法。关于中国国体、政体和大政方针的根本法律制度与基本国策，充分反映了中国各族人民的根本利益和共同的政治需要，具有最高的法律地位和法律效力，是战略必须服从并为之服务的最高政治准则，是确定军事斗争的目的、性质、任务、基本方针、政策和战略指导原则的政治依据。同时，也是保证战略得以贯彻实施的政治基础。

(3)综合国力状况

综合国力，是一个国家全部物质力量和精神力量、实力和潜力的综合，它包括国家的人力、物力、财力、军力、科技与生产能力、社会保障与服务能力以及组织动员能力等。综合国力是军事斗争特别是战争的物质基础，也是军事理论和作战方法发展进步的重要条件。一切军事斗争和军事活动，归根结底都要依靠综合国力，特别是经济、科技和军事实力的支撑，并受其制约。战略指导者必须立足于国家综合国力的实际状况，筹划、指导军事力量的建设与运用，使之与国家建设和社会发展的总体水平相适应。

三、战略环境与战略

(一)战略环境与战略的关系

战略环境是独立于战略指导者意识之外的客观存在，战略则是军事斗争规律在人们头脑中的反映。因此，战略环境是制定战略的客观基础。任何国家(集团)的战略，无不受一定战略环境的制约和影响。例如，第二次世界大战期间，德国、意大利和日本结成法西斯军事政治联盟轴心，并把战火迅速扩大到欧洲、亚洲和非洲广大地区，使众多国家遭受奴役、屈辱或面临严重威胁。这种特殊的战略环境，促使一些战略利益并不完全一致甚至对立的国家结成了国际反法西斯同盟，共同反对德、意、日法西斯的侵略战争，从而使有关各国的战略具有战争时期联合对敌的基本特征。第二次世界大战结束后，战略环境发生了变化，战时的反法西斯同盟发生破裂。美苏两国由盟友关系演变为敌对关系，各自逐步形成和制定了互为主要对手、争夺世界霸权的战略。这些情况表明，各个国家(集团)的战略都是随着战略环境的变化而变化，都是基于特定的战略环境而谋求各自的战略利益。中华人民共和国成立后，曾多次进行战略调整。每一次调整都与战略环境的变化紧密相关，都是为了适应战略环境的变化和军事斗争的需要，使主观指导更加符合客观实际。由此可见，任何战略都是一定战略环境的产物，从来就没有脱离一定的战略环境而凭空产生的战略。

(二)认识和分析战略环境是正确制定战略的先决条件

战略环境是影响战略的客观因素，战略指导者只有了解它、熟悉它，并且认识其各种因素的相互联系、相互作用及其对敌我行动的影响，才有可能找出其中的特点和规律，并根据这些规律制定出正确的战略。制定战略的过程是战略指导者认识和分析战略环境的过程。对战略环境的认识和分析越客观、越准确，所制定的战略也就越符合实际，越有成功的把握。而能否正确认识和分析战略环境，则取决于战略指导者所采取的立场、观点、方法和思维能力。只有坚持辩证唯物主义和历史唯物主义的世界观和方法论，对战略环境进行客观的、全面的、系统的分析，才能把战略建立在对战略环境正确认识的基础之上，进而实现正确的战略指导。

(三)战略作为对军事斗争全局的筹划与指导，不论其正确与否，都对维持或改变战略环境有重大影响

实践证明，在一定的物质条件下，正确的战略可以改变险恶、不利的战略环境，化险为夷，转危为安。中国工农红军在土地革命时期，第一次到第四次反“围剿”的胜利即是如此。错误的、不符合客观实际的战略，则会使环境恶化或加剧，导致斗争严重受挫，甚至招致全局失败。红军第五次反“围剿”的失败便是例证。因此，战略指导者的责任就是制定符合客观实际和斗争发展规律的战略，实施正确的战略指导，创造克服、改变不利战略环境或维护、争取有利战略环境所必需的条件，审时度势，趋利避害，把军事斗争引向胜利。

从军事斗争的历史和现状看，任何国家(集团)，不论其政治目的和决策者的素质如何，都力图通过制定和推行自己的战略，促使战略环境朝着有利于己方的方向发展。然则，从属不同政治目的的战略，对战略环境所起的作用是截然不同的。以推行霸权主义和侵略扩张为目的的战略，对国际战略环境起着破坏和恶化的作用，会给国际社会带来灾难。而以反抗侵略和维护和平为目的的战略，则起着改善战略环境的作用，为维护世界和平和促进人类进步事业创造有利条件。因此，一切爱好和平的国家，对于霸权主义国家以侵略扩张为目的的战略及其可能对国际战略环境造成的严重影响，应保持高度警惕，进行针锋相对的斗争，为争取和维护和平稳定的国际战略环境做出积极贡献。

中国的军事战略是马克思列宁主义军事理论、毛泽东军事思想与一定历史条件下的战略环境和斗争实践相结合的产物。以毛泽东为杰出代表的中国老一辈无

产阶级革命家，历来坚持主观指导与客观实际相符合的原则，正确处理战略与战略环境之间的关系。在历次革命战争和新中国成立后的军事斗争中，他们总是把战略环境作为制定和调整战略的客观依据，并通过实现正确的战略，改变或推动战略环境向着有利于人民的方向发展。当今世界，各种斗争错综复杂，情况日新月异。这就要求战略指导者必须密切注视战略环境的发展变化，并根据这种变化的特点和规律，以及主客观条件的实际可能，适时调整自己的战略，以争取和维护有利于和平与发展的战略环境。

第二节　国际战略格局

国际战略格局是考察国际战略环境必须研究的重要内容，是国际战略环境的总体框架，表现了国际力量的分布、组合和对比。在国际战略格局中，拥有强大军事实力和政治影响力的国家和地区，在国际事务中扮演着主要角色，起着主导作用。

一、国际战略格局概述

（一）国际战略格局的基本含义

格局是指事物内在的结构、状态、局面。

国际战略格局是指国际社会中具有重要影响力的力量在一定历史时期内相互联系、相互作用而形成的全球性的、相对稳定的力量对比结构及基本态势。

国际战略格局形成、发展和变化的物质基础在于各国政治、经济、军事力量间的相互对比。大国实力地位的变化，是导致世界战略格局变动的重要因素。

国际战略格局形成、发展和变化的政治基础就在于各国在战略利益上的矛盾和需求。各种战略力量对自己国家、民族、阶级、集团利益的认识决定了它们对外战略的调整，并导致国际战略格局的破裂和重构。

国际战略格局反映了一定时期内主要国际政治行为体的力量对比、利益矛盾和需求以及基本的战略关系，是国际政治的核心内容，是一定时期国际关系特点的集中体现。它是各国生存和发展的基本外部环境，也是制定内外战略和策略方针的主要依据之一。

国际战略格局的形成，是国际斗争和国际战略运作的结果，同时，新的国际战略格局一经产生，又会对国际战略形势产生直接的影响。因此，要想从整体上把握国际斗争的基本情况和基本形势，揭示国际斗争的一般规律，就必须注重研究国际战略格局问题。

（二）国际战略格局的构成要素

国际战略格局作为国际斗争的直接产物和国际战略运用的必然结果，其构成要素是国际战略力量，而不是一般意义上的国际行为主体。

国际战略力量是指在国际关系中能够独立地发挥作用，并对国际形势及国际战略的运用和发展具有巨大影响的国家或国家集团。国际行为主体，亦称国际关系行为主体，是指能够独立参与国际事务，并能独立行使国际权利、承担国际责任与义务的实体。在国际舞台上，存在着众多国际行为主体，主要分为国家行为主体与非国家行为主体两大类。前者即主权国家，后者有国际组织、跨国公司、国际性政党、国际性运动和国际性宗教等。国际战略力量与一般国际行为主体的主要区别，在于其行为能力或对国际战略影响力的不同。任何国家或政治、经济实体，只要它在国际事务中具有独立的行为能力，就可以构成为国际行为主体，就可以成为一般国际政治要素。但一个国际行为主体只有产生影响时，才能成为一种国际战略力量，并成为国际战略格局的构成要素。

国际战略力量的行为能力与其所拥有的政治、经济、军事实力或综合国力紧密相关。一个国家的力量或一个国家集团的力量是由多种力量要素构成的：

1. 政治力量，主要包括政治稳定力、政治组织（协调）力、政治影响（号召）力。

2. 经济力量，主要包括生产力、经济开发力、经济资源配置（利用）力及其储备力等。

3. 军事力量，主要包括常备军力、后备军力、战争动员力等。

4. 科技力量，主要包括科技发展力、科技成果应用转化力、科技创造发明力等。

5. 社会文化力量，主要包括社会凝聚力、社会文明影响力、历史传统继承和发扬力等。

国家力量或国家集团力量的这些要素虽然各有其不同的作用和影响，但只有各个要素构成整体，充分发挥综合影响力，才能真正构成国际战略力量，并对国际战略格局产生应有的影响。正因为如此，当今世界各主要国家和国家集团都很强调发展综合国力，或“综合集团力”，积极创造参与国际竞争的有利条件，以得夺取战略优势。

在当今国际战略舞台上，能够被称为国际战略力量，并进而成为国际战略格局的基本要素的是大国和国家集团。所谓大国，一般指那些幅员辽阔，人口众多，拥有较强的经济、科技和军事实力，对国际事务和地区事务能够施加巨大影响的国家，也就是通常所指的那些能够构成国际战略力量的世界主要国家。国家集团则是若干国家力量的“集合”，它比国家力量要强大得多。国家集团通常以建立某种国际同盟关系的方式确定。例如，第二次世界大战后所建立的“北约”和“华约”两个政治和军事集团组织，就是当时世界上的两大国家集团。大国和国家集团在国际战略格局形成与发展的过程中发挥着重要作用。在国家集团尚未出现之前，一些大国所建立起来的国际体系，决定着一定时期的国际战略格局。在新旧格局交替的过渡时期，大国和国家集团，乃是推动新的国际战略格局加速形成的重要力量，也是未来新格局得以建立的基本构成要素。正确认识这一要素的发展变化，对于恰当地把握今后国际战略格局的演进趋向，无疑是十分重要的。

（三）国际战略格局的本质

在当今国际战略舞台上，国家与国家之间的关系，最本质的是它们之间的力量对比关系。因此，国际战略格局本质上就是一种国际战略力量的对比关系。

国际战略力量对比是国际战略力量之间的一种实力对比，以及由此而派生出的影响力对比。因此，在考察各种战略力量时，不仅要考察它们本身所具有的实力地位，而且要考察它们在国际事务中实际发挥的作用和影响力。只有把这些因素联系起来加以分析，才能确定哪些是主导性力量，哪些是从属性力量，哪些仅仅是潜在性力量，从而形成正确的战略判断。例如，在第一次世界大战以前，美国已经成为资本主义列强中经济实力最强大的国家，但是由于它对外奉行孤立主义政策，因而并未成为全球性大国，其参与国际事务的行为能力和影响力反而不如当时的英、法、德、俄等国，所以在当时的国际战略格局中并不占据主导地位。第二次世界大战后，经过一段时间经济复苏和建设，西欧的英、法、德、意等国在经济、军事实力等方面均居欧洲其他国家前列，在世界上也仍有一定影响，英、法两国还是联合国安理会常任理事国。但作为单独的国家，它们谁也不能成为独立的国际战略力量，因而只有在"北约"集团内发挥相应的作用，并在很大程度上受到美国的控制和制约。这种状况也决定了它们在两极格局中只能是处于从属地位。冷战后，随着欧盟的建立，联合起来的国家成为当今世界的战略力量中心之一。中国尽管在经济、军事实力上不如某些发达资本主义国家，但是由于其特殊的战略地位和独立自主的对外政策，已逐渐成为国际舞台上一支非常重要的战略力量。

（四）国际战略格局的结构类型

国际战略格局的结构是指它所表现出的基本形态。它是包括国际政治、经济、军事关系在内的国际战略关系的表现形式，是国际战略力量对比的结构形态。区分国际战略格局的不同类型，主要应当依据格局的内部结构和外在形态。所谓内部结构，是指战略力量之间相互作用的开工与存在状态。据此，可把国际战略格局区分为四种基本类型：

1. 单极格局

即某一个大国在国际战略格局中占据主导地位，形成一国独霸的局面。这种情形在历史上曾经出现过，如资本主义初期的西班牙、荷兰和英国，都曾有过独霸世界的历史。英国的世界地位甚至纷繁了近200年。当然，这种格局状态是资本主义刚刚形成时期的特定产物。这个时期，由于资本主义刚刚在局部地区出现，近现代意义上的国际社会正在逐步形成，因而资本主义发展最早的国家，往往能够确立独霸地位，但这种霸权在很大程度上局限于欧洲地区，真正的世界霸权并未建立起来。

2. 两极格局

即两大战略力量之间的相互对立和相互斗争，对整个国际事务起着决定性影响的局面。这种类型的格局在历史上曾多次出现过。第一次世界大战期间的同盟国和协约国，第二次世界大战期间的法西斯轴心国和反法西斯同盟国，战后初期的社会主义和资本主义两大阵营以及随后的美苏两极对抗，都是历史上的两极格局。从中可以看出，"两极"主要是两大对立的国家集团，而不完全是两个国家之间或某个国家单独与另一个国家集团之间的对立。同时，在两极之外总有不从属于两大集团的其他国家存在。第一次世界大战前的两大集团之外有美国和日本；第二次世界大战期间也存在一些没有卷入战争的国家；战后初期则存在着广大的"中间地带"国家。当然，以上所分析的两极格局，除了冷战时期两个超级大国和两大政治军事集团的对抗具有较典型的两极特征并延续了较长时间外，其他都是在新旧格局过渡时期形成的具有一定特殊性的两极体制。

3. 多极格局

即多种战略力量既相对独立又相互联系、既相互合作又相互制约而形成的一种相对平衡的战略关系。在多极格局中，作为格局构成要素的战略力量，可以是单个的国家，也可以是国家集团。这种格局类型在20世纪70年代以后已见端倪，即中、美、苏、日、西欧和第三世界这六大力量的竞相发展。冷战结束后，多极化趋势呈现出更加强劲的发展势头，目前已经形成了初步的轮廓。

4. 多元交叉格局

这是一种由两极向多极，或由多极向两极的过渡性格局。在这种格局状态下，一方面存在着两大战略力量或多种战略力量之间的对立，这是格局的主导方面。同时也存在着独立于上述力量之外的其他战略力量。这些战略力量既在一定程度上受到现在格局中的支配力量的影响，又能够在国际事务中发挥自身的独特作用，从而构成国际战略格局中潜在的一极。冷战结束后，在向多极格局的过渡时期，多元交叉格局表现得更为明显。欧美虽是盟友关系，但欧洲正成为新的一极。美日同盟也有新的发展，日本的政治独立性也有很大增强，很可能在多极格局中占有一席之地。中、俄既与其他战略力量保持着联系，同时又坚持自身的独立地位。这种多元交叉格局无疑构成了未来多极格局的基础。

(五)国际战略格局的历史演变

从15世纪后，随着哥伦布等人发现新大陆，人类才逐渐有了世界意识。这期间，资产阶级革命蓬勃发展，社会化大生产极大地解放了生产力，为资产阶级强国的扩张奠定了丰厚的物质基础，欧洲成了国际战略格局变化的中心地带。至拿破仑战争失败、维也纳会议召开，真正意义上的"国际战略格局"开始呈现在人们面前。从拿破仑战争失败到冷战结束，共经历了四次世界战略格局的演变。

1. 均势格局(1815～1871年)

以拿破仑战争失败、维也纳会议召开为标志，世界上的重要战略力量是俄国、英国、普鲁士、奥地利和法国。拿破仑的失败使欧洲列强重新建立一种政治军事的均势，俄国、英国、奥地利成为当时国际政治中的主导力量。各大列强都企图利用维也纳会议来达成自己的战略目标，最后形成了维也纳体系。其主要内容就是要防止法国的重新崛起，维持欧洲大陆的均势，避免发生新的战争，同时，消灭18世纪法国大革命的一切后果，并在欧洲大陆上恢复旧的封建专制制度，对欧洲版图进行了重新分割。维也纳会议形成的均势格局在较长的时期内确保了欧洲列强之间没有爆发新的战争，但是，由于维也纳会议没有解决列强之间的一些内在矛盾，因此，到了19世纪50年代，这个战略格局就开始走向崩溃。

2. 两大军事侵略集团抗争的格局(1871～1918年)

自19世纪60年代开始，普鲁士经过三次王朝战争，最终于1871年完成了德意志的民族统一，成为德意志帝国。德国的崛起粉碎了均势格局，使欧洲格局彻底改变，也使国际战略格局发生了变化，引起了帝国主义列强重新划分新的世界势力范围。作为新兴的强国，德国对老牌的帝国主义强国英国和法国等构成了严重的挑战，在19世纪后30年瓜分世界的狂潮中，欧洲列强的矛盾日趋加剧，帝国主义集团终于形成了以英、法、俄为一方的协约国集团和以德、奥、意为另一方的同盟国集团相互抗争格局，最终引爆了第一次世界大战。

3. 多极格局(1918～1945年)

第一次世界大战后，为了瓜分战败国德国、奥匈帝国和土耳其帝国的遗产，帝国主义列强召开了巴黎和会及华盛顿会议，形成了"凡尔赛—华盛顿体系"，成立了以战胜国主导的国际联盟，形成了多极格局。第一次世界大战导致了第一个社会主义国家苏联的诞生，打破了帝国主义国家一统天下的局面，苏联成为世界战略格局中的一支重要力量。世界大战使英国和法国逐渐开始衰落，德国暂时削弱；美国开始崛起，加入了争夺世界的行列。1922 年，意大利的法西斯夺取了政权。1933 年，希特勒掌握了德国的政权，成立了第三帝国。日本的法西斯军国主义也十分猖獗。德、日、意三国形成了轴心国同盟，决心称霸世界。1939 年，第二次世界大战爆发，世界开始分为两个战争集团，一个是以德、日、意为首的法西斯同盟，一个是以苏、美、英为首的反法西斯同盟，双方进行了长期的激烈的战争。

4. 美苏争霸的两极格局(1945～1991 年)

第二次世界大战后，美苏两国的战时同盟关系迅速破裂，形成了长期的冷战局面。在意识形态上，美国和苏联根本对立；在政治经济体制上，双方完全不同；在军事上，北约和华约两大军事集团相互对峙。两个超级大国为争夺世界霸权展开了长期的较量。1991 年，苏联解体，两极格局终结。

(六)国际战略格局的基本特征

1. 国际战略格局总是同一定的历史阶段相联系，与时代的发展密切相关

国际战略格局总是反映着一定时代条件下的战略力量对比关系。在同一时代条件下，格局的外在形态可能不同，但其内在本质则是一样的。例如，在资本主义时代，无论格局外在形态如何，反映的都是资本主义大国之间相互制约和相互争夺的关系。19 世纪上半叶，欧洲多极均势是与自由资本主义时代资本主义国家竞相发展相一致的。20 世纪初期，几个资本主义大国相互争霸的战略格局，则又与资本主义发展到垄断阶段，加剧了资本主义国家尤其是大国间的竞争密切相关。因此，要正确分析各个时期国际战略格局的特点，就必须把握时代发展的基本脉络以及不同时代的基本特征。

2. 国际战略格局总是同世界经济格局相适应，并以经济格局为基础

世界经济格局是指世界范围内各种经济力量之间相互关系的结构状态。世界经济的出现和发展，推动了国际社会的形成和发展，建立在世界经济体系基础上的国际战略格局，可以说是经济因素在国际政治领域的集中反映。国际战略力量的形成，与其所拥有的经济实力以及在经济格局中的地位紧密相关。一个国家或国家集团在国际社会中的行为能力和影响能力，固然要取决于多种因素，但经济实力是其中最基本的并长期起作用的决定性因素。经济实力与行为能力是成正比的。英国之所以在 17 至 18 世纪能够称雄世界，就在于其资本主义经济发展最迅速，经济实力最强大。美国在第二次世界大战后成为资本主义世界的霸主，重要的原因就是它拥有世界上最强大的经济和军事实力。从历史上看，国际战略格局的发展变化往往以世界经济格局的发展为先导。正是由于 17 至 18 世纪存在着以英国为“世界工厂”的经济格局，才确立了英国在欧洲乃至国际战略格局中的主导地位。19 世纪欧洲资本主义多元经济中心的形成，则成为欧洲均势格局的先导。二战后，特别是 20 世纪 70 年代以来逐步发展的多元经济力量中心，又预示着国际战略格局向多极化转换的趋势，并为此奠定了基础。

3. 国际战略格局总是同一定形式的国际秩序相互关联、相互作用

国际秩序主要是指由国际社会共同制定，并要求各国共同遵循的国际准则。国际秩序与国际战略格局同属于国际关系范畴，两者有着直接的关联和影响。一定的国际秩序总是由在国际战略格局中居于主导地位的国家或国家集团制定的，

或是在很大程度上受到这些国家意志的制约和影响，因而国际秩序是国际战略格局的现状在国际准则上的反映。但国际秩序一经建立，它对国际战略格局又会起到强制性的维护作用，甚至在旧格局解体的情况下，原有的国际秩序在一定范围和一定程度上继续产生影响。第二次世界大战以前，国际秩序的本质特征是强权政治和殖民政治。二战后，社会主义力量的发展壮大和第三世界国家的兴起，有力地冲击了旧的国际秩序。然则，由于美苏争霸愈演愈烈，以两极格局为背景的国际秩序，仍未摆脱强权政治和霸权主义的束缚。冷战后，围绕建立新的国际政治、经济秩序的斗争仍很激烈。这种斗争不仅是国际战略格局加速向多极化发展的反映，而且对未来格局的最终形成也会产生直接影响。

4. 国际战略格局的不同层次之间总是既相对独立，又相互影响

国际问题有的是全球性的，有的则是地区性的。国际战略格局按其范围大小，也可区分为世界格局和地区格局。这两个层次既有其独立性，又有其关联性。所谓独立性，就是这两个层次的战略格局都可以在一定条件下独立存在。例如，现在新的国际战略格局尚未形成，但某些地区的战略格局已初步建立起来。同样，旧的国际战略格局现在已不复存在，但某些地区原有的战略格局却尚未被打破。例如，东北亚地区、南亚地区的战略格局仍然保留着冷战时期的某些特征。所谓关联性，就是世界格局与地区格局的发展都在一定程度上影响着对方的发展。国际战略格局包含着地区战略格局，并在总体上决定着地区战略格局的发展走向，地区战略格局则是全球性矛盾斗争在地区的必然反映，同时又对国际战略格局的形成或转换产生影响。如果分析一下二战后中东地区和欧洲地区战略格局的演化情况，就不难看出这一点。这两个地区都是美国和苏联争夺的重点或热点地区，因而都受到了两极格局的巨大影响。尤其是欧洲地区，既是两极格局形成的发源地，又是这一格局终结的归宿点。所以，欧洲地区的战略格局与两极体制下的国际战略格局，其形成和瓦解几乎是同时发生的。

二、国际战略格局演变的动因及其特点

（一）国际战略格局演变的动因与过程

任何事物的发展都是内部矛盾运动直接影响的结果，国际战略格局的演变同样如此。揭示格局演变的动因和过程将有助于我们更深刻地认识其规律性特点。

1. 国际战略格局的演变，从根本上说，是决定这种格局的国际战略力量及其相互关系的重大改变

战略格局只是反映战略力量存在方式的客观状态，是这种力量相互作用、相互影响的必然结果。当国际战略的存在方式以及各种力量的相互关系发生急剧变化时，国际战略格局的演变便难以避免。旧的战略力量的衰落和消失，造成了旧格局的崩塌；新生战略力量的崛起和发展，则奠定了新格局确立的基础。新旧格局的不断交替，正是国际战略格局演变的基本特征。

2. 国际战略格局的演变是内外部因素共同作用的结果

从外部情况看，国际政治、经济、科技、军事等因素都会对国际战略格局的演变产生直接影响。而时代因素更是牵动国际战略格局变化的重要因素。这里所说的时代是指“政治时代”，即世界主要矛盾及其斗争在一定历史时期和阶段上的集中

反映。时代的发展尤其是时代主题的变化，不仅决定着国际关系和国际战略的基本特征，而且制约着国际战略格局的演进趋向。

3. 国际战略格局演变的过程反映了国际战略力量之间的矛盾和斗争的发展过程

旧格局的解体是旧的矛盾和斗争完结的标志，而新格局的形成，则又会成为新的矛盾和斗争的开端。如此循环往复，推动着国际战略格局的不断演进。其间，具有世界性影响的大国或国家集团。对于格局的演变起着举足轻重的作用。应该看到，当前，随着占世界国家总数90%的中小国家以联合的力量参与国际事务的势头日益增强，它们对国际战略格局的演变必将会产生越来越大的作用和影响。

（二）国际战略格局演变的规律性特点

同世界上的任何事物一样，国际战略格局的演变也有其自身的规律性特点。综观国际战略格局的历史，在其演变过程中，既有必然性，也有一定的偶然性；既有量变的积累，也有质变的飞跃；既有渐进方式，也有突变方式。循着这些规律性特点，我们可以更深入地了解格局演变内在的矛盾运动，从而更好地把握其本质特征。

1. 国际战略格局演变的必然性和偶然性关系

国际战略格局演变的必然性反映了格局发展的一般规律。也就是说，在一定的历史时期和一定的客观条件下，相关的国际战略力量、特别是主要战略力量一旦建立起某种程度的平衡，在国际关系上出现了相对稳定的局面，就必然会形成一定的国际战略格局；各种战略力量之间的矛盾和斗争发展到一定程度，原有的平衡关系被打破，旧的战略格局也必然会相应的解体；新旧格局的转换通常要经历一个较长的过渡时期，随着各战略力量之间新的平衡关系的逐步建立，也就相应形成了新的格局。国际战略格局演变的这种必然性是不以人们的意志为转移的。任何一种格局形态都不可能永久地保持下去。新格局或迟或早总是要代替旧格局，以此循环往复。这就是格局演变的基本规律。

偶然性因素在国际战略格局演变中也发挥着重要作用。决定国际战略格局演变的是具有世界性影响的战略力量。但在不同的历史时期，这些战略力量具体表现为哪些国家或国家集团，有的事先是难以料定的，因而具有一定的偶然性。旧格局或迟或早都要被打破，这是格局内部矛盾和外部因素影响的必然结果。但历史上有的格局解体，具有明显的突变性特征。20世纪90年代初的两极格局被打破，苏联解体这个相当偶然的社会性事件，就起到了决定性作用。当然，偶然性寓于必然性之中，只要认真考察便可发现苏联解体本身有其历史必然性，但将这个事件放在国际战略格局演变的过程中来考察，它又具有一定的偶然性特征。

2. 国际战略格局演变的量变到质变过程

国际战略格局的演变是一个由量变到质变的过程。任何一种格局形成之后，各种战略力量之间都会产生新的矛盾和斗争。通过建立均势而在一定的格局中占据主导地位的国家或国家集团，总是试图借助于自己在现有格局中所拥有的优势，为自己谋求更多的利益和更有利的地位。而那些新崛起的国家或国家集团，则极力寻求改变现有的国际秩序，企图通过打破旧格局来实现自身的最大战略利益。由此产生的矛盾和斗争既是尖锐的，同时又是长期而复杂的。每一次斗争都是一种量的积累，都会对旧格局带来相应的冲击，并促使其发生部分的质变。当上述矛盾和斗争发展到一定程度,各种战略力量消长变化具备了一定条件,也就是说事物的量变达到了相应的临界点,量变就会引起质的飞跃,新旧格局的转换便随之发生和发展。历史上的国际战略格局变迁无不经历这样的一个过程。

3. 国际战略格局演变的渐变和突变方式

国际战略格局的演变存在着渐变和突变两种方式。渐变是格局的局部性变化,是量变中的部分质变,是旧格局逐步向新格局转化的具体表现。突变是格局的全面性变化,是在量变的基础上实现的质的飞跃,它标志着旧格局的终结和新旧格局交替的开始。渐变是格局转换的必要准备,突变则是一定阶段上格局演变的最终完成。就突变方式而言,一般情况下是通过战争方式表现出来的,新格局往往是战争的直接产物。例如,法国大革命和拿破仑战争创造了维也纳格局;第一次世界大战形成了凡尔赛－华盛顿格局;第二次世界大战造就了雅尔塔格局。当然,突变也还包含着和平演变这一特殊方式。冷战时期两极格局的解体就打破了前几次格局变动的固有模式,旧格局的瓦解并没有伴随着大规模的战争,而是某些国家在冷战中造成的社会经济发展呆滞,并由此引起社会内部政治等矛盾激化和动荡,从而引发旧格局的终结。这种突变方式今后是否还会重现,目前尚难料定,但作为格局演变的特殊方式,它毕竟已经发生并成为历史的一部分。

三、冷战后国际战略格局的特点

(一)美国是世界上唯一的超级大国,但世界多极化的趋势正在发展

苏联的解体标志着以美苏对抗为特征的两极国际战略格局的终结,并导致了世界军事力量对比的严重失衡。苏联超级大国的地位也随其解体而消失,美国和苏联这两支大体相当的军事力量相抗衡的关系已不复存在。在向新格局转移的过渡时期,美国成为世界上在政治、军事、经济等方面都具有全球性影响的唯一超级大国。在经济上,以世界银行公布的2002年度《世界发展指标》报告中的统计数字为例:2000年的全世界的国民生产总值为31.3万亿美元。美国为9.6万亿美元,占世界总收入的30%多一点,排在第一位;排在第二位的日本为4.5万亿美元,占世界总收入的近15%;德国排在第三位,总值为2万多亿美元,不到日本的一半。7个经济规模最大的西方国家中,德、英、法、意和加拿大5个国家的总收入加起来只有不到6.8万亿美元,仅为美国的70%。近年来,受金融危机的影响,美国2008年GDP为14.33万亿美元,继续居世界首位;日本5.29万亿美元,德国3.28万亿美元,中国3.01万亿美元,美国GDP总量比第二位日本、第三位中国、第四位德国的总和还多1.4万多亿美元,表明美国的领先优势未来二三十年内不可动摇。

在军事上,美国拥有一支全球进攻性的军事力量,有世界上最强的三位一体的核进攻力量,具有很强的远程精确打击、隐形攻击、电子战、联合作战和综合保障能力。据瑞典斯德哥尔摩国际和平研究所发表的2003年年鉴中说,2002年世界军费开支总额为7940亿美元,美国军费开支为3357亿美元,占世界军费总额的43%。排在前5位的其他国家依次为:俄罗斯(484亿美元)、法国(380多亿美元)、日本(377亿美元)和英国(352亿美元)。2009年,全球军费支出总额高达1.531万亿美元,2009年最大的军费支出国仍是美国,在军费上的投资高达6610亿美元,占据2009年全球军费支出总额的43%。按照美国2010年国防开支预算,阿富

汗军事行动将花费650亿美元，伊拉克为610亿美元。第二位的是中国，2009年军费投入为4806.86亿元人民币（约为702亿美元）；法国位居第三，军费支出为639亿美元；英国第四，支出583亿美元；俄罗斯第五，支出533亿美元；日本排名上升一位，居第六，军费投入约518亿美元。此上表明美国的军事霸权地位是任何一个国家在几十年内都无法撼动的。

冷战后国际战略格局的变化具有渐进性，将会使美国"一超称霸"的局面保持相当一段时间。美国在近期内的主要目标，是要防止在欧亚大陆重新出现对美构成战略威胁的新对手，从而确保"美在世界的领导地位"和巩固"既定的世界政治和经济秩序"。美国将其强大的军事力量作为维持其在世界的领导地位和对付地区冲突的重要支柱。进入20世纪90年代以来，美国以各种名义在世界各地使用军事力量的行动明显增多。美国还大力鼓吹"国家导弹防御计划"，对中国继续推行接触遏制政策，遏制俄罗斯的复苏，通过北约和美日军事同盟加强对欧洲和日本的控制。小布什上台后，在国际问题上单边主义色彩愈来愈浓。在"国家导弹防御"问题上态度十分强硬，不顾国际舆论的普遍反对，决心废除《反弹道导弹条约》，部署国家导弹防御系统。美国将中国视为主要竞争对手，向台出售武器升级；继续挤压俄罗斯，坚持北约东扩；不顾欧洲国家的强烈反对，拒绝接受《京都议定书》。由此可见，美国政府构建单极世界格局的企图不断膨胀。

"9·11"恐怖袭击事件之后，美国虽然已着手调整策略和手法，但不会放弃利用所谓"战略机遇期"建立单极世界的战略目标。由于美国综合国力仍将遥遥领先，欧、日、中、俄仍难望其项背，国际战略力量失衡短期内不会发生改变。因此，美国是当今世界唯一的超级大国，其地位进一步加强，并将保持相当长一段时间。

美国的战略意图十分明确，它在21世纪的首要目标是要防止在欧亚大陆出现对其构成战略威胁的新对手，从而确保"美国在世界的领导地位"和巩固"既定的世界政治和经济秩序"。

但是，事态的发展并不是完全以美国的意志为转移的。目前的世界从总体上来说，正处于一个新旧格局的交替过程中，作为一种过渡状态，当前的国际战略格局框架结构是"一超多强"的局面。美国是唯一的超级大国，如欧盟、俄罗斯、中国、日本等国家或地区的综合实力和地位都不能与美国相提并论，还够不上真正的"极"，应该算是"多强"。形成这种局面既是两极体制打破后的必然现象，又是一个终将被多极体制所取代的暂时的历史时期。美国不顾国际战略格局多样化的发展趋势，凭借自己强大的经济、科技、军事实力，把本国的意识形态、价值观念、发展模式和社会制度强加于国情不同的世界各国，企图建立一超独霸的单极世界。"9·11"事件后，美国更是打着"反恐"的旗号，轻而易举地在中亚和外高加索地区取得了驻兵权，这是美国在冷战时期想都不敢想的事情。与此同时，美国主导的北约战车东扩，依仗强大的实力接连发动了科索沃、阿富汗、伊拉克战争，正在加紧全方位推行独霸世界的全球战略。从长远来看，世界上从来没有永远的"霸权"，大英帝国的衰落就是历史的见证。可以预见，多极化将是战略格局发展的必然趋势。

当前世界战略力量多极化的发展趋势最突出地表现在经济上。战后几十年激烈的军事对抗和军备竞赛使美苏这两个超级大国的经济均不同程度地受到影响，并最终导致苏联解体。美国在国际市场的竞争能力也正受到愈来愈严重的挑战。

美国的国民生产总值在世界上所占的比例已由二战结束初期的46%下降到28%。而另一方面,日本和欧盟国家这几十年经济迅速发展,已成为对国际事务有重要影响的经济大国和经济集团。1993年,日本的国民生产总值约为3.8万亿美元,仅次于美国,位居世界第二位;1998年,欧盟的国民生产总值为8.8万亿元,超过美国和日本;统一后的德国具有强大的经济、科技实力与军事潜力,其国民生产总值超过了英、法两国的总和,居世界第三位。经济力量均衡化的发展必将引起政治、军事力量对比关系的变化。

1. 欧盟实力日益壮大

目前,欧盟国家与美国之间在贸易上的摩擦日益激烈,它们在政治、军事上争夺欧洲主导权的矛盾也在上升和表面化。2004年以来,欧盟在内统外扩与壮大实力方面都取得重大突破。其一,正式接纳中东欧8个国家和地中海的2个国家入盟。欧盟现在拥有25个成员国,包括2个联合国安理会常任理事国和2个核大国,400多万平方千米土地面积和4.5亿人口,欧盟实际上已经将绝大多数欧洲国家和幅员统合在自己麾下。其二,欧盟首脑会议一致通过《欧洲宪法》草案。这是欧盟一体化的重大成果,为第一部宪法的出世作好了铺垫,为在国际舞台扮演分量更重的角色练好"内功"。其三,欧盟的经济形势比较稳定,经济实力大幅提升,欧元在国际金融体系中的地位大幅攀升。这些表明,欧盟在提升实力地位和统合欧洲的道路上实现了一次历史性跨越,朝着建设"欧洲人的欧洲"和世界独立一极目标迈出了实质性步伐。随着一体化的扩大、深化和实力的壮大,欧盟独立自主意识日益增强。它不再甘当美国的伙计,要求在北大西洋联盟中进行权力再分配和角色重新定位,力争与美国建立新的平等关系。由于战略利益的差异,欧盟在国际秩序观、格局观、安全观、对待非西方大国和发展中国家及中东局势等当代世界重大问题上,同美国的距离越来越大,对美国说"不"的次数也越来越多。

2. 俄罗斯意欲重振大国地位

俄罗斯作为前苏联的主要继承者,拥有丰富的自然资源和相当先进的科技力量,特别是拥有强大的军事力量。从长远看,俄罗斯不可能无限制地削减其军事力量而放弃其世界大国的地位,它的军事力量仍然是一个可以并可能对世界形势产生重大影响的因素。1994年初以来,俄罗斯对其前一段倒向西方的对外政策进行了调整,其调整的核心内容是:增强独立自主权,把维护民族利益放在首位,努力恢复俄罗斯在世界上的大国地位。在普京执政后,俄罗斯社会趋向稳定,经济开始恢复性增长,而且质量明显提高。突出表现为:经济增长绝大部分是依靠内需的拉动,出口的贡献率不到1/3,而此前的情况正好相反。同时,近几年呈现出各行业全面增长的态势,一系列宏观经济指标有较大的改善。据国际货币基金组织预计,至2010年,俄罗斯经济可维持5%～6%的年均增长率,为世界上经济增长最快的国家之一,将跻身世界主要经济体之列。俄在财力有限的情况下,利用高科技提升防卫能力,保持了世界第二大军事强国地位。随着经济的复苏,俄罗斯加快了军队建设和武器装备更新换代的步伐,重振大国的意图更加明显。

3. 日本走向政治军事大国步伐加快

日本是世界第三经济大国,人均国民生产总值仍超过美国。从长期的发展来看,日本经济仍将走在世界的前列。但由于历史等原因,日本在国际社会的政治军事影响却未达到其经济上对世界的影响。它在外交上依附于美国,唯美国的马首是瞻,亦步亦趋。人们很少在国际问题上听到日本与美国不同的声音。然而,近年来日本通过对内外政策的调整,争取进入联合国安理会常任理事国,与美国签订防卫协议、建立战区导弹防御系统,努力扩大国际影响力,加速走向政治、军事大国的迹象比较明显。日本正在由经济大国向世界政治大国甚至军事大国转变。

4. 中国综合国力稳步上升

邓小平早在1990年年初就指出:"所谓多极,中国算一极。中国不要贬低自己,怎样也算一极。"他的这个论断,正在被实事所证明。改革开放几十年来,中国保持了持续发展的强劲势头,经济总量明显增大,与世界经济的关系更加紧密。中国的发展和开放,为世界商品和资金提供了广阔市场,为许多国家的企业创造了商机,也为世界创造了众多的就业机会。作为当今世界经济重要的拉动力,中国经济发展状态已与全球息息相关。中国坚持和平发展的道路,努力与世界各国平等互利合作,不单纯追求己方利益,而是力主双赢,并积极加强区域合作,推动共同发展,不断为促进全球发展和繁荣作出重要贡献。中国高举"和平,发展,合作"的旗帜,坚持原则,伸张正义,更加积极参与国际事务,在力所能及的范围内支持和援助其他国家,充分发挥了一个负责任大国的作用,国际影响日益增大。中国经济持续强劲增长,国家综合实力有了很大的提高。特别需要指出的是,国内需求增长继续加快,在很大程度上抵消了世界经济变化的不利影响。随着经济的进一步发展,中国在国际事务中将发挥越来越重要的作用。

5. 地区大国不断壮大

印度、巴西、南非等地区大国幅员辽阔,近年来经济持续强劲发展,外交空前活跃,努力争当联合国安理会新的常任理事国。它们的快速崛起不但加强了其在相关地区的龙头地位,而且将促进世界战略力量的调整和重组,成为推进世界多极化进程的重要新因素。

所有这些汇成了世界战略力量均衡化发展的主流。尽管世界战略力量均衡化的趋势在短时期内还不会引起世界军事力量的对比关系发生重大变化,但从长远来看,它对世界军事形势的影响不可忽视。这一趋势的发展正在并将越来越明显地成为制约超级大国的霸权主义和强权政治的重要因素。

正因为多极化格局还未形成,所以,世界各种力量都在抓紧时机,发展经济、政治、科技、军事等力量,增强自己的综合国力,提高在世界上的竞争力和国际地位。一些实力较强的大国或国家集团,客观上正在往"极"的方向发展,极力争取得到"极"的地位。这就构成了一种"多元争极"的态势。

(二)冷战时期的安全结构已经解体,以美国为首的西方国家正在加紧协调,试图形成一个以它们为主的安全结构

冷战时期以美国为首的北大西洋公约组织和以苏联为首的华沙条约组织发生了直接的军事对抗,由于苏联的解体,华沙条约组织解散,旧的安全结构已经解体,世界正处于向新的战略格局的过渡时期。世界各国正力求通过建立和完善各种机制来维护自身的利益,各种力量正在围绕建立新的全球和地区安全结构进行着斗争和协调,使本国或地区国家在新的安全结构中处于较为有利的地位。以美国为首的西方国家出于各自利益的考虑,虽然产生的矛盾日渐明显,但正在加紧协调,

试图形成一个以美国为首的西方国家为主体的，在某种程度上体现多边参与和对话、相互协调和制约的安全结构。

在欧洲，新的安全结构正在建立和完善。其特点主要是扩大原有组织和转变其功能。北约加快了从军事政治集团向政治军事组织的转变，并开始调整其战略，以适应冷战结束后欧洲新的安全形势。1992年，北约决定将它军事活动的范围由北约成员国领土之内扩大到整个欧洲。北约建立了北大西洋合作委员会，将其作为北约成员国与原华约国家讨论安全问题的论坛。北约还与其他欧洲国家以及俄罗斯建立了"和平伙伴关系"。

欧共体已于1993年11月1日开始实施《欧洲联盟条约》，成为欧洲联盟。根据该条约，欧共体将制定共同的防务政策、安全政策和外交政策，建立政治联盟、经济联盟和货币联盟。欧安会已由过去东西方之间在安全问题上对话的论坛，发展为一个在建立信任与安全、裁军谈判、泛欧安全与合作、调解冲突等方面能发挥一些作用的机构，并于1994年12月改名为"欧洲安全与合作组织"，初步建立了在危机情况下进行协商与合作的机制。在这个新的安全结构中，这些组织各自发挥作用的侧重点会有所不同，而某些职能又会有所重合，从而互补共存，共同在欧洲安全中发挥影响。

在亚太地区，能够覆盖全区域的多边安全合作机制主要有东盟地区论坛和亚太安全合作理事会。东盟地区论坛(ARF)是东盟主导的、官方性质的多边安全合作机制。1994年7月，东盟地区论坛首次外长会议在曼谷召开，标志着论坛正式成立。论坛的目标和宗旨是：作为一个高级别的磋商论坛，使亚太地区各国培养对共同感兴趣的和关注的政治安全问题开展建设性对话的习惯，为亚太地区建立信任和进行预防性外交的努力作出贡献。目前，论坛已发展成为有22国(方)参与的泛亚太地区多边安全合作机制。亚太安全合作理事会(CSCAP)是西方国家主导的、非官方性质的多边安全合作机制。其目的是以非政府机构的形式促进亚太地区的安全与合作，通过开辟第二轨道外交，邀请国际非政府组织和政府官员以私人身份参加，发展其对东盟地区论坛的咨询作用。此外，还有一些次区域性的官方与非官方安全合作机制：朝鲜半岛六方会谈、东北亚合作对话会、亚太圆桌会议、中美日安全磋商等。亚太地区重要的双边安全合作机制还包括中俄、中美等双边安全磋商机制，还有近几年建立的上海合作组织，也在本地区发挥着重要作用。

在新的国际安全结构形成的过渡时期，联合国在协调和处理重大国际安全问题上的作用日益增强。在美苏冷战时期，联合国主要被作为政治讲坛，在维持世界和平方面所起的作用极为有限。随着旧的安全结构的解体，联合国将会在处理危机、调解冲突、监督停火、维持和平、军备控制等方面发挥更大的作用。但同时也应注意到，美国等西方国家也企图更多地利用联合国来干涉其他国家的内政，需要的时候打着联合国的旗号，例如海湾战争，利用联合国组织多国部队打击伊拉克；不需要或者遭到反对的时候则绕开联合国直接干涉，如以美国为首的北约空袭南联盟。这些都有可能使问题复杂化和加剧某些地区的动乱。

(三)经济因素在国际事务中的作用在上升，但军事手段作为解决国际争端的重要手段仍然为各国所重视

近年来，世界上大多数国家的注意力都更多地转向国内经济建设。随着科技和

国际贸易的迅猛发展,各国在经济上的交往大幅度增加,经济上的相互依存程度大大加深。这些都在很大程度上推动各国更多地从经济利益这一角度考虑国与国之间的关系,避免采用极端的军事手段,使矛盾激化。反映在各国的安全政策上,几乎普遍一致地把确保国家的经济安全作为首要目标,军备建设服从于经济建设的需要。

但是,不能由此认为,经济因素的上升,意味着国际事务中军事手段的作用正越来越不重要。事实上,军事手段的作用仍然为各国、特别是各大国所重视。这里,有几个趋势值得注意。首先,经济因素的上升也可能推动一部分国家对军事手段的重视。例如,某些国家正是出于维护自己经济利益的考虑,更加重视对海洋资源、贸易通道的保护,在它们经济得到发展之后,加快了发展本国军备的步伐。又如,亚太地区的东盟国家以及中东地区的一部分阿拉伯国家近几年来不但没有降低军费,反面都增加了军费。其次,各国经济竞争中民族主义情绪正在上升,这使一部分国家更加重视加强军事实力以弥补经济力量的不足,并将其作为确保自身利益的重要手段。最后,西方各大国特别是美国仍然把军事力量当作对付所谓来自第三世界威胁的重要威慑和打击的手段。同时,它们庞大的军火工业也很难在冷战结束后实现有效的大规模"军转民",这些国家事实上仍然保持着高额的军费。

(四)随着世界大战危险的进一步下降,地区武装冲突和局部战争对国际安全与稳定的影响相应突出

随着美苏冷战的结束,世界大战的危险进一步减少,地区武装冲突和局部战争成为主要的军事冲突形式。新的武装冲突频繁发生有多方面原因:首先,许多过去被美苏对抗这一主要矛盾掩盖着的民族、领土和宗教矛盾,随着冷战的结束而暴露出来;其次,旧的世界战略格局的瓦解所带来的动荡,尤其是苏联和南斯拉夫解体所造成的局部力量真空和失衡使局势失控;再次,部分地区过去长期处于经济贫困之中,又受到因世界战略格局变化而带来的西方政治思潮的冲击和外援减少等影响,从而引发了严重的社会动乱;最后,特别值得关注的是,国际恐怖主义、民族分裂主义和宗教极端主义"三股恶势力"对国际安全与稳定的影响将更加突出。总体上说,当前频繁发生的地区冲突主要是新旧战略格局转换时期国际政治秩序失调的表现,有一定的必然性。在旧的国际政治秩序瓦解和新的秩序形成过程中,出现动荡是不可避免的。在局部地区,力量的重新分化组合甚至是以武装冲突的方式表现出来的。

与此同时,通过全球和地区性的国际组织进行合作,来控制和解决地区冲突。维持国际形势的和平与稳定,已成为国际政治军事领域的一个热门话题。近年来,一些过去有美苏争霸背景的热点地区冲突由于冷战的结束和联合国等国际组织发挥作用,已在政治解决的道路上取得重大进展。然而,也应该看到,在战略格局转换的过渡时期,世界形势发展中存在着许多不确定和不稳定因素。各种矛盾如不能妥当处理,就有可能引发新的冲突。目前,各种冲突的解决将需要较长时期和艰苦的努力,即使是已在政治解决道路上取得较大进展的地区冲突也可能出现反复。

(五)发达国家向世界一些重要地区大量倾销先进的常规武器装备,有可能对这些地区的和平与稳定产生不利的影响

随着美苏冷战的结束和两极格局的瓦解,国际武器交易总额有所下降。同时,随着对武器需求的减少,国际武器市场的竞争更加激烈。美国、俄罗斯和一些西欧

国家为了在减少国内武器采购和削减本国军备的同时，维持现有军工企业并从出口武器中谋利，大力支持本国的军火工业扩大已有的国际武器市场和寻求新的国际武器市场。而且近年来发达国家出口的武器质量也有很大提高，包括许多最先进的常规武器。发达国家向第三世界国家、特别是向一些重要地区大量销售先进常规武器给这些地区带来了多方面的不利影响。首先，发达国家大量倾销先进武器，在一些地区产生一种“作用反作用”效应，刺激一些国家竞相购买先进武器，从而造成某种地区性的军备竞赛。这有可能打破现有的地区力量平衡，破坏这些地区的和平与稳定。其次，有可能引发新的地区冲突。发达国家大量倾销先进武器可能使某些国家的军事实力大大超出其自身防务的需要，从而促使它们在处理领土、边界等争端时更愿意诉诸武力。再次，刺激了大规模杀伤性武器的扩散。一些得到先进战斗机的国家由此具备了核武器的投掷能力，另一些得到较少先进常规武器的国家则企图用核武器来弥补自己在常规武器方面的劣势和对付对方的先进武器。最后，这将使第三世界国家将更多的财力和物力用于军事方面，从而影响了它们经济增长和社会发展的速度。

四、未来国际战略格局的发展趋势

(一)“多极化”将是未来国际战略格局发展的必然趋势

目前，美国不顾世界多样性的实际情况，凭借自己的强大实力，把它的意识形态、价值观念、发展模式和社会制度强加于国情不同的世界各国，企图建立美国一家独霸的单极世界。“9·11”事件后，美国更是借“反恐”之名，趁机对战略地位极其重要的中亚和外高加索地区实现了“历史性”的军事进入，并开始施加经济和政治影响。与此同时，美国主导的北约战车继续东扩，并依仗自己庞大的军事机器和雄厚的经济实力，正在加紧全方位推行称霸世界的全球战略。

但是，从长远看，世界上从来就没有永远的“霸权”，大英帝国的衰落就是历史见证。可以预见，美国的单极世界之路也是行不通的，多极化是必然的趋势。美国“一超独霸”的局面既是两极体制被打破后的必然现象，又是一个终将被多极化体制所取代的暂时的历史过程。世界政治经济发展的不平衡所导致的均衡化趋势，是世界战略格局中两极体制解体并最终走上多极化的根本动因。

当前世界战略力量多极化的发展趋势最突出地表现在经济上。战后几十年激烈的军事对抗和军备竞赛使美苏这两个超级大国的经济均不同程度地受到影响，并最终导致苏联解体。美国在国际市场的竞争能力也正受到越来越严重的挑战。另一方面，日本和欧共体国家这几年经济迅速发展，已成为对国际事务有重要影响的经济大国或经济集团。日本的国民生产总值接近美国的60%，欧共体的国民生产总值已超过美国。统一后的德国具有强大的经济、科技实力与军事潜力，其国民生产总值超过了英法两国的总和，居世界第三位。经济力量均衡化的发展必将引起政治军事力量对比的变化。目前，日本和德国都在凭借其强大的经济实力，谋求政治大国的地位，积极争取成为联合国安理会常任理事国。日本在亚太地区与美国争夺主导权的矛盾日趋明显，并且正在隐蔽而有节制但却是扎扎实实地加强其军事力量，逐步建立与其经济政治地位相称的军事实力。2002年，欧盟在经济、政治、军事方面的内聚力明显增强，完成与十国的入盟谈判，为其历史上最大一次扩大做好了准备;外交上,欧盟与俄罗斯、拉美及包括中国在内的亚洲国家多方结好的同时,与美国在经贸、安全等领域的矛盾和争吵表面化,其作为世界一极的独特性愈显突出。

俄罗斯作为苏联的主要继承者,拥有丰富的自然资源和相当先进的科技力量,特别是拥有强大的军事力量。从长远看,俄罗斯不可能无限制地削减其军事力量而放弃其世界大国的地位,它的军事力量仍然是一个可以并可能对世界形势产生重大影响的因素。1994 年初以来,俄罗斯对其前一段倒向西方的对外政策进行了调整。调整的核心内容是:增强独立自主权,把维护民族利益放在首位,努力恢复俄罗斯在世界上的大国地位。

作为当今世界最大的发展中国家的中国,政治稳定,经济发展充满活力,综合国力不断增强,与各国积极发展睦邻友好关系,对世界和平发挥着积极而重要的影响,在 21 世纪初期成为"多极格局"中的一极,是毫无疑问的。邓小平早在 1990 年初就指出:"所谓多极,中国算一极。中国不要贬低自己,怎样也算一极"所有这些汇成了世界战略力量均衡化发展的主流。尽管世界战略力量均衡化的趋势在短时期内还不会引起世界军事力量对比发生重大变化,但从长远来看,它对世界军事形势的影响不可忽视。这一趋势的发展正在并将越来越明显地成为制约超级大国的霸权主义和强权政治的重要因素。可见,世界向"多极化"方向发展,已经成为一种客观趋势,这既是历史的必然,也是时代的要求。

(二)未来国际战略格局中各方关系将日趋复杂化

两极格局解体后,当今世界的五大力量都在通过调整对外政策来寻求自己的有利地位。美国虽然认为它是"唯一有能力进行全球干预的超级大国",但也开始承认世界多极化的现实。近年来,美国的对外政策也在进行调整。特别是"9·11"事件后,美国出于"反恐"的需要,也在局部调整其外交政策和安全战略。在欧洲,美国一方面积极推进北约东扩,另一方面也顾及到俄罗斯在苏联地区的特殊利益。同时,美国还改变了过去只要西欧盟国尽"义务"而不给"权利"的做法,支持西欧联盟在维护欧洲安全方面发挥更大的作用。在亚洲,着手建立美日之间的新型同盟关系,支持日本在参与亚太事务中承担更多的权利和义务。对中国主张采取"全面接触"战略,使中美关系得到一定程度的改善。另外,俄罗斯也在积极调整对外政策,努力恢复其大国地位和作用。坚持俄罗斯在苏联地区的"特殊责任和特殊利益",反对北约东扩,并将外交政策的重点逐步转移到亚太地区。欧盟在积极推进欧洲政治、经济一体化的同时,也在加强欧洲自身的防务力量,逐步削弱美国对欧洲的控制和影响。日本为了谋求政治大国和军事大国地位,一方面加强了日美同盟关系,另一方面也积极寻求改善与亚洲各国之间的关系,企求在参与国际和地区事务中发挥更大的作用。中国在加大改革力度,加速经济发展的同时,通过开展灵活的、全方位的外交,明显改善了与周边国家的关系,进一步提高了国际地位和对国际事务的发言权。

以上情况说明,随着冷战后国际形势的发展,当今世界五大力量的地位和关系已经发生了重要变化,随着中、俄、日、欧的地位提高,大国间相互制约关系显著增强。今后,维护世界和平和推动经济发展主要靠这五大力量的协调与合作。其中,美、中、俄的协调与合作尤为重要。从近、中期来看,世界上只有美、俄等国有能力把经济实力转化为政治实力。因为它们具备将经济实力转化为政治实力的四个条件,即辽阔的国土、众多的人口、强大的军力及其对外政策。不具备这四个条件,国家再发达,经济再发展,也难以成为具有世界性影响的战略力量,如西欧一些国家乃至日本都是如此。当然,随着欧洲一体化的实现和日本从经济大国发展成政治大国甚至军事大国,其对世界事务的影响力将会大大提高,多极化格局也将得以形成。

世界五大力量对外政策和战略关系的调整,将使未来国际战略格局呈现新的特征。一是关系复杂化。在多极格局中,五大力量之间将形成交叉三角关系,各国政策变化取向不确定。二是集团松散化。政治与军事集团内部关系相对松散,各国对外政策独立性增强,因各自利益关系,同盟国之间和非同盟国之间的距离有所接近。三是外交多边化。多边机构和组织的作用突出,双边关系受多边事务和多边关系的制约日益增大,各国政策将由双边政策为主转向多边与双边政策并重。四是合作区域化。区域化成为新地缘政治的动力,地域和文化同一性有可能取代意识形态的同一性,地区或次地区经济合作和安全合作将成为对外合作的重点。

(三)中国在"多极格局"中的地位与作用将愈显突出

中国是一个发展中的社会主义大国,也是当今世界维护和平的重要力量。作为未来多极格局中的一极,中国对世界的影响是多方面的,其主要作用体现在三个方面:

1. 在反对霸权主义和强权政治上起制约作用

"冷战"结束后,霸权主义和强权政治依然存在,世界并不安宁。原来被两极格局所掩盖的各种矛盾都暴露出来。在各种政治力量的矛盾与冲突中,在中、美、俄,中、美、日等三角关系中,中国将起到平衡与制约作用,并成为抑制霸权主义和强权政治的重要因素。中国之所以能起这样的作用,除了它一以贯之的反霸政策、和平共处五项原则和不断增强的综合国力外,更重要的是中国始终站在第三世界国家一边,永远不称霸,永远不做超级大国,这种正义的立场必将得到世界绝大多数国家的信任和支持,从而使中国有可能发挥应有的作用。

2. 在经济发展上起示范作用

在短短20多年时间里,中国的社会主义现代化建设取得了世界瞩目的成就,经济和社会面貌发生了深刻的变化。仅就经济发展而言,过去20多年,世界的经济增长率(CDP)为2%~3%,而中国的经济增长率保持在7%~10%,相当于世界经济增长率的3倍。因此,中国的经济改革经验受到了国际社会的普遍关注。许多国家领导人和专家、学者认为,中国的经济改革是"历史上最大的实验",具有"示范"作用,不可避免地要引起连锁反应,对世界上其他国家特别是发展中国家正在或将会"产生重大影响"。

3. 在维护第三世界权益的斗争中发挥重要作用

中国始终坚持大小国家一律平等的原则,坚决反对恃强凌弱的行为,并为维护第三世界国家的权益进行了不懈的努力和斗争。与此同时,中国对第三世界国家之间的分歧和争端,从不介入,真诚地希望它们通过和平协商求得公平合理的解决,防止和避免外来势力的插手、干涉和利用。中国还主张加强"南南合作"和"南北对话",推动全球经济均衡、协调和可持续发展,实现各国共享成果、普遍发展、共同繁荣。为此,中国曾先后提出对外援助的八项原则和开展经济技术合作的四项原则。特别是胡锦涛2006年11月在中非合作论坛北京峰会的宣言中指出,中非建立政治上平等互信、经济上合作共赢、文化上交流互鉴的新型战略伙伴关系,并为此加强高层交往,开展战略对话,增进政治互信;加强互利合作,拓展合作领域,重点加强在农业、基础设施建设、工业、渔业、信息、医疗卫生和人力资源培训等领域合作,实现优势互补;加强治国理政和发展经验的交流和借鉴;加强人文对话,促进人民之间特别是青年一代的联系;加强国际合作;促进中非合作论坛建设;从中非友好大局和双方长远利益出发;妥善处理合作中出现的新课题,新挑战。这些主张反映了世界各国人民、特别是发展中国家人民的共同呼声。中国坚决维护第三世界国家权益的主张和行动,受到了第三世界国家和人民的高度赞扬。

第三节 中国周边安全环境

周边安全环境是指在一定时期内,国家周边地区对国家安全产生影响的外部及内部条件的总和。它是周边地区各种力量长期作用的产物,对国防建设具有直接的影响。同时,国防建设对周边安全环境具有反作用。

一、中国地缘环境的基本情况

国家的地缘环境是持久地影响着国家安全的基本因素之一。因此,研究国家的周边安全环境,必须从研究地缘环境入手。只有充分了解地缘环境对周边安全的影响,才能对周边安全情况做出客观的判定。

(一)中国是边界线较长,相邻国家最多的国家之一

中国地处亚洲东部,与周围各国有漫长的边界线。与中国有共同边界的国家有14个,共有陆地边界线约2.2万千米,按照与中国的共同边界的长短,这些国家与中国的陆地边界情况是:蒙古,4 670千米;俄罗斯,约4 300千米;越南,约2 000千米;缅甸,约2 000千米;印度,约2 000千米(未划定);哈萨克斯坦,1 700千米;尼泊尔,约1 400千米;朝鲜,1 334千米;吉尔吉斯斯坦,1 100千米;老挝,710千米;巴基斯坦,约600千米;不丹,约550千米;塔吉克斯坦,约400千米;阿富汗,92千米。中国还分别隔黄海、东海、南海与韩国、日本、菲律宾、印度尼西亚、马来西亚、新加坡、文莱等国相望。中国有海疆线约32 000千米,其中大陆海岸线长约18 000千米,面积500平方米以上的海岛约6500个,中国的黄海、东海、南海总面积为468万平方千米。此外,由于历史等方面的原因,有些国家虽然与中国无共同边界或海疆,但与中国的关系历来比较密切,如柬埔寨、孟加拉国、泰国等。

众多邻国对中国安全的影响是复杂的。在这些国家中,有的过去曾经对中国进行过侵略,并且目前仍然是经济大国或军事大国,有着雄厚的综合国力和军事实力,具有对中国安全造成重大影响的能力;有的邻国之间积怨很深,严重对立,剑拔弩张,一旦它们之间爆发战争或武装冲突,必将影响中国边境安全;有的国家内部不稳定因素很多,一旦发生大的内乱,必将对中国边境造成很大压力;有的国家的居民与中国边境地区的居民属于同一民族,这虽然有利于与邻国开展友好往来,改善国家关系,但是,一旦这些邻国国内的狭隘民族主义泛起,就可能会引起中国国内的民族纠纷;有的国家的居民与中国某些地区的居民信奉同一宗教,一旦这些国

家内的宗教派别斗争加剧或者某些极端教派掌权，就可能增加中国国内相关地区的不稳定因素。还有一些国家与中国之间存在着历史遗留下的边界领土争议和海洋国土划界的争议，存在着可能引发边界事件甚至武装冲突的隐患。

（二）中国周边地区人口众多，是世界上大国最集中的地区

中国周边的人口大国有：印度，10.27 亿；印度尼西亚，2.46 亿；俄罗斯，1.43 亿；日本，1.28 亿；巴基斯坦，1.66 亿；孟加拉国，1.47 亿（据 2006 年联合国的统计数据，部分国家取 2005 年的统计数据）。中国周边地区是世界上拥有上亿人口国家最集中的地区。此外，还有越南、菲律宾、泰国、韩国和缅甸等国，其人口都在 4 000 万～9 000 万，也是人口相对较多的国家。它们和中国的人口加起来，达 30 多亿，占世界人口的一半以上。

在中国周边国家中，俄罗斯、日本、印度、印度尼西亚等国都是世界或地区大国，此外，美国也是一个值得特别重视的因素。俄罗斯是一个拥有大量尖端科技、先进武器和核武器的世界大国，又与中国有着 4 300 多千米的共同边界。日本是当今世界的一个经济大国，其经济实力仅次于美国，列世界第二，与中国有着历史文化和经济的密切关系，是一个曾经对中国进行过侵略的国家。近年来，日本不仅巩固了其经济大国地位，还谋求成为世界政治大国，并为此不断加强其军事实力。印度是仅次于中国的最大的发展中国家和人口大国，也是南亚次大陆举足轻重的国家，其政治、经济、军事潜力巨大。1998 年 5 月，印度在 48 小时内连续进行了 5 次地下核试验，挑起了地区核军备竞赛。印度尼西亚不但有 2.46 亿人口，而且在东南亚的地位不断提升。美国虽然不与中国相邻，但其军事力量却在中国周边一些国家长期部署，并与某些国家签订有军事同盟协定。美国一向以世界领袖自居，认为它在东亚有重大的战略利益，所以对东亚地区事务一直不断地进行干涉，与中国在台湾问题以及其他一些重大问题上存在分歧。

中国及其周边不仅是世界人口最密集、大国最集中的地区，也是世界热点和潜在热点最多的地区。朝鲜半岛、千叶群岛、台湾海峡、南沙群岛、克什米尔等热点都位于这一地区；世界公认的五大力量中心，除欧洲外，美、中、俄、日均交汇于此；世界核俱乐部的主要成员，事实上的有核国家和核门槛国家在中国周边构成了世界上最密集的核分布圈。这些因素汇集在一起，必然会加大对我国安全环境的压力。

（三）中国周边国家政治制度及经济发展水平差距很大，民族、宗教矛盾交织，安全环境复杂

中国的周边地区也是政治制度差别很大的地区，既有社会主义国家，也有资本主义国家；既有发达国家，也有发展中国家；既有富国，也有穷国；既有老牌的经济强国，也有崛起的新兴国家。中国是亚太地区中心的大国，亚太地区是同中国安全关系最为密切的外部环境，特别是周边国家形势同我国安全直接相关。中国邻国众多，周边国家和地区所奉行的国家安全战略和外交政策各不相同。这种复杂的周边环境对中国的安全造成了一定的不利影响。

同时，我国周边地区民族分布和构成不同，宗教信仰和文化传统各异，存在着区域内和区域间的巨大差异和复杂矛盾。这些矛盾所导致的冲突将不可避免地对我国的安全带来消极影响。而且这种影响还日益突出，因为我国是个多民族、多宗教国家，不少民族和宗教还有跨境联系。近年来，在国际战略格局变化的大背景

下，我国周边地区各种极端的民族、宗教势力日益蔓延，并向我国境内渗透，这必将对我国边境地区的安全与稳定带来直接的影响。与国际反华势力相勾结、相呼应的宗教极端主义、民族分裂主义和国际恐怖主义三股势力的破坏活动是对我国社会稳定和民族团结的严重威胁。

（四）中国位于世界两大地缘战略区的交接处，既受其他大国关系的影响，又影响其他大国关系

目前，世界可划分为两大地缘战略区，即海洋地缘战略区和欧亚大陆地缘战略区。美国属于海洋地缘战略区，而且是世界超级海洋强国，具有全球性影响。而世界上其他强国大都集中在欧亚大陆地缘战略区，俄罗斯则位于该战略区的心脏地带。中国属于欧亚大陆地缘战略区，背靠欧亚大陆，面向浩瀚的太平洋，是连接东北亚、东南亚、南亚和中亚的枢纽，处于两大战略区的交接处。这种特殊的地缘关系，使得中国在历史上曾经遭到两大战略区强国的侵略和压迫，也使得今天的中国成为能够对两大战略区关系产生重要影响和作用的国家。

二、我国周边安全环境的历史演变

（一）我国因特殊环境形成了重陆轻海的国防观

我国是一个陆海大国，理应既重视陆地又重视海洋，形成陆海并重的安全观和国防政策。但是，特殊的地理、历史和社会情况，使我国长期以来形成了重陆轻海的观念。我国陆地面积大，陆地资源丰富，气候条件良好，有足够的生存空间，在世界进入现代文明之前，中华民族完全可以依靠江河流域发展自给自足的农业文明。以小农生产方式为经济基础的中央集权的封建社会形成较早，体制的制度严密，政治和思想上统治力量强大，极大地限制和束缚了资本主义生产方式的发展，使我国缺乏向海洋谋求经济利益的社会动力。

在古代的中国，对中央王朝的主要威胁来自陆地，多数来自我国内部北方游牧民族的侵扰，历代中央王朝的主要防御方向是北方。长城就是这种防御政策的产物和历史象征，长城两侧是当时中央王朝与北方游牧民族交战的主战场，长城的走向标志我国中原农业文明和北方游牧文明的分界线。

直至近代中国屡遭西方列强从海上的大举入侵，才迫使中央政府开始重视和加强海上的防御。早在明代，我国就开始遭到倭寇从海上的入侵，但由于王朝的海军力量薄弱，一代抗倭名将戚继光只能采取以海战为辅，以陆战为主，待敌人上陆以后再加以歼击的御敌方略。清朝后期，为了对付列强从海上入侵，我国从国外购买了先进的铁甲战舰，组建了实力雄厚的北洋水师。但是，由于清王朝腐败和作战指挥上的消极被动，甲午一战导致北洋水师全军覆灭。

新中国成立后，毛泽东提出建立强大海军的战略思想。进入 20 世纪 60 年代，中苏关系急剧恶化，力量对比强弱悬殊，我国被外敌入侵的危险性增大，只能采取诱敌深入防御方针对付可能的侵略战争。在这种情况下，我国海军的任务只能是配合和保障以陆军为主的陆上防御，从而形成了一支近岸防御型海军力量。

海洋是强国富民的宝库，是联系世界各国的重要纽带，是海上友谊桥梁。长期以来，中国人有很强的守土意识，海洋意识却一直较淡薄。现代条件下，大海对于人类再也不是障碍。21 世纪将是海洋的世纪已成为世界各国的共识。各国现代

高新科学技术和经济快速发展，对海洋开发利用的步伐将进一步加快。我们必须重视海洋，进一步强化海洋意识，维护我国海洋权益不受侵犯；我们必须经略海洋，充分发挥海洋在国家建设中的重要作用。在新形势下，我国随着改革开放的深入和加入 WTO 将进一步走向世界，加强与各国的友好往来和经济技术合作，世界也正走进中国。

(二)我国近代屡遭帝国主义列强入侵

在西方列强势力还未扩展到东亚之时，除了北方游牧部落对中原的入侵外，我国历代封建王朝几乎感受不到漫长边界和海岸的危险。青藏高原和帕米尔高原将我国与南亚、中亚隔断，在西北只有一条穿越茫茫沙漠戈壁的狭窄通道与中亚相连，南有云贵高原和横断山脉天然屏障。东南的万里海域更是不可逾越的障碍。但当世界进入近代，西方列强凭借坚船利炮，开始从陆上和海上同时蚕食中国这个古老的国度。仅 1842 年、1860 年、1895 年和 1901 年，列强 4 次侵华战争，清政府就被迫割让大片国土，赔偿巨额白银。随着近代西方工业化快速发展，先进的军事技术和航海能力彻底粉碎了中国封建统治者传统的安全观。

自 1840 年后的 100 年里，帝国主义列强屡屡入侵中国。过去认为最安全的浩瀚海疆，成为敌军入侵成功次数最多的突破口。成为近代中国战争惨败的最大伤痕和屈辱。第一次鸦片战争。英法联军攻占广州、厦门、定海、镇海、宁波和镇江，从长江口入侵南京；第二次鸦片战争，英法联军攻占广州、大沽口、天津，从天津侵入北京；中法战争，法军攻占我福建马尾港；甲午战争，日军攻占旅顺、威海；1897 年德国军舰进占胶州湾，俄国军舰闯进旅顺口；1900 年八国联军攻陷天津和北京；1914 年日军攻占济南、青岛；1937 年以后日军发动全面侵华战争。

在同一历史时期内，中国的陆地边疆也不安全。沙俄和日本曾先后侵占我国东北地区；英国军队曾先后两次从南亚方向入侵中国西藏地区，并曾在第二次入侵时攻占拉萨；英、日军曾先后越过中缅边境侵入云南；法军从中越边境侵袭云南等等。在中国近代史上，我国台湾、海南岛等岛屿和海洋，由于经济、军事战略地位重要，更是被帝国主义列强侵占和瓜分的重灾区。

三、判断安全环境面临威胁的理论分析

对安全环境的分析不仅要立足于对地缘环境等一系列客观环境的分析，而且要运用科学的理论体系对可能对国家安全构成威胁的各种客观要素进行理性思维和全面的分析，以做出正确的判断。

所谓威胁分析，主要是对周边国家或地区客观存在的以军事行动危害本国安全的状态进行判定。一个国家在安全上所面临的威胁，有时是明确的，有时是隐蔽的，有时是现实的，有时是潜在的。因此，分析或判定威胁必须实事求是。威胁必须是客观存在的，既不能对存在的威胁视而不见，认为太平无事，也不能人为地制造威胁，无中生有，或夸大其词。前者的后果可能导致国家的“危”或“亡”。后者的后果可能使国家将大量的人力、物力和财力消耗在过度的备战之中，从而影响国家正常的经济建设。只有对国家周边安全的威胁进行客观的、正确的判断，才能定下正确的国防决心，做出合理的国防部署，进行适度的国防建设。

(一)威胁的要素

任何一个周边国家对本国构成威胁，总是事出有因的。既可能是历史遗留的矛盾，也可能是现实存在的冲突；既可能是因为社会制度的对立，也可能是因为经济利益的纠纷；既可能是领土争端，也可能是民族宿怨。构成威胁的原因虽然很多，但有时也有这样的情况，即存在着威胁的动因，但不存在威胁的可能。从理论上讲，凡是存在着威胁的动因，双方相互之间就构成了威胁，可是事实上只有力量强大的一方对弱小的一方才构成实际的威胁。因此，分析威胁，除了分析其原因之外，还需要特别注意对威胁要素的分析。一般来说，构成威胁有以下三大要素：

1. 实力

实力是构成威胁的客观要素。力量强大的国家相对有较多的条件对弱国构成威胁，而弱国一般没有能力对强国构成威胁。因此，国家的强弱是能否构成威胁的实力要素。国防威胁分析就是要分析周边国家的力量要素。只有那些比自己力量强大的或相当的国家，才有可能对本国构成全面威胁。至于那些比自己力量弱小的国家，即使它有威胁本国的企图，也只是心有余而力不足，不敢轻易地采取威胁行动。

一个国家的实力构成是多方面的，有政治的、外交的、经济的、科技的、军事的等等。就威胁实力而言，主要是指军事实力。判定一个国家的威胁实力，最主要的就是要判明其军队数量的多少，装备的强弱，训练的优劣，作风的良莠，补给的盈乏，等等。一个国家的军事实力超过了国家防御的需要，它就有力量、有可能对另一国构成威胁。但同时也应看到，政治、外交、经济、科技等方面的实力是国家军事实力的重要支撑，尤其是经济和科技实力可以迅速转换成军事实力。因此，判定一个国家或地区的威胁实力，不仅要判明其军事实力，而且要判明其可以迅速转化为军事实力的经济、科技等战争潜力，更要判明其支撑整个军事实力的综合国力。只有这样才能做出符合客观实际的判断。

2. 企图

企图是构成威胁的主观要素，也是不可忽视的重要因素。一个国家对另一个国家能否构成威胁，一看力量，二看企图。一个国家有了强大的力量，并无侵略、扩张的野心，就不会对别国构成威胁。没有强大的力量，但一心称雄称霸，也可能会对别国构成威胁。对威胁要素的分析，既要分析力量，也要分析企图，两者缺一不可。

判明威胁企图要比判断威胁实力复杂得多。一个国家的军事实力，有多少军队，多少飞机、坦克、舰船、导弹等，一般能够通过各种侦察手段做到大体上了解。而企图有时是明朗的，有时则是隐藏的。侵略者往往最善于隐蔽企图。一些阴险的威胁企图往往潜伏在花言巧语或甜言蜜语之中。侵略者有时做出一些友好的姿态，实际上心怀叵测。这就增加了判明企图的复杂性。然而，再隐蔽的军事威胁企图总有些端倪可见。首先，军事实力的过分强大本身，就反映了一种外向的企图；其次，军队模拟训练的对象和重大行动也是一种作战意向的反映；再次，军队部署的调整是采取军事行动的前奏，说明威胁即将成为现实。此外，诸如军费的增长超出正常防卫的需要等等，都是判明一个国家威胁企图的重要根据。

当然，从根本上判明一个国家的威胁企图，还应从它的政治制度和推行的对外政策方面去分析。如果这个国家是实行霸权主义、扩张主义、军国主义，推行强权政治，又有强大的实力，它就有较大的可能对别国进行侵略，从而构成不可忽视的威胁。

3. 环境、时机和方式

任何威胁行为总是在一定的环境下，抓住一定的时机，以一定的方式表现出来。所以，除了分析威胁的实力要素和企图要素外，还有一个重要的方面，就是必须分析反映这些要素的环境、时机和方式。

一个国家的威胁行为是在一定的国际环境下表现出来的。在相对和平时期，任何国家威胁别国的行为，有更多的可能受到非议，从而迫使其对威胁行径有所收敛。当一个国家的威胁企图尚未得到一定数量的盟国支持时，它的企图也可能更加隐蔽，而当这些支持得到满足时，其企图就可能明目张胆地表露出来，其行为也可能更为嚣张。这就是国际环境对威胁行为的制约。所以，在进行威胁分析时，不能孤立地看，要把面临的威胁置于国际环境之中全盘考虑，从而得出正确的判断。

一个国家的威胁行为是在一定的时间条件下反映出来的。此时彼时，威胁的反映各不相同。一个国家的威胁行为总是寻求它认为是最好的时机反映出来。如己方力量已经具备，国际环境成熟，对方出现了可乘之机，或者找到了合适的借口等。此时，威胁的企图和行动就可能显露出来。所以，在进行威胁分析时，对国际舞台上的重大事变、国际舆论的导向，对本国内部政治、经济生活运行中的重大改革或变动，以及国内舆论的反映等，都必须加以重视，分析对手可能构成威胁的时机，从而防患于未然。

一个国家的威胁行为总有特定的表现方式。有的是采取对别国内政的粗暴干涉，有的是对别国边境地区的蚕食或挑衅，有的是对争议领土的实际控制和占有，有的是陈兵边境以武力相威胁，有的是以经济封锁和禁运等实施制裁，有的以发展军用高技术相威胁，有的是实施恐怖行动等。进行威胁分析对威胁方式也不可忽视。研究国防也需要研究威胁的表现方式，从而使国防建设的针对性更强。

(二)威胁的类型

从时间方面讲，威胁的类型有现实威胁与潜在威胁之分；从强度方面讲，有全面威胁与局部威胁之分；从重点方面讲，有主要威胁与次要威胁之分；从武器方面讲，有核威胁与常规威胁之分；从手段方面讲，有军事威胁与综合威胁之分。

(1)现实威胁：是现实国际关系中业已存在的威胁。例如，一国对另一国敌意很浓，大兵压境；或霸占领土，无意退让；或不断寻衅闹事，蚕食扩张等。对付现实威胁是国防建设的基本着眼点。

(2)潜在威胁：是在现实中还没有构成、而未来有可能构成的威胁。例如，一个国家素有称霸野心，但一时尚不具备称霸的力量，或有强大的经济力量但眼下暂无匹配的军事力量等。对付潜在威胁是国防建设长远规划的着眼点。

(3)全面威胁：是指对一个国家的整体安全构成的威胁。这种威胁一般只在强国对弱国或两国势均力敌时才可能出现。国家的全面威胁，涉及国家的根本利益，关系到国家的生死存亡，是国家的头等大事。

(4)局部威胁：是指对一个国家范围内的局部地区的威胁。这种威胁一般发生在两个或多个国家之间的部分领土争端、边界纠纷，或是其他主权利益、经济资源等问题的瓜葛不能以和平的方式解决时出现的。局部威胁在相对和平时期经常出现，现代国防应更多地予以关注。

(5)主要威胁:是若干现实威胁中的重点威胁。当一个国家同时面临多个国家的不同威胁时,就要分析哪一国的威胁是主要的威胁,从而将国防的重点针对主要威胁。一般说来,现实的全面威胁与局部威胁相比,全面威胁往往是主要威胁,但当全面威胁从现实中消除时,这种主要威胁也随之消失,而另一种主要威胁将取而代之。

(6)次要威胁:是若干现实威胁中的非重点威胁。局部威胁与全面威胁相比,通常属于次要威胁,但次要威胁有时也可能会上升为主要威胁。

(7)核威胁:是指以核武器进行的威胁。这种威胁有酿成核战争的危险。

(8)常规威胁:是指使用常规武器进行的威胁。现今世界上的主权国家大多面临着的是常规威胁。但是,由于科学技术的发展,经过高技术改进的常规武器,有的杀伤破坏能力不亚于小型核弹。

(9)军事威胁:是指以军事手段也即武装入侵的手段进行的威胁。

(10)综合威胁:是指军事手段与非军事手段相结合的威胁。包括军事威胁、经济威胁等。在相对和平时期,研究综合威胁对于现代国防建设具有特殊的意义。

(三)威胁的转化

威胁不是一成不变的,在一定条件下它是可以转化的。因为威胁不是战争,但它可以向战争转化,也可以向缓和转化。

威胁的转化是有条件的。根据构成威胁的原因的发展变化,威胁也随之发生转化。如果构成威胁的原因淡化了,威胁就可能转化为缓和;如果构成威胁的原因激化了,威胁就可能转化为战争。正是由于威胁在一定条件下可以转化,所以一个国家如果不是好战的话,那么,它的国防在面临威胁时,应当尽力做好消除威胁的工作,化干戈为玉帛,使威胁淡化,并转为缓和,而不应当让威胁激化为战争。也就是说,要创造条件尽力做好使威胁淡化的工作。因为争取威胁的缓解有利于创造一个良好的和平环境,大力进行经济建设。同时也可以利用这个机会,加强国防建设,以便从容对付各种新的威胁。

淡化威胁的工作是一门高超的斗争艺术。其中包括对付威胁的实际军事准备,和平的愿望,外交斡旋,争取他国的有效支持,利用矛盾瓦解敌人,采取经济手段制约敌方等等。在上述种种工作中,切实加强国防建设是最主要的,也是必不可少的。只有加强国防,具有应付各种威胁的防御准备,其他方面的斗争才有坚实的基础。必须说明的是,威胁的淡化并不等于威胁的消失。因为淡化了的威胁,在一定条件下还可能重新激化起来,所以即使威胁已经淡化了,还不能放松对威胁的警惕。

研究威胁的转化,除了威胁的激化或淡化外,还包含有威胁类型的转化。在一定条件下,威胁类型也是可以转化的,潜在威胁可能转化为现实威胁,现实威胁也可能转化为潜在威胁;全面威胁可能转化为局部威胁,局部威胁也可能转化为全面威胁;主要威胁可能转化为次要威胁,次要威胁也可能转化为主要威胁……研究威胁类型的转化,是威胁分析的重要方面。

威胁分析的目的是认清国家所处的安全环境,从而有针对性地加强国防建设。任何一个国家,在任何情况下,即使是和平时期,都不能沉醉于和平麻痹的状态之中,在战争根源没有消除之前,在霸权主义、强权政治还很猖獗的世界里,绝对不能放松对战争的警惕。“天下虽安，忘战必危”，古人的忠告，应当使我们时刻不忘敲响加强国防建设的警钟！

四、中国周边安全存在的主要问题

进入21世纪以来，中国继续坚持奉行独立自主的和平外交政策，对外关系，特别是与周边国家的睦邻友好关系得到全面发展，与所有亚洲国家都建立了外交关系。近年来，中国本着“与邻为善，以邻为伴”和“睦邻，安邻，富邻”的周边外交方针，积极有效地推动周边形势向着有利于和平与稳定的方向发展。但是，我们也应该看到，随着世界和地区战略格局的不断发展变化，特别是随着经济全球化的日益加剧，中国周边安全环境也增加了许多新的不确定和不稳定因素。传统安全威胁与非传统安全威胁交织，已经成为中国周边安全形势的重要特点。同时，地缘争夺加剧，经贸摩擦趋多，意识形态斗争依然尖锐，中国周边安全威胁多样化趋势更加明显。

（一）“台独”势力抬头，台海局势依然严峻、复杂

台湾问题关系到中国的国家主权和领土完整，是国家和民族的核心利益所在。近年来，“台独”分裂势力进一步抬头，在岛内外活动频繁。台湾马英九当局坚持“不统、不独、不武”的政策，试图维持台湾分裂的现状。美国和日本也积极插手台湾问题，竭力阻挠两岸关系发展。因此，目前的台海形势仍然十分的复杂和严峻。

“台独”分裂势力在李登辉和陈水扁执政期间活动猖獗。2007年，陈水扁更是悍然发起“入联公投”，挑战中国大陆底线。目前，“台独”势力正在进行新的分化重组。2014年3月18日，台湾发生部分团体和学生“反服贸抗争”事件，该事件反映了部分台湾人士对大陆的离心倾向，为“台独”势力复苏提供了社会土壤。未来台独势力将以暴力化、隐性化、合流化和国际化为特征的“台独”活动，继续以各种形式破坏两岸的和平与发展，阻碍祖国的和平统一进程。从2016年1月16日民进党候选人蔡英文当选台湾地区领导人至2016年7月，拒不承认“九二共识”，未来两岸关系发展不确定性增加。台湾当局还持续大规模采购先进的军事装备，妄图“武力拒统”，通过所谓的“加大大陆统一成本”的方式来维持分裂现状。

以美国为代表的国际反华势力一直将台湾视为遏制中国崛起的重要筹码，积极插手台湾问题，阻挠两岸关系发展。美国多次大规模对台售武，美日军事同盟更是积极为阻挠两岸统一做准备，按照《日美安保条约》《新日美防卫合作指针》和《周边事态法》的相关条文，一旦“周边有事”，美日将对台海地区进行军事干预。

（二）海洋权益存在复杂纠纷

我国既是个陆地大国，也是个海洋大国。毗连海域自然延伸面积约470万平方千米。但是，由于历史和现实的原因，我国与海上8个邻国均有海域划界和岛屿归属问题之争。在我国周边安全环境中，维护海洋权益的斗争具有较大的复杂性和敏感性。

1.《联合国海洋法公约》简介

我国是联合国海洋法公约国。海洋对我国安全影响深远。1973年12月至1982年4月，联合国召开了三次海洋法会议，154个国家出席了会议，通过了《联合国海洋法公约》（以下简称《公约》），从1994年11月16日起正式生效。第三次联

合国海洋法会议对领海、海峡、大陆架、专属经济区、群岛国、岛屿制度等一系列重大问题进行了讨论。规定了群岛制度，将一大片公海划为这些国家的内水；确定了"200 海里专属经济区"制度；重新定义了"可达 350 海里的大陆架"概念。《公约》几乎涉及海洋的所有方面，其中，与我国周边安全环境密切相关的要素如下：

(1)基线、内水、领海和毗连区

基线是陆地和海洋的分界线，也是测算领海、专属经济区和大陆架的宽度的起点线。一是正常基线：即领海基线（也称低潮线），是海水退潮时退到离海岸最远的那条线。二是直线基线：即在海岸上的沿海岛屿上选定一系列的基点，在这些基点之间划出一条条相互连接的直接，构成一条折线，这条折线即为领海基线。一般适用于海岸线比较曲折，沿海有许多岛屿的国家。《公约》规定，"沿海国为适应不同情况，可交替使用以上各条规定的任何方法以确定基线"，称为"混合基线法"。

我国政府在 1958 年的《中华人民共和国关于领海的声明》中指出："中国大陆及其沿海岛屿的领海以连接大陆岸上和沿海岸外缘岛屿上各基点之间的各直线为基线。"1992 年颁发的《中华人民共和国领海及毗连区法》明确规定："中华人民共和国领海基线采用直线基线法划定，由各相邻基点之间的直线连成组成。"根据此法，中华人民共和国政府于 1996 年 5 月 15 日发表声明，宣布了我国领海的部分基线和西沙群岛的领海基线。

内水：国家内陆和领海基线向陆一侧的水域，统称为内水。是国家主权的组成部分。内水构成沿海国领水的一部分，沿海国在这一海域内享有排他性的主权。其中，海湾根据湾口宽度以及海湾与沿海国的关系，可分为三种：沿岸属于一国领土的海湾；沿岸属于两个或两个以上国家领土的海湾；历史性海湾。

对于沿岸属于一国领土的海湾，该国可在一定条件下将其划入本国的内水范围，实行完全排他的主权。《公约》规定：如果海湾天然入口两端的低潮标之间的距离不超过 24 海里，则可在这两个低潮标之间划出一条封口线，该线所包围的水域应视为内水；海湾天然入口两端低潮标之间的距离超过 24 海里，则 24 海里的直线应划在海湾内，基线以内的水域才是内水。历史性海湾是指沿岸属于一国，其湾口虽然超过领海宽度的两倍，但历史上一向被承认是沿海国内海湾的海湾。如我国的渤海湾。历史性海湾完全处于沿岸国排他性主权的管辖下。

领海：濒海国陆地领土及其内水以外邻接的一定宽度的海域，称为领海。其范围为领海基线至领海线之间的海域。国家主权及于领海的海床、底土及其上空。《公约》规定，"每一国家有权确定其领海宽度，直至从按照本公约确定的基线量起不超过 12 海里的界线为止"。目前，包括中国在内，世界上有 117 个国家实行 12 海里的领海宽度。领海是沿海国家领土的组成部分，受沿海国主权的管辖和支配。沿海国在领海享有属地最高权，领海内的一切人和物均受沿海国管辖。沿海国有权制定和颁布有关领海的法律和规章。外国船舶可以在领海上无害通过，但外国飞机未经许可不得飞越他国领海的上空。沿海国的主权不仅及于领海，也及于领海的上空、海床和底土。

毗连区：沿海国在毗连其领海以外一定范围内，为行使必要管制权而划定的区域。其外部界限从领海基线量起不得超过 24 海里。沿海国在毗连区内可对本国和外国公民及船舶行使海关、缉私、卫生和移民等事项的管制权。

(2)专属经济区、大陆架

专属经济区是指主权国家在邻接其领海的外部海域设立的经济管辖区。其外部界线至领海基线不应超过200海里。专属经济区是国家自然资源区的组成部分,国家对之行使有关国际海洋法规定的经济主权权利和管辖权。

专属经济区是《公约》创设的一种新的海域,它介于领海和公海之间,具有独立的法律地位。专属经济区不同于领海,它虽属沿海国管辖区域,但并不构成沿海国领土的组成部分,沿海国对它不享有绝对的、排他的主权。专属经济区也不同于公海,其他国家虽然在专属经济区有自由航行、飞越权,但也不是公海意义上的那种自由,主权国可对其他国家在专属经济区内的活动加以限制。专属经济区、内海、公海据有不同的海洋权益。

大陆架是陆地向海面下自然延伸和缓倾的浅水平台。其范围从低潮线起到海底坡度突陡止。沿海国有对其行使勘探和开发自然资源为目的的权利。在国际法上,大陆架是指沿海国家的陆地在海水下面的自然延伸,并与大陆形成一个连续的完整的整体。《公约》规定:如陆地领土向海底延伸部分不足200海里时,可扩展到200海里;如延伸部分超过200海里的,不应超过从测算宽度的基线量起350海里或不超过连接2500米深度各点的等深线100海里。

我国的海岸线漫长,大陆架极为广阔,属于大陆架超过200海里的18个国家之一。渤海、黄海海底全部为大陆架,东海有2/3的海底是大陆架,最宽处近400海里,南海大陆架占海底面积的一半以上,总面积约有150万平方千米。但是,除渤海大陆架外,我国大陆架都与邻国存在划界问题。中国政府多次郑重声明,根据大陆架是陆地领土自然延伸的基本原则,中国对东海大陆拥有不可侵犯的权利。东海大陆架涉及其他国家的部分,应由中国和有关国家协商划分。位于南海上的东沙、西沙、中沙和南沙群岛领海,有150多个岛屿和礁、滩,自古以来就是中国的领土。南海诸岛大陆架与其他国家的划界问题,应由我国与有关国家依据《公约》和国际习惯,通过谈判协商公平合理划定。

1982年12月10日. 我国作为首批签约国,在联合国海洋法公约上签字。1996年5月15日,我国第八届全国人民代表大会常务委员会第十九次会议批准实施。

2. 关于东海大陆架和钓鱼岛的争议

东海位于中国、日本、韩国三国之间,东西宽150～420海里,南北长660海里,总面积约77万平方千米。日本与中国是相向不共架国,中国大陆架一直延伸到冲绳海槽。冲绳海槽大部深度超过1 000米,坡度很陡,形成西部大陆架和东部岛架的天然分界。根据东海大陆架的实际情况,参照《联合国海洋公约》的有关条款和各国海域划界的实践,冲绳海槽构成了中国东海大陆架与琉球大陆架的自然分界线,因此应按大陆架自然延伸的原则,以冲绳海槽中心线为界,划分中国与日本在东海大陆架边界。但是,日本方面却主张按东海的中间线平分划界。这样,中日间便产生了20多万平方千米的争议区。如果按日本的主张划界,中国在东海的大陆架范围将被拦腰截断,应归我国管辖的海域面积将减少一半。近年来,日本不断就中国进行正常的海洋科考活动和在本无争议的海域进行油气田开发提出抗议和交涉。2005年7月,日本政府竟然批准日本帝国石油公司在中日有争议的海域进行试开采的申请,公然对我国进行挑衅。中日在东海还存在着钓鱼岛归属问题之争。钓鱼岛群岛位于台湾东北约 120 海里处,由钓鱼岛、黄尾屿、赤尾屿、南小岛、北小岛及一些礁石组成。其中最大的岛屿钓鱼岛海拔 360 余米,面积约 3.64 平方千米。钓鱼岛群岛历来是中国的领土。公元 1403 年(明成祖永乐元年)以前,钓鱼岛即被中国人发现并命名。明朝嘉靖年间编制的《筹海图篇》正式把钓鱼岛划入中国的海防范围。1893 年(清光绪十九年),慈禧太后颁诏把钓鱼岛等三岛赐给当时的太常寺正卿盛宣怀。可见,钓鱼岛自古以来就是中国的领土,一直在中国政府的管辖之下。

1894 年,中日战争爆发,中国战败。日本在 1895 年 4 月 17 日签订的《马关条约》中,逼迫清政府将钓鱼岛群岛随同台湾一起割让给了日本。1900 年,日本开始称钓鱼诸岛为"尖阁列岛",将其划归冲绳县管辖。第二次世界大战期间,在 1943 年中、美、英三国发表的《开罗宣言》中,明确指出把日本用武力从中国夺去的东北、台湾、澎湖列岛等中国领土,战后必须归还中国。事实上,在 1945 年日本彻底战败后,我国政府随着收复台湾、澎湖列岛的同时,客观上也就收复了台湾省的附属岛屿——钓鱼岛的主权。但是,在 1945 年日本投降后,冲绳受美国托管。美国将我钓鱼岛作为靶场。1971 年 6 月,美国竟公然违背《开罗宣言》原则,把中国领土钓鱼岛群岛划入"归还区域"交给日本。日本政府马上声明对钓鱼岛群岛拥有主权。同年 12 月 30 日至今,中国政府不断发表声明,严正驳斥日本的无理主张,并指出,钓鱼岛群岛是中国台湾省的附属岛屿,历来属于中国。这些岛屿周围的海域及其海底资源,也属于中国所有,决不允许任何外国染指。美日两国政府拿中国的领土钓鱼岛群岛私相授受,是侵犯中国领土主权的严重行为,是完全非法的、无效的,中国政府和中国人民绝不承认。

对钓鱼岛问题,在中日邦交正常化谈判时,双方都同意"以后再说"。但是,事后日方却采取放任态度,批准日本一些右翼团体在岛上建立航标灯,甚至出动舰艇进入钓鱼岛海域驱赶中国台湾省渔民。中国政府已于 1990 年 10 月 27 日再次发表声明,强烈要求日本政府维护双方过去达成的谅解,立即停止在钓鱼岛及其海域采取任何单方面行动,再次建议双方尽快就搁置主权争议,共同开发钓鱼岛海域资源,开放钓鱼岛海域渔业资源等问题进行磋商。1996 年 7 月 18 日,中国外交部发言人对日本右翼团体"日本青年社"在钓鱼岛的北小岛上设置灯塔的严重事态,再次表示"严重关切",重申钓鱼岛自古以来就是中国固有领土的原则立场,并要求日本政府立即采取有效措施,消除由此产生的不良影响。但日本对此置若罔闻,并不断采取措施加强实际控制。2005 年 2 月,日本政府宣布正式将右翼团体在岛上建造的灯塔收为"国有"并加以保护,以此制造其占有和控制钓鱼岛的"事实依据"。2010 年 9 月 7 日上午,一艘中国渔船在钓鱼岛海域同日本海上保安厅巡逻船发生相撞,中国渔船而后又与追踪的另两艘日本巡逻船中的一艘发生了碰撞,日本非法扣押中国渔船船长詹其雄长达 17 天。日本政府拟于 2012 年 9 月 10 日上午举行内阁会议,讨论并确定所谓的钓鱼岛"国有化"方针,随后会将相关事宜交由日本国土交通省负责。9 月 11 日与钓鱼岛所谓的"所有者"——栗原家族签订购岛合同,实现钓鱼岛"国有化"。2014 年 4 月 24 日上午日美举行了首脑会谈,在记者会上,美国总统奥巴马明确表示,《日美安保条约》第五条适用于钓鱼岛防卫。

3. 关于南海海域及南海诸岛的争议

南海总面积约360万平方千米。南海诸岛包括东沙、西沙、中沙和南沙四大群岛，分布于南海的中心部位，扼太平洋和印度洋的咽喉，不仅地理位置非常重要，而且蕴藏着丰富的矿产和水产资源。其中南沙群岛是南海诸岛中分布面积最广、岛礁数量最多、位处最南的一组群岛。南沙群岛由230个岛屿、礁滩和沙洲组成，分布在24.4万平方千米的海域中。其中露出水面的岛屿25个，明暗礁128个，明暗沙洲77个，太平岛面积最大，约0.5平方千米。

南沙群岛历来是中国的领土。在20世纪70年代以前，南海毗邻国家对此从未提出异议。但是自发现南海蕴藏丰富的油气资源后，周边国家开始窥视这一海域。菲律宾率先于1971年抢占了南沙东部的部分岛屿和沙洲，接着，原南越政府也于1973年7月派兵占领了南海西部6个岛礁。1975年4月，越南违反承认南沙是中国领土的立场，接管了南越军队占领的岛礁，并不断扩大侵占行动。从1983年起，马来西亚先后占领了南沙南部的3个礁。随后，上述国家又单方面宣布了大陆架和200海里专属经济区范围，把南沙群岛的全部或部分岛礁列入自己的“版图”，并加紧在南沙海域进行资源开发，致使南沙争端日益突出。因此，南沙群岛已形成四国五方控制的局面。除我国控制7个礁和台湾当局占据太平岛外，共有38个岛礁被别国占领。其中越南侵占27个岛礁，菲律宾侵占8个岛礁，马来西亚侵占3个礁。另外，文莱也宣布对南沙的一个礁拥有“主权”，并将该礁周围3 000平方千米海域划归其经济区。印度尼西亚也宣布建立200海里专属经济区，把南沙部分海域划入其中。这就使南沙问题又形成了五国六方乃至六国七方进行争议的复杂局面。

目前，南海周边邻国对南沙的军事控制进一步增强，对南沙资源的掠夺性开发明显加快。越南已同17个国家的近30家公司和国际财团签订了合作开发南海油气资源的合同。菲律宾、马来西亚、印度尼西亚以及文莱等国已在我国南海疆域内开采石油和天然气。2009年5月6口，马来西亚和越南向联合国提交了200海里“外大陆架划界案”，欲在联合国框架内掠夺南沙群岛的部分主权。自此，我国南海领土争端开始成为国际关注的焦点。2011年初，伴随美国高调重返亚太地区，我国南海争端问题再度成为全球性的地区看点。事实上，中国和东盟国家早在2002年11月签署《南海各方行为宣言》，宗旨是维护南海稳定、增进互信和推进合作，但9年来，南海局势尚未稳定。造成这种不稳定局势的原因主要有三个方面：一是南海周边各国没有落实《南海各方行为宣言》的诚意，根本不受该宣言的约束，在它们肆意侵占的岛礁上修建机场、构筑军事设施、驻扎军队、鼓励移民……以宣示各国的“主权”，且不断扩军备战。二是南海周边国家，特别是越南和菲律宾通过与美国开展军事演习、主张多边谈判等手段，企图使南海问题国际化，向中国施加压力。这些行为必然恶化了南海局势。三是区域外势力介入导致南海地缘政治竞争加剧。随着全球战略格局的新一轮调整，西太平洋有关军事联盟强化，南海地缘政治竞争加剧。美国希望通过遏制中国保住自己在东亚的利益和“主导权”。美国自里根时代就关注南海问题，到克林顿政府时，美国对南海政策更加明确，奥巴马政府2011年以来高调介入南海事务。

2011年以来，菲律宾和越南在南海问题上态度强硬，中越、中菲之间的摩擦不断，冲突升级。中国海上邻国出现“合纵连横”，共同制衡中国的趋势。美国以海上安全作为其构建“雁型安全模式”为主要“抓手”，得到日本、韩国、澳大利亚、印度等国的积极配合，南海争端国际化的趋势进一步加快。在南海问题上，中国一贯赞成与其他国家以双边沟通协商的方式解决争端，反对将南海问题国际化、多边化。但是，中国政府和公民一定要维护国家的主权、尊严和领土完整，当国家主权受到侵犯的时候，根据联合国宪章第 51 条必须行使国家的自卫权。

值得注意的是，南海问题国际化趋势有新的发展，东盟国家曾就南沙问题进行过多次内部磋商，力图联合与中国谈判解决南沙争端问题，并准备在谈判不能取得成功时提交联合国裁决。美国等西方大国正在积极插手南沙事务，试图利用南沙问题挑拨我国与东盟国家的关系，并制造“中国威胁论”，对我国施加“更有针对性的压力”。应当引起警惕的是，西方大国插手南沙事务主要是通过与其他有关各方合作进行的，这越来越清楚地显示出它们共同对付中国的意图。特别是美国重返亚太或者战略再平衡，搅动南海局势将更加复杂化。2014 年 4 月 28 日美国总统奥巴马抵达菲律宾访问，两国签署一份为期 10 年的新防御协议，以增强美国在菲律宾的军事存在。5 月 5 日，菲律宾与美国“肩并肩 2014”联合军演在菲首都马尼拉举行开幕仪式，在未来两周内，3000 名菲军官兵和 2500 名美军士兵将在菲境内多处地点参与一系列演习活动。这也是菲美两国在日前签署加强防务合作协议之后首度举行大规模双边联合演习。2014 年 5 月 6 日，菲海警人员在南沙群岛半月礁附近海域非法拦截并抓扣一艘中国渔船及船上 11 名中国渔民，并押送至菲南部巴拉望省的普林塞萨港市。中国“海洋石油 981”船在西沙群岛海域进行钻井作业，距离中国中建岛仅 17 海里，距离越南海岸将近 150 海里。10 年来，中国企业就一直在这一海域进行基础作业。2014 年 5 月 2 日至 9 日的五天内，越南调派 35 艘各类船只，主动对中国船只进行冲撞 171 次，中国对此深感震惊，不得不采取相应措施。

除此之外，中国在东海、黄海与周边一些国家在海域划分上的矛盾一时还难以解决。

(三)边界争端尚未全部解决

从总体上说，中国与周边国家的边界问题大多得到了解决。中俄之间长达 4 300 多千米的边界问题已基本上获得解决。1997 年 11 月，江泽民主席和叶利钦总统签署了《中俄联合声明》，标志着中俄边界已在法律上得以划定。中国和哈萨克斯坦已签订了边界协定，解决了两国 1 700 多千米的边界问题。中国分别同吉尔吉斯斯坦、塔吉克斯坦存在 1 000 多千米和 450 多千米的边界，其中中塔在帕米尔地区存在 2.1 万平方千米的争议面积。1999 年 12 月 30 日，中越两国外交部长签署了《中国和越南陆地边界条约》。至此，中越两国陆地边界存在的问题已全部解决。

对中国周边安全环境产生不利影响的边界争端主要是中印边境争端。中印边界全长约 2000 千米，分为东、中、西三段。中印两国存在大片领土争端，争议面积共达 12.5 万平方千米，大小 8 块，均在中印边界传统习惯线我方一侧。在东段争议面积约 9 万平方千米，现被印度控制，称为“阿鲁纳恰尔邦”；在中段，争议面积约 2 000 平方千米，除个别地区外，均为印度控制；在西段，争议面积约 3.35 万平方千米，除巴里加斯地区约 450 平方千米被印军侵占外，其余在我国控制之下。

2003 年 6 月，中印两国总理各自任命特别代表，探讨解决边界问题的政治指导原则和框架。经过五轮会晤，中方特别代表、外交部副部长戴秉国同印方特别代表、国家安全顾问纳拉亚南就解决边界问题的政治指导原则达成一致，并于2005年4月11日在两国总理见证下正式签署。今后一个时期，两国边界问题特别代表将根据共同达成的政治指导原则继续进行认真的磋商，以期达成解决边界问题的框架，为双方随后进行的划界和勘界奠定基础。

（四）朝核问题难以达成共识，朝韩局势紧张

从地缘政治的角度看，朝鲜位于中日和中美势力的中间地带，是典型的"地缘边缘"国家，是中国在东北亚地区重要的战略缓冲地带，因此一个和平稳定的朝鲜符合中国的国家利益。

自从20世纪90年代以来，朝鲜核问题日益成为国际社会关注的热点问题，朝鲜公开进行核试验，美国多次扬言对朝鲜实施武力打击。而中国为和平解决朝核问题，先后组织了六轮"六方会谈"，期间虽就一些问题取得过一定共识，但由于美朝之间互不信任，使得谈判很难取得实质性成果。朝鲜2005年宣布拥有核武器并先后于2006年和2009年进行了地下核试验。朝鲜半岛的有核化将使得地区安全和政治格局进一步复杂化。

自从朝韩政府首脑2000年开始接触以来，两国关系发展可谓一波三折。在取得一系列重大进展的同时，也伴随一系列的紧张与冲突，例如2010年的"天安舰"事件和延坪岛炮击事件。美韩定期举行的联合军事演习更是对本已脆弱的朝韩关系产生了严重的影响。美韩的挑衅、朝鲜的过度反应以及擦枪走火事件很有可能给东北亚地区的和平与稳定带来严重挑战，朝鲜半岛成为当今东北亚地区的"火药桶"。2016年1月6日10时，朝鲜最高领导人金正恩签署命令，进行了第四次核试验。

（五）影响边疆地区安全的其他不稳定因素

中国是一个多民族的社会主义国家，共有56个民族。由于实行正确的民族、宗教政策，我国各族人民团结一致、齐心协力，共建中华美好家园。但是，境内外一小撮民族分裂主义分子，在国际上某些反华势力的操纵和唆使下，置民族大义和国家利益于不顾，为迎合某些西方大国对中国进行的"西化"、"分化"的和平演变战略，采取政治斗争与暴力对抗相结合的方式，进行民族分裂活动，严重影响了我国边疆地区的安全与稳定。例如，活动在我国新疆境内的"东突"民族分裂势力，与国际恐怖主义势力相勾结，以泛伊斯兰主义和泛突厥主义思想为理论基础，以反对中国共产党领导下的政权，建立"东突厥斯坦国"为目的，以宗教为掩护，大肆进行分裂新疆的破坏活动。他们一方面打着民族、宗教的旗号，煽动民族情绪，鼓动宗教狂热，宣扬伊斯兰"圣战"，叫嚣建立"东突厥斯坦国"，另一方面，又迎合西方，扯起"民主、人权和自由"的旗帜，与境外新疆民族分裂势力遥相呼应，加强联系，发展组织，进行恐怖活动，制造了一系列爆炸、暗杀、纵火、投毒、袭击等恐怖暴力事件，严重危害了新疆各族人民群众的生命财产安全，也严重危害了我国边疆地区的安全与稳定。又如，逃往国外的达赖集团，利用西藏地区交通困难、环境闭塞、经济落后，藏区群众文化水平低，对宗教宣传极易接受的特点，打着宗教旗号，大肆进行"藏独"分裂活动，具有极大的欺骗性和蛊惑性。加上以美国为代表的西方大国在对我国实施"西化"、"分化"的战略中，妄图以"西藏问题"为突破口，支持"藏独"分裂势力搞所谓的"西藏独立"，内外勾结，里应外合。这些都将对我国边疆地区的安全与稳定产生不利影响。

第四章　军事高技术

［学习目的］

通过对本章内容的学习，了解当代高技术的特点、发展趋势以及高技术的发展应用对现代作战所带来的巨大变化，掌握军事高技术在军事上的重要应用，使学生真正理解科技兴国、科技强军的战略意义，激发学生学习科学技术的热情，增强学生的国防观念以及责任感和使命感。

当今世界，科学技术的飞速发展，催生了新的技术革命，大量的高新技术不断涌现，特别是军事高技术的发展，极大地提高了武器装备的威力与效能，彻底改变了传统的战争形态、作战方式、军队组织与军事战略，引发了新的军事变革。高新技术已成为军队战斗力的"倍增器"，世界各国竞相发展，作为抢占 21 世纪军事斗争制高点的重要手段和途径。从海湾、科索沃和伊拉克战争中可以看出：现代战争已进入信息时代，战场对话已经成为高技术武器装备的较量，谁拥有高技术，谁就能占据更大的战争主动权，为获取战争胜利奠定物质技术基础。

第一节　军事高技术概述

军事高技术对于现代军事具有重要的意义。它包含的内容相当宽泛，而且随着时代的发展而发展。这一节我们将重点对军事高技术的主要特点、军事高技术对现代战争的影响、军事高技术的发展趋势等进行介绍。

一、军事高技术的概念与分类

高技术这个词最早出现在 20 世纪 60 年代。高技术是对企业及其产品的技术评价，通常是从经济角度对一大类产品的划分。它是建立在当代最新科学技术成就基础上的能够形成一定生产力能力的技术。学者认为：高技术是指那些对一个国家军事、经济有重大影响，具有广泛社会意义，能形成产业的新技术或尖端技术。高技术是一个动态的、相对的概念，不同时代的高技术具有不同的内涵。

军事高技术是指建立在现代科学技术成就基础上，处于当代科学技术前沿，以信息技术为核心，在军事领域发展和应用的，对国防科技和武器装备发展起巨大推动作用的高技术总称。军事高技术的范围十分广泛，分类也各种各样。从高科技向军事领域自然延伸的角度，军事高技术可分为六大领域：军用信息技术、军事航天技术、军事海洋开发技术、军用生物技术、军用新材料技术、军用新能源技术。

从军事高技术与武器装备的关系出发，军事高技术可分为两大类型：一是支撑武器装备发展的基础技术，主要包括微电子技术、光电子技术、计算机技术、新材料技术、高性能推进与动力技术、仿真技术、先进制造技术等；二是直接用于武器装备并使之具有某种特定功能的应用技术，主要包括侦察监视技术、伪装与隐身技术、精确制导技术、信息战技术、指挥控制系统技术、军事航天技术、核生化武器技术、新概念武器技术等。

二、军事高技术的主要特点

军事高技术是高技术的重要组成部分。它既具有高技术的共同特征，又有其自身的特点。军事高技术与一般技术相比，具有以下八大特点：

（一）高智力

高技术是知识密集型技术，其发展和应用都必须依靠创造性的智力劳动，依靠富有创新意识、创新能力的高素质人才，体现了高智力的特性。人是高技术研究开发、控制管理、应用服务的主体，人的创新思维和创造性劳动是高技术发展中最深刻的动因。高技术的高智力特征，首先表现在高技术活动中的高素质人才群体，即高智能的科技人员、高文化的熟练工人和高水平的领导人才。高智力特征的另一个表现是研究开发费用的高比例和产品成本中知识技术的高比重。比如半导体电路，从成本上讲，原料和能源仅占总成本的2%，而其余98%都是智力含量。

（二）高投资

高技术的研究开发，需要昂贵的设备和较长的研制周期，因而需要耗费巨额资金。高技术的产生与发展，既是研究与开发的结果，又是研究与开发的继续；既是科技成果的应用，又是成果商品化的体现。而高技术的研究开发需要高投入来启动，高技术的产业化、商品化要靠高投入来支撑，高技术的风险创业更需要高投入来保证。因此，资金是高技术发展的“能源”。据目前统计，一般高技术企业用于研究开发的经费占其产品销售额的比例高达10%～30%，而科研成果产业化的投资又比研究开发投资高出5～20倍，形成高技术产业后的设备更新投资还会越来越大。

（三）高竞争

高技术的竞争性，决定了谁先掌握并应用高技术，先研发出新武器装备并抢先用于战场，谁就能占据战场主动权。为此，世界军事大国都试图在高技术发展的竞争中占据主动。高竞争性是刺激和加速高技术发展的重要因素。这种较量成为国家与国家之间、集团与集团之间军事、政治、经济竞争的“制高点”。各国、各集团为了追求高效益，狭路相逢，各不相让，你争我夺，愈演愈烈。如美国的“星球大战”计划、西欧的“尤里卡”计划、苏联和东欧的“综合科技进步纲要”、英国的“阿尔维”计划、日本的“振兴科技政策纲要”，以及我国的“863”计划，印度、墨西哥、新加坡等发展中国家的高技术发展计划，都是当今世界上争夺高技术制高点的集中体现。1986年美国商业部的报告提出：“高技术的优势地位，保证了美国在世界政治和经济中的领导地位。失去这种优势地位，就有可能给美国的经济、政治和国家安全造成无法估量的影响。”日本认为：“没有高技术，企业就无法在21世纪生存下去。”在某些西方国家的眼中，高技术已成为他们生产出控制、欺压别国的威慑性武器，剥削和掠夺发展中国家资源的重要手段。争夺高技术领域的制高点，是这些国家发展战略的重要组成部分。

（四）高风险

高技术研究本身蕴含着巨大的风险。高技术竞争的失败，对民用技术而言，就意味着企业投资的失败；对军事技术而言，则意味着国家利益将受到损害。以航天技术的发展为例，从 1961 年 3 月 23 日苏联航天员邦达连科作为第一位航天牺牲者，到 1987 年底，全球共进行了 117 次载人飞行，有 16 名航天员献出了生命，约占上天升空总人数的 8%。1986 年 1 月 28 日，美国的“挑战者”号航天飞机失事；2003 年 2 月 1 日，“哥伦比亚”号航天飞机重返大气层时空中解体，可见风险之大。

（五）高效益

高技术带来高价值。首先，科学技术是经济发展中的决定性因素，是富国之源，这是各国通过自身的实践所取得的共识。其次，高技术是高效益的产业，具有巨大的经济、社会效益，可产生“经济力”、“政治交涉力”、“军事力”，因而成为各国追求的目标。以美国的“星球大战”计划为例，尽管计划耗资 1 万亿美元，但其效益相当可观。据测算在“星球大战”计划中，为研制某种新式武器装备，需投资 250 亿美元，然而一旦将开发出来的新技术、新器件、新工艺成果转化为民用，其经济效益将是投资的 10 倍。美国航天投资的效益比约为 1∶14，即投资 1 美元，可回收 14 美元。1985 年至 2010 年的 25 年间，美国空间商业化收益预计在 5000 亿至 1 万亿美元之间，其效益之高可见一斑。

（六）高保密

高技术具有极强的综合性和技术辐射性，隐含着巨大的潜力，更加强调保密。高技术的保密，对民用技术来说，保的就是“金钱”；而对于军事技术，保的则是“生命”。军事高技术在国家安全中占据着非常重要的地位。各国都力图获得军事高技术，或者及时了解别国军事高技术的发展详情，以掌握对别国的军事优势或防止自己在技术上落后于人。这就使得各国都从国家战略利益的高度出发，保持对军事高技术的严密控制，绝不允许军事高技术像民用高技术那样为获取高额利润而轻易进行转让。美军将军事高技术划分为三类技术或技术流，即渐进性技术、突破性技术、王牌技术。三类技术均要求严格保密，保密期限依据其作用的不同而有所区别。像核武器技术之类的王牌技术，在半个世纪后的今天依然高度保密，绝不向别国转让。对潜在对手不仅在军事高技术转让方面进行严格控制，而且对可能在军事领域发挥作用的民用高技术也进行严格控制。

（七）高速度

高技术产业是目前发达国家经济中最活跃也是增长速度最快的领域。美国经济在“9·11”事件前已连续十多年呈现高增长、低通胀趋势，都是以信息技术为龙头的高技术产业带来的结果。高技术产业的成功，不仅表现在产值、产量的发展高速度上，而且还突出表现在产品性能更新的高速度。比如计算机芯片的处理速度，从其诞生到现在几乎每隔 18 个月就翻一番。

（八）高渗透

军事高技术知识的形成和应用具有广泛的融合渗透性质。一是学科渗透。即学科知识横向渗透、纵向融合、合纵连横、综合交错。二是应用渗透。即军事高技术像水银一样无孔不入，可以广泛应用于军事各个领域，从而给军队发展带来深刻的影响。

军事高技术的渗透性，深深地触及商业、交通、国防、医疗卫生、文化教育、组织管理、社会服务等各个方面，对产业结构、就业结构、社会结构、生活方式、思维方式甚至观念意识将产生深远的辐射效应和波及效果，从而使军事高技术成为世人关注的领域。高技术本身具有极强的综合性和技术辐射性或渗透性，隐含着巨大的技术潜力，既可用于传统产业的改造，又可用于新兴产业的创立，因而能带动社会各行各业的技术进步，成为经济、国防、科学、技术、政治、外交、教育和社会生活等各个领域发展变化的驱动力。

三、军事高技术对现代战争的影响

随着军事高技术的发展及其在军事领域的广泛应用，已经对武器装备和作战行动产生了巨大影响，概括起来就是“五化”，即：侦察立体化、打击精确化、反应高速化、防护综合化、控制智能化。

（一）侦察立体化

所谓“侦察立体化”，通俗地讲，就是“眼观六路，耳听八方”。在传统战争中，由于受科技与装备发展水平的限制，“眼观六路观不远，耳听八方听不全”。在高科技战争中，情况发生了根本性变化。侦察能力的差异性，决定了交战双方的不平等性。

从大洋深处到茫茫太空，布满了天罗地网式的侦察监视系统：水下的声呐，能够偷偷寻找军舰和潜艇的踪迹；地面的传感器，能够警惕地注视人员与车辆的动静；空中的侦察机，能够同时监视高空、低空、地面、海上的各种活动目标，如一架E-3A预警机，当飞行高度为9000米时，可以探测到500～650千米远的高空目标、300～400千米远的低空目标和270千米远的巡航导弹。天上的间谍卫星，“站得高，看得远”，其侦察效果更加显著。比如同样一架视角为20度的照相机，装在3千米高的侦察机上，一张照片可以拍摄1平方千米的地面面积；如果放在300千米高的侦察卫星上，一张照片囊括的范围可达1万平方千米，二者相差近1万倍！如果把侦察卫星放在地球同步轨道上，一颗卫星就能同时看到太平洋两岸，监视地球表面42%的面积。不仅如此，航天侦察还有着许多其他侦察手段无可比拟的优点，它不怕地面火力的威胁，不受地形条件的限制，加上卫星在轨道上无动力飞行，就是说，只靠地球引力和初始速度就能不停地运行，无须再提供另外的能源，再加上日益发达的空间遥感技术帮忙，可以说，凡是暴露在光天化日之下的目标，都难以逃过卫星的眼睛。在第四次中东战争，本来以色列已经被打得焦头烂额、手足无措，眼看就要全军覆没，正在此时，美国侦察卫星雪中送炭，及时提供了埃及第二、第三军团的结合部之间有隙可乘的重要情报，使以军偷渡苏伊士运河成功，从而转败为胜。假如没有卫星帮忙，这一段历史恐怕就要改写了。

侦察是打击的前提，从一定意义上讲，高水平的侦察监视技术，本身就是一种威慑力。1991年海湾战争打响以前，美国人向伊拉克送去了一套卫星拍摄的伊军兵力部署、防御设施以及伊拉克总统萨达姆公寓的照片，其清晰度令人吃惊，起到了涣散伊军士气的作用。从一定意义上讲，侦察能力的差异性，决定了交战双方的不平等性，换言之，一方打的是明白仗，而另一方打的是糊涂仗，战争尚未开始，胜负已见分晓。

（二）打击精确化

衡量武器装备的优劣，打击力是第一要素。传统武器装备追求唯大、唯多和大规模杀伤破坏，其能量的释放缺乏有效控制。高技术武器装备，强调在"精、巧"二字上做文章。所谓的"精"，就是要能够"攻其一点，不及其余"，尽量避免不必要的附带毁伤。如在海湾战争中，当美国空军投下的制导炸弹在伊拉克电信大楼爆炸时，紧挨电信大楼的希拉德饭店却安然无恙，CNN 的电视记者，透过饭店玻璃窗，向全世界进行实况报道。这种情况，在狂轰滥炸的传统战争中，简直是不可想象的事情。正因为精确制导武器有如此的奇效，所以各国才竞相研制和发展。统计显示，越南战争中，所用精确制导弹药占总弹药数的比例为 0.02%，到海湾战争时这一比例已达 9%，波黑战争时达到 60%，"沙漠之狐"行动时达到 70%，而科索沃战争中则高达 90%以上。阿富汗战争不过两个多月，美军走完了前苏联 10 年也未走完的道路，强大的塔利班为何如此迅速瓦解，其中，精确制导武器的使用功不可没。因此，精确化打击是现代战争的一个显著特点。目前，一种全新的作战样式——"精确战"，正在登上战争舞台，它要求探测目标精确，攻击目标精确，毁伤评估精确，总之，仗越打越"精"了。

在求"精"的同时，借助高技术的帮助，也开始在"巧"字上下工夫。比如，对于人，是打死好还是打伤好；对于物，是打碎好还是打废好。随着时代的发展，人们已经开始重新审视这个古老而又崭新的话题。美国人认为，要想有效地削弱敌人的战斗力，致死不如致伤，致伤不如使其失能。这里讲的"失能"，既可以指武器，也可以指人员。这样做，消费比更高，副作用更小，后遗症更大，从美军在索马里的军事行动中，从北约发动的科索沃战争中，人们已经有所领教，其今后的发展动向，值得人们高度重视。

综观海湾战争、科索沃战争、阿富汗战争以及伊拉克战争，战场上自始至终最活跃、最抢眼也是效率最高的作战行动，可以说非"精确打击"莫属。精确打击的作用日益突出，从一定意义上讲，是战场精确毁伤能力和战场透明度大大提高后所产生的综合效果，是信息化战争的显著特征之一。

其一，精确打击可以直接摧毁敌人重心。任何战争都有一个核心问题，就是认清敌人重心之所在。"打蛇打七寸"、"擒贼先擒王"，是打击敌重心思想的朴素反映。敌人的重心被击破，丧失了有效控制，整体作战能力将受到致命的削弱。伊拉克战争，从"斩首"作战行动到"震慑"作战行动，其打击目标都是直指伊领导人地下隐蔽所、萨达姆官邸、指挥中心、政府主要部门，其目的就是企图通过打击重心，打乱和瘫痪伊军指挥体系，使伊处于群龙无首的状态，缩短战争进程。这种在战争初始就将打击目标直指对方的核心和要害的新战法，在今后战争中必然会得到广泛应用。

其二，精确打击是"非接触作战"和"零伤亡"的基本保证。"非接触作战"是信息化战争的基本作战样式之一，"零伤亡"战争是一些国家尤其是美军追求的目标。尽管海湾战争和伊拉克战争中出于战略目的需要，实施了有限的接触作战，并付出了一定的伤亡，但这不等于美军作战追求的目标发生了飘移。"非接触"、"零伤亡"

既是军事上的追求,更是政治上的需要,从某种意义上还可以说是信息化战争的一个基本特征。实现"非接触"包括"有限的接触",前提是依赖于精确打击的效果,"零伤亡"则更是精确打击的直接体现。

其三,精确打击促使作战节奏明显加快。传统的火力毁伤只能是遵循"粗放型"作战思想而形成的消耗战,即"逐步消耗敌人战斗力的作战",其制胜之道是在时间、空间、能源和补给等方面消耗敌人,不断削弱敌人的力量,最后战胜敌人。精确化打击则不同,它是通过直接攻击敌人的战略战役及战术重心,致力于破坏敌方战争体系而达到战胜敌人的目的,因此作战行动变得精确、快速而具有致命性,作战周期大大缩短,作战节奏明显加快。

(三)反应高速化

虽然历来"兵贵神速",但因为受技术条件的限制,传统武器装备常常"欲速则不达"。现代武器装备由于利用了信息技术的成果,真正做到了机动快、反应快、打击快、转移快。1982 年的贝卡谷地之战,以色列在事先进行了周密的电子侦察之后,出动百余架飞机,用电子干扰机干扰叙利亚军队导弹制导系统,使其发射出来的导弹不能命中目标,然后以迅雷不及掩耳之势,通过饱和式轰炸,6 分钟摧毁叙利亚军 19 个"萨姆"—6 防空导弹连,打了一场时间最短的高技术战争。1986 年的锡德拉湾之战,美国飞机从英国基地起飞,往返 1 万多千米,空中加油 4 次,飞抵利比亚上空,同时向的黎波里市和班加西城的机场、兵营、港口、雷达阵地倾泻了大批精确制导弹药,甚至直接把导弹打到了卡扎菲总统住所,炸弹从窗子飞进卧室,幸亏卡扎菲躲进地下室才免于一死。这次空袭总共只有 17 分钟时间,却开创了"外科手术式打击"的先河。这样的战法可谓史无前例。难怪美国的国防部长科恩宣称:"以往的哲学是大吃小,今天的哲学是快吃慢。"

为了适应未来信息化战争的需要,各国先后都建立了快速反应部队。快速反应部队以其灵活、迅速的特点而更加引人注目,成为各国军队建设的重点之一。例如,北约将"多国快速反应部队"作为军队建设的第一层次;俄军也把立即反应部队和快速展开部队作为其常规力量的重要组成部分;美军还成立了"应急部队司令部",用于随时派出部队对付地区性冲突和突发事件。

外军快速反应部队的特点是:规模适当,精兵合成;装备精良,立足轻型;注重训练,强调多能。

外军快速反应部队的发展趋势是:突出海、空投送力量建设,强化远程快速机动能力;实现以数字化为基础的一体化构成,强化其整体作战能力;实施"集中后勤"保障,提高其持续作战能力。

(四)防护综合化

"保存自己,消灭敌人"是一切战争的共同原则。由于现代侦察、监视和探测手段具有全方位、全频谱、全天候、全时辰的特点,进攻一方如果不能有效地保护自己,就可能出现"发难者先遭难"的结局。现在,当一架战斗机在重要地区 300 米以上高度飞行时,可能受到 800～900 部雷达的照射,其中可能有 300～400 部雷达以 600～700 个不同频率的波束进行搜索,有 30～40 部雷达跟踪飞机。如果再加上光电探测设备的威胁,战场电磁环境必将更加复杂。这对飞机、导弹等进攻性武器是一个严峻挑战。在这种情况下,防护的地位显得特别重要。海湾战争中,F-

117A 飞机大出风头，出动 1600 多架次，仅占战斗机攻击架次的 1.77%，却完成了对 40%战略目标的攻击任务，而且无一损伤，因而被行家评为这次战争中唯一获得满分的最佳战机，其奥妙之处，便是借助于外形设计和表面涂料，有效地实现了隐身要求，其雷达反射面只有 0.1 平方米，和一顶钢盔差不多。除了隐身技术外，先进伪装、预警告警、致盲致眩、释放诱饵、加固装甲、防电磁脉冲等，也都成了现代武器装备的防护手段。

每当一种新武器系统问世时，都会促进新的防护工程系统的研制和发展。在信息化战争时代，综合防护技术的发展也应与时俱进。

防护技术的基础研究应有重大变化，具体措施应该不断创新。一是防护措施综合一体化。传统、单一的结构防护难以有效对抗精确制导武器打击，必须由单纯的被动防护发展为被动防护与主动防护相结合的综合对抗型防护。采用新材料和新结构，提高工程抗毁能力；采取伪装、隐蔽和欺骗等措施，降低被发现概率；采取低空障碍和干扰引偏措施，避免被精确命中；采取低空或超低空拦截等主动防护手段，避免工程遭到直接打击。正在发展的一体化综合防护技术，充分利用信息技术，由单纯被动防护转向由伪装、障碍、拦截、干扰、欺骗、机动与工程结构组成的信息化防护系统，强调被动防护与主动防护相结合和防护手段多样化、综合化和信息化。二是工程体系网络化。单一的、孤立的战略指挥工程在高强度打击下有可能被摧毁。因此，战略指挥工程应形成分散配置、多点设置、相互连通的网络化布局，以提高工程体系的整体生存能力。三是工程建设深地下化。战略指挥工程的深地下化是对付常规武器和核武器打击最有效的手段，是战略指挥工程发展的必然趋势。据报道，有的国家正在考虑建造深达 1000 米的超坚固地下战略指挥防护工程。四是管理控制智能化。战略指挥工程内部各种防护设备和通风空调等保障设施的控制与管理正朝智能化方向发展。一方面实行内部设备控制系统与预警、探测系统联动，提高防护设备的防护反应能力；另一方面实现工程内部环境与设备控制系统的自动化和智能化。

在防护目标上，要做到重点突出。比如重要经济目标关系国计民生，是国家的经济命脉，是国家战争潜力的重要组成部分。战争是倾泻巨额物质财富的消耗战，谁的经济实力强，物资储备多，谁就有更多的获胜把握。因此，做好重要经济目标的防护，保存战争潜力，对于坚持作战、赢得战争的最后胜利，具有十分重要的作用。未来信息化战争，针对重要经济目标，特别是直接支援和保障战争的目标的打击会加强，以削弱对手的战争潜力，缩短战争持续时间。在科索沃战争中，北约针对前期打击南联盟军事力量和军事战略目标效果甚微的情况，后期转向重点打击南联盟的民用经济目标和经济潜力目标，使得南联盟在能源、交通设施被摧毁或瘫痪的情况下，尽管保存了 90%的军事实力，但 2000 亿美元的经济损失使其无法继续其军事上的反空袭斗争，最后不得不接受停火协议。因此，做好重要经济目标的防护，对于保存战争潜力，稳定民心士气，支援军队作战和夺取战争的最后胜利，具有极为重要的战略意义。

（五）控制智能化

现代技术特别是高技术的发展，使武器装备的射程、威力、精度都几乎达到了各自的极限。交战双方的差别，在很大程度上取决于他们对武器控制和部队指挥的水平。而要想驾驭信息战，单靠人脑已经不够了，必须借助于电脑来帮忙。在海湾战争中，美军在战区中有3000多台计算机同国内的计算机联网，跟踪与分析敌军实力，指定与演练作战方案，汇集与查找各种资料，都使用计算机进行。多国部队的战斗机，一般每一架都装有20台左右的计算机；每一辆M1A1或者法国的“勒克莱尔”坦克，装有各类微机30余台；而每一艘航空母舰，各系统至少装有200台左右的计算机。美国的“全球军事指挥控制系统”，总共有100多台大型机、3000多台小型机和工作站、数以万计微型机组成，可连接全球100个基地与战争热点的大型作战指挥网。从一定程度上讲，没有电子计算机，就不可能打什么“高技术战争”。仍以海湾战争为例，在整个38天空袭期间，多国部队的空域管制人员必须根据空中任务分配指令，每天管理数千架次飞机的飞行活动，涉及122条空中加油航线、600个限制区、312个导弹交战空域、78条空中攻击走廊、92个空中战斗巡逻点、36个训练区和6个国家的民航线，总航线长达15万千米，要完成如此复杂艰巨的任务，没有一个智能化的指挥控制网络，简直是不可思议的事情。

21世纪，一场以信息技术为核心的新军事革命正在世界范围内蓬勃兴起，依靠科技兴国、强军已成为时代潮流。有些军事家预言：“30年后，战场将主要使用计算机和无人驾驶的坦克、火炮、飞机、机器人、导弹等智能武器”，“谁能在人工智能领域中取胜，谁就将赢得21世纪战争的主动权”。

技术进步推动武器装备更新：智能化是武器装备发展的大趋势。智能化武器装备的发展大约经历了三个阶段：第一阶段是把武器装备装上记忆存储器，使其按操作程序和要领，模仿人做重复性工作。第二阶段是把武器装备装上计算机和传感器，使其能适应环境的变化。第三阶段是把武器装备加上多种传感器，使其具有某种“智能”，能自动帮助人寻找、辨认和摧毁目标。如自动装填弹药，自动管理仓库，自动进行污染洗消；实施侦察、监视、目标捕捉、弹着点观察、地雷探测、开辟通路、排除障碍等；对军事设施、特定地域实施侦察等。

智能化武器装备，是指不用人直接操作，可自行完成侦察、搜索、瞄准、攻击目标以及情报的收集、处理与综合等多种军事任务的新型武器装备。目前，智能武器主要有以下类别：智能军用机器人、智能C3I系统、智能无人机、智能坦克、智能导弹、智能地雷等。机器人的出现是智能武器装备的集中代表，它具有一定的思维、感觉、知觉以及分析和判断能力，能模仿人的行为执行多种军事任务。当今世界上已经研制和列入发展计划的有防御反舰导弹机器人、欺骗系统机器人、排雷机器人、防化机器人、烟幕机器人、侦察机器人、反装甲机器人、水下机器人、图像判断机器人、航天机器人等十多种类型。可以预言，随着方兴未艾的世界军事革命的发展，各种高新技术，将会很快“嫁接”于军事领域，各种智能化武器装备将充斥战场，并在某些时节、某些领域担当主角。

智能化武器装备的运用，突破了现有的战场时空观念，陆、海、空、天、电一体的五维战场，将发展为包括计算机网络空间在内的陆、海、空、天、电、磁一体的六维战场，诸军兵种联合作战将成为主要作战样式，智能武器在任何气候和任何地形条件下战斗，使得未来战场将是全时空、全天候、全方位的战争。

高技术的发展给现代战争带来的新变化，还远远不止这些。随着新军事革命的兴起及全球范围内的迅速拓展，未来战争还将出现更多新的变化。我们必须高度重视，加紧学习，深入研究，积极探索未来战争的特点与规律，提高驾驭和指挥战争的能力，从而赢得未来高技术战争的胜利。

四、军事高技术的发展趋势

随着高技术的不断涌现和人类活动空间的进一步拓展，军事高技术在诸多领域齐头并进，获得空前发展，其发展趋势主要体现在以下几个方面：一是将进一步向综合化方向发展。现阶段，单一技术已很难形成优势，只有将各种相关技术群运用系统集成方法进行综合开发和利用，才能有效提高武器装备系统的作战性能。二是各种高技术更趋成熟、发展领域进一步拓宽，所有这些使得各种武器装备的性能将更加优越和全面。三是效费比将得到进一步提高。目前，很多高技术武器装备因其自身造价昂贵、开发周期长、保障要求高而难以大量实战运用。随着军事高技术的不断完善和发展，作战性能不断提高，各种费用不断降低，将会有更多的高技术武器装备投入实战运用。四是更加注重军民融合、军民共用。信息化战争是综合国力的较量，更加需要强大的经济、科技和民间力量的支撑。使军用、民用技术相互融合，相互促进，不仅对国民经济和科技的发展以及综合国力的增强会起到很好的推动作用，而且反过来对军事高技术的发展也会产生促进作用。

第二节　精确制导技术与精确制导武器

自有战争以来，人们就渴望有一种“百发百中”的武器，能够在视距之外、千里之遥对敌人发起进攻，而自己却安然无恙。精确制导武器的问世满足了人们的愿望，“短兵相接”被“千里之遥”的精确打击所取代。以导弹为首的精确制导武器作为现代高技术战争的“撒手锏”，成为世界战争舞台上的主角，不仅改变了战场的形态，而且导致了战争的革命。

一、精确制导技术

精确制导技术是指按照一定规律控制武器的飞行方向、姿态、高度和速度，引导其战斗部准确攻击目标的军用技术。它是利用探测器和敏感装置，对目标进行识别、定位和跟踪。

实现导引和控制的全部装置称为制导系统，它是由导引系统和控制系统组成的。导引系统主要由测量装置和计算机组成，其主要功能是测量导弹与目标的相对位置和速度，计算导弹实际飞行弹道和理论飞行弹道的偏差，产生纠正指令。控制系统由敏感装置、综合装置、放大变换装置和执行机构组成，其功能是根据指导指令和导弹的姿态信号形成综合控制信号，经放大、变换，由执行机构驱动导弹舵面偏转或调整发动机推力方向，使导弹按指导指令的要求运动，并消除外界干扰对导弹运动的影响，使导弹已允许的误差命中目标。

二、精确制导武器

精确制导武器，是指采用精确制导技术，直接命中概率在50%以上的武器。精确制导武器有两大基本特征：一是采用了精确制导技术，二是直接命中概率高。所谓直接命中，就是武器的圆公算误差要小于弹头的有效杀伤半径，是相对于爆炸破片对目标的间接命中而言的，一般是指武器的战斗部与目标有效部位的直接接触命中。

1. 精确制导武器的发展过程

精确制导武器起源于制导武器，第二次世界大战期间，德国先后研制了V1和V2导弹，用于轰炸伦敦，虽然精度不高，但已经初步显示了导弹的威力。二战结束后，导弹技术迅速发展起来，20世纪50年代，已经出现了防空导弹、空空导弹等，但没有在战争中大规模使用。直到60年代的越南战争，精确制导武器才真正崭露头角。到了1967年初，美军把刚刚研制成功的“宝石路”激光制导炸弹运到了越南。1967年3月12日，美军出动8架飞机，首次使用了“宝石路”激光制导炸弹，准确地炸毁了清化桥，自己无一损伤。

进入20世纪70年代，人们在战争中开始越来越多地使用这一类武器。1972年4月至12月，美国在越南大量使用了电视制导和激光制导的炸弹，炸毁了80%以上的被袭击目标。与普通炸弹相比，这种炸弹的作战效能提高了几十倍，所以被称为“长了眼睛的炸弹”，也有人称它为“灵巧炸弹”。到了1974年，西方军界把这些命中概率很高的导弹、制导炸弹就统称为“精确制导武器”。到了80年代出现了制导炮弹。具有代表性的是美军的“铜斑蛇”和前苏军的“红土地”，它们的命中精度极高，可与反坦克导弹媲美。20世纪90年代，精确制导技术向“智能化”发展。例如，美国的“黄蜂”空对地导弹，由于采用了信号处理技术和人工智能技术，它能够在一定程度上识别真假目标，并能与其他导弹协调工作。

2. 精确制导武器的特点

精确制导武器的特点是与传统武器相比而言的，其基本特点突出表现为命中精度高、技术含量高、作战效能高。

(1)命中精度高

直接命中概率高，这是精确制导武器名称的根本由来，也是精确制导武器最基本的特点。1991年海湾战争期间，美海军出动3架舰载机轰炸伊拉克一座发电厂，其中两架A-6E“入侵者”重型攻击机各携带有“斯拉姆”空对地导弹，另外一架A-7轻型攻击机予以协同。A-6E发现目标后，首先发射一枚“斯拉姆”导弹，把坚固的厂房炸开一个直径10米的大洞。2分钟后，另一架A-6E攻击机向目标发射了第2枚“斯拉姆”导弹，奇迹出现了：第2枚导弹居然从第一枚导弹炸开的洞口穿入厂房内部，将电站彻底摧毁。

(2)技术含量高

精确制导武器作为人类智慧的结晶，是技术发展到一定阶段的产物。它的制导系统是以光电器件、集成电路、计算机等众多高技术为基础的，特别是集成电路的使用，使精确制导武器的各部件得以小型化，极大地增加了武器的灵活性，信息处理能力成倍增加。精确制导武器在实战中，从发射到命中的全过程贯穿了各种技术手段的较量。所以，世界各国都十分重视精确制导武器技术的先进性。

(3)作战效能高

精确制导武器由于精度高，其爆炸能量精确地释放到目标上，所以其作战效能大大提高。在1991年的海湾战争中，美国的“战斧”式巡航导弹从1000公里以外发射，准确命中并摧毁了严密设防的巴格达市高价值目标，其作战效能远远优于作战飞机使用常规航弹的空袭。另外，虽然精确制导武器达到技术复杂，单发成本比较高，但由于较高的直接命中概率，完成作战任务时其弹药消耗量小，因此总体费用仍有可能低于使用常规弹药。如美军的“陶”式反坦克导弹造价 1 万美元，它击毁 1 辆 M1 坦克的造价却为 244 万美元；1 枚百万美元的防空导弹可以击落几千万美元的 1 架飞机；一枚 20 万美元的“飞鱼”导弹却击沉了一艘价值 2 亿美元的“谢菲尔德”号驱逐舰。

3. 精确制导武器的分类

精确制导武器包括精确制导导弹和精确制导弹药两大类。

精确制导导弹是一种依靠自身的动力装置推进，由精确制导系统探测、处理、导引和控制其飞行轨迹并命中目标的武器。精确制导导弹的分类方法很多，通常有以下几种：

①按作战任务的性质分类，可分为战略导弹和战术导弹。战略导弹：是指用于打击战略目标的导弹。它是战略武器的主要组成部分。通常携带核弹头，战略弹道导弹射程通常在 1000 公里以上，用于打击政治和经济中心、军事和工业基地、核武器库、交通枢纽等目标以及拦截来袭战略弹道导弹；战术导弹：用于毁伤战役战术目标的导弹。其射程通常在 1000 千米以内，多属近程导弹。它主要用于打击敌方战役战术纵深内的核袭击兵器、集结的部队、坦克、飞机、舰船、雷达、指挥所、机场、港口、铁路枢纽和桥梁等目标。20 世纪 50 年代以后，常规战术导弹曾在多次局部战争中被大量使用，成为现代战争中的重要武器之一。

②按发射点与目标的关系位置分类，可分为地面发射导弹、空中发射导弹、水面发射导弹、水下发射导弹。

③按射程分类，可分为近程导弹（射程为 1000 千米以内）、中程导弹（射程为 1000～3000 千米）、远程导弹（射程为 3000～8000 千米）和洲际导弹（射程为 8000 千米以上）。

④按飞行弹道分类，可分为巡航导弹、弹道式导弹。巡航导弹是导弹的一种。即主要以巡航状态在稠密大气层内飞行的导弹，旧称飞航式导弹。巡航状态是指导弹在火箭助推器加速后，主发动机的推力与阻力平衡，弹翼的升力与重力平衡，以近于恒速、等高度飞行的状态。在这种状态下，单位航程消耗能量最少。其飞行弹道通常由起飞爬升段、巡航（水平飞行）段和俯冲段组成。它依靠喷气发动机的推力和弹翼的气动升力；弹道导弹：是指在火箭发动机推力下按预定程序飞行，火箭发动机关机后按自由抛物体轨迹飞行的导弹。这种导弹的整个弹道分为主动段和被动段。主动段弹道是导弹在火箭发动机推力和制导系统作用下，从发射点起到火箭发动机关机时的飞行轨迹；被动段弹道是导弹从火箭发动机关机点到弹头爆炸点，按照在主动段终点获得的给定速度和弹道倾角作惯性飞行的轨迹。

⑤按攻击目标分类，可分为防空导弹（地空）、反坦克导弹、反舰（潜）导弹、反辐射导弹、反弹道导弹和反卫星导弹。

⑥按战斗部性质分类，可分为普通装药战斗部、核装药战斗部、特种装药战斗部。

精确制导弹药由末制导弹药和末敏弹药两类。末制导弹药主要包括制导炸弹、制导炮弹、制导地雷等，它们是依靠自身的动力系统和导引、控制系统飞向目标；末敏弹药主要是一些反装甲子弹药，它们自身无动力装置，其弹道的初始阶段、中段多需借助火炮、飞机投掷。

三、精确制导武器制导方式

制导方式是实现导引和控制飞行器按照特定规律，选择飞行路线去寻找和攻击目标的过程中所采用的手段和方法。根据制导方式的不同，常用的制导技术有寻的制导、遥控式制导、惯性制导、匹配制导、全球定位制导及复合制导等六大类。

1. 寻的制导

寻的制导，又称"自寻的制导"，当弹头上的寻的设备接收到从目标辐射或反射来的能量信息(如红外波、无线电波、光波或声波)时，弹头上的制导系统会根据这些信息确定目标的来向，并自动形成制导指令，控制导弹飞向目标。根据目标信息的物理特性不同，寻的制导可分为雷达寻的制导、红外寻的制导、毫米波寻的制导、电视寻的制导和激光寻的制导；根据能量来源不同，寻的制导可分为主动式寻的制导、半主动式寻的制导和被动式寻的制导。寻的制导的优点是精度非常高，多用于末端制导，适合打击运动目标。其缺点是作用距离短，识别敌我能力差。

2. 遥控制导

遥控制导是由设在导弹以外的地面、水面或空中制导站控制导弹飞向目标的制导技术。制导系统测量目标和导弹的相对位置，然后引导并控制导弹飞向目标。遥控制导的优点是弹上设备简单，在一定射程范围内可获得较高的制导精度。缺点是射程受跟踪测量系统作用距离的限制，制导精度随射程的增加而降低，并易受干扰。

3. 惯性制导

惯性制导是采用惯性测量设备测量导弹运动参数的制导技术。在飞行过程中，导弹通过陀螺仪、加速度表等装置测量数据，并根据事先协定好的初始条件和制导程序来发出指令，控制导弹飞行。比如中远程弹道导弹、巡航导弹，就采用这种技术，一般用来攻击固定目标，因为其弹道在发射前就装定好了。惯性制导是以自主方式工作的，不与外界发生联系，所以抗干扰性强、隐蔽性好、可靠性高。其主要缺点是误差随时间积累，精度较差，因此对工作时间较长的惯性制导系统要用其他制导方式修正误差，构成复合制导；飞行弹道参数一旦泄密，容易被拦截。

4. 地形匹配和景象匹配制导

地形匹配和景象匹配制导是导弹在发射前，事先把路线上的地形数据或景物图像数字化，存储在导弹上。飞行过程中，通过特定的装置不断测量实际地形或景物数据，与事先存储的信息进行对比，算出偏差后进行纠正。这两种制导方式都有一定的局限性。比如地形匹配制导，在平原地区和大面积水域上空就很难发挥作用，因为没有明显的地形特征。另外一点，由于导弹前要把大量的地形景物数据输入导弹上的存储器，所以发射准备时间一般比较长。更为重要的是，这种制导技术需要发达的卫星遥感和测量技术，需要事先测量好目标地区的各种地形数据。

5. 全球定位系统制导

全球定位系统制导也称"GPS 制导"，就是借助于全球定位系统的导航卫星来进行制导和攻击。它的工作原理是利用弹上的 GPS 接收 4 颗以上导航卫星播发的信号修正导弹的飞行路线，使之沿修正的航线飞向目标。采用这种制导方式最典型的武器就是美军的杰达姆(JDAM)，也就是联合直接攻击弹药，因为是借助于卫星定位制导，所以其最大的优势是不受天气影响，甚至可以在云层上投放，大大提高了其作战效率。卫星制导完全是发射后不管，飞机自身安全性好，对能见度几乎没有要求，但是卫星制导实际上打的是GPS定位的坐标，需要事先获取目标的坐标，对付移动目标及突然发现的目标难度大。

6. 复合制导

复合制导是在一种武器中采用两种或两种以上的制导方式组合而成的制导技术。这样一来可以综合利用以上几种制导方式的优点，弥补缺点，提高导弹的抗干扰能力和精度。比如美国的“战斧”式巡航导弹，在飞行的前半段，采用惯性导航+地形匹配制导，在飞行末段采用主动雷达寻的制导，就是一种典型的复合制导。

四、精确制导武器在现代战争的作用

精确制导武器作为“现代兵器之星”已大量装备部队并广泛用于现代战争中，成为现代战场首选的打击兵器，在现代战争中起到了极为重要的作用。

一是已成为现代战场的主要打击兵器。1973年10月第四次中东战争期间，埃及和以色列展开了一场二战后规模最大的坦克战，双方使用的精确制导武器约20种。开战头三天，以军在西奈半岛损失坦克约300辆，其中被反坦克导弹击毁的约占77%。1982年英阿马岛战争中，英军用空空导弹击落阿军飞机66家架，占阿军全部被击落飞机的83%。在1991年的海湾战争中，精确制导武器更是大显身手，充当了战场的主角。多国部队使用了20种精确制导武器，如“战斧”式巡航导弹、“爱国者”防空导弹、“斯拉姆”空对地导弹、“哈姆”反辐射导弹、“海尔法”反坦克导弹、“响尾蛇”和“麻雀”空空导弹及激光炸弹等，显示出了超常的作战能力。到2003年的伊拉克战争中，以上大部分武器又发挥出了重要的作用。20世纪末，世界上拥有精确制导技术并能自行研制生产精确制导武器的国家有20多个，但近100个国家和地区的军队装备了这种武器。在电子战和C^4ISR系统的密切配合下，精确制导武器已经成了现代战场的主要打击兵器。

二是使作战方式发生了深刻变化。首先是战争将被速战速决取代。精确制导武器最本质的作战特点是快速、敏捷、高效，也就是说精确制导武器具有速战速胜的能力。其次，传统重型兵器的领先地位受到有力挑战。飞机、坦克、大炮和军舰等重型常规兵器素有“天之骄子”、“战场之王”、“战争之神”和“海上铁龙”之称，时至今日，在精确制导武器面前，则显得有些软弱、笨重和力不从心。最后，使突袭性的跨国界作战变得轻而易举。精确制导武器具有准确的远程作战能力，牵连损伤有限，作战持续时间短和军事行动的国际影响度相对降低，使得某些大国敢于“说出手时就出手”。

三是成为改变军事力量对比的杠杆。首先是精确制导武器与电子战配合使用可改变军事力量的传统对比。精确制导武器的出现，使电子战由软杀伤发展为软杀伤与硬摧毁相结合的崭新阶段。海湾战争中，精确制导武器就承担了“电子战杀手”的角色。事实表明，拥有先进的精确制导武器和电子战实力的一方，可以战胜传统武器在数量上占优势，但制导武器落后、又无电子战实力的一方。其次是精确制导武器可以改变传统军事力量的平衡。当敌对双方的传统军事力量旗鼓相当时，拥有或相对拥有更多精确制导武器实力的一方将在军事上占优势。最后，是精确制导武器促成了常规的威慑力量。核武器、化学武器、生物武器都是大规模杀伤性武器，由于这种武器大范围的杀伤与破坏作用，使用后能使敌人蒙受巨大损失，并造成强烈的心理和精神影响，所以是一种很好的用来恐吓、威胁敌对一方的武器。但由于世界上一切爱好和平的人民和国家的共同努力，已打破了超级大国的核垄断，使得超级大国不得不寻求新的威慑力量。由于精确制导武器在作战中的突出表现和种种优点，特别是对点目标，攻击力不亚于小型原子弹，而且牵连损伤较小，所以超级大国把眼光逐渐聚焦到了精确制导武器上，把它视为当代新的具有威胁性的武器。通过近几年的局部战争，可以看到这种拥有高技术的精确制导武器，它的常规威慑力量的可利用性已大大高于核威慑力量。

五、精确制导技术的发展趋势

精确制导技术未来的发展趋势包括：采用新型制导方式提高攻击精度，采用特种装药增大破坏威力，采用抗干扰措施提高攻击可靠性，采用防护措施提高武器生存力，采用模块技术提高武器平台的通用性。

第三节　侦察监视技术

古往今来，所有的军事家都十分重视对敌方进行侦察和监视，以求做到知己知彼，百战不殆。现代科学技术特别是高技术的发展，使军事侦察监视技术水平和能力有了极大提高，利用现代高性能的侦察监视系统可进行全时域、全天候、覆盖全球的侦察监视，为快速、准确地制定对策和作出反应，提供可靠依据，为克敌制胜创造有利条件。

一、侦察监视技术的基本概念

侦察监视技术，是指在全时空用于发现、区分、识别、定位、监视和跟踪目标所采用的技术。

侦察监视技术是军队为获取敌情、地形及其他有关作战情况而进行的活动，其直接目的是探测目标。整个目标探测过程可分为六个阶段：发现、区分、识别、定位、监视和跟踪。发现，就是通过把目标与其背景作比较，或依据周围背景的某些不连续性，将目标从背景中提取出来，即确定目标在什么地方。区分，即确定目标的种类。主要是根据目标的外形和运动特征进行区分。区分目标主要依据目标的外形特征和运动特征，其中，辨别目标外形的明显特征对于区分目标是非常关键。识别，是指在目标探测过程中，对目标进行详细的辨认，确定出真假、敌友及确切的种类型号。首先要确认所发现目标的真假，然后对真目标确认其是敌是友；如果是敌，还要再确认目标的型号。定位，即按照一定的精度，探测出目标的位置。一般包括目标的方位、高度和距离三个要素。监视，是指隐蔽地对目标进行严密的注视和观察。一般需要利用一定的技术器材来实现。跟踪，是指对运动目标进行的不间断的监视。随着现代高技术的发展，要实现对运动目标的跟踪，对技术器材提出了比监视更高的要求。

二、侦察监视技术的分类

现代侦察技术有多种分类方法，按照所保障的军事目的可分为战略侦察、战役侦察和战术侦察；按照侦察装备所在空间范围可分为地(水)面侦察、水下侦察、空中侦察和航天侦察；按照侦察活动的方式可分为武装侦察、谍报侦察和技术侦察；按照不同军种的任务范围可分为陆军侦察、海军侦察、空军侦察、战略导弹部队侦察等；按照实现探测和识别的技术原理可分为光电侦察、电子侦察、声学侦察、遥感侦察等；按照侦察监视所采取的手段可分为观察、窃听、搜索、捕俘、火力侦察、照相侦察、雷达侦察、无线电侦察、调查询问和搜集文件资料等。

三、侦察监视技术的现状

1. 水下侦察监视技术

水下侦察监视是利用水下侦察监视设备来探测水下的各种目标。它是现代侦察监视系统的重要组成部分。

水下侦察设备大体可分为两类，即水声探测设备和非水声探测设备。

水声探测设备主要有声呐、水下噪声测量仪、声线轨迹仪、声呐测试仪、弹道轨迹测试仪、水下准直定位测试仪、声速仪、波浪仪等。其中，声呐是用途最为广泛的水下侦查监视设备。

声呐，是利用声波对水中目标进行探测、定位和识别的水中探测技术设备。它是最主要的水声探测设备，俗称水下的“千里眼”、“顺风耳”。

声呐按其工作方式分为主动式和被动式两种。

主动式声呐，又称“回声声呐”，主要由发射机、换能器、接收机、收发转换装置(用于收发合一的基阵)、显示器、系统控制设备和电源等组成。

被动式声呐，又称“噪声声呐”，主要由换能器、接收机、显示控制台等组成。

声呐按使用对象不同，可分为水面舰艇声呐、潜艇声呐、航空声呐和海岸声呐等。

非水声探测设备主要有磁探仪、红外线探测仪、废气探测仪、低能见度电视、探潜电视、探潜雷达以及温度梯度仪等。

目前，水下严密的侦察网络是以水声探测为主构成的，非水声探测设备作为水下侦察监视的补充也得到了较快的发展。

2. 地面侦察监视技术

地面侦察监视，是一种传统的侦察监视方式，它是在陆地上进行的侦察监视。地面监视手段很多，除了常见的光学侦察如望远镜、潜望镜、侦察经纬仪、测距机、地面远程摄像机等外，主要还包括无线电技术侦察、雷达侦察和地面传感器侦察。

无线电技术侦察，是指使用无线电技术器材，截收和破译敌方无线电信号，查明敌方无线电通信设备的配置、使用情况及战技术性能，以判明敌人的编成、部署、指挥关系和行动企图，为制定电子战计划、实施电子干扰和引导火力摧毁提供依据。其功能主要包括侦收(听)和测向定位两个方面。

雷达侦察，是使用雷达设备，利用物体对无线电波的反射特性来发现目标和测定目标距离、速度、方位和运动速度的一种侦察方法。它在战场上应用十分广泛，成为现代战争的一种重要侦察手段。

地面传感器侦察，是指对地面目标运动所引起的电磁、磁、声、地面振动和红外辐射等物理量的变化进行探测，并转换成电信号的一种侦察方法。地面传感器通常由探测器、信号处理电路、发射机和电源四个部分组成。目前，使用比较广泛的有震动传感器、声响传感器、磁性传感器、应变电缆传感器、红外传感器等，其设置方法主要有人工埋设、火炮发射和飞机空投等方式。

3. 航空侦察监视技术

航空侦察监视，是指使用航空器在环绕地球的大气空间，对敌方军队及其活动、阵地、地形等情况进行的侦察监视。它是通过航空侦查监视平台(如，有人驾驶侦察机、侦查直升机、无人驾驶侦察机、预警机等)携载的侦察监视设备(如，可见光照相机、红外照相机、激光扫描相机、红外扫描装置、电视摄像机、合成孔径雷达、机载预警雷达等)获取敌战术和战略情报的。

4. 航天侦察监视技术

航天侦察监视技术，是利用航天器上的侦察设备在外层空间进行侦察监视的技术。它不仅能满足战略情报的需要，而且也能满足战术、战役情报的需要，具有轨道高、速度快、范围广和限制少等优点，还可以长期、定期、反复、连续地监视全球或某一地区，能在短期内适时地提供侦察情报，能满足军事情报的时效性要求。

航天侦察监视的分类方法很多，如按使用的航天器是否载人，可分为卫星侦察和载人航天侦察。其中，卫星侦察是航天侦察监视的主要方式，它是利用侦察卫星在空间进行的侦察。按任务和侦察设备不同，侦察卫星通常分为成像侦察卫星、电子侦察卫星、导弹预警卫星和海洋监视卫星等。

四、侦察监视技术在现代战争的作用

随着现代侦察监视技术的飞速发展及其在战场上的广泛运用，现代战场的侦察与监视手段有了显著改善，侦察手段多样化、综合化，大大提高了全天候、大面积、全方位的侦察能力，对作战产生了深远的影响。

1. 扩大了作战空间

现代侦察监视技术装备可以覆盖整个战场并能在全球范围内进行全纵深、大面积的侦察与监视。侦察距离的增大，扩大了信息获取量，为实施远距离作战提供了条件。同时作战距离的扩大又使传统的近战战法受到严峻的挑战，必须探索新的对敌作战方式。

2. 改善了信息获取手段

侦察技术的发展，使现代战争的情报侦察方式发生了变革。过去战场侦察主要是依靠侦察兵或特工人员使用目视观察器材进行侦察，而现代战场侦察则主要是使用配备有先进的光、电、热、声、磁等侦察设备，包括地面侦察站、侦察船、侦察飞机、侦察卫星等手段，对敌方的军事设施、军队的部署、武器装备的配置以及部队的调动与行动企图进行侦察与分析，获取军事情报，为制定作战计划和作战行动提供依据。使用现代侦察手段，可以深入敌人后方，全面详细地了解和掌握战场的情况，从而“知己知彼，百战不殆”。

3. 增强了作战指挥的时效性

现代战场复杂多变，实时获取高质量的情报信息则显得越来越重要。现代侦察监视技术特别是卫星、遥感技术应用于军事领域后，不仅使军队获取信息的范围显著增大，而且速度和准确率也大大提高。在伊拉克战争中，美军调动了包括光学成像卫星、雷达成像卫星、电子侦察卫星、导弹预警卫星、测地卫星和气象侦察卫星等90多颗空间卫星，其中20多颗用于军事侦察，形成了严密的侦察监视网络。美军的3颗“锁眼”-12光学卫星和“长曲棍球”卫星每天经过伊拉克上空12次，与预警机、侦察机、无人侦察机相结合，构成了全天候、立体侦察体系，为掌握准确的作战态势提供了保障，从而使美军攻击行动的目标信息获取——传输——处理——反馈作战平台——完成火力攻击的整个过程只需要10秒左右的时间，几乎做到了实时同步，而在海湾战争中这一过程是48小时。侦察装备这种实时、快速、准确传递信息的能力和手段，极大地提高了作战指挥的时效性。

4. 对作战指挥人员提出了更高的要求

现代侦察监视技术在战场上的运用，不仅给作战指挥提供了极为便利的条件，而且对作战指挥人员也提出了更高的要求。要求指挥员和指挥机关必须充分发挥现代侦察监视技术的作用，熟悉军队指挥规律及其科学原理，制人而不制于人，以适应现代战争的需要。

5. 促进了反侦察技术的发展

侦察技术在战场上的运用，促进了反侦察技术的发展。随着卫星、遥感等新技术在军事上的运用，使战场“透明度”越来越大，部队隐蔽行动企图更加困难，必须探索新的伪装与行动方法。此外，高技术侦察装备和先进侦察手段的大量使用，还使战场目标的生存面临更大的威胁，战役战斗的突然性越来越难以达成。因此，为了提高战场目标的生存能力和达成战役战斗的突然性，必须发展反侦察技术装备，探讨反侦察措施。

五、侦察监视技术的发展趋势

空间上的立体化、速度上的实时化、手段上的综合化、侦察监视与攻击的一体化、提高监视系统生存能力。

第四节　伪装与隐身技术

伪装是对抗侦察监视和联合火力打击最经济有效的手段，是以弱胜强、以巧取胜的保障措施。现代侦察探测技术的迅猛发展，导致战场相对“透明”。为了提高军事设施、装备及人员的生存能力，在传统伪装技术的基础上，各主要军事强国不遗余力地将现代高技术与军事伪装技术相结合。其中，崭新的隐身技术的出现就是传统的伪装技术向高技术领域扩展和延伸的结果。隐身技术代表了现代伪装技术的重要发展方向，是传统伪装技术走向高技术化的发展和延伸，是今后研发武器装备必须考虑的技术要求。

一、伪装技术

（一）伪装的定义

伪装，就是为隐蔽自己和欺骗、迷惑敌方所采取的各种措施，也就是常说的“隐真”和“示假”。伪装技术，是为了减少目标和背景在可见光、红外、无线电波等方面的反射或辐射能量差异而采取的各种技术措施。

(二)伪装的原理

伪装的基本原理是减小目标与背景在光学、热红外、微波波段等电磁波波段的散射或辐射特性的差别,以隐蔽目标或降低目标的可探测特征,模拟或扩大目标与背景的这些差别,以构成假目标欺骗敌方。军事伪装就是要通过采用光学的、电学的、热学的、声学的、磁学的、生物化学的技术手段,减小或消除目标与背景的差别或可探测特征,将目标隐蔽在背景之中,以实现目标的"隐真";或者模拟目标的可探测性特征,构成假目标,以"示假"欺骗敌方。

(三)伪装的分类

军事伪装最基本的分类有两种。按其在战争中的运用范围可分为:战略伪装、战役伪装、战术伪装;按所对付的侦察器材的工作频谱可分为:雷达波段伪装、可见光及红外波段伪装、防声测伪装等。

(四)伪装的主要技术措施

概括起来,伪装的技术措施主要包括:天然伪装、迷彩伪装、植物伪装、人工遮障伪装、烟幕伪装、假目标伪装、灯火与音响伪装。其中有传统的伪装,也有高技术伪装。

天然伪装就是充分利用地形、地物、夜暗和能见度不良天候(如雾、雨、风、雪)等天然条件,隐蔽目标或降低目标显著性的一种方法。天然伪装主要用于对付光学(紫外、可见光和近红外)侦察,在一定条件下也能对付热红外和雷达侦察。

迷彩伪装就是用特制的涂料、染料和其他材料,按一定要求喷涂目标表面,以消除目标的光泽,降低目标的显著性和改变目标外形的措施。迷彩伪装依照目标类型、背景特点和涂料技术状况,分为保护迷彩、变形迷彩、仿造迷彩、光变色迷彩和多功能迷彩等。

植物伪装是利用种植物、采集植物和改变植物颜色等方法对目标实施伪装的措施。由于简易有效,在现代战争中仍经常使用。如在目标上种植植物进行覆盖、利用垂直植物遮蔽道路上的运动目标等。

人工遮障伪装是指利用各种制式和就便伪装器对武器所实施的伪装,它通过散射、吸收的方式衰减光波能量,干扰敌方光学侦察。由于发烟材料技术的发展,现代烟幕不仅可以遮蔽可见光,在雷达和红外波波段同样具有干扰或遮蔽作用,而且还可用于对付激光制导武器等。

假目标伪装是指为欺骗、迷惑敌人而模拟目标暴露征候所实施的伪装,主要包括形体假目标和功能假目标两类。前者指仿造外形与兵器、人员、工事、桥梁等相似的模型类假目标;后者指各种角反射器、龙伯透镜反射器、热目标模拟器、红外诱饵弹、综合红外箔条等具有反射雷达波或产生热辐射等特定功能的假目标。

灯火与音响伪装是通过消除、降低和模拟目标的灯火与音响暴露征候,以隐蔽目标或敌人所实施的伪装。灯火伪装分为室内灯火伪装和室外灯火伪装。音响伪装可通过消除音响使目标音响在到达侦听点时比环境噪声小 15 分贝,如不能达到消除音响的要求,也应尽量降低音响,声级每降低 6 分贝,可使侦听距离缩小 1/2。

(五)伪装技术在现代战争中的应用

在现代高技术战争中,伪装技术已成为防御和进攻作战的一种直接有效的手段，其技术措施主要有：利用地形、地物、夜暗以及能见度不良的天候（例如雾、风、雪、雨）条件，来隐蔽目标或者降低目标的显著性；利用涂料、染料等材料，改变目标、遮障物、背景的颜色或图案，以迷惑敌人。如迷彩服就是最常用的迷彩伪装措施；通过种植植物、采集植物和改变植物的颜色等方法达到伪装目标的目的，称为植物利用伪装技术；人工遮障伪装，简单地说就是利用制式的伪装器材，设置对目标遮蔽的屏障，防止对方的侦察；利用烟雾来遮掩目标，干扰敌方的光学侦察，用以迷惑敌人；假目标伪装技术，就是利用假飞机、假坦克、假工事、假桥梁等迷惑敌人，吸引敌人的注意力和火力。另外，还可以通过消除、降低和模拟目标的灯火与音响效果来隐蔽目标，迷惑敌人。如海湾战争前，伊拉克对其重要的军事设施和战略目标都进行了周密、细致的伪装，给所有武器装备涂刷伪装色，在防护工事地面上放牧，设置了大量假弹药库、假火力点、假工事、假阵地，通过燃烧油井制造烟障等，多国部队 38 天的狂轰滥炸只摧毁了伊拉克 20%的真目标。

二、隐身技术

（一）隐身技术的定义

隐身技术，又称“隐形技术”、“低可探测技术”或“目标特征控制技术”，是通过降低武器装备等目标的信号特征，使其难以被发现、识别、跟踪和攻击的综合性技术。隐身技术是传统伪装技术走向高技术化的发展和延伸。作为一门交叉性学科，它综合了诸如流体力学、材料学、电子学、光学、声学等众多领域的技术。

（二）隐身技术的现状

隐身技术的研究最早可以追溯到第二次世界大战期间，二战后得到迅猛发展。20 世纪 50 年代，美国开始探索减小雷达散射截面积的途径，并在 U-2 侦察机上采用。70 年代以后，美、前苏联、英、日、法、德、意等国都投入大量人力、物力和财力研究隐身技术。目前，隐身技术的研究，在各方面均取得了不同的进展，并成功地用于各种武器装备上。隐身技术主要有雷达隐身、红外隐身、电子隐身、可见光隐身、声波隐身等。

雷达隐身，是指目标（如飞行器）对雷达隐身的技术，即设法降低目标的可探测性，使之不易被敌方雷达发现和跟踪的技术。它通过隐身外形技术、隐身材料技术、自适应阻抗加载技术、微波传播指示技术等降低或减少目标雷达散射截面积，以避开敌方雷达的探测。

红外隐身，是通过技术措施，降低目标的红外辐射强度与特性，从而使敌方红外探测系统难以发现的一种技术。主要技术措施有：改进发动机结构；使用能降低排气的红外辐射的新燃料；装备表层采用吸热、隔热材料和涂料；利用气溶胶屏蔽发动机尾焰的红外辐射；采用闭合环路冷却的环境控制系统，以降低荷载设备的工作温度。

电子隐身，是通过抑制武器装备等目标自身所发生的电磁信号特征，以实现电子隐身的技术。主要技术措施有：减少无线电设备；采用低截获概率技术改进电子设备；减少电缆的电磁辐射；避免电子设备天线的被动反射；对电子设备进行屏蔽。

可见光隐身，是减少目标与背景之间的亮度、色度这些视觉信号参数的对比特征，达到对目标视觉信号的控制，以降低可见光探测系统发现目标的概率。其技术措施主要有:改进目标外形的光反射特征;控制目标的亮度和色度;控制目标发动机喷口的火焰和烟迹信号;控制目标照明和信标灯光;控制目标运动构件的闪光信号等。

声波隐身,是控制目标的声波特征,以降低敌方声波探测系统对目标的探测概率。主要技术措施有:改进发动机和辅助机的设计;采用吸声和阻层材料;采用减振和隔声装置;减小旋桨运动对介质的扰动噪声。

(三)隐身技术的应用

隐身技术运用的直接形式,是发展隐身武器装备。隐身武器装备,是应用隐身技术研制的不易被敌方雷达、红外、电子、可见光和声波探测系统发现的武器。

隐身技术为有效地解决武器装备的战场生存问题提供了新的途径,改变了传统的那种靠增加装甲厚度而牺牲机动性来提高生存能力的方法,实现了隐身、机动和防护的完美结合。因此,隐身武器装备格外受世界各国军队的青睐。现在看来,隐身武器装备主要有隐身飞机、隐身导弹、隐身舰船、隐身坦克等。其中,应用隐身技术手段最多、发展最快的当数隐身飞机。隐身飞机之所以能有效地对付雷达、红外、电子、可见光及声波的探测,就是由于它综合运用了各种隐身技术。

比如,美国的F-117A是世界上第一种按低可探测性技术设计原则研制的实用隐身战斗机。B-2是美国的第二代隐身轰炸机,具有更好的隐身效果。另外,美国的F-22“猛禽”隐身战斗机是当今世界唯一的实用型第四代先进战斗机。F-22隐身战斗机采用低可探测性布局和结构,蝶形机翼,全动平尾,菱形进气道,垂尾外倾29°,使飞机具有良好的隐身和机动性能。F-22的雷达截面积约为0.05平方米,生存能力比目前的常规飞机提高18倍,作战效能是F-15战斗机的3～9倍。

俄罗斯在研发新型作战装备时十分注意突出武器装备的隐身性能,如C-37“金雕”战斗机,首次试飞时间与F-22首次试飞时间仅相距18天,尽管在隐身性能比F-22稍逊色一些,但采用了类似F-22的平滑流线型外形设计,前掠翼几乎采用复合材料制成,机体外涂敷雷达吸波材料,使其隐身性能当属世界一流。

三、隐身技术的发展趋势

隐身兵器和作战平台将会有较大发展,并逐步实现全天候、全天时、多功能的隐身,“隐身战场”正在形成中。在传统的隐身外形、隐身材料、隐身结构等技术研究基础之上,各国都在探索新的隐身机理,如仿生学隐身技术、等离子体隐身技术、微波传播指示技术和有源隐身技术等。

第五节　电子对抗技术

随着科学技术的不断发展,电子技术几乎渗透到军事技术的各个领域。电子对抗技术是为削弱、破坏敌方电子设备的使用效能和保障己方电子设备正常发挥效能而采取的综合措施,是现代战争中一种重要的作战手段。未来的高技术战争,没有“制电磁权”,就很难有“制空权”、“制海权”,没有“电磁优势”,就很难有“钢铁优势”。电子战已经成为了未来战场上高技术武器的“保护神”和“效能倍增器”,已经成为了高技术战争的重要支柱。

一、电子对抗技术概述

(一)电子对抗技术的定义

电子对抗技术,是直接应用于信息对抗的各种技术的总称。它是军用信息技术的一个分支。

(二)电子对抗技术的产生与发展

电子对抗技术的产生与发展大体经历了三个阶段:

第一阶段是20世纪初至第二次世界大战结束之前。此间电子战斗争的核心是针对早期的无线电通信、导航和典型的脉冲雷达,发展了电子侦察、噪声干扰及消极干扰设备。

第二阶段是第二次世界大战后至20世纪70年代。此间雷达技术迅猛发展,火控雷达和各种导弹的广泛应用,促进了电子技术全面发展。

第三阶段是20世纪70年代以后,电子技术特别是数字技术、微型计算机技术的运用,使电子对抗装备向数字化、自动化、多功能、自适应的综合电子对抗系统发展。

(三)电子对抗技术分类与组成

电子对抗技术是由综合的、交叉的、多层面的多种学科技术所构成的技术体系。

当前,按工作机理不同,电子对抗技术主要包括两大部分:一般电子对抗技术和网络对抗技术。其中,一般电子对抗技术按作战内容及电子设备的类型,可分为通信对抗、雷达对抗、光电对抗和水声对抗等。网络对抗技术按作用性质区分,通常分为网络进攻技术和网络防护技术。

另外,从作战表现形式上,可分为侦查与反侦察、干扰与反干扰、隐身与反隐身、摧毁与反摧毁技术;从战场行动主体的层面,可分为陆军、海军、空军、第二炮兵等的电子对抗技术;从作战空间的上,可分为地面、海上、空中和外层空间的电子对抗技术;从作战手段上,可分为信息支援、信息进攻和信息防护技术。

(四)电子对抗技术的应用

1. 通信对抗

通信对抗是指通信领域的电子对抗,包括通信侦察、通信干扰、通信抗干扰等主要的对抗措施。通信对抗的主要目的是:侦收破译敌方密码,获取敌方信息;获取通信有关技术战术参数,分析获取有关敌方兵力部署和作战意图的情报;使敌方通信系统在关键时刻暂时失效,从而造成敌指挥系统的瘫痪;采用各种手段欺骗迷惑敌方,抑制敌方干扰,保证我方通信系统有效地工作。

通信对抗的特点是:无线电通信的收、发在两地,由于不知收、发端的方向或位置,只能在较大方位范围实施干扰,通信系统在传递信息时保密、安全,解密、干扰的难度较大。通信对抗内容包括:无线电通信侦察、无线电通信干扰。

2. 雷达对抗

雷达对抗是指交战双方为保障己方雷达有效工作,并破坏对方雷达正常效能发挥而进行的雷达侦察与反侦察、干扰与反干扰、摧毁与反摧毁的斗争。雷达对抗的主要内容有:雷达侦察、雷达干扰、反辐射摧毁。

3. 光电对抗

光电对抗是利用光电设备或器材，通过光波传输的作用，截获、识别敌方正在工作的光电辐射源信息，并继而采取各种手段削弱以至破坏其光电设备的效能，同时保证己方光电设备正常发挥效能的技术措施和其他措施。光电对抗主要包括光电侦察和光电干扰。

4. 水声对抗

水声对抗也称“声呐对抗”，是为削弱、破坏敌方水声设备和声制导武器的使用效能，保护己方水声设备和声制导武器正常效能而采取的各种措施与行动的统称。水声对抗分为水声侦察和水声干扰两个方面。

二、电子对抗技术在现代战争中的作用

（一）获取重要军事情报

未来信息化战争，利用电子对抗技术的装备和手段，查明敌电子设备的工作性能、技术参数、类别、数量和配置位置等，判断其兵方部署和行动企图，是赢得战争胜利的关键。海湾战争中，多国部队为了对伊拉克实施空袭，获取伊军雷达及防空系统情报，美在投入的53颗各类卫星中，至少有12种共18颗侦察卫星，还有300余预警侦察飞机及地面电子情报站，伊军大多军事行动难逃多国部队的“电子耳目”监视。伊拉克战争期间，位于沙特阿拉伯苏勒塔王子空军基地的美军联合空战中心(CAOC)，用高空U-2侦察机和“捕食者”无人侦察机，对伊拉克全境的监视覆盖以及对收集到的传感图像和数据迅速地开发利用，成功地指挥控制了十分复杂的空战。

（二）破坏敌方作战指挥

破坏敌指挥系统，使敌军瘫痪陷入被动挨打地位，是电子对抗技术的重要任务。1944年，苏军在加里宁格勒附近包围了德军一个重兵集团，德军试图用无线电与大本营联络，求得增援和突围。由于苏军实施了电磁干扰，德军未能成功，导致全军覆灭。德集团军司令被俘后供述，投降的主要原因之一是无法与大本营取得通信联络。2003年伊拉克战争中，美军使用了大量的微波炸弹，袭击了伊拉克广播电视系统和各类军用电磁辐射源，使伊军指挥系统全面瘫痪。

（三）掩护突防和攻击

雷达作为预警和兵器制导装备，已成为防御体系的“哨兵”和“千里眼”。它们能对空、对海实施警戒，及早发现来袭敌机、导弹、舰艇，可对火器实施射击控制和导弹的制导等。进攻时对敌雷达系统实施干扰、欺骗或摧毁，使其失去效能。在海湾战争中，多国部队空袭编队得到了各种电子战飞机4000多架次的电子支援，掌握了制电磁权，有效掩护突防，致使伊军作战飞机和防空导弹部队未能作出有效反应。

（四）保卫重要军事目标

在重要城镇、桥梁、机场、工厂和军事要地等目标附近，设置有力的雷达干扰设备或采用欺骗手段，能有效干扰敌轰炸机瞄准雷达和导弹的制导系统，使飞机投弹不准，导弹失控，减少被击中的几率，达到保卫重要目标的目的。如海湾战争中，伊“飞毛腿”导弹发射系统对多国部队构成了一定的威胁，成为多国部队重点轰炸目标。伊军为了欺骗多国部队，用铝板和塑料制成许多假导弹发射架，这些假导弹发射架在雷达荧光屏上显示的雷达回波与真发射架极为相似。引诱多国部队无效轰

炸，有效地保存了实力。

(五)夺取战场主动权

现代战争中，战场透明度空前提高，太空中有数不清的卫星在跟踪，空中有各种侦察机在监视，海上有电子舰船不断在活动，陆上布满了各式各样的传感探测装置。作为进攻一方，要隐蔽战争企图，实施战役造势，必须依靠电子欺骗等手段相配合；作为防御一方，要及时发现敌发动战争的征候，掌握战争态势，变被动为主动，也必须依靠电子侦察手段来获取情报。电子侦察与反侦察已成为局部战争爆发前的重要前兆，是夺取战争主动权的基本条件。

三、电子对抗技术的发展趋势

电子对抗范围将会更加广阔；电子对抗将贯穿战争全过程；电子对抗具有软硬杀伤的双重战斗力；电子对抗在组织、实施方面将更加复杂；战场空间电磁环境复杂，电磁信号繁多、变化无常，快速搜索、跟踪和自动实施干扰将更加困难。

第六节　航天技术

天究竟有多高？天上又有什么？这个古老的问题困惑和吸引了一代又一代人。明朝年间，一个叫万户的人为了飞上蓝天，坐在自制的火箭上，不幸“箭”毁人亡。几千年来，人类为了飞向蓝天，进行过无数次的尝试，留下了无数动人的故事和传说。人类真正飞向蓝天是20世纪航空技术和火箭技术有了长足进步之后，自1957年10月4日，前苏联成功发射第一个航天器“地球卫星1号”之后，人类便进入了一个竞争激烈的时代——航天时代。随着航天技术在军事领域的广泛应用，极大地拓展了军事斗争的空间领域，给现代战争带来了深刻的变化。

一、航天技术概述

航天技术，是指将航天器送入太空，以探索、开发和利用太空及地球以外天体的综合性工程技术，又称“空间技术”。它是20世纪人类认识和改造自然进程中最具有影响力的科学技术之一。

1. 航天技术的组成

航天技术主要由航天运载器技术、航天器技术和航天测控技术组成。

(1)航天运载器技术

运载器技术是航天技术的基础。世界上最常用的运载器是运载火箭。运载火箭主要由动力系统、控制系统、箭体和仪器、仪表系统组成。为了使航天器获得飞出地球所需要的速度，靠单级运载火箭的推力目前难以达到，为此，通常由2～4级火箭组成。因此，人们发展了多级运载火箭，运载火箭总重可达数百吨，高达数十米，火箭发动机的推力达数百吨。按照运载火箭的不同结构，可以分为串联式、并联式(即捆绑式)和串并联式。

(2)航天器技术

航天器又称“空间飞行器”，是指从地球上发射到太空，沿规定轨道运行并完成一定使命的空间系统。航天器一般分为三大类：一类是环绕地球运行不载人的航天器，简称人造地球卫星；另一类是环绕地球运行的载人航天器，包括载人飞船、空间站和航天飞机等;还有一类是脱离地球引力飞往其他星球或在星际间运行的航天器,称“空间探测器”。

(3)航天测控技术

航天测控技术是对飞行中的运载火箭及航天器进行跟踪测量、监视和控制的技术。为了保证火箭正常飞行和航天器在轨道上正常工作,除了火箭和航天器上载有测控设备外,还必须在地面建立测控(包括通信)系统。地面测控系统由分布全球各地的测控台、站及测量船组成。航天测控系统主要包括:光学跟踪测量系统、无线电跟踪测量系统、遥测系统、实时数据处理系统、遥控系统、通信系统等。

2. 航天飞行的基本条件

目前,将航天器送入外层空间的手段和运载工具有两种:一是多级火箭运载,二是航天飞机向近地轨道运载和布放。不论采用哪种手段和运载工具,要使航天器在太空飞行,必须具备一定的速度和一定的高度这两个条件。

(1)航天器飞行的速度

从地球上将航天器发射上天,使其按一定轨道运行而不落回地面,必须借助运载火箭的推力产生足够大的飞行速度,航天器才能冲破地球引力和空气的阻力,飞向太空。根据对航天器的不同运行要求,通常将航天器运行速度分为第一、第二、第三宇宙速度。

第一宇宙速度又叫“环绕速度”,指航天器(地球上的物体)绕地球作圆轨道运行而不掉回地面所必须具有的速度,为7.9千米/秒。

第二宇宙速度又叫“脱离速度”。航天器运行速度大于环绕速度时,将沿椭圆轨道运行。当发射速度增加到11.2千米/秒时,航天器将挣脱地球引力,成为一颗绕太阳运行的人造行星。

第三宇宙速度又叫“逃逸速度”。当运行速度大于16.7千米/秒时,航天器将脱离太阳系,进入茫茫宇宙。

(2)航天器飞行的高度

地球周围有稠密的大气层,空气密度与距地面的垂直高度成反比。在距地面100千米的高度上,空气密度约为海平面的一百万分之一,在200千米的高空,空气密度约为海平面的五亿分之一。航天器运行轨道太低时,与空气摩擦产生高温,会将航天器烧毁,空气的阻力也会使航天器运行速度下降而陨落。因此,要使航天器在空间轨道上安全运行,除必要速度外,还必须有相应的运行高度,运行高度通常在120千米以上。

二、航天发展简史

1. 世界航天技术发展简况

1919年,美国的罗伯特·戈达德用复杂的计算说明,登月火箭是可以制造出来的,并于1926年3月16日成功点燃了历史上第一支液体驱动火箭。1932年,苏联成立了第一个宇航组织。从1934年起,火箭研究工作在德国成为机密,1944年9月8日,第一枚“报复性武器”V2导弹击中伦敦。1957年10月4日,前苏联成功地发射人造卫星1号——第一颗进入环绕地球轨道运行的卫星。1961年,加加林成为进入太空的第一人。1962年,约翰·格伦成为进入地球轨道的第一位美国人。1969年7月20日，“阿波罗11”号幸运地在月球上降落，这成为20世纪第一次通过电视对全球转播的事件。1971年，第一个空间站“礼炮-1”号被送入轨道。之后，苏联建成了“礼炮-2”号、“礼炮－3”号、“礼炮-4”号和“礼炮－5”号5个空间站。“礼炮-7”号轨道科学站于1982年4月19日发射。20世纪的80年代，苏联的第三代空间站“和平”号轨道站使其航天活动达到高峰。“和平”号被誉为“人造天宫”，它与其相对接的“量子1号”、“量子2号”、“晶体”舱、“光谱”舱、“自然”舱等舱室形成一个重达140吨、工作容积400立方米的庞大空间轨道联合体。在这一“太空小工厂”内，参加考察的俄罗斯和外国宇航员有106名，进行的科考项目多达2.2万个，重点项目600个。

1981年4月，第一架航天飞机“哥伦比亚”号起飞，全美国都为之骄傲。1988年11月15日，苏联在拜科努尔航天中心成功地发射了第一架航天飞机“暴风雪”号。

回顾世界航天史，各国研制成功的运载火箭主要有：前苏联/俄罗斯的“东方”号、“上升”号、“联盟”号、“质子”号、“天顶”号、“能源”号；美国的“雷神”系列、“宇宙神”系列、“大力神”系列、“土星”系列；欧洲空间局的“阿里安”系列；日本的H和M系列；中国的“长征”系列等。国际空间站的设想是1983年由美国总统里根首先提出的，经过近十余年的探索和多次重新设计，直到苏联解体、俄罗斯加盟，国际空间站才于1993年完成设计，开始实施。2006年11月15日，国际空间站上的活动首次在地球上进行了高清晰度电视直播，并在纽约的时代广场大屏幕电视上播放。这是人类首次观看到来自太空的高清晰度电视直播画面。俄罗斯航天署副署长维塔利·维多夫在电视节目中宣称，国际空间站将于6年后即2020年坠入太平洋，结束自身使命。2014年1月，美国国家航空航天局获得白宫支持，将国际空间站的使用期再延长4年到2024年。美、俄等15国联手建造国际空间站，预示着一个各国共同探索和和平开发宇宙空间的时代即将到来。

2. 我国航天技术发展概况

我国航天事业从20世纪50年代中期起，依靠自己的力量，经过五十多年的艰苦奋斗，经历了创建、打基础和上水平三个阶段的发展，取得了举世瞩目的巨大成就，在世界航天领域占有一席之地。

1956年4月，成立中华人民共和国航空工业委员会，统一领导中国的航空和火箭事业。同年10月8日，中国第一个火箭导弹研制机构——国防部第五研究院成立。

1958年1月，国防部制定了喷气与火箭技术十年(1958～1967年)发展规划纲要。1958年4月，在甘肃酒泉开始兴建中国第一个运载火箭发射场，标志着中国航天第一个自主发射基地的诞生。1958年5月17日，毛泽东主席在中共八大二次会议上指出：“我们也要搞人造卫星。”从此，中国航天事业蓬勃发展。1960年2月19日，中国自行设计制造的试验型液体燃料探空火箭首次发射成功。这是中国研制航天运载火箭征程上的一次重大突破。1965年，中央专门委员会批准第七机械工业部制定的1965～1972年运载火箭发展规划，标志着中国开始正式立项研制航天运载火箭。1966年11月，“长征一号”运载火箭和“东方红一号”卫星开始立项研制。1966年12月26日，中国研制的中程火箭首次飞行试验基本成功。1968年

2月20日，中国空间技术研究院成立，专门负责研制各类人造卫星。1968年4月1日，中国航天医学工程研究所成立，开始进行载人航天医学工程研究。1970年1月30日，中国研制的中远程火箭飞行试验首次成功，使中国具备了发射中低轨人造卫星的发射能力。1970年4月24日，“东方红一号”卫星在甘肃酒泉航天发射基地由“长征一号”火箭发射成功，美妙的“东方红”乐曲首次响彻太空。这是中国发射的第一颗人造卫星，使中国成为世界上第五个自主发射人造卫星的国家。1975年11月26日，中国发射了第一颗返回式遥感卫星，卫星按预定计划于当月29日返回地面。这使中国成为世界上继美国和苏联之后第三个掌握人造卫星返回技术的国家。1979年，“远望”1号航天测量船建成并投入使用，使中国成为世界上第四个拥有远洋航天测量船的国家。此后又先后建成了“远望”2号、“远望”3号和“远望”4号航天测量船。1980年5月18日，中国向太平洋预定海域成功地发射了远程运载火箭，标志着中国具备了发射高轨道人造卫星的发射能力。1981年9月20日，中国用一枚运载火箭发射了三颗科学实验卫星，这是中国第一次一箭多星发射，使中国成为世界上第三个掌握一箭多星发射技术的国家。1984年4月8日，中国第一颗地球静止轨道试验通信卫星发射成功。1986年2月1日，中国发射了第一颗实用地球静止轨道通信广播卫星。2月20日，卫星定点成功。这标志着中国卫星通信技术由试验阶段进入了实用阶段。1988年9月7日，中国发射了第一颗试验性气象卫星“风云一号”。这是中国自行研制和发射的第一颗极地轨道气象卫星。1990年4月7日，中国自行研制的“长征三号”运载火箭在西昌卫星发射基地，把美国制造的“亚洲1号”通信卫星送入预定的轨道，标志着中国航天发射服务开始走向国际市场。1990年7月16日，“长征二号”捆绑式火箭首次在西昌发射成功，其低轨道运载能力达9.2吨，为发射中国载人航天器打下了基础。2000年10月31日凌晨0时02分，我国自行研制的第一颗导航定位卫星——“北斗导航试验卫星”发射成功。2000年12月21日0时20分，我国自行研制的第三颗“北斗导航试验卫星”发射成功，标志着我国拥有自主研制的第一代卫星导航定位系统。

载人航天工程:1992年，中国载人飞船正式列入国家计划开始研制，这项工程后来被命名为“神舟”号飞船载人航天工程。神舟一号1999年11月20日第一次测试飞行，成功实现天地往返。神舟二号2001年1月9日第一艘正样无人飞船。神舟三号2002年3月25日飞行试验的主要目的是考核火箭逃逸功能、控制系统冗余、飞船应急救生、自主应急返回、人工控制等功能，这次任务载有模拟宇航员。神舟四号2002年12月29日无人状态下全面考核的一次飞行试验，主要目的是确保宇航员绝对安全，进一步完善和考核火箭、飞船、测控系统的可靠性。神舟五号2003年10月15日首次载人飞行，承载的宇航员是杨利伟，成功围绕地球十四圈。神舟六号2005年10月12日首次进行多人多天的航天飞行，承载的宇航员是费俊龙和聂海胜。神舟七号2008年9月25日首次承载三名宇航员进入太空，承载的宇航员是翟志刚、刘伯明和景海鹏，成功进行出舱活动(又称太空行走)。神舟八号2011年11月1日由改进型“长征二号”F遥八火箭顺利发射升空。2011年11月3日凌晨，与组合天宫一号成功实施首次交会对接任务，成为中国空间实验室的一部分。神舟九号2012年6月16日下午首次完成载人交会对接任务，3名航天员进入太空，景海鹏、刘旺和刘洋(中国首位女航天员)。6月18日下午，神舟九号成功与天宫一号目标飞行器实现自动交会对接。6 月 24 日,航天员刘旺操作飞船顺利完成于天宫一号的手控交会对接。标志着中国完全掌握了载人交会对接技术。神舟十号 2013 年 6 月 11 日 17 时 38 分搭载三位航天员飞向太空,在轨飞行 15 天,并首次开展我国航天员太空授课活动。飞行乘组由男航天员聂海胜、张晓光和女航天员王亚平组成,聂海胜担任指令长。

探月工程:2007 年 10 月 24 日嫦娥一号是中国的首颗绕月人造卫星。2010 年 10 月 1 日 18 时 59 分 57.345 秒发射嫦娥二号,这是中国的第二颗绕月人造卫星。它是基于探月工程一期的嫦娥一号备份星进行技术改进,作为二期工程的先导星,且命名为嫦娥二号。2013 年 12 月 2 日 01 时 30 分 0.344 秒发射嫦娥三号,2013 年 12 月 14 日 21 时 11 分 18.695 秒嫦娥三号的无人探测车玉兔号在月球登陆成功。

五十多年来,我国已经建立了一系列完整、配套的航天研究、设计、制造、试验、发射、测试和运营体系,在卫星回收技术、一箭多星技术、卫星测控技术、静止卫星发射技术、高能低温火箭技术、航天遥感技术、数字卫星通信、载人航天技术方面处于世界的先进行列。

三、军用航天技术及应用

军事航天技术是航天技术应用于军事领域,为军事目的而进行的一门综合性工程技术,是现代军事技术的重要组成部分。据不完全统计,世界发射的众多航天器,大约 70%是为军事目的服务的。军事航天系统大致可分为四类:军事航天运输系统、军事载人航天系统、军事卫星系统和航天作战系统。

1. 军事航天运输系统

航天运输系统技术代表着一个国家自主进入空间的能力,可重复使用天地往返运输系统,是未来航天运输系统的主要发展方向。军事航天运输系统是能把军用航天器、宇航员或物资等有效载荷从地面运送到太空预定轨道或能将有效载荷带回地面的运输系统。目前可利用的军事航天运输系统主要是一次性运载火箭,还有可重复使用的航天飞机。

2. 军事载人航天系统

(1)载人飞船

载人飞船是能保障宇航员在外层空间生活和工作以执行航天任务并返回地面的航天器,又称“宇宙飞船”。载人飞船可以独立进行航天活动,也可作为往返于地面和太空站之间的“渡船”,还能与太空站或其他航天器对接后进行联合飞行。载人飞船容积较小,受到所载消耗性物资数量的限制,不具备再补给的能力,而且不能重复合作。

载人飞船一般由乘员返回座舱、轨道舱、服务舱、对接舱和应急救生装置等部分组成,登月飞船还具有登月舱。

(2)航天飞机

航天飞机是一种载人航天运输工具。它既能像火箭一样垂直起飞,像航天器一样在轨道上运行,又能像普通飞机一样滑翔着陆。航天飞机的主要机械在返回地面后经过整修还可以继续使用。

航天飞机的主要用途是空间运输、卫星服务,它可以靠近其他航天器,为其输送物品及修理等服务项目，还可以进行星际观测、军事应用（不仅可以发射和回收卫星，还可遂行侦察、反导和袭击任务）、地理观察及拍照等。

(3)空间站

空间站是在载人飞船的基础上发展起来的永久性航天器，又称载人航天站、轨道站。它标志着载人航天活动已由空间探索向开发利用空间的新发展。空间站是可供多名宇航员巡访、长期工作和居住的大型人造卫星，具有很高的军用价值。

3. 军事卫星系统

军事卫星是专门用于各种军事目的的人造地球卫星的统称。它按用途可分为军事侦察卫星、通信卫星、导航卫星、军事测地卫星、气象卫星等。未来战争中，军用卫星作为一种发射平台，与激光、定向能和动能等新式武器一起，构成天战武器装备系统，将成为空间军事化的主要工具。

(1)侦察卫星

①侦察卫星的特点和用途

侦察卫星是获取军事情报的人造地球卫星。它发展最早、应用最广，具有侦察效率高，收集、传递情报速度快，效果好，生存力强和不受国界与自然地理条件限制等特点。其主要用途是：侦察对方战略目标；对领土进行测图；监测对方战略武器系统；侦察对方地面部队的部署；侦察战场变化情报。

②侦察卫星分类

侦察卫星按不同的侦察设备和任务，可分为照相侦察卫星、电子侦察卫星、海洋监视卫星、导弹预警卫星和核爆探测卫星等。

照相侦察卫星，是利用光电遥感设备摄取地球表面图像的卫星。照相侦察卫星具有居高临下、分辨率高的优点。其地面分辨率可达 0.3～0.1 米，照片清晰度可与航空侦察照片媲美。

世界第一颗照相侦查卫星是美国于 1959 年 2 月 28 日发射的“发现者 1 号”。目前，美国第六代照相卫星 KH-12 采用热成像和自适光学技术，分辨率达 0.1 米。

电子侦察卫星，是用以侦测敌方电子设备的电磁辐射信号以获取情报的侦察卫星。它装有电子接收机、磁带记录器、快速通信设备等。其主要任务：一是侦察敌方雷达的位置和性能参数，为空中攻击武器的突防和实施电子干扰提供数据；二是探测敌方电台和发信设施的位置，以便于窃听和破坏。

海洋监视卫星，主要用于探测、监视海面状况和舰船、潜艇活动，侦收舰载雷达信号和窃听无线电通信，能全天候条件下鉴别舰船的编队、航向、速度，并能探测水下核潜艇的尾流辐射等，还可为舰船的安全航行提供海面状况和海洋特性等重要数据。它具有覆盖海域广阔、探测运动目标、轨道高、由多颗卫星组网等特点。

导弹预警卫星，是用以监视、发现和跟踪敌方战略弹道导弹的发射及其主动段的飞行，并提供早期预警信息的侦察卫星。它装有红外探测器和电视摄像机等设备，通常由多颗卫星组成预警网。目前，美国在地球同步轨道上部署有 5 颗导弹预警卫星，海湾战争中用其监视了伊拉克发射的“飞毛腿”导弹，为“爱国者”导弹实施拦截提供了预警信息。前苏联的预警卫星由 9 颗“宇宙”号卫星组网，采用大椭圆轨道，可昼夜监视北半球。

核爆探测卫星，通过卫星上的各种探测器，探测核爆炸时间、高度、方位和当量，从而获取他国发展核技术的情报。目前，此种任务已由预警卫星承担。

(2)军事通信卫星

通信卫星是用作无线电通信中继站的人造地球卫星。按卫星上有无通信转发器，可分为无源通信卫星和有源通信卫星；按卫星运行轨道可分为静止通信卫星和非静止通信卫星、区域通信卫星和国内通信卫星；按不同用途可分为军事通信卫星、海事通信卫星和电视广播卫星。

军事通信卫星，可分为战略通信卫星和战术通信卫星。战略通信卫星通常在地球同步轨道上运行，为远程乃至全球范围的战略通信服务。战术通信卫星的运行周期一般是12小时，其作用主要是提供地区性战术通信或军用飞机、舰船、装甲车辆及单兵移动通信。

卫星通信的主要特点是，卫星通信具有覆盖面积大、通信距离远、通信容量大、传输质量高、机动性能好、生存力强和费用低等特点。在地球同步轨道上，等距离部署三颗通信卫星，就可实现除地球两极外的全球通信。

(3)导航卫星

军事活动领域的扩展，武器射程的增大，军队运动速度的加快，特别精确制导武器的出现，使军事行动的导航、定位问题格外突出。利用卫星导航具有精度高、全天候、能覆盖全球和用户设备简单等优点，在军事领域有着极为重要的意义。

导航卫星是为航天、航空、航海、各类导弹、地面部队以及民用等方面提供导航信号和数据的航天器。导航卫星通常装有指令接收机、多普勒发射机、相位控制编码器和原子钟等，与地面制导站和接收导航设备共同组成卫星导航系统。

目前，世界上只有少数几个国家能够自主研制生产卫星导航系统。目前，美国“全球定位系统”(GPS)是第二代导航卫星系统，由24颗卫星(包括3颗备用卫星)组成，采用双频时间测距导航体制，能向全球任何地点和近地空间的用户提供24小时不间断的三维导航定位服务。前苏联从20世纪80年代初开始建设的卫星导航系统(GLONASS)，由卫星星座、地面监测控制站和用户设备三部分组成。2002年3月26日，欧盟决定正式启动“伽利略”(Galileo)卫星导航定位系统计划。“伽利略”系统由分布在三个轨道上的30颗中等高度轨道卫星(MEO)构成，每个轨道面上有10颗卫星，9颗正常工作，1颗运行备用，不仅卫星数量比GPS多，而且可以分发实时的米级定位精度信息，误差范围远远小于GPS，其性能更安全、更准确、更可靠。我国分别于2000年10月31日、12月21日和2003年5月25日、2007年2月3日成功发射4颗北斗导航试验卫星，加快建设北斗卫星导航系统。北斗导航系统不仅具备在任何时间、任何地点为用户确定其所在的地理经纬度和海拔高度的能力，而且在定位性能上有所创新。

(4)军事测地卫星

军事测地卫星装有光学观测系统、无线电测距系统、雷达测高仪等设备。可用于测制地图、建立精密坐标系统、提供地球引力场分布有关数据，有利于提高战略武器的命中精度。

(5)气象卫星

气象卫星是从外层空间对地球及其大气层进行气象观测的卫星。大多数气象卫星为军民合用。我国先后成功发射“风云-1号”、“风云-2号”气象卫星，正在为我国的气象预报发挥着重要作用。

4. 航天作战系统

(1)航天作战任务

随着军事、航天技术的发展及战场空间的不断延伸,航天大国为了开发和控制太空,有的已经建立天军,研究航天作战理论,完善航天作战体系。航天作战任务主要包括:一是防空和防天预警。预防敌人从大气层内和大气层外进行攻击,主要是预防各种导弹和轰炸机攻击。二是航天监视和全球定位。监视空间是指能连续地了解和掌握空间的状况,提供轨道目标的位置和特性。三是保护本国航天系统。四是防止敌人使用本国航天系统。五是防止敌人使用航天系统。六是从太空对地面目标实施攻击。

(2)航天作战武器系统

航天作战武器系统,是部署在太空、陆地、海洋和空中,用以打击、破坏与干扰太空目标的武器,以及从太空攻击陆地、海洋和空中目标的武器统称。航天作战武器系统主要包括反卫星武器、反导武器、轨道轰炸武器、军用空天飞机等。

四、航天技术在现代战争的作用

1. 推动新的军事战略——空间战略的产生

目前,随着空间不断军事化,出现了以美国“星球大战”计划为主要标志的空间战略。空间战略是指利用外层空间进行开发、占领和争夺的战略,诸如发展航天技术,开发空间,研制空间武器并进行部署,建立空间基地,创建天军,实施太空战等等,都是该战略的基本内容。

2. 引起了军事理论的重大变革

一是产生了“太空威慑”理论。所谓“太空威慑”,是运用空间军事力量的威慑功能使对方不敢轻易发动战争,以确保己方的安全,其直接目的是利用和控制空间,确保己方空间系统能够生存,同时不使敌方自由地利用空间来支持其作战行动。二是产生了“制天权”理论。所谓“制天权”,是指在空间交战中对外层空间的控制权。三是产生了“天地对抗战”的作战理论。所谓“天地对抗战”,指的是空间武器与地面武器的对抗,包括战略弹道导弹对地面目标的攻击和以地球为基地的航天作战。

3. 增强了军事侦察和指挥控制能力

侦察卫星、通信卫星、导航卫星等航天器的应用,能够实时地为军事指挥员提供所需的重要情报,从而保证作战方案的正确制定以及对整个作战过程实施正确的指挥。这是军事航天技术对现代战争产生影响的最主要方面。在伊拉克战争期间,从美国总统到前线各级指挥官,自始至终依靠数十颗军用卫星获取并传输伊军的指挥作战情报,就连确定小分队是否到达指挥位置,也离不开“导航星”全球定位系统的帮助。

4. 极大地发挥了武器装备的作战效能

利用军事空间系统可以为火炮、导弹、飞机、舰艇等提供敌方目标的精确位置,并为其导航,引导其实施准确攻击和摧毁目标,甚至还可以通过空间系统的侦察,结合作战效果进行评估。此外,还有可能将火炮、导弹、核武器、动能武器和定向能武器装置在作战卫星平台上，用于拦截敌方的洲际弹道导弹等等。大大改善和扩展了武器装备的作战条件和作战范围，甚至可将常规武器当作战略武器使用，充分发挥武器装备的作战效能。

5. 为数字化部队和数字化战场的建立提供保障

数字化部队和数字化战场的建立，要求从单兵武器到弹药、火炮、坦克、直升机、作战飞机、军舰乃至指挥器材等，都要具备数字化的处理与传输功能，而这些必须依靠各种军事侦察卫星提供的数字化战场信息，即使是一个小分队，甚至是单兵，也必须携带并使用卫星终端。

五、航天技术的发展趋势

纵观世界军事航天技术的发展，预计在今后一段时期内，其重点是向技术系统网络化、装备器材微型化、作战功能多样化、实战能力综合化的方向努力。未来的军用卫星系统将朝网络化方向发展，部署在不同轨道、执行不同任务的航天器及其相应的地面系统将连接起来，并与陆、海、空的相互关联统一起来，组成一体化的 C^4ISR 体系，从而夺取信息优势。美国已采取实际步骤朝这一方向努力，俄罗斯、欧空局等也已开始进行某些尝试。

第七节　指挥控制技术

指挥控制系统功能的发挥离不开指挥控制技术。指挥控制技术是军事信息技术中发展最为活跃、应用十分广泛的一个体系。建设信息化军队，满足打赢信息化战争的要求，必须持续不断地大力推进指挥控制技术的发展。

一、指挥控制技术概述

指挥控制技术是在军队指挥系统应用中的、便于指挥员和指挥机关对所属部队的作战和其他行动的指挥、实现快速和优化处理的一系列信息技术的统称。它以电子计算机技术为核心，是集侦察、监视、情报、指挥、控制、通信等于一体的综合技术。

1. 指挥控制技术的产生及发展

军队指挥控制技术是随着科学技术的进步和作战需求的变化而逐步发展的。自从出现军队后，大同小异的各种类型的 C1(指挥)体制就诞生了。这种下级服从上级、将军指挥士兵的指挥体制延续至今已达数千年，其应用的技术手段包括简易通信、有线通信、无线通信等传统技术手段。20 世纪 50 年代，随着军事装备的现代化、自动化，军兵种数量大增，作战距离、作战范围持续增大，部队机动能力也大大提高，军事指挥领域引入了“控制”一词，应用了控制技术，出现了 C2(指挥与控制)系统。20 世纪 60 年代，随着远程武器特别是战略导弹和战略轰炸机的大量装备，通信手段在 C2 系统中的作用日益完善、影响日益重要，于是又加上“通信”，形成 C3(指挥、控制、通信)系统。20 世纪 70 年代，美国首次把“情报”作为指挥自动化不可缺少的因素，出现了 C3I(指挥、控制、通信、情报)系统，并在较长时间内成为指挥系统自动化的代名词。20 世纪 80 年代末，由于计算机技术在指挥信息中的地位和作用日益增强，又将“计算机”变成 C^4I(指挥、控制、通信、情报、计算机)系统。20 世纪 90 年代中期,美国根据海湾战争的经验,进一步认识到掌握战场态势的重要性,提出"战场感知"的概念即利用各种侦察监视技术手段,全面了解战区的地理里环境、地形特点、气象情况,实时掌握敌我友三方兵力部署和武器系统配置情况及其动向,为作战行动提供可靠的依据。C^4I 技术系统的内涵又进一步扩大,新融入了"侦察监视",变成了 C^4ISR。进入新的世纪,随着信息化水平的不断提高,C^4ISR 与武器平台、弹药等作战系统的"融合"和信息系统对抗手段的不断增多,使 C^4ISR 系统不仅仅是保障性的指挥控制手段,而且逐渐具有杀伤性进攻的作战能力,因此,C^4ISR 系统又将新增"杀伤"手段,从而变成 C^4KISR 系统,指挥控制技术体系又增添了新的成员。

2. 指挥控制技术的组成

在功能上,指挥信息系统大体由信息获取、信息处理、信息传输和综合控制四个分系统构成。因此,对应上述功能,指挥控制技术可分为:信息获取技术、信息处理技术、信息传输技术和综合控制技术。

信息获取技术,是遍布陆、海、空、天的各种侦查与监视平台以及其搭载的雷达、夜视、光电和声呐等各种类型传感器的应用技术。

信息处理技术,是借助输入输出设备和计算机系统对获取的各种情报信息进行整理综合、有效管理和及时更新的技术方法和手段。

信息传输技术,是保证信息通过各种信道、交换设备和通信终端实现迅速、准确、保密和不间断传输的技术措施。

综合控制技术,是确保对各种作战单元进行紧缺控制,确保指挥员意图实现的技术措施,包括精确计算、作战模拟、决策支持和实时控制。这是指挥信息系统的核心技术。

在指挥、控制、计算机和通信(C4)系统中,其主体是计算机技术和通信技术。此外,由于指挥信息系统向一体化方向发展的趋势越来越明显,使得综合集成技术和体系结构技术成为新的技术生长点。因此,对指挥控制技术的研究,主要围绕计算机技术、现代通信技术、系统综合集成技术和网络系统技术展开。

二、指挥信息技术在现代战争中的应用

指挥信息系统在现代战争中的应用非常广泛,概括起来主要体现在以下几个方面。

1. 作战指挥

作战指挥中,指挥信息系统能及时、准确、大量地搜集敌我双方的兵力部署、作战行动及战场的地形、气象信息,为指挥人员定下战斗决心提供必要的情报。然后由系统中的信息传输单元将各种情报、指挥和控制信息进行传递,以保证各种信息能够迅速、准确、保密、可靠地传递到目的地,并能迅速传送命令、指示,对部队实施不间断的指挥。据资料显示,美国战略空军司令部平均每天可以收到 2.7 万份情报,这些情报如果全部使用纸张作为载体,叠起来比一个人还要高。而利用高速度大容量的计算机,能够自动地对所有情报进行分类、归纳、排序,并按照轻重缓急及时提供给各级相应的指挥员使用。系统还可以帮助指挥员选择方案,通过计算机可以对各个方案逼真推演,优劣对比,权衡各个方案的利与弊,选出最佳方案,促使

指挥员及时准确地定下决心，并监督决心的执行情况。

2. 武器控制

武器控制是军队信息系统的另一项重要应用。其作用是为了充分发挥武器的威力，削弱和破坏敌方的威胁。现代武器，无论是常规武器还是尖端武器，都具有威力大、射程远、速度快的特点。特别是导弹核武器在发射前有大量复杂的数据参数需要计算，而且往往要求在几秒钟内确定或修改作战方案。因此，必须利用指挥信息系统提高武器控制的速度与质量。

3. 作战保障

战斗保障是实现战斗决心的措施。它包括侦察、通信联络、电子对抗、防护、伪装、工程、气象等。美国国防部的自动化数字通信系统采用了大量的计算机，它们每天大约能发送20亿字符，还能自动发现并纠正错误，传递字符的错误率不超过万分之一，大大提高了传送情报的准确程度。美军建立的向陆、空军提供气象资料的自动化情报系统，能够搜集与处理全球范围内8 700多处实地观测的结果，并提供给各个指挥员使用。

4. 作战模拟

模拟是指利用模型模仿真实系统的全部或部分功能和过程。而作战模拟就是作战模型模仿作战行动的技术和过程。作战模拟可以根据已确定的优化指标评价各种方案的优劣，预见军事及其有关诸因素的发展趋势。还可以对某些难以在实际中研究的军事行动进行反复模拟再现，相当准确地反映出作战的特征和规律，并给出定量解答，从而对各种作战行动和进程与结局同各种因素的依赖关系做出科学的预测，为制定最佳的决策奠定可靠的基础。

5. 人员训练

美军在军队训练中大量使用“模拟设备”，并取得了良好的效果。据美军统计，在战斗训练中使用电子计算机，可使人员训练时间减少20%，节省大量训练费用。目前，我军也在大力发展模拟训练器材的研究，如激光打靶、步兵激光模拟对抗演习系统、飞机激光模拟对抗训练系统等均已交付部队使用，为我军的训练现代化做出了贡献。

6. 后勤保障

后勤是任何军事组织不可缺少的重要组成部分。现代战争中，由于战斗空前激烈、物资器材的消耗越来越多，用于后勤支援的计划实践与执行时间越来越短；由于损耗率大大增加，维修的工作量越来越大，对后勤工作的要求越来越高，后勤保障的规模越来越大，指挥信息系统用于后勤保障，是信息化军队建设非常重要的一环。

三、指挥控制技术在现代战争中的作用

指挥控制技术在军事领域最直接和最重要的应用结果，就是物化为军队指挥信息系统。所谓军队指挥信息系统，是指计算机技术为核心，具有指挥控制、情报侦察、预警探测、通信、电子对抗技术和其他作战信息保障功能的军事信息系统。因此，指挥控制技术在现代战争中的作用，通过军队指挥信息系统的功能得以体现。

1. 军队战斗力的“倍增器”

指挥信息系统可以极大地提高军队的战斗力。战斗力是军队实施战斗行动和完成战斗任务的能力，主要取决于两个方面：一个是作战实力（简称“兵力”），另一个是指挥控制能力（简称“用兵能力”）。战斗力不是兵力、用兵能力两个方面要素的简单相加，而是（战斗人员＋武器系统）×（指挥谋略＋指挥控制系统）的系统之积。因次，要想使兵力和兵器最佳组合，充分发挥它们的作战效能，最大限度地提高军队的战斗力，除了指挥员要有精深的谋略和高超的指挥艺术外，还需要功能强大的指挥系统。因此，只有借助高效能的指挥信息系统，指挥员才能全面了解战场态势，作出正确的决策，并迅速、正确地加以贯彻执行，实现对部队和武器系统的有效指挥控制。1991 年海湾战争爆发时，伊拉克的防空力量并不弱，但多国部队在发起大规模空袭之前，首先实施高强度的综合电子战，瘫痪了伊军 C3I 系统，使其作战指挥系统成了“瞎子”、“聋子”和“哑巴”。结果，伊军根本未能组织起有效的防空作战，多国部队以小的代价赢得了胜利。伊军的教训说明，指挥信息对军队战斗力起到倍增或倍减的作用。

2. 军队一体化作战体系的“黏合剂”

指挥信息系统可以将现代军队的各个系统有机地联为一体，充分发挥整体威力。现代战争是诸军兵种集体化的联合作战，参战军兵种多，武器平台多，战场分布广，如果没有一个高效率、高度集中统一的指挥信息系统作为军队的神经中枢，那么这支军队只能是一盘散沙，无法发挥应有的效能。因此，指挥信息系统是现代化军队一体化作战体系的“黏合剂”。20 世纪 90 年代以来，从海湾战争、科索沃战争、阿富汗战争到伊拉克战争，都充分说明了这一点。

3. 军队指挥控制的重要手段

指挥信息系统可以大幅度地提高联合作战指挥员的指挥能力。首先，它可为联合作战指挥员提供广阔作战空间的感知能力。指挥员可以在远离战场的指挥所里通过显示设备，实时、形象、直观地掌握战场态势和有关情况，了解战场态势所需要的时间大大缩短。其次，它可增强联合作战指挥员的有效用兵能力。联合作战指挥员可以通过战场态势显示屏和通信网络直接指挥作战部队的行动，可对来袭的敌方各种目标实现从情报侦察、探测预警、监视捕捉、敌我识别、跟踪制导、电子对抗到命中目标的全程指挥控制，提高各种信息化武器装备的作战效能。再次，它可为联合作战指挥员提供高效的通信保障。由各种设备组成的通信网，可保证指挥员对部队实施高效的实时指挥控制，提高指挥员协调陆、海、空三军参战部队的效率，使之保持协调一致的节奏。最后，它能使战略决策层直接感知和控制战术行动。

4. 打赢信息化条件下局部战争的根本保证

指挥信息系统是进行信息化条件下局部战争的基础，也是打赢信息化条件下局部战争的根本保证。在信息化条件下局部战争中，作战力量的指挥控制将更加受制于复杂的战场环境。在包含大量信息化武器装备的数字化、网络化战场上，指挥控制系统能使信息与能量实现最佳结合，既能为战场上所有作战单位提供“无缝”的信息传输能力和相互操作能力，又能在任何时间、任何地点，接受实时、融合、逼真的战场图像，准确提供敌人或潜在敌人指挥控制部队的各种信息，可全向发布、响应命令,指挥控制己方部队。另外,指挥控制系统是取得信息优势的必备条件。实施信息战的主要任务是压制、削弱、破坏和摧毁敌方指挥控制系统,同时确保己方指挥控制系统免遭这种攻击,使己方的信息收集、处理、传输和利用等不受影响,建立起信息优势。为此,敌对双方可能采取的战法主要有网络战、病毒战、干扰欺骗、实体摧毁等。这些对抗行动都集中在指挥控制系统上,显然,其性能优劣将决定信息战的成败。

四、指挥控制技术的发展趋势

指挥控制技术的发展与运用,已经在军事领域内引起了一场深刻的革命。网络系统技术正处于快速发展之中,其发展现状和趋势集中体现在以下几个方面:

1. 信息网络技术

信息网络技术的主体是先进的软件技术、通信技术和计算机技术以及支持主体技术的微电子技术、激光技术、自动控制技术、空间技术、高清晰度成像和显示技术等。它已成为现代军事技术的核心与主体技术。在计算机及其软件得以高度开发、多媒体技术有了迅速发展的今天,网络技术可以将各作战单元、各级各类指挥中心,在电磁干扰环境下与快速运动中形成全国、全军自动化指挥信息网络;各级各类指挥中心、各作战单元之间可互联、互通、互操作、互工作,实现数据、信息资源共享。

2. 平台网络一体化系统技术

平台网络一体化系统技术,是通过将平台及平台上的所有信息设备进行一体化系统设计,即使平台的作战效能达到最佳,也可获得最好的实效,从而满足未来作战环境的需要。通过采用多功能通用标准电子模块和具有多频谱传感器实时数据融合能力的计算机,不仅将多种信息战功能集于一身,真正实现雷达预警、导弹发射和攻击预警、信息支援、信息干扰及规避、协同一体化,而且与平台上其他信息设备综合为一体,达成信息共享。由于网络技术的发展,高技术作战平台的这种网络联通和信息融合能力越来越强。比如,现在的遥控飞行器自身就携带侦察、跟踪、瞄准装置和弹药,侦察发现目标后,通过平台单元内的信息协同,就能够很快将目标摧毁;侦察机的雷达发现100～200千米距离上的目标后,数秒钟之内就能完成信号处理、传输工作,并引导地面兵器准确打击目标;预警卫星能将所捕获到的敌目标信息及时传输给攻击系统,并能引导攻击系统对目标实施及时和准确的攻击,因而具有边发现和边摧毁的能力。自海湾战争以来,美国十分注重发展网络一体化的作战平台,把全球信息感知和全球指挥控制作为联合作战的重要能力之一。

3. 指挥控制系统技术

未来战争将是体系与体系的对抗,要求指挥控制系统应实现网络状指挥信息结构。即由一系列节点相连结成网络,覆盖整个战场地域,具有横向连通、纵横一体的扁平状外形,克服了树状结构信息传输慢、横向之间难以沟通、指挥灵活性和安全稳定性差的缺点。“扁平化”指挥结构的主要特点包括:一是信息共享。它使更多的作战单元同处于一个信息流动层次,使情报、目标数据和其他数据在各作战单元之间进行分层式分发。二是确保作战指挥通信的稳定和不间断。它缩短了信息流程,当某一分支或节点遭到破坏和干扰时,可利用网络的多路横向信息路径传递指挥控制信息。三是能实施机动指挥。它可不设固定指挥所,利用车载或机载的形式,在作战地域或空域适时机动。四是网络化指挥信息机构可便利地使部分节点设置为假目标,以假乱真,隐真示假,诱骗敌人,隐蔽自己企图,实现指挥所的隐蔽伪装。

第八节　核、生、化武器

核武器、生物武器、化学武器(以下简称“核生化武器”)作为战争的一种手段,其发生、发展和消亡是不以人的意志为转移的,在一定历史阶段内他不会轻易退出战争舞台,随着科学技术的发展,核生化武器不断更新换代. 这将严重威胁世界人民生命安全。近百年的战争史告诉我们,对核生化武器防护,是减轻或避免敌人使用核生化武器伤害的有效途径,也是遏制敌人实用核生化武器的重要手段。要做好对核生化武器的防护准备,就必须了解核生化武器性能,熟悉对核生化武器防护的措施。

一、核武器

(一)核武器概述

1. 核武器

核武器是利用爆炸性核反应放出的能量,造成杀伤破坏作用的武器。核武器又称原子武器。原子弹、氢弹和中子弹等统称“核武器”。

1945 年 7 月 16 日,美国进行了第一次核爆炸试验。1945 年 8 月 6 日和 9 日,美国出于政治目的将仅有的两枚原子弹分别投于日本的广岛和长崎,造成广岛伤亡约 14 万人,破坏范围 12 平方千米;长崎伤亡约 9.5 万人,破坏范围约 4.7 平方千米。这两枚当量约为 2 万吨的核爆炸,显示出核武器的巨大杀伤破坏力,震惊了世界。

此后,苏、英、法、中、印度和巴基斯坦都相继研制成功核武器,并进行核爆炸试验。据报道,在 20 世纪 80 年代核弹头数量就达 6 万多枚,可以摧毁地球 25 次。美国出于全球霸权需要,仍将核武器视为全球战略的基石,作为推行强权政治的工具。

2. 核武器的威力与分类

核武器的威力通常用“梯恩梯当量”(简称当量)表示。当量是指爆炸时放出的能量相当于多少重量的梯恩梯炸药爆炸时放出的能量。例如:一颗原子弹爆炸时放出的能量相当于 2 万吨梯恩梯炸药爆炸时所放出的能量,那么,该原子弹的威力为 2 万吨梯恩梯当量。

核武器按当量的大小分为百吨级、千吨级、万吨级、十万吨级、百万吨级和千万吨级等。核武器按任务使用分为战略核武器和战术核武器。

3. 核武器的爆炸方式和景象

核武器的爆炸方式用比高表示。比高,就是爆炸高度(米)与爆炸当量(千吨)立方根的比值。比值小于 0 的成为地下(水下)爆炸,比高小于 60 的爆炸,称为地面(水面)爆炸,比高大于 60 的爆炸,成为空中爆炸(简称空爆)。空中爆炸又分为低空爆炸、中空爆炸、高空爆炸和超高空爆炸。

核武器的爆炸景象。在空中和地爆时，会依次出现闪光、火球和蘑菇状烟云，在一定范围内还能听到爆炸的巨大响声。

4. 核武器的特点

核武器与常规武器相比，具有杀伤破坏范围大、杀伤破坏程度严重、杀伤破坏因素多、伤害作用持续时间长、防护复杂等特点。

(二)核武器的杀伤破坏因素

核武器具有光辐射、冲击波、早期核辐射、核电磁脉冲和放射性沾染等五种杀伤破坏因素。

1. 光辐射

光辐射是核爆炸时，从高温火球中辐射出来的光和热。

光辐射的特性：①传播速度快。光辐射和普通光一样以光速(约 30 万千米/秒)直线传播。②它可以被物体吸收、反射和遮挡，并能透过透明的物体。③热效应强。光辐射的能量很大，被物体吸收后，主要转变为热能，使之温度升高。可使钢铁和地表面融化，木制品等炭化。④作用时间短。光辐射的作用一般只有零点几秒至几十秒。⑤受天气、地形影响。光辐射通过空气、雾、云、雨等都能使其能量减弱。

光辐射的杀伤作用。光辐射对人员可造成直接烧伤；还可以引起服装或其他物体燃烧，造成间接烧伤。

2. 冲击波

冲击波是核爆炸产生的高速高压气浪。它是由高温、高压火球、猛烈地膨胀，急剧地压缩周围的空气而形成的。

冲击波的特性：①传播速度快。冲击波从爆心以超音速(音速约 340 米/秒)向四周传播。②压力强。冲击波到达时，人和物体会同时受到超压的挤压作用和动压的冲击作用。③受地形地物的影响。冲击波遇到各种地形地物(如高地、土丘、建筑物等)时，在朝向爆心的正面，受阻而形成反射，使超压增大。

冲击波的杀伤作用。冲击波可直接造成人员脑震荡、骨折、肝脾破裂以及肺、胃和耳鼓膜、皮肤等损伤；同时由于工事、建筑物的倒塌、破坏，以及刮起的沙石，造成人员的间接损伤。

3. 早期核辐射

早期核辐射是核爆炸后，最初十几秒钟内从火球和烟云中放出的丙射线和中子流。它是核武器特有的杀伤破坏因素。

早期核辐射的特性：(1)传播速度快、穿透能力强。早期核辐射中的丙射线以光速、中子流以每秒几千至几万千米的速度，从爆心向四周传播。丙射线和中子流看不见、摸不着，但具有较强的贯穿能力。(2)中子会使某些物质产生感生放射性。中子能使本来没有放射性的某些金属物质，如钠、钾、铝、锰、铁等产生放射性，这种放射性叫“感生放射性”。(3)作用时间短。只有几秒到几十秒钟。(4)地形地物的影响。山地、丘陵、建筑物、壕沟等凡能起遮挡作用的各类地形地物对早期核辐射都有不同程度的防护作用。

早期核辐射的杀伤作用：人员受到大剂量核辐射照射后，可引起放射病。当人员一次受照射量 50 伦，不会产生病症。放射病的轻重，主要决定受照射量的大小。

4. 核电磁脉冲

核电磁脉冲是核爆炸时产生的电磁脉冲。从产生电磁脉冲瞬间的现象来看,它很像雷击时产生的电磁脉冲。

核电磁脉冲的特性:(1)电磁场强度高。比雷电产生的电磁信号至少高千百倍。(2)频率范围很宽。现代电子设备几乎都会受到它的干扰。(3)作用距离远。可达几百到几千千米。(4)持续时间短。一般只有几十微秒,持续时间不大于1秒。

核电磁脉冲的作用。核电磁脉冲能干扰电子、电气设备的正常工作,并能使其失效。

5. 放射性沾染

核爆炸产生的放射性物质对地面、水、空气、食物、人员、武器装备等所造成的沾染,成为放射性沾染。放射性沾染是核爆炸特有的杀伤因素。

放射性沾染的特性:(1)来源多。放射性沾染的来源是:核裂变碎片,感生放射性物质和未裂变的核装料。(2)能放出多种(甲、乙、丙)射线。(3)作用时间长。地爆时地面沾染作用时间长,一般在几天到几周或更长时间。空爆时地面沾染的作用时间比地爆短。

放射性沾染伤害作用。放射性沾染对人员的伤害是由于射线对人体的照射作用而引起的,其伤害途径有三种。(1)外照射。人员在沾染区活动时,受射线照射而引起的伤害。(2)内照射。放射性物质通过呼吸道、食道或伤口等途径侵入人体内部而引起的伤害。(3)皮肤沾染。皮肤受到严重沾染后,引起灼伤。

(三)对核武器的防护

世界上一切事物无不具有两重性,核武器也一样,具有较大杀伤破坏的一面,也有局限性和可防性的一面,只要我们认真研究,掌握它的规律,采取积极有效的防护对策,就能避免或减轻核武器使用造成的伤害。

核武器对人员的杀伤主要是光辐射、冲击波、早期核辐射和放射性沾染作用所造成的,因此,对核武器采取以下防护措施有很好的防护效果。

背向爆心卧倒。当人员在开阔地发现核爆炸闪光时,应迅速背向爆心卧倒,可减少伤害4/5。卧倒时两手交叉压于胸下,两肘前伸,头自然下压夹于两臂之间,闭眼闭嘴,当感到有热空气时憋气,两腿伸直并拢,人员卧倒后能减少冲击波迎风面积4/5。

利用地形地物防护。土丘、土坎等各种高于地平面的地形,背向爆心一面对光辐射、冲击波和早期核辐射有遮蔽和削弱作用。土坑、弹坑、沟渠等各种低于地平面的地形,对减轻冲击波、光辐射和早期核辐射的伤害,有一定的防护作用。山洞、桥洞、涵洞、下水道等都可用来防护。

利用工事防护。各类工事对核武器都有较好的防护效果。沟壕、交通壕、单人掩体可减少伤害达2/3。人防工事、地道结构坚固,有较厚的自然防护层,有更好的防护作用。

利用服装装具和器材防护。人员利用雨衣、防毒斗篷和衣物(服装、手套、毛巾)等防护,在一定距离上,可以减轻或避免光辐射的伤害。

二、生物武器

(一)生物武器概述

1. 生物武器

战争中用来伤害人、畜，毁坏农作物的致病微生物(如：细菌、病菌、立克次体等)和细菌所产生的毒素，叫做生物战剂。装有生物战剂的各种导弹弹头、炸弹和气溶胶发生器等，统称为生物武器。

第二次世界大战期间日本、德国、美国、英国、加拿大、前苏联都研制了大量的生物武器。日本帝国主义从 1930 年起，在我国东北建设研制细菌武器的工厂——“731”部队，曾大量培养鼠疫、霍乱、伤寒、炭疽等细菌。1940～1943 年期间，曾多次向山东、湖南、浙江等地，大量使用细菌武器，给中国人民造成很大灾难。1952 年，美国在朝鲜和我国东北地区多次使用生物武器。

第二次世界大战后至 20 世纪 70 年代初，美国和前苏联仍投入大量人力、物力发展生物武器。研究的微生物从细菌扩大到病毒、衣原体、立克次体、真菌和各种生物毒素。施放方式以气溶胶为主，运载系统除飞机外，还有各种导弹。作用范围大到数百至千余平方千米，大大增加了生物武器的潜在危险性。

近年来，随着科学技术的进步，基因工程、发酵工程、细胞工程和蛋白质工程等新技术相继出现，微生物的致病力、对外界的耐受力和对各种药物的抵抗力都得到了增强，大量生产致病的微生物已成为现实，使潜在的生物战剂的种类大大增多。有的国家把致病力、耐药性强的基因，移植到细菌中，制造出致病力更强的基因生物战剂。美国在马里兰州的军医学研究所，完成了在大肠杆菌中介入炭疽病基因的研究。每一种基因武器就像一把特制的锁，只有研制者才能掌握这个遗传密码，方能开得了这把奇锁，对方是很难窥破其秘密加以防治的，所以基因武器更具有保密性。因此，国外有人将基因武器叫“世界末日武器”。

2. 生物战剂的分类

生物战剂分类可因不同目的而定。按攻击对象分类，可分为人员杀伤剂、动物杀伤剂和植物杀伤剂。按生物学分类，可分为细菌战剂、病毒战剂、立克次体战剂、真菌战剂和毒素战剂等。按效应分类，可分为失能性生物战剂(死亡率低于 10%)和致死性生物战剂(死亡率高于 10%)。

(1)细菌

细菌是一种单细胞生物，体积很小，必须用光学显微镜放大几十倍到几百倍才能看得见。细菌的种类很多，用作生物战剂的主要有鼠疫杆菌、炭疽杆菌、霍乱弧菌、野兔热杆菌、布氏杆菌、类鼻疽杆菌等。

(2)病毒

病毒是生物战剂中最小的一种，要用放大几万到十万倍的电子显微镜才能看得见。病毒的结构比细菌更简单，它没有完整的细胞结构。能使人得病的病毒种类很多，其中用作生物战剂的主要有，黄热病毒、东马脑炎病毒、西马脑炎病毒、委马脑炎病毒、森林脑炎病毒、马尔堡病毒、拉沙热病毒、登革热等。

(3)立克次体

立克次体比细菌小，比病毒大。它的生理特点，介于细菌和病毒之间。主要有

Q热立克次体、立氏立克次体、普氏立克次体等。

(4)真菌

真菌结构比细菌复杂,大多数是由多细胞组成。用做生物战剂的主要是深部真菌。如球孢子菌、荚膜组织浆菌等。

(5)毒素

毒素是由细菌产生的,它有别于细菌,细菌是有生命的,毒素是没有生命的蛋白质。主要有肉毒杆菌毒素、葡萄球菌毒素等。

3. 生物战剂的战斗使用

(1)释放生物战剂气溶胶。固体或液体生物战剂微粒在空气中形成的悬浮体,称为生物战剂气溶胶。它能随风飘移,污染空气、地面、食物、水源等,并能渗入无防护设施的工事。

(2)投掷带菌媒介物。将带菌昆虫等装在特制容器,用飞机等投放,此种方法施放生物战剂损失少,但污染范围较小。

(3)敌人还可能派遣特务施放生物战剂,污染水源、食物、通风管道,或在撤退时遗弃染菌的物品等。

4. 生物战剂的伤害特点

致病力强,污染范围广。生物战剂病菌致病力很强,少量病菌进入人体就可引发疾病或死亡。例如一架飞机喷洒生物战剂,在下风方向可造成几百或几千平方千米的污染区,使人员致病。

伤害途径多。生物战剂通常能通过下列三种途径侵入人体。①吸入。生物战剂污染的空气可从呼吸道进入人体。②误食(饮)。生物战剂污染的水、食物等可从消化道进入人体。③皮肤接触。生物战剂可直接经皮肤、黏膜、伤口或昆虫叮咬进入人体。

具有传染性。有的生物战剂,如鼠疫、天花、霍乱和斑疹伤寒等,有很强的传染性,发病后如不及时采取防疫措施,能很快形成疾病流行。

危害作用时间长。生物战剂气溶胶的危害时间通常为数小时,条件适宜,时间更长。鼠疫杆菌在背阴处可存活数周。炭疽杆菌芽孢在土壤中能存活几十年。

没有立即杀伤作用。生物战剂从侵入人体到发病,有一定的潜伏期,其长短主要取决于战剂的种类和潜入的剂量等,一般短者数小时,长者十几天。在潜伏期中,受污染的人员无明显症状,仍有战斗力。

(二)对生物武器的防护

1. 预防接种

预防接种是预防、控制生物战剂对人体伤害,增强人体的抗病能力,提高治疗效果的一种有效措施。接种时应注意:接种人员在接种前必须进行健康检查,并测量体温;接种后2天内不宜作剧烈运动;在遭受核袭击后,不宜立即进行活苗接种。

2. 对生物战剂气溶胶的防护

主要是防止生物战剂气溶胶通过呼吸道或皮肤、眼睛、黏膜进入人体。呼吸道防护:当敌施放生物战剂气溶胶时,应戴防护口罩或面具。无上述器材时,用毛巾、三角巾、急救包中的棉花制作的简易口罩或用手帕、帽子、衣襟等捂住口鼻,也能起到一定的防护作用。眼睛防护:人员应戴自制的防毒眼镜、风镜(风镜的通风孔应封贴密封)或蒙上透明塑料布防护。皮肤防护:穿着防毒衣或防疫服,既可防生物战剂气溶胶污染皮肤,又可防带生物战剂的昆虫叮咬。扎紧三口(袖口、领口、裤脚口),戴手套,穿靴套也有一定的防护作用。如穿上雨衣或披上斗篷、塑料布等防护效果更好。

3. 对带菌昆虫的防护

主要是保护暴露皮肤,防止昆虫叮咬。涂抹驱避剂,常用的驱避剂有避虫胺、驱蚊灵等。使用驱避剂,切忌全身涂抹,尤其不得抹入眼内,以免引起全身中毒。

4. 消毒、杀虫、灭鼠

消毒。擦洗法:对皮肤消毒。煮沸法:对沾染细菌芽孢与毒素类战剂的服装装具,应煮沸30分钟以上;日晒法:将服装装具放在阳光下翻晒一至数日;药物浸泡法:蔬菜、水果等可用0.1%的高锰酸钾溶液浸泡30分钟,服装装具用1%的漂白粉活性溶液;火烧法:对污染的地面、工事洒柴油、煤油、汽油等点燃焚烧;铲除法:用铁锹等工具,铲除污染土层4厘米,铲除的土层就地掩埋;化学法:用5%～10%的三合二或漂白粉水溶液喷洒,可杀灭各类生物战剂。杀虫、灭鼠。人工捕打、烧燎杀虫、熏蒸杀虫等。

三、化学武器

(一)化学武器概述

1. 化学武器

战争中用来毒害人、畜的化学物质,叫做毒剂。装有毒剂的各种炮弹、炸弹、火箭弹、导弹、毒烟罐、手榴弹、地雷和布(喷)洒器等,统称“化学武器”。

首次大规模使用化学武器是在第一次世界大战初期,1915年4月22日,德军与英法联军在伊普雷地区对峙,德军以突然袭击的方式,向英法联军的阵地施放了180吨氯气,使英法联军的1.5万人中毒。其中5000人死亡,5000人被俘。此后,许多交战国家相继使用了化学武器。

第二次世界大战期间,日军在侵华战争中曾大量使用毒剂。先后在我国13个省的81个县镇地区,使用毒剂2000余次,造成伤亡20余万人。

第二次世界大战后,美军在侵朝战争中,使用毒剂200多次,造成中朝军民较大伤亡。美军在侵略越南战争中,把越南作为化学武器的试验场,使用毒剂7000吨,植物杀伤剂13万吨,中毒军民达150多万人。原苏军入侵阿富汗、越南入侵柬埔寨、两伊战争中等,都使用了化学武器。

美国和前苏联都把化学武器作为现代条件下作战的一种重要手段,大量装备、储存,并不断发展化学武器,寻找或人工合成毒性更烈、作用更快、渗透性更强的毒剂。化学武器造价低廉、原料来源方便,只要具有一定的农药、医药、石油化工工业基础就能生产。据报道,拥有化学武器的国家和地区至少有30个,化学武器被一些国家称为“穷国的原子弹”。

从历次战争来看,凡执行侵略政策的国家,不会受禁止使用化学武器国际公约的约束,在常规战争中仍然可能使用化学武器。

2. 化学毒剂的分类及性能

毒剂的分类方法较多,通常是按毒害作用可分为神经性毒剂、糜烂性毒剂、全身中毒性毒剂、失能性毒剂、窒息性毒剂、刺激性毒剂。

(1)神经性毒剂

神经性毒剂是破坏神经系统正常功能的毒剂。这类毒剂都含有磷元素,也叫含磷毒剂。主要有沙林、梭曼、维埃克斯,是美、俄军装备的主要毒剂。

①沙林。沙林是无色较易挥发的液体,有微弱水果香味。只要吸入数口高浓度沙林,就能致死。中毒后迅速出现瞳孔缩小、视力模糊;呼吸困难,胸闷;恶心、呕吐、流口水、出汗;抽筋、肉跳等症状。若不及时急救,有生命危险。

②梭曼。纯梭曼为无色、有水果香味的水样液体,工业品为黄褐色有樟脑味。梭曼毒性比沙林大 2~3 倍,渗透力比沙林强,除通过呼吸道进入人体外,还易渗透皮肤引起中毒,中毒症状同沙林一样。人员中毒后,要比沙林中毒难救难治,消毒也比沙林困难。对梭曼要进行全身防护。

③维埃克斯。维埃克斯是无色、无味的油状液体,工业品呈棕黄色,有硫醇气味,是当前毒性最大的一种毒剂。

维埃克斯比沙林的毒性大得多,其皮肤渗透的毒性约比沙林大数百倍。皮肤染毒后,渗透中毒通常有潜伏期。吸入或接触维类毒剂中毒后,其毒害作用、中毒症状与沙林相似,但症状发展迅速,肉跳、抽筋明显、剧烈。对该类毒剂,要特别重视全身防护并应及时消毒、急救。

(2)糜烂性毒剂

糜烂性毒剂是使细胞坏死、组织溃烂的毒剂。主要有芥子气、路易氏气。

①芥子气。芥子气是无色油状液体,有大蒜味,工业品为黑褐色。芥子气难溶于水。能渗透皮肤、服装、皮革、橡胶等。

芥子气主要破坏人体的细胞组织。皮肤染毒后,经 2~6 小时潜伏期,染毒处红肿、痒痛、起水泡、溃烂。眼睛中毒后,红肿、怕光;呼吸道中毒后,流鼻涕、咳嗽、声音变哑。中毒治愈时间较长,要注意全身防护。

②路易氏气。路易氏气是无色油状液体,有微弱天竺葵味,工业品为黄褐色。路易氏气引起皮肤中毒的毒性比芥子气小。液滴渗入皮肤的速度比芥子气快 3~4 倍。中毒后潜伏期短,皮肤有烧灼疼痛感,红肿明显,一开始就形成大水泡,内有浑浊液体。伤口染毒出血较多,疼痛剧烈。溃烂比芥子气深,但治愈快。对路易氏气也要进行全身防护。

(3)全身中毒性毒剂

全身中毒性毒剂是破坏组织细胞氧化功能,使全身缺氧的毒剂。主要有氢氨酸、氯化氰。

①氢氨酸。氢氨酸是无色、有苦杏仁味的液体。氢氨酸通过呼吸道吸入中毒,毒性约为沙林的 1/10。主要破坏人体各部组织细胞的氧化功能,使全身急性缺氧,中毒后迅速出现口舌发麻、眼球突出、瞳孔散大、皮肤粘膜呈红色、强烈抽搐等症状。若不及时急救,有生命危险。只要及时戴上面具即可防护。

②氯化氰。氯化氰为无色、有强烈刺激味的气体,挥发度很大,属于暂时性毒剂。氯化氰主要通过呼吸道杀伤人员。除同氢氨酸的中毒症状外,刺激症状明显,如流泪、怕光、咳嗽、咽喉刺痒及胸骨后疼痛等,严重中毒者有肺水肿。氯化氰对上呼吸道、眼睛的刺激作用和对细胞氧化功能的破坏作用是速效的;而引起肺水肿造

成缺氧窒息的作用，则是缓效性的。

（4）失能性毒剂

失能性毒剂是使人的思维和运动机能发生障碍，暂时失去战斗能力的毒剂。主要有毕兹等毒剂。

毕兹是一种白色或淡黄色没有特殊气味的固体结晶。毕兹通过呼吸道进入人体引起中毒，中毒半小时后出现症状。轻者头晕、口干、皮肤潮红、心跳加快、体温升高；重者瞳孔散大、精神错乱、行动不稳、身体瘫痪、昏睡等。症状一般持续 12 小时后逐渐减轻，2～4 天恢复正常。防毒面具能有效的防护。

（5）窒息性毒剂

窒息性毒剂是伤害肺部使人员缺氧窒息的毒剂，主要有光气等。

光气在常温下为无色气体，有烂干草或烂苹果味。光气通过呼吸器官进入人体后，主要伤害肺部，引起肺水肿，使肺吸不进氧气也排不出二氧化碳，造成人员缺氧窒息而死亡。戴上防毒面具能有效的防护，用湿口罩和毛巾捂口鼻也有一定的防护作用。

（6）刺激性毒剂

刺激性毒剂主要是指能刺激眼睛、上呼吸道，引起眼泪或打喷嚏，妨碍人员战斗行动的毒剂。一般没有致命性的危害。主要有苯氯乙酮、亚当氏气、西埃斯、西阿尔。

①苯氯乙酮。苯氯乙酮为白色或淡黄色结晶，工业品为红棕色，有荷花香味。苯氯乙酮挥发度小，很难水解。苯氯乙酮主要刺激眼睛，引起流泪。浓度高时皮肤刺痒、辣痛。

②亚当氏气。亚当氏气为金黄色结晶，工业品为暗绿色，没有明显的气味。亚当氏气挥发度很小，很难水解。亚当氏气主要刺激呼吸道，引起接连喷嚏、咳嗽、胸骨后疼痛；中毒严重时，可能出现肺水肿。中毒人员只要离开毒区，刺激症状很快会消失。

③西埃斯。西埃斯为白色结晶，有胡椒味，工业品为淡黄色。挥发度很小，人员中毒后眼睛有烧灼刺痛感，大量流泪，鼻、咽发痒、咳嗽、皮肤辣痛。

④西阿尔。西阿尔为淡黄色无臭味的固体粉末。西阿尔对人的毒害作用与西埃斯相似，具有喷嚏、催泪和皮肤刺激作用，它的刺激作用比西埃斯更强，但不易引起实质性损伤，致死毒性很小，因此，它作为刺激性毒剂更为合适。

3. 毒剂的战斗状态

化学武器使用后，毒剂起伤害作用的状态叫做战斗状态。毒剂的战斗状态有蒸汽状、雾状、烟状、液滴状和微粉状五种。雾和烟统称为气溶胶。

（4）毒剂的伤害特点

①杀伤范围大。毒剂能使较大范围的空气或地面染毒，染毒空气能随风扩散到一定的地域。

②伤害途径多。化学武器能造成空气、地面、物体、水源、食物等染毒。人员吸入染毒空气，皮肤、黏膜（或伤口）接触了毒剂液滴，误食了染毒的水或食物都会引起中毒，受到伤害。

③持续时间长。化学武器的杀伤作用持续时间较长。例如，维埃克斯使地面、物体染毒后，其杀伤作用可持续几天到几周的时间。

(二)对化学武器的防护

1. 集体防护。主要是利用永备工事和野战工事防护。人员进入工事、地道、掩蔽,关闭密闭门或放下防毒门帘。进入后要减少各种活动。

2. 个人防护。个人防护主要是利用防毒面具、防毒衣、防毒斗篷、防毒靴套、防护服和个人消毒器材等进行防护。

3. 简易防护。当遭到化学武器的突然袭击,在没有制式防护器材的情况下,因地制宜,利用现有器材,如口罩、湿毛巾、眼镜、手套等进行简易防护。

四、核武器、生物武器、化学武器的发展现状

由于核武器、生物武器、化学武器属于大规模杀伤性武器,联合国已制定并通过了以下条约:

《全面禁止核试验条约》:1996 年 9 月 10 日在第 50 届联合国大会通过(158 票赞成、3 票反对、5 票弃权)。1996 年 9 月 24 日在纽约开始签署,当时的签约国有 71 个,包括 5 个拥有核武器的国家。目前有 176 个国家签署,其中 156 个正式批准。至今(2013 年 1 月 1 日)未签署该条约的主要国家有:印度、巴基斯坦、朝鲜。签署但未正式批准的主要国家有:美国、中华人民共和国、埃及、伊朗、以色列。1996 年 9 月 24 日,该条约开放供所有国家签署。中国等 16 个国家的领导人或外长当天在纽约联合国总部首批签署了全面禁止核试验条约。该条约在附件二所列的 44 国全部签署并批准后 180 天生效。这 44 个国家是:阿尔及利亚、阿根廷、澳大利亚、奥地利、孟加拉国、比利时、巴西、保加利亚、加拿大、智利、中华人民共和国、哥伦比亚、朝鲜、刚果、埃及、芬兰、法国、德国、匈牙利、印度、印度尼西亚、伊朗、以色列、意大利、日本、墨西哥、荷兰、挪威、巴基斯坦、秘鲁、波兰、罗马尼亚、大韩民国、俄罗斯联邦、斯洛伐克、南非、西班牙、瑞典、瑞士、土耳其、乌克兰、英国、美国、越南。目前该条约还不满足生效的条件。

《禁止生物武器公约》全称《禁止细菌(生物)及毒素武器的发展、生产及储存以及销毁这类武器的公约》。草案于 1971 年 9 月 28 日由美国、英国、苏联等 12 个国家向第 26 届联大联合提出,经联大通过决议,决定推荐此公约。1972 年 4 月 10 日分别在华盛顿、伦敦和莫斯科签署。1975 年 3 月 26 日公约生效。各国在自愿的基础上遵守该公约。截止到 2011 年,已有 165 个缔约国。公约审议大会 5 年举行一次,公约签字国曾于 1980 年、1986 年、1991 年、1996 年、2001 年和 2006 年就该公约举行过六次审议会议。《禁止生物武器公约》共 15 条,主要内容是:缔约国在任何情况下不发展、不生产、不储存、不取得除和平用途外的微生物制剂、毒素及其武器;也不协助、鼓励或引导他国取得这类制剂、毒素及其武器;缔约国在公约生效后 9 个月内销毁一切这类制剂、毒素及其武器;缔约国可向联合国安理会控诉其他国家违反该公约的行为。1984 年 9 月 20 日,中国决定加入该公约。台湾当局曾于 1972 年 4 月以中国名义在华盛顿签署了公约,并于 1973 年 2 月 9 日批准。中国在加入公约时声明台湾当局的签署和批准是非法的、无效的。1984 年 11 月 15 日,中国政府分别向英、美、苏政府交存加入书,该公约于同日对中国生效。

《禁止化学武器公约》全称为《关于禁止发展、生产、储存和使用化学武器及销毁此种武器的公约》,是世界上第一个全面禁止和彻底销毁一种大规模杀伤武器的公约。其核心内容是在全球范围内尽早彻底销毁化学武器及其相关设施。《公约》于1993年1月开放供签署,1997年4月29日正式生效。为确保《公约》的各项规定、包括对公约遵守情况进行核查的规定得到执行,并为各缔约国提供进行协商和合作的论坛,禁止化学武器组织于1997年5月23日成立。《公约》包括24个条款和3个附件。主要内容是签约国禁止使用、生产、购买、储存和转移各类化学武器;所有化学武器生产设施拆除或转作他用;提供关于各自化学武器库、武器装备及销毁计划的详细信息等。条约中还规定由设在海牙的一个机构经常进行核实。这一机构包括一个由所有成员国组成的会议、一个由41名成员组成的执行委员会和一个技术秘书处。公约规定所有缔约国应在2012年4月29日之前销毁其拥有的化学武器。1993年1月13至15日,此公约的签字仪式在巴黎联合国教科文组织总部举行,120多个国家的外长或代表出席了这次会议,包括中国在内的130个国家签署了该公约。此后,公约转到联合国总部纽约继续开放签署。公约审议大会每5年举行一次,旨在全面审议公约实施情况及科技发展对履约的影响,并制定未来5年的履约计划。迄今已证实销毁2.4万吨化学武器,占申报储存化学武器的33%。拥有化学武器的两个主要国家俄罗斯和美国销毁化武的期限是2012年4月,俄罗斯已经销毁22%,美国销毁46%。印度销毁了84%。总部设在荷兰海牙。目前有190个成员国。1997年4月,中国批准了《禁止化学武器公约》,成为该公约的原始缔约国。

第九节　新概念武器

随着高新技术的迅猛发展和广泛应用,世界强国都在加强军事知识创新和军事技术创新,企图进一步拉大与其他国家在军事高新技术方面的差距。因此,加速发展新概念武器,是各大强国确立军事高技术优势的重要手段之一。新概念武器投入使用后往往能大幅度提高作战效能与效费比,取得出奇制胜的作战效果。可以预计,随着这些新概念武器的陆续实用化,必将对21世纪的军事理论、作战方式和部队编制产生革命性的影响。

一、新概念武器的概念与特征

新概念武器是相对于传统武器而言的,是指尚处于研制或探索之中的一类高新技术武器群体。与传统武器相比,在基本原理、杀伤破坏机理和作战方式上都有本质区别。这主要体现在以下这四个方面。一是它的基本原理不同;二是它的杀伤机理不同;三它的作战方式不同;四是使用时间不同。同时这也是它的四个基本特征。

(一)新概念武器具有独特的工作原理

传统武器的基本工作原理,通常是点火、发射、然后依靠火药推力使弹头在空中飞行,最后击中目标爆炸。传统武器的这种工作原理,使得目前的武器装备的技术性能基本上达到极限,随着现代战争的发展,传统武器的作用发挥受到限制,而人们又迫切需要新的武器装备来满足军事需要,新概念武器就这样孕育而生。

例如激光武器,动能武器,电磁轨道炮等,它们区别于传统武器通常采用火药推动等方法使其高速运动。它们是靠电磁加速和电能加热加速，飞行速度甚至可以达到光速；气象武器可以人为控制狂风暴雨、地震、海啸等。这些新概念武器都具有不同于传统武器的工作原理。

（二）新概念武器具有独特的杀伤机理

尽管传统武器的种类繁多，性能各异，但其杀伤破坏机理主要有两种：一是靠爆炸杀伤；二是靠直接命中。而新概念武器，则采取了完全不同的全新的杀伤破坏机理，而且形式多样。例如：激光武器是靠高温烧毁，熔化直至被摧毁；动能武器是靠强大的动能碰撞物体；微波武器通过发射强大的微波波束攻击目标，使人产生烦躁、头痛、神经混乱、记忆力减退等。

（三）新概念武器具有独特的作战方式

由于新概念武器具有全新的工作原理和杀伤破坏机理，因此也具有独特的作战方式。比如，激光、粒子束、微波束等武器，无须使用弹药，但却具有巨大的能量，且使用灵活方便，能同时对多个方向上的目标实施攻击，既可实施硬杀伤，也可实施软打击。

（四）新概念武器具有一定的历史阶段性

从新概念武器的定义中可以看出，新概念武器是正处于研制之中，尚未大规模装备部队或使用于战场的一类武器，它是相对于常规武器和已经装备部队的大规模杀伤武器而言的。新概念武器只是一个历史的范畴，具有一定的历史阶段性或时限性。随着科学技术和武器技术的不断发展，前一时代的新概念武器必然变为下一时代的常规武器，今天的新概念武器也许就是明天的常规武器。新旧交替是一切事物的发展规律，也是武器发展的基本规律。

二、新概念武器的种类

（一）激光武器

激光就是一种强光，最早是由美国的一个叫西奥多·梅曼的科学家，他在1960年用氦闪光灯照射红宝石，红宝石受这种光激发后射出一束特别细、特别亮的强光，这种光就是激光（Laser），我国于1961年9月，研制出了自己的激光器，1964年12月钱学森建议将Laser命名为“激光”。

激光具有与普通光所不同的特性，其一是高亮度，过去太阳光是“光源之王”，其实激光才是当今世界上光源亮度之“最”，激光的亮度比太阳光要亮几十亿倍。其二是高方向性：普通的光源如电灯、日光灯等等，都是八方散射的；手电筒光能照到月球，光圈直径将达4万公里！而激光则几乎是一束平行而准直的细线，到月球，光圈直径不到1公里。其三是高纯色：激光的单色性比普通光要强几亿倍，这个特性的最重要用途是在精密测量方面，比如激光测距机、激光雷达等。

激光武器是利用激光的能量直接摧毁目标或使其失去战斗力的定向能武器，它直接利用激光的巨大瞬时能量来进行作战。激光束照射在目标表面上能产生极高的功率密度，使其受热、燃烧、熔融、雾化或汽化，并产生震波，从而导致人员伤亡、目标毁坏。

激光武器有许多优点：一是速度快，发射的激光射速以每秒30万千米的光速传播，弹道即（光路）是一条笔直的直线，不需计算提前量和弹道，瞬发即中，命中率高，适合拦击超低空快速运动目标。二是威力大，摧毁能力强，可摧毁坚固材料做的目标。三是无惯性，不产生后坐力，可以从飞机、舰艇、车辆和航天器等高速载体上灵活而迅速地进行射击，并可同时或连续攻击多个目标。四是抗电磁干扰能力强，应用范围广，既可用作战术武器，也可用作战略武器。五是效费比高，激光武器一次射击的费用比一发导弹便宜得多，而且不污染环境。但激光武器也存在一些弱点：因为在大气层中使用时，激光能量会严重衰减，射程和威力将受到影响。激光直线传播，不能绕过障碍物，因此攻击目标时必须直达“透视”。激光照射在目标上的光斑要有一定的稳定时间才能起破坏作用，对瞄准跟踪系统要求很高。高能激光武器系统设备庞大，消耗能量大，用作远程战略武器还显得功率不足等等。

按搭载的载体不同，激光武器可分为：舰载式、车载式、机载式、地基式、星载式（天基）激光武器系统。

按作战用途分，可分为战术激光武器和战略激光武器。

战术激光武器是利用激光作为能量，像常规武器那样直接杀伤敌方人员、击毁坦克、飞机等，打击距离一般可达 20 公里。这种武器的主要代表有激光枪和激光炮，它们能够发出很强的激光束来打击敌人。1978 年 3 月，世界上的第一支激光枪在美国诞生。它能在一定的距离内，使火药爆炸，使夜视仪、红外或激光测距仪等光电设备失效。还有一种重量与机枪相仿的小巧激光枪，能击穿铜盔，在 1500 米的距离上烧伤皮肉、致瞎眼睛等。战术激光武器的“挖眼术”不但能造成飞机失控、机毁人亡，还能使炮手丧失战斗能力，而且由于参战士兵不知对方激光武器会在何时何地出现，常常受到沉重的心理压力。因此，激光武器又具有常规武器所不具备的威慑作用。1982 年英阿马岛战争中，英国在航空母舰和各类护卫舰上就安装有激光致盲武器，曾使阿根廷的多架飞机失控、坠毁或误入英军的射击火网。

战略激光武器可攻击数千公里之外的洲际导弹；可攻击太空中的侦察卫星和通信卫星等。例如，1975 年 11 月，美国的两颗监视导弹发射井的侦察卫星在飞抵西伯利亚上空时，被苏联的陆基激光武器击中，并变成“瞎子”。因此，高基高能激光武器是夺取宇宙空间优势的理想武器之一，也是军事大国不惜耗费巨资进行激烈争夺的根本原因。据外刊透露，自 70 年代以来，美俄两国都分别以多种名义进行了数十次反卫星激光武器的试验。反战略导弹激光武器的研制种类有化学激光器、准分子激光器、自由电子激光器和调射线激光器。例如自由电子激光器具有输出功率大、光束质量好、转换效率高、可调范围宽等优点。但是，自由电子激光器体积庞大，只适宜安装在地面上，供陆基激光武器使用。作战时，强激光束首先射到处于空间高轨道上的中继反射镜。中继反射镜将激光束反射到处于低轨道的作战反射镜，作战反射镜再使激光束瞄准目标，实施攻击。通过这样的两次反射，设置在地面的自由电子激光武器，就可攻击从世界上任何地方发射的战略导弹。高基高能激光武器是高能激光武器与航天器相结合的产物。当这种激光器沿着空间轨道游弋时，一旦发现对方目标，即可投入战斗。由于它部署在宇宙空间，居高临下，视野广阔，更是如虎添翼。在实际战斗中，可用它对空中目标实施闪电般的攻击，以摧毁对方的各类卫星，甚至能将对方的洲际导弹摧毁在助推上升阶段。

（二）微波武器

微波武器是一种利用其辐射的强微波波束干扰或烧毁敌方电子设备以及杀伤

作战人员的一种新式定向能武器,也称射频武器。

高功率微波武器可通过高功率微波摧毁敌人的电子装备或使其暂时失效。从而削弱敌方武器的作战能力,破坏敌方的通信、指挥与控制系统,并能造成人员的伤亡。这种武器分为单脉冲式微波弹和多脉冲重复发射装置两种类型。

微波对人员的影响可分为"非热效应"和"热效应"两类。较低强度的微波辐射会使人的肌肤出现不同程度的急性或慢性损伤,引起神经衰落和心血管系统功能紊乱,记忆力衰退,内分泌失调,免疫力降低等。而强微波能量则会烧伤人体的皮肤及内部组织,使人眼因白内障而失明,甚至死亡。实验表明,使用能量密度为20～80W/平方厘米的微波照射1秒钟,就可能造成人员伤亡。

高能微波武器主要用于攻击现代武器系统中的电子设备和电子元件,使之损坏或失效。经过专家们的研究表明:0.01～1微瓦/平方厘米的弱微波能量可以对相应频段的雷达和通信设备产生强电磁干扰,使之不能正常工作。0.1～l瓦/平方厘米的微波能量辐射,可直接使对方通信、雷达、导航等系统的微波电子设备失效或烧毁。10～100瓦/平方厘米的强微波辐射形成的瞬变电磁场,会造成元器件的永久性损伤。从遨游太空的卫星到横跨大洋的洲际弹道导弹,巡航导弹;从飞机到通信器材、武器的计算机系统及其他光电器材,只要处于强微波的覆盖范围内,都会遭到毁灭性的打击。

此外,微波武器在对付隐形飞机、隐形导弹、隐形坦克、隐形舰船等在内的"隐形武器",具有得天独厚的优势。因为这些隐形武器主要是通过外壳采用吸波材料或涂抹吸波涂料层来吸收雷达波(微波)而达到隐形目的的,而"隐形"武器的外壳一旦受到高功率的照射,便会因吸收过多的微波能量而受损,甚至烧毁。

目前,除了对目标系统进行加固和覆盖外,对微波武器的防御还没有有效的办法。

(三)动能武器

动能武器是指依靠自身足够的高速产生的动能对要攻击的目标造成毁灭性破坏的武器。这个高速,通常指具备5倍以上的音速(气温0℃为331.36米/秒)的速度。目前世界上采用新概念技术的动能武器主要有利用火箭推力的动能拦截器和靠电磁能推力的电磁武器。

1. 动能武器

动能拦截器是一种自主寻的,利用其与目标直接碰撞的巨大动能来杀伤目标的飞行器。它是在导弹技术的基础上迅速发展起来的一项新技术,高精度制导和快速响应控制是其关键技术,追求目标是"零脱靶量"。动能武器发射超高速飞行的具有较高动能的弹头,利用弹头的动能直接撞毁目标,可用于战略反导、反卫星和反航天器,也可于战术防空、反坦克和战术反导作战。

2. 电磁武器

电磁武器所应用的电磁发射武器技术是一种全新原理的发射技术,主要包括电热化学炮、电磁轨道炮等技术,其中电热化学炮和电磁轨道炮技术在最近几年来取得了重大进展。美国电磁发射技术的研究已从演示验证阶段进入武器型号研制阶段。

电热化学炮。电热化学炮的炮弹由等离子体喷管、化学推进剂和弹丸组成。

美国于1993年6月已研制出世界上第一门60毫米电热炮，弹丸的炮口能量比固体发射药火炮提高35%。

电磁轨道炮。它是完全依赖电能和电磁力加速弹丸的一种超高速发射装置，其出口速度远远高于其他类型的电磁发射器。电磁轨道炮被美国陆军看成是“2020年后陆军”战车主要武器的候选技术方案，应用包括美国未来战斗系统、英/美战术侦察装甲战车等车辆上，也可作为舰载武器。截至2011年11月已经完成了大约1000次的实验。2012年3月1日，第一个由美国军工企业制造的电磁轨道炮试射成功，标志着动能武器已经走出实验室，向军事应用领域迈出了第一步。

由于电磁轨道炮初速较高，射程远，完全可以用于摧毁空间的低轨道卫星和导弹，还可以用于低空近程防空。它可以与多种机动平台有机结合，可以应用信息化精确火控系统，被美陆军寄予厚望。

电磁炮的弹丸靠的是动能撞击，可以将所有动能直接作用予装甲目标上，在几毫秒之内通过强烈撞击来融化装甲防护层，毁伤能力远远超过常规炮弹。由于不需要引爆弹药，所以其引信可以由激光末制导装置来代替，提高毁伤精度。并且其弹丸造价低廉，一是构造简单，二是后勤保障简单，因为没有弹药，降低了风险，增大了弹药的携带量，从而极大地简化了后勤保障。三是射击准备简单，使用电磁能，简单快捷。

此外，美国还研制了天基动能武器。该系统全名为“上帝之杖”天基动能武器系统，该系统由位于低轨道的两颗卫星平台组成，其中一颗卫星搭载有“上帝之杖”的金属棒，该金属棒由钨、钛或铀金属制成，直径30厘米、长6.1米、重量达100公斤。“上帝之杖”天基动能武器系统将在太空发射，其攻击能力强、打击范围广，未来用于替代核武器。“上帝之杖”从太空发射后，不依靠任何弹药，完全依赖动能撞击来对目标产生破坏力，但攻击效果堪比核武器。

“上帝之杖”能以11公里/秒的初始速度进入大气层，即使在大气下层飞行时速度会有所下降，但仍保持每小时1.12万公里的攻击速度。1公斤级质量的“上帝之杖”与1吨级TNT当量产生的破坏能量基本相当。长度约为1米、质量约120公斤钨制弹头对钢制材料进行打击时，可造成深1.5米、直径1米的弹坑。对于打击敌地面重要目标和几百米深的地下掩体轻而易举。

天基动能武器有以下优点：1. 打击范围广。其打击范围可覆盖全球任何一个地区的非移动类目标。2. 反应时间短。从离轨到对地面实施打击仅需11分钟，打击时间不及洲际弹道导弹的1/3。3. 突防能力强。由于速度极高，可有效突破敌多层防御体系。4. 生存能力强。搭载“上帝之杖”的卫星平台通常在距离地面1000公里的轨道上，远在一般飞机和导弹的攻击范围之外。5. 环境污染小。6. 相比核武器而言，该武器在道义上占有更多的主动权。

（四）基因武器

它是指利用基因工程技术研制出的具有杀伤性的新型生物武器。基因武器杀伤机理就是用生物工程技术，使一些病菌或病毒变成具有显著抗药性的病原体，或在一些不会使人致病的微生物体内，接种致病基因，制造新的生物制剂，导致人或种族致病，大批死亡或灭绝。基因战争将比核战争还可怕。

基因武器具有如下的特点：

1. 生产成本低廉，但杀伤威力巨大

基因武器相对来讲易于制造。随着科学技术特别是生物技术的发展，只需要一般的实验室、一些简单的现代器械、几个专家级水平的人员就能制成。制造成本也比较低，有人将基因武器与威力巨大的核武器进行了比较，据世界卫生组织测算，1 枚 100 万吨 TNT 当量的核武器对无防护人群的杀伤范围是 300 平方公里，10 吨普通生物战剂为 10 万平方公里，而基因武器几克就有可能杀伤几万平方公里。1995 年 10 月 1 日《星期日泰晤士报》称，俄国科学家用基因工程方法，把一种病毒的 DNA 分离出来，再与另一种病毒的 DNA 结合，拼接出一种剧毒的“热毒素”基因毒剂，只需要用针尖挑起的极少量就足以万人丧生，只要 20 克就足以使全球 60 亿人死于一旦，且没有解毒剂。

2. 使用方法简单多样

与其他现代化武器相反，杀人不见血是基因武器最显著的特性。基因武器一旦被掌握，使用者根本不必兴师动众，可以利用人工、飞机、导弹或者火炮，把经过基因改造过的病菌、昆虫、微生物等，既可以投入到敌方的前线，也可以投入到敌人后方的江河湖泊、城市和交通要道，让病毒自然扩散、繁殖，就可以使敌方人员在短时间内患上某种无法或者极难治疗的怪病。从而在无形的战场上，静悄悄地削弱、瓦解对方的战斗力。还可以根据需要，重组基因，比如研制出损害智力或者免疫力等特定杀伤的基因。

3. 是无药可救的武器

基因武器由于经过病毒改造，病菌的基因密码或者配方，只有制造者才知道，被攻击的一方在短时间内很难破解，也就很难进行防御和治疗，基本上属于不可救药。对敌方具有强大的心理震撼。正是由于基因武器可在不流血的战争中制伏对手，因此世界一些发达国家正加紧对基因武器的研究。

（五）非致命武器

非致命武器是指为了达到使人员或装备失能，并使附带毁伤破坏最小化而专门设计的武器系统，又称失能武器或非杀伤武器。可以分为反装备非致命武器和反人员非致命武器。

1. 反装备非致命武器

目前，国外发展的用于反装备的非致命武器主要有超级润滑剂、材料脆化剂、超级腐蚀剂、超级粘胶以及动力系统熄火弹等。

超级润滑剂：是采用含油聚合物微球、无机润滑剂等作原料复配而成的摩擦系数极小的化学物质。主要用于攻击机场跑道、航母甲板、铁轨、高速公路、桥梁等目标，可有效地阻止飞机起降和列车、军车前进。

材料脆化剂：是一些能引起金属结构材料、高分子材料、光学视窗材料等迅速解体的特殊化学物质。这类物质可对敌方装备的结构造成严重损伤并使其瘫痪。可以用来破坏敌方的飞机、坦克、车辆、舰艇及铁轨、桥梁等基础设施。

超级腐蚀剂：是一些对特定材料具有超强腐蚀作用的化学物质。可造成飞机和车辆的轮胎、人员的鞋底变质、破坏柏油马路以及装甲车辆的金属外壳。

超级粘胶；是一些具有超级强粘结性能的化学物质。国外正在研究将它们用作破坏装备传感装置和使发动机熄火的武器，以及将它们与材料脆化剂、超级腐蚀剂等复配，以提高这些化学武器的作战效能。如果敌人的装甲车辆发动机吸入这种材料后，将阻滞燃料的正常工作，从而使发动机出现故障。美国将它视为压制敌方装甲集群的有效手段之一。

2. 反人员非致命性武器

它可使敌方战斗减员，使敌方造成沉重的伤员负担。目前国外正在研究的反人员非致命武器主要有化学失能剂、刺激剂、黏性泡沫等。

化学失能剂：分为精神失能剂、驱体失能剂，它能够造成人员的精神障碍、躯体功能失调，从而丧失作战能力。最近，国外又在研究强效镇痛剂与皮肤助渗剂合用，它能迅速渗透皮肤，使人员中毒而失能。严格说来，这也是化学毒气的一种，不过不取人性命而已。

刺激剂：是以刺激眼、鼻、喉和皮肤为特征的一类非致命性的暂时失能性药剂，在野外浓度下，人员短时间暴露就会出现中毒症状，脱离接触后几分钟或几小时症状会自动消失，不需要特殊治疗，不留后遗症。若长时间大量吸入可造成肺部损伤，严重的可导致死亡。

黏性泡沫：属于一种化学试剂，喷射在人员身上立刻凝固，束缚人员的行动。美军在索马里行动中使用了一种"太妃糖枪"，可以将人员包裹起来并使其失去抵抗能力。它可以作为军警双用途武器使用，目前美国已开发出了第二代肩挂式黏性泡沫发射器。

（六）微型无人作战平台

21 世纪，随着微机电、微制造技术的快速发展，微型无人作战平台在军事领域越来越显示出巨大的应用价值。目前，世界研究的微型无人作战平台主要有两大类：微型飞行器和微型机器人。

微型飞行器。微型飞行器具有良好的隐蔽性，因此可执行低空侦察、通信、电子干扰和对地攻击等任务。美国 1997 年推出了为期 4 年的微型飞行器计划。其中的"微星"项目是一种可由单兵手持发射的微型飞行器，长度小于 15 厘米，重量不足 18 克，因为形体微小，即使在防空雷达附近盘旋，也难以被探测到。在近几场战争中，美军装备的无人驾驶飞行器在战场取得了不俗战绩，它在侦察的同时还能攻击地面活动目标，可谓"文武双全"。

微型飞行器在军事上有广泛的用途，它可进行侦察、生化战剂探测、目标指示、通信中继、武器发射，甚至可以对大型建筑物及军事设施的内部进行监视：它特别适合于在城市作战，它可以填补卫星和侦察机达不到的盲区。飞行器上装备的摄像机、红外传感器或雷达可将目标信息传回，士兵通过掌上显示器，可以看见山后或建筑物中的敌人。

微型机器人。它有一定智能，可在微空间进行可控操作或采集信息，其最突出的优点是能执行常人无法完成的任务，而且可批量、廉价制造。美国研制的一种可探测核生化战剂的微型机器人，只有几毫米大小。还有一种构想中的"黄蜂"微型机器人，只有几十毫克重，可携带某种极小弹头，能喷射出腐蚀液或导电液，攻击敌方装备的关键电子部件。

（七）环境武器

环境武器是指通过积极控制和利用环境，通过控制或改变地壳固体层、液体层及大气层内的物理过程，有意识地将自然力用于军事目的。主要分为气象武器、地震武器和生态武器。

气象武器是指运用现代科技手段，人为地制造暴雨、山洪、雪崩、热高温、气雾等自然灾害，改造战场环境，以实现军事目的的一系列武器的总称。1977 年 9 月，苏联卡列利阿共和国的居民在 4 分钟内目睹了极不寻常的天气现象：一个旋转的巨大云团突然出现，形状如同水母。除了苏联人，临国芬兰的居民同样看到了该奇异景观。后来，关于此事的录像被被西方情报部门获得，美国《华盛顿邮报》做了专门报道，并采访了数名气象专家，称这很可能是苏联进行气象武器试验的结果。

地震武器是指采取某种手段、人为地在一定区域引发地震或海啸，从而达到军事目的的一种作战手段。主要是利用核爆炸。人造地震或海啸多半选在地壳脆弱部位，在那里有巨大断层、龟裂地带、火山地带。在这些地区爆炸核武器后，就能人为地制造地震或海啸，从而对敌方环境造成破坏。目前，真正意义上的地震武器并没问世，但众多国家对其兴趣尚浓，有的国家正在秘密研制。尽管成功的难度很大，但是，地震武器不能不引起人类的警惕。目前，人们对“地震武器”还处于研究探索阶段，它在定向性、动能传递、时间控制等诸多方面还存在着难以克服的困难。

生态武器是指利用化学物质，使地面上的草木死亡，生物灭绝，使能够生长庄稼的田园变成不毛的荒地，从而改变敌方的生态环境。例如臭氧武器，它就是利用物理、化学方法，在敌方上空臭氧层中，投放能吸收臭氧的化学物品，使高空臭氧层局部遭到破坏。这样，阳光中的紫外线可以畅通无阻地透过这些区域上空的空气层，对地面人员、生物起到大规模杀伤作用。此外，还可以使敌方上空臭氧层中臭氧含量增加，引起人体中毒，起到杀伤作用。与之相对的是吸氧武器，在一定区域内造成缺氧空间，使人员生物死亡。因此，生态武器将是一种很具有杀伤破坏性的武器。

（八）粒子束武器

粒子束武器是指通过高能加速器将电子、质子或离子加速到接近光速，利用磁场将它们聚集成密集的束流，然后直接（或去掉电荷后）射向目标，以束流的动能或其他效能杀伤破坏目标的武器。

高能粒子束主要有三种破坏作用：一是使目标物质结构材料气化或熔化。二是提前引爆目标中的引爆炸药或破坏目标中的炸药。三是使目标的电路被破坏，电子装置失灵。

但目前粒子束武器仍是一种尚处在研究关键技术和论证可行性阶段的先进战略防御武器方案。

美国和前苏联是世界上从事粒子束武器技术研究的主要国家。早在 20 世纪 60 年代，前苏联就开始研究利用粒子束武器作为反卫星和反导弹武器的技术可行性，已在粒子源和加速器等关键技术等方面作了大量基础性工作，并取得了一定的成果。美国也从 60 年代就开始研究粒子束武器技术，并在 80 年代初将其列为 SDI 计划的一个重要研究项目，在技术上也取得了一些重要进展。1989 年，美国利用小型的中性粒子束装置进行了空间试验，演示了中性粒子设备在空间工作的能力，成为第一个在空间试验中性粒子束技术的国家。如果可行的话，在未来的战争中，部署在空间轨道上的粒子束武器可以作为反卫星和反导弹的武器。同天基激光武器相比，粒子束武器有以下优点：粒子束武器不需天基激光武器所用到的光学部件和反射镜，而用磁铁聚焦粒子束，设备坚固；不会受空间辐射的影响，适合在空间工作；粒子束不仅能把能量沉积到目标表面上，而且能透入目标内部。

（九）等离子武器

等离子武器是利用超高频电磁能或激光发生器的射束聚焦于大气层，产生大量等离子，形成高电离空气云，飞机、导弹等飞行体与这种等离子云遭遇时，将偏离飞行轨道，产生旋转力矩，这样造成的大得惊人的向心力，足以将其撕成碎片，只要100毫秒就可以使它"粉身碎骨"。

这种武器主要由超高频电磁波束发生器、导向线和大功率电源等组成。它集雷达搜索、发现目标和打击目标于一身，极大地简化了攻击过程。等离子武器辐射的电磁波束并不聚焦在目标上，而是聚焦在目标的前方和两侧；不是用极高的能量将目标烧毁，而是以电磁波束设下一"陷阱"，以破坏飞行器的飞行环境来打击目标。另外，由于等离子武器辐射的电磁波束是以光速传播的，导弹的飞行速度不过8km/s，最多15km/s，对于等离子武器辐射的电磁波束而言，相当于"慢镜头"动作或静止不动的目标，攻击非常容易。等离子武器可在瞬间打击各种空中目标，对于真假目标能够一并摧毁，可有效地对付来自太空和高、中、低空大气层内的各种飞机、导弹的袭击。

（十）次声武器

次声武器对人体的损伤机理，主要是利用次声波引起人体某些器官产生共振。这是一种能发射20Hz以下低频声波即次声波的大功率武器装置。在空中，它能以每小时1200km的速度传播，在水中能以每小时6000km的速度传播，可穿透1.5m厚的混凝土。它虽然难闻其声，却能与人体生理系统产生共振而使人丧失功能。目前研制的次声波武器分神经型和内脏器官型两种，前者能使人神经错乱，癫狂不止；后者能使人体脏器发生共振，周身产生剧烈不适感，进而失去战斗力。

次声武器除了"于无声处暗藏杀机"之外，还"无孔不入"。一是难以察觉。次声武器隐蔽快速，突袭能力强，难以察觉。另外，次声波按声速传播，速度快。因此，次声武器可以隐蔽在比较安全的地方，定向发射，使对方在不知不觉中遭到攻击和杀伤。二是难以削弱。空气或水对声波的吸收和衰减作用，与声波的频率成正比。次声波可以传播很远，能量衰减却很小。有人认为，次声武器甚至可以充当洲际远距离作战武器。三是难以防护。声波的穿透能力与频率成反比，次声波的频率低，媒质对它的吸收小，所以穿透能力很强。因此，即使人坐在飞机、坦克、装甲车里，或藏在钢筋混凝土的掩蔽部中，或躲在深海中的潜艇内，也难以逃脱次声武器的攻击。正是由于次声武器具有上述种种独特的优点，因此备受各国重视。一些国家已经在次声武器的研究上取得了突破，部分项目已被初步应用。其中，法国次声武器研究方面的水平比较领先，美、法、日等国已研制和试验过次声枪和次声炸弹等，俄罗斯也曾进行过类似的武器试验。1995年底，美国出兵干涉波黑内战时，就曾秘密对波黑塞军阵地进行过次声波攻击，几秒钟就使敌方阵地陷入一片混乱，有人昏倒在地，有人呕吐不止，有人内脏严重受损。目前，高强度次声波可导致人员听力受到永久性破坏和造成耳聋。有人甚至设想将激光致盲武器与次声致聋武器结合起来使用，可使对方作战人员全部变成聋子和瞎子，彻底丧失作战能力，最后只能一个个束手就擒。

次声波武器已被列为未来战争的重要武器之一，有可能成为具有“地区作用”的强大武器。但也有一定的缺点：首先，次声波不易聚焦成束，实现定向聚焦发射相当困难，容易敌我不分，且在空旷的环境中较难产生高强度的强次声波；其次，次声波很长，因而定向困难；再次，它的聚焦尺寸太大，一般很难实现。

总之，次声武器使世间又多了一种杀戮的方式。但由于次声武器对环境、自然生物及非战斗人员所产生的巨大的破坏作用，如何投入实战仍然值得商榷。

（十）心理武器

心理武器是指对人的心理和意识进行程序设计或控制的方法。而幻觉武器可谓是最直接的心理武器。它是运用全息投影技术从空间站向云端或战场上的特定空间投射有关影像、标语、口号的一种激光装置。它的作用是从心理上骚扰、恫吓和瓦解敌军，使之恐惧厌战，继而放弃武器逃离战场。

法国媒体曾经在2003年时候报道，美国五角大楼已经研制出心理幻觉武器，它可以在战场上生成虚拟的三维图像，从而达到战术欺骗和心理威慑的目的。心理武器可以制造出幻觉。它的技术基础是激光全息投影，它借助激光和复杂的计算机系统产生图像投影，能够在任何表面和大气层中投射出虚幻的物体形象，如飞机、坦克、舰船，甚至能够凭空“造出”整支战斗部队。

幻觉武器将在两个方面发挥重要作用。首先是战术欺骗。通过模拟武器、部队和地形，幻觉武器将使敌人摸不清美军的兵力部署、武器装备等情报信息，攻击并不存在的美军目标，使自己陷入被动挨打的困境。据法国情报人员透露，美军的心理战部队利用这种幻觉武器制造“阿帕奇”直升机影像的技术已经很成熟了，肉眼很难辨出真伪。

其次，幻觉武器还是心理战的重要工具，例如让在敌军中拥有绝对威信的宗教先知或传奇人物在战场上空“显灵”，命令自己的追随者放下武器、缴械投降，美军可以取得“不战而屈人之兵”的效果。早在海湾战争结束后，美军就提出了研制幻觉武器的设想。1991年，陆军“肯尼迪特种作战学校”透露，它正在研制一种“心理全息系统”，可在战场上投射“包括云、烟、雨点、建筑、飞碟、宗教人物和劝降信息的三维图像”。据《防务周刊》日前披露，该计划已进入秘密实施阶段，另据报道，美国在索马里就曾使用过这种幻觉武器进行了一次投影效应实验，把受难耶稣的巨幅头像投射到风沙迷漫的空中。给索马里武装分子造成了极大的心理震慑。

三、新概念武器对未来作战的影响

新概念武器是科学技术和军事理论发展到一定阶段的必然产物。新概念武器的出现，不仅将使整个武器装备系统产生革命性的变化，也将对战争理论的发展及作战方式的变更产生巨大影响。

（一）武器装备系统产生革命性的变化

新概念武器系统的研究将是今后一段时间内世界各国重点研究的领域，新概念武器装备的发展将代表武器装备发展的主要方向，由于新概念武器大部分涉及前沿学科，对武器装备建设具有巨大的带动作用，使整个武器装备系统产生革命性的变革。

（二）战争形式将发生重大变化

随着各种新概念武器应用到战场中，太空战、环境战、气象战、“零死亡”战等新的战争形态将会陆续登上战争舞台。未来战场上可能看不到士兵，没有作战界线，甚至没有国界之分。比如激光武器主要是在太空，太空没有国界，计算机病毒武器主要在网上，网络是国际性的，基因武器、环境武器等均看不到战场，因此，新概念武器出现，使得战场前方和后方的区别更加模糊，国土概念将很淡化，甚至不存在国与国之间的概念，战场情况更加难以掌握和控制。

新概念武器可能在战前就被秘密地使用，使对方人员及生活环境遭到严重破坏，导致一个国家及军队乃至一个民族在不流血的冲突中被征服。

（三）作战方式将进行重大改革

兵力突击、火力打击将不再是作战的主要手段，作战行动将在广泛的领域中展开。“未见敌动，已遭敌袭，未见敌攻，已受其害”将成为敌对双方的重要作战样式。

在未来战争中，战争残酷性对于许多作战者而言，已脱离殊死肉搏，已无惨烈的现场冲击感受。死亡与毁灭越来越抽象，直至缩小为一幅电视画面。

（四）军事理念将会有重大变化

过去我们传统意义的进攻和防御将会有新的解释。“消灭敌人”将不再以毁灭对方肉体为最高标准，使敌人失能将可能成为“消灭敌人”所追求的最佳目标；抵御侵略不仅是抗击敌人的兵力、火力入侵，同时还包括抵御和防范敌人的基因入侵、计算机病毒入侵、气象入侵等等。

（五）军队的体制将有重大变革

军队将改革目前的大兵团编成，作战单位将变小，编制内的战斗员额将大大减少；军队中军兵种成分将有较大变化，天军、机器人军团、网络战部队等新型兵种将出现在未来战场。

未来士兵不再是昔日的单纯枪手，而必须具备某些物理学家、数学家、化学家、计算机专家和通信工程师等品质。数字化士兵的性命，有时就不再取决于是否被一枚弹击中，而取决于某只硅电板是否被损坏。

第五章　信息化战争

［学习目的］

了解信息化战争的形成、发展趋势和与国防建设的关系，掌握信息化战争的特征，认清信息化战争与机械化战争的主要区别及其对战争观和军队建设的影响，树立打赢信息化战争的信心。

人类战争经过冷兵器战争、热兵器战争、机械化战争几个阶段之后，正在进入信息化战争阶段。信息化战争是信息社会的产物，是未来战争的基本形态。要在未来战争中立于不败之地，必须加强对信息化战争的研究。不仅要从战争形态上把信息化战争与机械化战争的区别搞清楚，从认识上把世界新军事变革与信息化战争的关系搞清楚，从理论上把信息、信息化、信息作战、信息化战争的内涵及其相互联系搞清楚，而且要从整体上把握信息化战争产生与发展的历史轨迹，在正确认识其客观规律的基础上，努力探索信息化战争的战场空间、作战力量、作战原则、作战指挥、基本战法和作战保障等一系列理论和实践问题，进而搞清楚信息化战争对国防建设和未来作战提出的要求。

第一节　信息化战争概述

信息化战争是人类社会进入信息时代后出现的一种新的战争形态，是人类文明由工业社会向信息社会转型的必然产物，是以信息技术为核心的高技术飞速发展的结果。

一、新军事变革

(一)新军事变革的形成与发展

“新军事变革”是从英文 RMA(Revolution in the military affairs)翻译而来的。早在 1979 年，前苏军总参谋长奥加尔科夫元帅就敏锐地看到了军事领域悄然发生的新变化，提出了著名的“奥加尔科夫预言”。他认为，先进技术的出现必将引起一场“新的军事技术革命”。1993 年，时任美国国防部基本评估办公室主任的马歇尔认为，技术革命不足以全面反映这场革命的内涵，提出用“新军事革命”(Revolutionin Military Affairs-RMA)取代“新军事技术革命”。此后，美军及学术界开始大量出现关于 RMA 的论述。1994 年 1 月，当时的美国国防部长佩里批准成立一个

"高级指导委员会",负责领导美军有关 RMA 的研究工作,这是美国官方最早承认和使用 RMA 这组词汇。RMA 曾被译为"军事革命",但随着人们对问题认识的深化,特别是结合中国的实际,最后认为译为"军事变革"更为确切。

综观这场新军事变革的演进过程,大致可以分为以下三个阶段:第一阶段,从越战后期"灵巧炸弹"的出现到 20 世纪 70 年代末,是新军事变革的孕育阶段;第二阶段,从"奥加尔科夫预言"提出到 20 世纪 80 年代末,是新军事变革的奠基阶段;第三阶段,从海湾战争爆发至今,是新军事变革的飞速发展阶段。

(二)新军事变革的主要动因

任何事物的发生发展都有其内因和外因。新军事变革作为一对矛盾对立的统一体,其发展也有自己的内、外部因素。

1. 内因之一:人类文明由工业社会向信息社会的转型

这是新军事变革发生的根本动因。社会是军事的"母体",军事既是社会的"产儿",也是社会的重要组成部分。军事与社会密不可分,有什么样的技术社会形态,就有什么样的军事形态。军队的组织形式和进行战争的过程是社会生产主体组织方式和社会生产流程的"缩影"。这就是说,技术社会形态决定军事形态,技术社会形态变了,军事形态也要随之改变,而且是根本的改变,即发生全面军事变革。

2. 内因之二:高技术特别是信息技术的飞速发展

这是新军事变革发生发展的直接动力。信息技术的飞速发展所带来的信息革命,既是推动工业社会向信息社会转变的主要力量,又是引发和推进信息化军事变革的直接动力。第二次世界大战后,科学技术的发展日新月异。20 世纪 50 年代以来,世界上涌现了一大批高新技术群,其中,信息技术群处在核心地位。这些信息技术发展迅速,不仅带动了所有高技术群的巨大进步,而且也使军事技术装备正在发生由工业时代的机械化装备向信息时代的信息化装备的"跨时代飞跃",从而催生了信息化军事变革。

3. 内因之三:各国安全战略的内在要求

军事力量是综合国力的重要组成部分,是维护国家安全的最有效手段。要增强军事力量,使军事力量产出最大作战效能,就必须启动和进行信息化军事变革,这是各国安全战略的内在需求。在当前人类文明由工业时代向信息时代的过渡时期,在信息化军事变革问题上,哪个国家认识早、行动快,哪个国家就能抓住机遇,加速推进军队信息化建设,大幅度地提高军事能力和部队战斗力。

4. 外因之一:长期相对和平稳定的国际环境

综观历史上的军事变革,特别是全面军事变革,尽管它们的外部政治、经济、科技和军事条件各不相同,但有一点是共同的,即它们大多不发生在大规模的战乱或危机年代,而是发生在相对和平稳定的经济与科技迅速发展时期。长期的和平能为试验提供实践和资源。同样重要的是,和平时期如果作出错误的选择,其风险也最小。所以,没有大规模战争的长期和平时期通常会发生最伟大的军事革命。信息化军事变革是一次全面军事变革,这次全面军事变革之所以发生在冷战后,其原因就在于此。

5. 外因之二:高技术局部战争的推动作用

20 世纪 80 年代以来发生的几场高技术局部战争,对新军事变革的发展有巨大的推动作用。这主要体现在三个方面:一是使人们的军事观念发生了变化。这几场高技术局部战争使人们深刻认识到,必须更新思想,开拓创新,摆脱“机械化军事思维模式”,树立“信息化军事思维”观念。二是使人们看到了进行新军事变革的巨大军事效益。在这些战争中,以美国为首的西方发达国家都以很小的代价赢得了全面胜利,伊拉克、南联盟、阿富汗等发展中国家都遭到了彻底失败使发达国家军事领导人尝到了甜头,坚定了他们继续推行新军事变革的信心和决心,加快了他们进行新军事变革的步伐。三是使人们看到了军事发展的大方向。世界军事发展的大方向是由机械化走向信息化,各国的机械化军队都在向信息化军队发展,这是人们的主观意志无法左右的客观规律。要想尽快消除与美国等发达国家在军事技术上的“时代差”,摆脱在战争中被动挨打的不利局面,唯一的途径就是积极推行信息化军事变革。

6. 外因之三:美国军队的示范效应

美国推行信息化军事变革导致了武器装备体系的信息化,武器装备体系的信息化导致了美军作战能力的急速提升,作战能力的急速提升又使美军干净利索地打赢了各场战争。这就不可避免地使美国成为世界各国进行新军事变革的参照系,从而产生巨大的示范效应和带动作用。在美国的带动下,英国、法国、德国、日本、澳大利亚、加拿大、韩国等已公开宣布正在实施新军事变革,俄罗斯、印度、越南等国也在推行军队信息化建设,因而实际上已经启动了新军事变革。

(三)新军事变革的基本内容

新军事变革的本质与核心是信息化。其目的是建设信息化军队,打赢信息化战争。基本内容可概括为“四新”。

1. 创新军事技术,实现武器装备的信息化

武器装备的断代性发展,是军事领域出现革命性变化的重要标志。现阶段,主要是应用信息技术成果对现有武器装备进行改造,同时研制和发展新型信息化武器系统,从而实现武器装备的信息化、智能化和高效化。目前,发达国家军队实现了高度机械化和部分信息化。同时,在战争中大量使用经过信息化改造的精确制导武器。2003 年 5 月,伊拉克战争结束不久,美国副总统切尼就宣布:“从战场投放的精确制导弹药占总投弹量的比例看,海湾战争是 9%左右,这次伊拉克战争则占到 68%。”信息装备已成为现代战争的主战装备。

2. 创新体制编制,重组军队组织结构

改革机械化的军事组织体制,就是使军队体制编制“适于信息的快速流动和使用”。部队的编制、体制能否适应未来信息化战争的需要,是新军事变革的一项重要内容。一是变革领导体制。变纵长形“树”状领导体制为扁平形“网”状领导体制。目前的领导体制已经暴露出很多弊端,主要是信息流程长、信息流动速度慢、抗毁能力差等。为了改变这种情况,应逐步建立起外形扁平、横向联通、纵横一体的“网”状领导体制。二是调整陆军结构。高技术局部战争经验表明,陆军的地位和作用在下降。改变陆军结构就成了各国面临的重大军事问题。小型化、轻型化、多能化,是军事强国陆军改革发展方向。三是组建信息战部队。为了打赢信息化战争,一些军事强国开始组建信息战攻防部(分)队,如建立专门负责实施信息战的航空部队,“黑客部队”与“反黑客部队”,各种计算机应急反应分队和计算机网络防

护分队等。伊拉克战争中，美军在指挥上，改变了以往各军兵种分别指挥的方式，由联合作战中心实行一体化指挥；在保障上，改变了以往逐级实施的方式，由后方基地统供，直接投送到前沿部队和分队，这就是所谓的“聚焦后勤”。

3. 创新军事理论，推动军队建设转型

军事理论源于军事实践，总是随着军事实践的发展而发展的。创新军事理论，是新军事变革的重要内容，也是新军事变革的必然要求。先进的军事理论，历来是军队建设健康发展的必要条件，也是战争的重要制胜因素。当前，世界各国特别是发达国家军队为了赢得新一轮军事竞争的战略主动，都十分重视军事理论研究，采取积极措施，创新军事理论，并发挥军事理论的先导作用，推动战争形态变化和作战方式的根本性的变革，实现军队建设由机械化向信息化的历史性飞跃。

4. 创新作战方式，适应新的战争形态

2003 年 3 月 20 日凌晨伊拉克战争一打响，美军第 3 机步师就从科威特出动，第二天便深入伊拉克腹地 160 千米，5 天内急进 400 多千米，直插巴格达外围。不少人认为，这样用兵是孤军冒险。其实，这正是为了以最快的速度推翻萨达姆政权。这种“闪电”行动，使伊拉克军队来不及纵火油田、炸毁桥梁、设置交通障碍，更来不及组织坚强有力的巴格达防御战。因此，创新作战方式是适应战争形态发展的需要，必须灵活多变。

20 世纪 90 年代以来，非接触、非线性作战日益成为重要的作战方式。网络中心站、太空攻防战等也将在不久的将来登上实战舞台。美军在伊拉克战争中所采取的基本作战方式就是非接触、非线性作战。这种作战方式不再是逐次突破推进，而是一开始就超越防御地带和自然地理屏障，直接对敌战役和战略纵深目标实施中远程精确打击，通过瘫痪对方的整个作战体系、摧毁对方的战争潜力和国家意识来达成战略目的。

二、信息化战争的基本概念

信息化战争是信息时代的基本战争形态，是由信息化军队在陆、海、空、天、信息、认知、心理等多维战略空间，运用信息、信息系统和信息化武器装备进行的战争。

其基本内涵：一是信息化战争作为信息时代的产物，是该时代生产水平和生产方式在战争领域的客观反映；二是信息化战争必然以信息化军队为主体作战力量，战争双方至少有一方拥有信息化军队才能进行的战争，机械化或半机械化军队之间打不了信息化战争；三是信息化战争的主要作战工具是信息、信息化和智能化武器装备平台，诸作战单元实现了网络化、一体化；四是要在多维战场空间进行，其中在航天空间、信息空间、认知空间和心理空间占相当大的比例；五是在物质、能量和信息等作战诸要素中，信息起主导作用，信息能在战争中表现为火力和机动力的物质能量；六是战争的破坏性和附带性伤亡依然存在，但生态风险、政治风险及其他附带性破坏将降至最低限度。

战争是社会的产物，任何时代战争的发展，都不可能离开社会条件这个母体。社会发展有一波，战争发展就要起一浪；社会为人类提供一种改造自然的手段，很快也就为战争提供一种战胜对手的手段。克劳塞维茨说：要想通晓战争，必须“审视每个特定时代的主要特征”，而不要“急于研究微小的细节”。美国的未来学家托夫勒说："人们发动战争的方式，正反映了他们的生产方式。"战争形态的历史发展，完全证明了这一论断的正确性。

三、信息化战争的主要特征

与历史上其他战争形态相比，信息化战争呈现出鲜明的时代特征，而且随着技术的发展和军事实践活动的深化，还会不断表现出一些新的特征。概括起来，信息化战争有以下几个主要特征：

（一）信息资源主导化

信息对战争影响的关键是要准确获得战场信息并把信息及时用于决策和控制。机械化战争，起主导作用的是物质和能量，打的主要是"钢铁仗"和"火力仗"，在信息化战争中，信息是核心资源，是决定战争胜负的关键因素。信息化战争是以争夺战场"制信息权"为主要行动的战争。信息成为部队战斗力的核心要素。

在未来战争中，对信息的争夺将发挥核心作用，可能会取代以往冲突中对地理位置的争夺。攻城略地已经成为机械化战争的历史，在信息化战争中，地理目标将日趋贬值，信息资源将急剧升值。制信息权必然成为凌驾于制空权、制海权和制陆权之上的战场对抗的制高点。拥有信息资源，握有信息优势，是取得战争胜利的先决条件。

急剧升值的信息资源，决定了争夺制信息权的斗争将在全时空进行，决定了战争中交战双方将倾全力去争夺"信息优势"。海湾战争中，争夺信息优势的斗争，贯穿于战争全过程，渗透于所有作战空间。美军利用了世界上最先进的计算机系统所提供的大型智能平台和 C^3I 指挥信息系统，完成了超大容量信息处理，赢得了战场信息优势。在科索沃战争和阿富汗战争中，由于美军夺取和保持了全时空的信息优势，因而以很小的代价夺取了战争的胜利。战争的实践，不仅使人们越来越充分地认识到物质、能量和信息在战争中的作用将发生革命性变化，而且使人们清晰地看到了信息、信息系统和信息化武器装备的巨大作用，感受到了未来信息化战争的无限前景。传统的火力、防护力和机动力仍是战斗力的重要组成部分，但已经不处在核心位置，取而代之的是信息系统和信息化武器装备系统。

（二）武器装备信息化

科学技术在军事领域的运用，尤其转化为战争"手臂"，是引起战争形态发生深刻变革的根本原因。工业时代的战争，以机械化武器装备为物质基础；而信息时代的战争，则是以信息化武器装备系统为物质基础。信息化的武器装备系统，又是以机械化技术为核心、以信息技术为基础的一体化的武器装备系统。其构成主要包括信息武器系统、单兵数字化装备和 C^4KISR 系统。

信息武器系统，包括软杀伤型信息武器和硬杀伤型信息武器。软杀伤型信息武器，是指以计算机病毒武器为代表的网络攻击型信息武器和以电子战武器为代表的电子攻击型信息武器。这类武器已在海湾战争中开始使用。硬杀伤型信息武器，主要是指精确制导武器和各种信息化作战平台。信息化作战平台，装有大量的电子信息传感设备，并与 C^4KISR 系统联网。它们集侦察、干扰、欺骗和打击功能于一体，既可实施战场探测，为精确打击和各种战场行动提供目标信息，还可实施信息攻防作战，是信息化战争的重要物质基础。

单兵数字化装备，是指士兵在数字化战场上使用的个人装备，也称信息士兵系统（它由单兵计算机和无线电分系统、综合头盔分系统、武器分系统、综合人体防护分系统和电源分系统五个部分组成）。信息化的士兵装备，既是战场网络系统的一个终端，也是基本的作战单元，具有人机一体化的远程传感能力、攻击和生存能力，能够实时实地为炮兵和执行空地作战任务的计算机提供数字化的目标信息。阿富汗战争中，美空军准确无误地对地面目标实施攻击，就是得益于特种作战部队装备的信息士兵系统将整个战场数字化网络连为一体，为其提供了准确的目标数据。单兵数字化装备的出现和运用，意味着陆军作战效能将出现革命性变化。

C^4KISR 系统，是战场指挥、控制、通信、计算机、杀伤、情报、监视和侦察系统的简称，它把作战指挥控制的各个要素、各个作战单元黏合在一起，是军队发挥整体效能的“神经和大脑”。在信息化战争中，C^4KISR 系统是敌对双方的主要作战目标，围绕着 C^4KISR 系统展开的攻击和防护成为战争的重要作战行动。海湾战争具有划时代的意义。在人类战争史上，它是工业时代向信息时代过渡时期发生的一场战争，尽管还称不上完整意义上的信息化战争，但是它所提示的信息化战争的特征，在以后的科索沃战争、阿富汗战争、伊拉克战争中，已经表现得十分清楚。

（三）作战空间多维化

作战空间随着科学技术和武器装备的发展逐渐呈现出日益拓展的趋向。人类战争历史上由于飞机的问世及制空技术的发展，作战空间发生了第一次革命性变化，由陆海平面战场发展为陆海空三维的立体战场。机械化战争中，交战的舞台主要是在陆、海、空等物理空间展开，重点是在陆地、海洋和空中进行。而信息化战争中，虽然活动的依托仍然离不开物理空间，但决定战争胜负的因素主要取决于信息空间。主要包括网络空间、电磁空间和心理空间。高技术局部战争的实践表明，信息化战争的作战空间明显拓展，呈现出陆、海、空、天、电等多维一体化趋势。信息化战争作战空间的这种多维性和复杂性，打破了传统的作战空间概念。

首先，物理空间超大无限。第一次世界大战中，决定战争胜负的马恩河战役、亚眠战役，战场范围仅有数百至数千平方千米。第二次世界大战中，决定战争胜负的维斯瓦河—奥得河战役、柏林战役、诺曼底战役，战场范围也不过数万或数十万平方千米。而海湾战争，战场空间急剧扩展，东起波斯湾、西至地中海、南到红海、北达土耳其，总面积达到一千四百万平方千米。阿富汗战争，其作战规模远不及海湾战争和科索沃战争，但其作战空间范围要远比海湾战争和科索沃战争大得多。美军在空中部署有各种侦察、预警战机，全方位、全时段监视对方的所有行动。在外层空间利用多颗卫星组成太空侦测网，全面监视、搜寻塔利班和拉登的动向。随着军事信息技术的高速发展，未来信息化战争的作战空间将在目前陆、海、空、天的基础上进一步拓展。

其次，信息空间多维广阔。信息空间是一个全新的概念，它包括电磁空间、网络空间和心理空间，渗透于陆、海、空、天各个战场领域。由于信息和信息流“无疆无界”，使得信息作战的领域大大突破了传统的战场界限，是一个超大无形、领域广阔的作战空间。

电磁空间是信息空间的重要组成部分。电磁战场被称作继陆、海、空、天之后的“第五维战场”，是信息化战争的重要作战空间。

网络空间是人类进入信息社会的必然产物。信息时代的一个明显标志就是计算机和计算机网络技术的广泛应用。目前,国际互联网将全世界170多个国家和地区的计算机网络连为一体。信息高速公路在全球范围内逐步建成,时空的概念正在急剧缩小。网络空间的出现,使地理上的距离概念和国家之间的地理分界线将在信息对抗中失去意义,凡是与网络空间相联系的目标都可能遭到攻击。

心理空间特别是决策者的思维空间是信息化战争的重要作战空间。心理是控制和决定人的行为的重要因素,心理空间的对抗备受各国军队的重视。美军不仅编有心理战部队,而且正在研制"噪声仿真器"、"电子啸叫器"等专用心理战武器。美军在近期几场局部战争中都采取了军事打击与攻心并举的方针,成功地实施了心理战。战争的实践证明,心理空间作为信息作战空间的一个重要组成部分已体现得非常明显。

(四)作战节奏快速化

时间是战争的基本要素。随着计算机、电子通信、卫星技术和信息化武器装备的发展,信息化战争的作战节奏和作战速度将比机械化战争大大提高,持续时间明显缩短,呈现出迅疾、短暂、快速化的特征。促使战争时间迅疾短促的主要因素有三个:

一是战场信息流动加快,作战周期缩短。信息时代,数字信息技术广泛运用于战场侦察监测设备和信息快速传输网络,实现了信息的实时获取、实时传输、实时处理,使得信息流动速度空前加快,空间因素贬值,时间急剧增值,作战行动得以快速进行。在网络化的战场上,尽管基本作战程序和信息的流程没有发生根本变化,同样要经过发现目标、进行决策、下达指令、部队行动等环节,但这几乎都是实时同步进行的。

二是战争的突然性增大,时效明显提高。信息化战争中,各种信息武器具有快速的作战能力,使得作战行动的速度加快,时效性明显提高。

三是广泛实施精确作战,毁伤效能剧增。海湾战争中,多国部队发射的精确制导弹药,虽然只占发射弹药总量的9%,却摧毁了约68%的重要目标。精确打击直接指向敌人的战争重心,迅速而有致命性,这必然使得作战时间短促,战争持续时间大为缩短。

此外,数字化战场的建立、部队机动能力的提高、受经济能力和战争目的的制约等,都是促使作战时间迅疾短促、战争进程日趋缩短的重要原因。

(五)作战要素一体化

信息化战争,一是作战力量一体化。通过信息网络和信息技术,可以将处于不同空间位置的各种作战能力联结成一个有机整体,形成一体化作战力量。二是作战行动一体化。信息化战争中的主要作战样式,是两个以上的军种按照总的企图和统一计划,在联合指挥机构的统一指挥下共同进行的联合作战,其作战行动具有一体化的特征。三是作战指挥一体化。信息化战争中,集指挥、控制、通信、计算机、火力、情报、侦察和监视于一体的C^4KISR系统,为作战指挥提供了准确的战场情报、快速的通信联络、科学的辅助决策、实时的反馈监控,从而使树状的指挥体制将逐渐被扁平的网络化的指挥体制所代替,使作战指挥实现了一体化。四是综合保障一体化。保障军队为遂行作战任务而采取的作战保障、后勤保障、装备保障、政治工作保障等各项保障措施实现了一体化。

(六)作战指挥扁平化

机械化战争的指挥体制，主要以作战部队多层次纵向传递信息的树状指挥体制为主。这种指挥控制网络就像大工业生产按行业、按流水线建立的控制体系一样，其特征是金字塔状，下面大上面小，所有来自前线的敌我双方的情报信息，必须逐级向上汇报，上级的指示精神和命令也按照这样的树状模式逐级下达到前线或基层，是一种典型的逐级指挥方式。信息化战争的指挥体制，趋向作战单元与指挥控制中心横向传递信息的“扁平网络化”结构。在纵向上，从最高指挥机构到基层分队所形成的逐级控制关系虽仍然存在，但是，单兵数字化指挥控制系统成了指挥体系的最小层次。在横向上，各指挥系统间的横向联系更加紧密，它不仅包括平级指挥机构之间的联系，还包含非同一层次间指挥机构的横向联系；不仅包括不同军兵种各层次指挥机构的联系，还包括同一军兵种平行指挥层次指挥机构间的联系。指挥控制近乎实时，效率大大提升。

(七)作战行动精确化

信息化战争中，在多层次、全方位、全时空的情报、侦察和监视网络的支持下，使用大量的精确制导武器，使各种作战行动的精确化程度越来越高。一是精确侦察、定位控制。精确侦察、定位和控制是实现精确打击的前提和基础。二是精确打击。精确打击是信息化战争精确化的核心内容，它是靠提高命中精度来保证作战效果，而不是通过增加弹药投射的数量去增强作战效果。三是精确保障。就是充分运用以信息技术为核心的高技术手段，精细而准确地筹划、实施保障，高效运用保障力量，使保障的时间、空间、数量和质量要求尽可能达到精确的程度，最大限度地节约保障资源。

四、信息化战争的作战样式

作战样式是战争形态的具体表现，有什么样的战争形态就会出现什么样的作战样式。传统作战样式侧重于以物质力量为中心展开的作战行动；而信息化战争则是以信息的获取权、控制权和使用权为核心进行的争夺，由此使信息化战争的作战样式将更加异彩纷呈。

(一)制信息权争夺战

制信息权争夺战是运用多种手段以夺取一定时空范围内战场信息控制权为目的的作战。信息化战争中，及时掌握制信息权成为作战行动的前提，是战斗力的倍增器。作战中要掌握战场的主动权进而实现行动的自由，首先必须夺取战场的制信息权。因此，制信息权争夺战将是未来信息化战争中的基本作战样式之一。其中，最主要的作战形式又非情报战莫属。情报战从本质上讲，是对信息获取权、知情权的争夺。是信息全流程争夺中的第一环。广义情报战包括敌对双方在政治、经济、军事、科技、文化、外交等各个领域展开的情报争夺；狭义情报战是在军事领域展开的军事情报信息斗争。

(二)心理系统瓦解战

心理系统战是信息化战争中的重要作战样式之一。它是以改变个体和群体心理状态为目标，运用各种形态的信息媒介，从认知、情绪和意志上打击瓦解敌人的一种作战样式。它着眼于对人的精神上、心理上的征服，利用人在对抗环境中的心理变化规律，通过大量的信息传递，干扰破坏敌方的决策过程和决策结果，瓦解敌方士气，削弱其抵抗意志，使其作出错误的决定，放弃抵抗、逃避战斗乃至缴械投降，从而不战而胜。

（三）指挥中枢瘫痪战

指挥中枢瘫痪战是在信息化战争的战场环境中，以指挥决策者为主体，以破坏和瘫痪敌战场认知系统、信息处理系统和指挥控制系统为主要作战目标，综合运用以信息技术为核心的武器装备、作战系统和作战手段，剥夺敌战场信息获取权、控制权和使用权，使敌决策者和指挥机关难以定下正确的决心和进行有效的作战指挥。

（四）战争潜力削弱战

战争潜力是指在一定时期内，国家或政治集团通过动员能够用于扩充武装力量，满足战争需要的一切物质力量和精神力量的总称。具体地讲，就是经过战时动员能为战争服务或使用的人力、物力、精神和科学技术等诸多因素构成的潜在的军事实力，它寓于国家综合国力之中。人力是指具有劳动能力的能为战争服务的人，它是最具有活力的战争潜力资源。物力是指能为战争服务的一切物质力量，它是进行战争的物质基础，主要有军事物质潜力、经济潜力和自然资源潜力等。军事物质潜力包括武器装备的数量、质量，军用物资器材储备及可用于军队进行战争的物资技术保障能力；经济潜力包括工业、农业、商业贸易、交通运输、财政金融、医疗卫生、人防工程、电力供给、油料储备、主要公共设施抗毁能力、物资器材的储备保障能力；自然资源潜力包括国土资源、森林资源、水资源和生物资源等自然资源的储备能力。精神力是指民众的国防观念和民族凝聚力以及对战争残酷性和长期性的心理承受能力，它对物质潜力具有倍增或倍减的作用。科学技术力是指科学技术人员、科技设备、科技成果等科技要素直接或间接为战争服务的能力。由于科学技术的发展及其在军事领域的广泛运用，信息化战争已经活跃于战争舞台，战争潜力的构成发生了很大的变化，科技要素明显突出，战争比以往更加需要高素质的人和高科技的物。战争潜力削弱战就是综合运用硬摧毁与软杀伤的手段，削弱对方为战争服务或使用的人力、物力、精神和科学技术等诸多因素构成的潜在的战争力量，破坏对方将战争潜力转为战争实力的转换机制，动摇对方的战争基础，使对方无法继续进行战争，从而达到迅速战胜对方的目的。

（五）战争结构破坏战

战争结构破坏战是着眼战争全局，综合运用各种作战方法和手段，从破坏敌维系整体作战能力的系统与联系入手，通过设谋用巧、避实击虚，打击敌方作战协调行动的关节，造成敌方作战力量结构的紊乱和作战行动程序结构的脱节，致使敌方整体作战能力迅速降低，进而集中力量各个击破，达到瓦解、歼灭敌军的目的。

（六）网络攻防战

网络攻防战也叫网络战，是指为干扰、破坏敌方网络化信息系统并保证己方网络化信息系统的正常运行而采取的一系列行动。未来的网络战将是信息化战争的核心作战样式之一。

随着人类社会向信息时代迈进，网络战的雏形已悄然来临。1988 年 11 月 2 日，是人们真正开始思考网络战即将来临的日子。当天夜间，美国康奈尔大学计算机系的研究生莫里斯，对美国防部战略 C^4I 系统的计算机主控中心和各级指挥中心实施病毒攻击，共约 8500 台计算机染毒，其中 6000 台无法正常工作。

首次将网络战用于实战的战争是 1991 年的海湾战争。开战前，美国中央情报局派特工将伊拉克从法国购买的供防空系统使用的打印机的芯片换上了有毒芯片。在战略空袭发起前，美军用遥控手段激活了病毒，致使伊防空指挥中心主计算机系统程序错乱，防空系统的 C^3I 系统失灵，为美军顺利实施空袭创造了条件。

五、信息化战争的本质

面对发展中的信息化战争，在深入研究其特征的基础上，更要注意把握其本质，不能被西方所宣传的“以后的战争将变得文明起来”等言论所迷惑。

(一)信息化战争没有改变战争的政治本质

信息化战争仍然是政治的继续，仍然是流血的政治，是“用以解决阶级和阶级、民族和民族、国家和国家、政治集团和政治集团之间矛盾的最高的斗争形式，是政治通过暴力手段的继续”。信息时代，霸权主义和强权政治仍然是引发战争的主要根源。

(二)政治动机仍然是判定战争正义性的主要标准

在信息时代，战争仍有正义非正义之分。战争是不是正义的，只能取决于它的政治动机、它所产生的社会效果即对社会发展的作用，取决于战争是否符合广大人民群众的根本利益。这个标准，并不因战争手段的变化而变化。所谓“文明战争”，不过是减少了战争中的附带损伤，它不可能取代正义与非正义的战争性质。

不能否认，信息时代社会关系和战略格局在不断发生变化，经济的全球化也使人们对战争本质和关系的判断更加困难，因而判断战争正义性的客观标准也在发生着一些变化。在这种情况，一些霸权主义国家纷纷提出自己的正义战争的标准，即所谓整顿世界秩序、促进世界文明等，每次发动战争也都宣称自己的正义性。为了适应信息时代国际政治的变化和战争背景的复杂性，我们应该积极探讨判断战争正义性的一些时代标准。比如，世界各国把和平共处五项原则作为普遍的国际关系准则，我们可以将其作为判断战争性质的重要标准。按这个标准，由霸权主义和强权政治引发的战争无疑是非正义战争。联合国宪章和国际法也是世界各国应共同遵守的，那么，一切违反联合国宪章和国际法准则的战争也应视为非正义战争。国际恐怖主义是世界人民的共同敌人，真正的以反对国际恐怖主义、保卫世界人民和平生活为目的的战争当然也是正义战争。

(三)信息化战争没有改变战争的暴力本质

在信息化战争理论中，许多人认为：信息时代的战争与以往战争相比将日趋“干净”和“文明”，其主要是通过信息领域的对抗来攻击敌人的认知和信仰，使敌人放弃抵抗意志，实现不战而屈人之兵的目的；战争可以以不流血的方式进行，暴力性将不再是战争的突出特征；战争将是一种脑力思维战，将由硬打击转为软毁伤，由血与火的战场搏击转为精神、意志和智慧的角逐；战争将变得“慈化”、“软化”、“非暴力化”。其实，这是对信息化战争的一种误读，甚至是少数人的一种刻意误导。

诚然，随着信息技术的飞速发展，武器装备的信息化程度越来越高，命中精度也随之空前提高，战争的附带毁伤趋于减小，以往那种大规模的流血战争可能不再出现,但流血少并不是不流血,流血的多和少与是否流血是两个截然不同的概念。战争是以武装斗争为基本标志的社会活动,信息化战争中的信息对抗也必然伴着武力的对抗。武力对抗仍是达成战争目的必不可少的方式。同理,攻击敌人的信仰、认识和信念,使敌放弃抵抗的意志,也需要一定的手段来支撑和实现,而武力仍然是其中的首选手段。暴力性是战争区别于其他斗争形式的突出特征,这种情况在信息化战争中并不会发生根本变化。暴力的本质是强制力,如果说暴力特征有所变化,那只能说使用暴力的方式发生了变化,暴力手段更加精确和可控,但它并不因为信息技术的广泛使用而消失。发生在 20 世纪 90 年代之后的几场局部战争,没有哪一场战争是没有流血的暴力;今后的信息化战争,暴力仍然是主导战争进程、实现战争目的的首要选择和基本手段。

可以预见,21 世纪的战争将是信息主导、综合制胜的战争。信息力是战争的组成部分,但不是全部,信息不能完全替代战争的物质资源的作用,信息、物质与能量的结合,是战争制胜的永恒主题;信息优势不可能完全撩开“战争迷雾”,人的判断力和科学决策,在信息化战争中仍将发挥主导作用。

第二节　信息化战争的发展趋势

从世界范围看,战争形态正处在一个从机械化战争向信息化战争过渡的转型发展期。因此,在当前条件下,要准确地预测信息化战争的发展趋势还比较困难。然而,历史的发展有其自身的逻辑轨迹。运用历史唯物主义的方法,仍然可以大致地勾画出未来信息化战争的发展趋势。

一、战争的表现形式不断拓展

未来的信息化战争将在战争的暴力性、战争的层次以及战争的主体等方面发生重大的变化,从而使传统的战争概念受到冲击,战争的表现形式有了很大的拓展,战争的作战方式发生了质的改变。

(一)战争的暴力性减弱

传统的战争理论认为,“战争是流血的政治”,但未来的信息化战争中,由于各种经济活动和社会活动的高度计算机化、信息化和网络化,社会的经济生活和政治生活更多地依赖于各种信息系统。战争则有可能成为不流血或少流血的政治。像支撑社会经济和政治活动的金融系统、能源系统、交通系统、通信系统和新闻媒介系统等,都是以计算机为基础的信息网络系统。信息和信息系统既是武器,也是交战双方攻击的主要目标。而只需通过网络攻击、黑客入侵和利用新闻媒介实施大规模信息心理战等“软”打击的方式,破坏敌方的计算机信息网络,瘫痪敌方指挥系统,瘫痪敌国经济,制造敌方社会动乱,把战争意志强加给对方,以不流血的形式换取最大的政治和经济利益。在使用各种“硬”摧毁手段的作战中,进攻一方也不再以剥夺敌国的生存权利,或完全夺占敌方的领土等作为最终目标,而是注重影响对手的意志,尽可能地减少战争的伤亡,力争以最小的伤亡代价换取最大的胜利。战争暴力性将会减弱,传统战争的暴力行动,将被非暴力的“软”打击行动所替代。

(二)战争的层次更加模糊

在未来信息化战争中,战争的战略、战役和战术层次会逐渐模糊。一方面,战役或战术行动具有战略意义。由于大量信息化、智能化装备和系统的集中运用，武器装备的作战效能越来越高，精确打击和信息战等作战行动对敌方军事、政治、经济和心理的攻击威力越来越大，因而小规模的作战行动和高效益的信息进攻行动就能有效达成一定的战略目的。这使得战争进程更为短暂，时间大大缩减，战争与战役甚至战斗在目的上的趋同性更为突出。另一方面，作战行动将主要在战略层次展开。信息化战争不再是从战术突破到战役突破再到战略突破，而是战争一开始，打击的对象就将主要集中于关乎敌方政治、经济和军事命脉的重要战略目标。尤其是在信息化战争中起主导作用的战略信息战，它对敌方经济和政治信息系统的攻击，以及对敌方民众和决策者心理的攻击，更具有全纵深和全方位的性质。大规模的信息进攻和超视距的非接触作战将成为未来信息化战争的主要行动样式。

（三）战争的主体多元化

传统的战争主要发生在国家和政治集团之间，战争打击的目标主要是对方的军事力量和战争潜力。战争的主体是军队。而在信息时代，由于信息技术和信息系统高度发展，计算机网络联通了整个世界，使得整个世界的政治、经济、科技和文化的联系日益密切，国家的安全受到来自多个方面、多种势力的威胁，表现出易遭攻击的脆弱性。实施信息攻击的主体既可能是军队，也可能是社会团体，还可能包括恐怖组织、贩毒集团和宗教极端分子甚至可能是个体人等。

随着科学技术的发展，使制造常规弹药易如反掌，制造核武器、化学武器和生物武器的技术也正在越来越多地被人们了解和掌握，这就使一些社会团体和组织，不仅可以掌握和使用常规武器，而且也有可能掌握和使用核化生武器，以及掌握和使用计算机病毒等信息武器。因此，这种情况使国家安全面临着严峻的挑战，并使得发动和从事战争的主体呈现出多元化的特征。当战争爆发时，受到攻击的一方，可能难以判明谁是真正的对手，也难以迅速做出有效的反应和反击。战争不仅会在国家与国家之间展开，而且也可能会在社会团体与社会团体之间、社会团体与国家之间、少数个人与社会团体之间展开。为了应对这种挑战，仅仅依靠军队力量是不够的，还必须依靠社会的各种力量，进行广泛的全民战争。

二、战争的威力极大提升

战争的发展，从某种意义上说实际上就是作战效能不断提升的历史。核武器的出现。使热兵器作战效能的发展走到了极限。人类对武器作战效能的追求，反而使得具有最大杀伤威力的核武器无法在实战中运用。然而人类并没有放弃对武器作战效能的追求，大量信息化武器和新概念武器的出现和运用，将使未来信息化战争具有亚核战争的威力。

首先，信息化时代的军事技术将把常规作战效能推到极致。未来信息化战争的常规作战效能将是建立在军事工程革命、军事探测革命、军事通信革命和军事智能革命已经完成或基本完成的基础之上。在这四大军事技术革命中，军事工程革命的起步最早。军事工程革命已经使传统武器装备跨越空间和速度基本达到物理极限。军事探测革命将使得侦察、探测的空域、时域和频域范围大大扩展，使对作战行动的感知、定位、预警、制导和评估达到几乎实时和精确的程度。军事通信革命将在未来信息化战争中实现军事信息的无缝链接和实时传输，使各指挥机构和部队、各侦察和作战平台之间达到在探测、侦察、跟踪、火控和指挥方面的信息畅通，真正实现实时指挥和控制。军事智能革命将真正实现作战指挥活动和作战武器装备的自动化和智能化。智能化指挥系统将使指挥控制活动的准确性和时效性大幅度提高。作战平台将集发现、跟踪、识别和自主发射为一体。智能化弹药将具有自动寻的和发射后不管功能，远程打击的精度将达到米级。同时大量高度智能化的机器人将投放战场，使指挥活动和作战行动的效率极大提高。

其次，大量新概念武器的使用将使信息化战争的作战效能具有亚核效果。在信息化时代，随着科学技术的进一步发展，大量新概念武器会不断出现和应用于战争。这些新概念武器具有完全不同的杀伤和破坏机理，它们不以大规模杀伤对方人员的生命为目标，而是通过使对方的作战人员和武器装备丧失作战功能，或通过改变敌国的生态和自然环境来达成战争目的。

三、军队将向小型化、一体化和智能化方向发展

在未来信息化战争中，伴随着新军事革命的步伐，军队的发展趋势，将是高度的小型化、一体化和智能化。信息化军队将以崭新的面貌呈现在世界人民面前。

(一)军队的规模将加速小型化

未来信息化战争中，先进的信息化系统和远距离的投送能力为军队的小型化奠定了基础。由于军队的作战能力将成指数增长，小规模的高度一体化和智能化的军队，即可达成战略目的。因此，未来军队的组织体制在数量规模上将具有两个基本的发展趋向：

一是军队的总体规模将大幅度缩小。随着军队的信息化程度和作战能力的不断提升，缩减军队规模将是必然的趋势，拥有庞大的常备军将成为历史。作战部队的建制规模将更加小型灵巧。二是未来军和师的编制将可能最终消亡，旅、营或更低级别的战术单位将成为主要的作战建制。并可能出现按作战职能编成的小型作战群或能够同时在陆、海、空等多维空间作战的一体化的小型联合体。为适应未来信息化战争的需要，一些技术密集、小巧精干的新型兵种作战单元也将相继出现并逐步增多。

(二)军队信息系统的构成将高度一体化

未来信息化战争是高度一体化的作战，未来军队编成的一体化，将主要表现为按照系统集成的观点，建立“超联合”的一体化作战部队。为此，未来军队信息系统的构成，将按照侦察监视、指挥控制、精确打击和支援保障四大作战职能，建成四个子系统。侦察监视子系统将所有天基、空基、陆基和海基侦察监视平台和系统连为一体，完成对作战空间全天候、全方位的实时感知；指挥控制子系统把所有战略级、战役级和战术级指挥控制和通信系统联为一体，将对作战空间的感知信息转变为作战决策和控制；精确打击子系统把陆海空天的信息和火力系统构成一体化的精确打击平台；支援保障子系统为作战行动提供实时精确的保障。这四个子系统的功能紧密衔接，有机联系，构成一体化的作战系统。

按照这个思路构建的军队，将从根本上抛弃工业化时代军队建设的模式。革除偏重发挥军种专长和追求单一军种利益的弊端，使作战力量形成“系统的集成”，从而能够充分发挥整体威力，实施真正意义上的一体化作战，一体化作战将成为未

来战争的主要模式。

（三）军队的指挥与作战手段将高度智能化

信息化发展的高级阶段是智能化，因此信息化战争的发展趋势之一就是实现指挥平台与作战手段的高度智能化。随着纳米技术的发展，军用微型机器人将大量地投放于战场，执行侦察探测、信息传递、破袭敌电子设备和武器系统以及杀伤敌作战人员等任务。

一是指挥控制手段的高度自动化和智能化。其标志是 C^4KISR 系统的高度成熟与发展。未来的 C^4KISR 系统将真正实现侦察监视、情报搜集、通信联络、火力打击和指挥控制的无缝链接，成为作战指挥与控制的信息高速公路，可以高度自动化地确保指挥员实时地感知战场，定下决心，协调、控制部队和武器平台的作战与打击行动并适时进行战场评估。C^4KISR 系统的高度发展，将使军队指挥员观察战场和指挥作战的能力大幅度提高。计算机是自动化指挥控制系统的核心，是实现智能化作战指挥的基础。随着高技术群体的不断发展，未来将相继出现智能计算机、神经网络计算机、光计算机、高速超导计算机、生物计算机等新概念计算机，将使人工智能技术迈上新的台阶。由运算、存储、传递、执行命令转向思维和推理；由信息处理转向知识处理；由代替和延伸人的手功能转向代替和延伸人的脑功能。从而为作战指挥控制提供更加先进的智能化手段，使作战指挥与控制进入自动化、智能化时代。

二是大量智能化的武器系统和平台将装备军队，投入作战。在未来信息化战争中，精确制导武器系统、对空防御系统、勤务支援系统、物流分配保障系统和具有发射后和自动寻的功能的智能化弹药将得到更加广泛的运用；无人驾驶的智能化坦克、飞机和舰船也将规模化投入战场。无人机在阿富汗战争中已经发挥了重要的作用。尤其值得关注的是，众多类型不同、功能各异的纳米机器人，可能在战争中大规模地投放于战场，执行侦察探测、信息传递、破袭敌电子设备和武器系统以及杀伤敌作战人员等任务。

三是许多作战行动将发生在智能化领域。在传统的机械化战争中，虽然在智能化领域也存在着敌我对抗活动，如敌我之间的谋略对抗就是一种思维对抗，但这种对抗是间接的，需要用部队真实的作战行动才能表现出来。然而，在未来的信息化战争中，由于信息战的广泛运用，智能化领域将会发生激烈的对抗。认知、信息和心理这些智能化的范畴，既有可能是作战所使用的手段，也有可能是作战所要打击的目标，因此在智能化领域将会发生大量的直接对抗的作战行动。为了阻止敌方及时制定出正确的作战决心，不仅需要采用谋略行动欺骗敌方，而且更需要采取信息攻击手段，直接打击敌方的 C^4KISR 系统，破坏敌方的决策程序，瘫痪敌方的指挥网络。

第三节　信息化战争与国防建设

在先后发生于 1991 年 1 月的海湾战争、1999 年 3 月的科索沃战争、2003 年 3 月的伊拉克战争中，美、英和北约运用军事变革的最新成果，向世界展示了信息化条件下局部战争的新样式。军事打击的新手段，装备发展的新趋势，给世界各国带来极大的冲击和振动。信息化战争的到来，加剧了世界各国战略力量对比的不平衡性，增大了发展中国家战略选择的难度，也对我国国防建设与发展提出了严峻挑战。对此，我们必须保持高度的警觉和清醒的认识，从发展的角度谋划我国的国防和军队信息化建设，以求真务实的态度抓好各项工作的落实，全面提升国家的综合实力，以求在未来信息化战争中立于不败之地。

一、拓展信息时代国防建设的新视野

每一次战争形态的变化，往往首先表现并取决于观念上的进步。信息化战争的出现，反映在人的头脑中首当其冲的是思想观念上的冲击和变化。目前，我军作战力量机械化尚未完成，又面临信息化战争这个新课题，如果我们仍然以传统的战争观念去思考信息化战争，如果我们还沉浸在以往革命战争的辉煌历史中止步不前，不去研究新情况、解决新问题，我们将错失难得的历史机遇，甚至有可能犯历史性的战略错误。面对强劲的信息革命的飓风，我们必须从工业时代的思维中解放出来，按照信息化战争的要求实现思想观念的根本性转变。

一是要坚持"信息"主导，通盘谋划国防建设。在信息时代，信息成为一个国家的重要资源，成为经济和社会发展中不可缺少的财富。机械化战争的制胜理念是消耗敌人、摧毁敌人，大量歼灭敌人的有生力量，而信息化战争的制胜理念是控制敌人、瘫痪敌人，通过破击敌人作战体系，达到巧战而屈人之兵的目的；机械化战争中，万炮轰鸣的火力倾泻为主要打击手段，而在信息化战争中，实施精确打击为首要选择。国防建设是打赢信息化战争的重要基础。因此，我们在考虑国防建设和经济建设时，要把国防建设的中心转移到信息上来，把提高我国的信息国防能力作为国防建设的重中之重，从宏观规划到人力、物力和财力的动员，从经济基础建设到国防工程、交通信息、防汛和医疗卫生等建设都必须和信息化战争通盘考虑、规划和建设。要建立"系统集成观"，用大系统的观念来筹划军队建设。在"作战力量"建设上，强调加强作战空间预警、C^4KISR 和精确使用作战武器；在战场准备上，要求建立数字化战场；在部队建设上，要求建设数字化部队；在装备建设上，要求积极推选"横向技术一体化"。要建立"虚拟实践观"。虚拟现实技术的发展，为人们"虚拟实践"提供了可能。人们可以面向未来，创造一种"人工合成环境"，在实验室里"导演"战争，主动适应未来。为此，美、英等国军队建立了许多"战斗实验室"、"作战模拟实验室"和"作战仿真实验中心"等。与西方发达国家相比我国还存在较大的差距。

二是要确立与信息时代相适应的创新意识。战争形态的发展变化，给我们带来的挑战首先是观念上的影响和冲击。应对信息化战争形态带来的挑战，只有确立与信息化战争相适应的思维方式，强化信息制胜意识，用源于实践的先进理论指导实践，用创新的观念谋求国防的建设和发展，才能使国防建设适应信息化时代的要求。2005 年 10 月，胡锦涛主席在一次重要讲话中明确提出了"坚持自主创新，建设创新型国家"这一重大命题。这无论是对社会发展，还是国防建设，都有极其深刻的内涵。我们的邻国日本在 100 多年的时间里，从贫穷、愚昧、专制的传统农业社会，发展到富裕、文明的现代信息社会，对我们走创新之路有深刻启示。军事创新，主要体现在军事理论创新、军事技术创新、军事组织体制创新、军事管理创新等方面。信息时代，军队的信息要素更多，各要素之间的关联更紧密，制约更复杂。

新形势、新任务,新机遇、新挑战,我们经常听到的是一个“新”字,提高打赢信息化战争的能力,最需要创新。我们接触到的新理论,一种是等待的“新”,即借鉴外国外军提出的新理论;一种是创造的“新”,即自己提出来的原创性的理论。打赢信息化战争,最需要原始创新、特色创新和作战能力生成创新。

三是要积极推进中国特色的军事变革。中国特色的军事变革,是适应世界新军事变革发展趋势,从中国的国情和军情出发,走以信息化带动机械化、以机械化促进信息化的复合发展道路。通过深化改革,实现军队建设的整体转型,建设一支能够打赢信息化战争的强大的现代化正规化革命军队。积极推进中国特色军事变革的思想,具有很强的时代性、创新性和指导性,是科学发展观在军事领域的深刻体现。推进中国特色军事变革,必须不断强化科技意识,把着力点放到尊重科学规律、依靠科技进步和充分利用科技资源上,坚定不移地走科技强军的道路;推进中国特色军事变革,必须坚持一切从实际出发,把握世界军事变革的普遍趋势,借鉴外军现代化建设的有益经验,坚持走自己的路,结合我国我军实际,研究和运用现代军队建设的一般规律,不笼统照搬照套外国军队的做法;推进中国特色军事变革,必须正确处理国防建设与经济建设的关系,努力走出一条投入少、效益高的路子;推进中国特色军事变革,必须把人民战争的基本原理同信息化战争的特点结合起来,赋予人民战争新的时代内涵,着眼发展,创造信息化条件下人民战争的新战法;推进中国特色军事变革,既要关注现实威胁,又要适应未来挑战,以军事斗争准备为牵引推动国防和军队建设全面发展。

二、大力加强国家信息基础建设

国家的信息基础建设是国防和军队信息化建设的基石,是未来信息化战争的重要支撑,是国家战略能力的重要组成部分。当前,我国信息基础设施建设,已获得了长足的发展。在交通、金融和通信等主要行业的信息化水平,我国已经接近发达国家,在数字地球领域,我国和发达国家处在同一起跑线上,但与发达国家相比,在许多方面我国仍存在差距。因此,我们必须把加强国家的信息基础建设作为应对信息化战争的首要举措,固强补弱,努力提升我国的国家信息基础建设水平。信息基础建设应重点抓好以下三个方面的工作。

一是夯实国家信息基础建设的“基础”。以微电子技术、计算机技术和通信技术为主体的信息技术,是一个国家信息基础建设的基础,是一个国家信息安全的关键。夯实国家信息基础建设的“基础”,要坚持自力更生与引进技术相结合。对于微电子技术、计算机技术、通信技术以及核心芯片技术等,要通过自主创新、国内合作攻关等方法,解决技术难题,拥有自主技术产权,切实改变目前我国在这些领域受制于人的局面,确保国家的信息安全。

二是加快以信息高速公路为骨干的国家大型网络系统建设。信息网络的形成和成熟发展是信息社会的一个主要标志和物质基础,也是信息化战争的物质依托。国家大型网络系统建设,要通盘考虑经济建设与国防建设需要,科学规划,合理布局,实现军地结合、军民结合、平战结合。

三是大力开发各种软件技术。目前,我国软件技术的研制、开发能力远远落后于发达国家,与一些发展中国家相比也不占优势。印度的软件出口已经在世界软件市场上占有20%的份额,2002年出口额就已超过80亿美元。此外,国家信息安全的防护,在相当程度上是由先进的软件技术来保障的。因此,应加大研制和开发软件技术的资金、技术和人力投入,使我国在软件技术上跻身于世界先进行列。

三、努力培养国防信息化人才队伍

人才是强国兴军之本,决定未来信息化战争胜负的是高素质的国防和军队信息化人才。

信息时代,科学技术迅猛发展,新的科技成果往往优先应用于军事领域,高科技广泛渗透于战斗力的诸要素之中,对战斗力的生成和发展的影响愈来愈深刻。美国科学家分析,人类知识在19世纪时每50年增加一倍,20世纪中期每10年增加一倍,20世纪70年代每5年增加一倍,20世纪80年代每3年增加一倍,20世纪90年代几乎不到1年就增加一倍。美国作为新军事革命的鼓吹者和先行者,正在积极发展信息化装备,建设信息化部队。我军面临信息技术和由此带来的一系列新的作战条件的挑战。当我们对“明天的军队”还没有认识清楚的时候,发达国家已经开始建设“后天的军队”。信息化战争,侦察与反侦察、空袭与反空袭、干扰与反干扰等斗争,从一定意义上看也是高科技的竞争。如果没有一大批掌握高科技知识的人才,要打赢现代战争将是十分困难的。因此,瞄准信息化战争的发展趋势,大力提高我军官兵的科技素质,努力培养一支能够适应信息化战争需要的人才队伍,是信息时代国防建设的一项重要而紧迫的任务。

培养国防信息化人才队伍培养主要有三个途径:(1)军队院校是军事人才培养的主渠道。要充分发挥军队院校的主渠道作用,加大军事人才培养的力度,特别要培养大批懂得高科技知识的指挥人才。努力把军队院校办成培养高素质新型军事人才的摇篮,创新高新技术和军事理论的基地。(2)岗位练兵是提高素质的基本平台。岗位是提高科技素质的基本舞台,提高官兵的科技素质,不仅要有计划地选送干部到院校进行系统培训,而且更经常的、大量的还是在本职岗位上进行学习提高。健全岗位学习制度,对于提高官兵的科技素质意义重大。全军官兵要切实加强对现代战争知识,特别是信息化战争知识的学习和研究,积极开展岗位练兵活动,在实践中不断提高自己的岗位能力和知识素养,努力争当精兵。(3)依托国民教育培养军事人才。依托普通高等教育培养军事人才,是军事人才培养的一个创新,是一项利国利军的战略举措,可以实现军队人才和地方人才的兼容发展,达成寓兵于民的战略目的。

四、推进国防和军队建设的跨越式发展

目前,我军正处于由机械化、半机械化向信息化发展的重要历史时期。如果按部就班地在全面完成机械化建设后再进行信息化建设就会失良机,将无法赶上西方发达国家和军队建设的步伐。在推进我军现代化建设的进程中,要善于借助国家经济和社会快速发展的良好态势,实现国防和军队建设跨越式发展。

(一)立足我军实际,力求重点突破

国防和军队的信息化建设是一个十分复杂的系统工程。要搞好我军的信息化建设,必须从我军的实际出发,抓好重点,有所作为。

一是要大力发展信息化武器装备。武器是作战的重要工具,更是作战能力构

成的关键因素。机械化时代，主导性、代表性的兵器主要是坦克、飞机、大炮、舰船之类的机械化作战平台，除了指挥艺术外，谁的平台质好、量多，谁就拥有优势，主要表现为“平台制胜”；而信息化条件下作战，主导性、代表性的兵器则是信息化武器，是依托网络化的综合电子信息系统链接起来的武器装备大体系，主动权的争夺取决于双方利用信息网络构建和运行武器装备体系的水平，将主要表现为“体系制胜”。我军必须瞄准国际军事改革的前沿，结合自身实际，一方面要致力发展信息化武器装备；另一方面要在信息化弹药、信息化作战平台、专用信息战武器三个方面取得突破性进展，这样才能缩小与发达国家的时代差。

二是要大力推进数字化部队建设。数字化部队是信息化战争的第一大支柱，是信息化战争的主角。在建设思想上，我们要突出我军的特色，抓好试点，以点带面，优先保障重点方向和重点部队，走出一条投少、周期短、效益好的发展路子。

三是要大力加强数字化战场建设。数字化战场是信息化战争的第二大支柱，有了数字化战场，数字化部队才有可靠依托。我军数字化战场建设，应充分运用空间基础数据建设成果，将导航定位、天基立体测绘和信息获取系统，形成平战结合、诸军一体的战场信息系统，推进我国的国防和我军的信息化建设。

四是要以信息化带动机械化。我军机械化建设的任务还没有完成，又面临信息化的严峻挑战。如果采取跟进式、渐进式发展，按部就班地在完成机械化建设任务后再进行信息化建设就会失良机，很难缩小同世界先进水平的差距。信息化以机械化为基础，没有雄厚的机械化，就不可能有高水平的信息化。我军总体上还处于机械化半机械化阶段，机械化建设还有较长的路要走。如果放弃机械化建设把建设重点全面转向信息化，不符合我国的国情和军情，还可能欲速则不达。要以信息化需要牵引机械化发展，运用信息技术改造、完善机械化武器装备，推动机械化建设向高层次、高水平跃升，为信息化发展创造更好的物质条件。要大胆跨越机械化建设的某些阶段和环节，尽可能地缩短机械化建设的进程。

（二）正确处理“人”与“武器”的关系，形成聚合、放大的作战能力

体制编制是将武器和人完美结合的“黏合剂”，是构建信息化条件下联合作战体系，生成基于信息系统的体系作战能力的基础。恩格斯曾经指出：“随着新作战工具即射击火器的发明，军队的整个内部组织就必然改变了，各个人借以组成军队并能作为军队行动的那些关系就改变了，各个军队相互间的关系也发生了变化。”信息化条件下，基于信息系统的体系作战能力成为战斗力的基本形态，必将引起军队体制编制的深刻变革。只有适应战斗力基本形态的变化，采取合理的体制编制，把构成战斗力基本要素的人员与武器装备进行科学的组织、编配，将先进的武器装备系统和创新的作战理论、作战方法有机地结合起来，才能建立起生成体系作战能力的长效机制，塑造出一支打赢信息化条件下局部战争的新型军队。

（三）抢占现代高科技最前沿，努力提升国家的战略能力

随着人类社会的发展，科技特别是现代高科技水平，在一个国家综合实力中的地位显得越来越突出、越来越重要。中国作为一个发展中的大国，要增强国家的综合国力，必须加快实施科教兴国战略，大力提高国家的科学技术水平，特别是现代高科技的能力和水平。

我们尤其应当看到，伴着人类需求的不断增加和地球资源的逐渐匮乏，人类将

会立足地球、走向外太空，宇宙空间的竞争将会越来越激烈。在未来的信息化战争中，谁能掌握外空间的制高点，谁就会拥有更大的战争主动权和胜算，航空航天能力已经成为一个国家战略能力的重要方面。对此，我们必须保持清醒的认识。我们要发扬“两弹一星”精神，立足自力更生、艰苦奋斗，通过扎扎实实地工作，尽快缩小差距，使我国现代高科技水平、尤其是航空航天能力走在世界的前列。

“历久远而不衰，临绝地而再造，逢机遇而勃发”，这不仅是中华民族的伟大精神，也是中国军队的突出特征。在信息时代的军事斗争中，要用这种伟大精神激励我们实现强军梦，实现中华民族伟大复兴的中国梦！

下卷　军事技能训练

第六章　中国人民解放军条令教育与训练

中国人民解放军条令是中央军委以简明条文的形式发布给全军的命令，是军队战斗、训练、工作、生活的法规和准则。

中国人民解放军有很多条令、条例，有中央军委颁发的，也有各军兵种根据自己的特点颁发的。中央军委颁发的《内务条令》、《纪律条令》、《队列条令》是全军必须执行的条令，是全体军人必须共同遵守的法规，被称为“共同条令”或“三大条令”。本章主要介绍三大条令的有关内容，并重点展开《队列条令》的教育和训练。

第一节　概　述

一、军队颁布共同条令的意义

中国人民解放军是执行革命政治任务的武装集团，主要任务是打仗。我军的使命要求部队必须有高度的集中统一和严格的组织纪律。而军队的成员，来自五湖四海，出身、经历、生活习惯各不相同，文化水平、思想修养、觉悟程度也不一致，如果没有一个从生活到工作，从训练到作战的统一准则来规范部队的行动，也就不能完成军队所担负的以作战为中心的各项任务。

我军的条令是随着军队建设的发展而发展的。红军时期，我军曾颁布过《内务条例》和《纪律条令》，并参照列宁创建红军实施的《步兵战斗条令》第一部分进行队列训练。以后，随着军队建设的发展，根据毛泽东同志人民军队的建军原则和建军思想，制定了我军的内务、纪律和队列三大条令，并在实践中不断地充实完善，成为我军建设的重要依据。2010 年 6 月 3 日，中央军委主席胡锦涛签署命令，发布施行新修订的《中国人民解放军内务条令》、《中国人民解放军纪律条令》和《中国人民解放军队列条令》。这次共同条令修订是深入贯彻党的十七大精神、推动军队建设科学发展的重大举措，对于在新的历史起点上推进我军革命化、现代化、正规化建设，巩固和提高部队战斗力，确保部队高度集中统一和安全稳定，具有十分重要的意义。

新修订的共同条令，深入贯彻了毛泽东军事思想、邓小平新时期军队建设思想、江泽民国防和军队建设思想、胡锦涛关于新形势下国防和军队建设重要论述，着眼于更加牢固地确立科学发展观在国防和军队建设中的重要指导地位，紧贴新世纪新阶段我军的使命任务，坚持依法治军、从严治军，坚持以人为本，加强科学管理，继承和发扬我军的优良传统，反映了信息化条件下和社会主义市场经济环境中治军带兵的特点规律，吸纳了部队近年来总结的成功经验，创新发展了我军内务建设、纪律建设和队列生活的若干制度规定，增强了时代性、科学性和规范性，是深入学习实践科学发展观活动取得的重要成果，是新的历史条件下军队建设的基本法规和全体军人的共同准则。

在高等学校开展学生军训，进行中国人民解放军共同条令的教育，对于增强学生的组织纪律性，搞好学校教学行政管理，维护校园正常的学习、生活和工作秩序，促进校风、校纪建设，将起到积极的作用。

二、中国人民解放军共同条令简介

(一)《内务条令》

《内务条令》是规定军队内部关系、生活制度和军人职责的条令，是全军进行行政管理教育的依据。现行的《内务条令》是 2010 年 5 月 4 日由中央军委常务会议通过的，并于 2010 年 6 月 3 日发布施行。

该条令包括总则，军人宣誓，军人职责，内部关系，礼节，军人着装，军容风纪，与军外人员的交往，作息，日常制度，值班，警卫，零散人员管理，日常战备和紧急集合，后勤日常管理，装备日常管理，营区管理，野营管理，常见事故防范，国旗、军旗、军徽的使用以及附则等 21 章 420 条，并有中国人民解放军军旗式样，中国人民解放军军徽式样，中国人民解放军军歌，报告词示例，着装序号，军服的配套穿着和标志服饰的佩带，标志服饰的缀钉方法，连队宿舍物品放置方法，连队要事日记式样，外出证式样，军人发型示例等 11 项附录。

该条令在总则中增写了把科学发展观作为国防和军队建设的重要指导方针、全面履行新世纪新阶段我军历史使命、发扬“听党指挥，服务人民，英勇善战”的优良传统、大力培育当代革命军人核心价值观、实施科学管理、坚持安全发展理念等重要内容。针对我军内务建设和管理教育工作面临的新情况新问题，对相关内容作了修改与完善，同时增加了心理疏导、士官留营住宿、军人居民身份证使用、移动电话和国际互联网使用管理、军事交通运输管理等新内容。它是我军在新的历史条件下，建立、维护良好的内外关系和正规内务制度，履行职责，进行管理教育，培养优良作风的依据，是军队生活的准则。

(二)《纪律条令》

《纪律条令》是规定军队纪律的条令，是全军维护和巩固纪律的依据。现行的《纪律条令》是 2010 年 5 月 4 日由中央军委常务会议通过的，并于 2010 年 6 月 3 日发布施行。

该条令包括总则，奖励，处分，特殊措施，控告和申诉，首长责任和纪律监察，附则等 7 章 179 条，并有三大纪律、八项注意，个人奖励登记(报告)表，单位奖励登记(报告)表，处分登记(报告)表，行政看管审批表，行政看管登记表，士官留用察看审批表，控告、申诉登记表等 8 项附录。

该条令继承了我军维护和巩固纪律的优良传统，指出“中国人民解放军的纪律是建立在政治自觉基础上的严格的纪律，是军队战斗力的重要因素，是坚持人民军队的性质、宗旨，团结自己、战胜敌人和完成一切任务的保证”。“军人在任何情况下，都必须严格遵守和自觉维护纪律。”条令贯彻了严格治军、依法治军的思想，规定了中国人民解放军纪律的基本内容和要求，体现了党的十一届三中全会以来的路线、方针、政策和国家宪法、法律有关精神，反映了我军新时期的特点和广大指战员的要求。

（三）《队列条令》

《队列条令》是规定部队和单个军人队列动作的条令，是全军队列训练和队列生活的依据。现行的《队列条令》是 2010 年 5 月 4 日由中央军委常务会议通过的，并于 2010 年 6 月 3 日发布施行。

该条令共包括总则，队列指挥，队列队形，单个军人的队列动作，班、排、连、营、团的队列动作，分队乘坐汽车、火车、舰（船）艇和飞机，敬礼，国旗的掌持、升降和军旗的掌持、授予与迎送，阅兵，晋升（授予）军衔、授枪和纪念仪式，附则等 11 章 71 条，并有队列口令的分类、下达的基本要领和呼号的节奏，队列指挥位置示例，标兵旗的规格、符号等 4 项附录。

该条令从适应我军优良作风的培养和技术、战术训练的需要出发，对军队的队列训练和队列生活作了具体规范，指出“本条令是中国人民解放军队列生活的准则和队列训练的基本依据。全体军人必须严格执行本条令，加强队列训练，培养良好的军姿、严整的军容、过硬的作风、严格的纪律性和协调一致的动作，促进军队正规化建设，巩固和提高战斗力”。要求全体军人必须参加队列训练，并在日常生活中，自觉地严格执行条令的规定，做到教养一致。

三、贯彻共同条令应注意的问题

（1）坚持以思想教育为主的方针。要着重讲清贯彻执行条令的目的、意义和要求，使大家既知道应该怎样做，又知道为什么要这样做，切实从思想上提高贯彻执行条令的自觉性。

（2）贯彻条令要注意培养典型，抓好示范。要以表扬为主，积极开展检查评比活动，充分调动大家贯彻执行条令的积极性。

（3）贯彻“教养一致”的原则。在日常生活、工作、训练中，要严格按照条令办事，做到“教养一致”。

（4）干部要做执行条令、遵守纪律的模范。在贯彻执行条令中，各级干部必须以身作则，做好表率。要身教重于言教，以自己的模范行动去影响部属，带动部队。

（5）理论联系实际，培养军地两用人才。高校学生要通过条令的教育，学习解放军的优良传统和作风，加强组织纪律性，促进文明居室建设，遵守学校各项规章制度，创造良好的学习、生活环境，使自己成为有理想、有道德、有文化、有纪律的一代新人。

第二节 单个军人的队列动作

队列动作是对单个军人和部队所规定的队列训练、队列生活和日常生活的制式动作。队列动作训练是加强组织纪律性，培养战斗力的一种必要形式。

一、立正、跨立、稍息、停止间转法

（一）立正

立正是军人的基本姿势，是队列动作的基础。军人在宣誓、接受命令、进见首长和向首长报告、回答首长问话、升国旗和军旗、奏国歌和军歌等严肃庄重的场合，均应当自行立正。

口令：立正。

要领：两脚跟靠拢并齐，两脚尖向外分开约60度；两腿挺直，小腹微收，自然挺胸；上体正直，微向前倾；两肩要平，稍向后张；两臂下垂自然伸直，手指并拢自然微屈，拇指尖贴于食指第二节，中指贴于裤缝；头要正，颈要直，口要闭，下颌微收，两眼向前平视。携枪的要领：肩冲锋枪和自动步枪、40火箭筒时，右手在右胸前握背带（拇指由内顶住），右大臂轻贴右肋，枪身筒垂直，枪口筒尾向下；持班用机枪、狙击步枪、81-1式自动步枪（打开枪托）时，右臂自然下垂，左手将背带挑起、拉直，由右手拇指在内压住，余指并拢在外将枪握住，同时左手放下，托底钣（95式班用机枪托底）全部（81-1式自动步枪托前踵）在右脚外侧着地，托后踵同脚尖平齐。

（二）跨立（即跨步站立）

跨立主要用于军体操、执勤和舰艇上分区列队等场合。可以与立正互换。

口令：跨立。

要领：左脚向左跨出约一脚之长，两腿挺直，上体保持立正姿势，身体重心落于两脚之间；两手后背，左手握右手腕，拇指根部与外腰带下沿（内腰带上沿）同高，右手手指并拢自然弯曲，手心向后。携枪时不背手。

（三）稍息

口令：稍息。

要领：左脚顺脚尖方向伸出约全脚的2/3，两腿自然伸直，上体保持立正姿势，身体重心大部分落于右脚。携枪（筒）时，携带的方法不变，其余动作同徒手。稍息过久，可以自行换脚。

（四）原地转法

1. 向右（左）转

口令：向右（左）——转；半面向右（左）——转。

要领：以右（左）脚跟为轴，右（左）脚跟和左（右）脚前脚掌同时用力，使身体协调一致向右（左）转90度，体重落在右（左）脚，左（右）脚迅速靠拢右（左）脚，成立正姿势。转动和靠脚时，两腿挺直，上体保持立正姿势。

半面向右（左）转，按照向右（左）转的要领转45度。

2. 向后转

口令:向后——转。

要领:按向右转的要领向后转 180 度。

持枪转动时,除按照徒手动作要领外,听到预令,将枪稍提起,拇指贴于右胯,使枪随身体平稳转向新方向,托前踵(95 式班用机枪托底)轻轻着地,成持枪立正姿势。

二、行进、立定与步法变换

(一)行进

行进的基本步法分为齐步、正步和跑步,辅助步法分为便步、踏步和移步。

1. 齐步

齐步是军人行进的常用步法。

口令:齐步——走。

要领:左脚向正前方迈出约 75 厘米,按照先脚跟后脚掌的顺序着地,同时身体重心前移,右脚照此法动作;上体正直,微向前倾;手指轻轻握拢,拇指贴于食指第二节;两臂前后自然摆动,向前摆臂时,肘部弯曲,小臂自然向里合,手心向内稍向下,拇指根部对正衣扣线,并与最下方衣扣同高(着夏常服、水兵服时,高于内腰带扣中央约 5 厘米;着作训服时,与外腰带扣中央同高),离身体约 30 厘米;向后摆臂时,手臂自然伸直,手腕前侧距裤缝线约 30 厘米。行进速度为每分钟 116～122 步。

2. 正步

正步主要用于分列式和其他礼节性场合。

口令:正步——走。

要领:左脚向正前方踢出约 75 厘米(腿要绷直,脚尖下压,脚掌与地面平行,离地面约 25 厘米),适当用力使全脚掌着地,同时身体重心前移,右脚照此法动作;上体正直,微向前倾;手指轻轻握拢,拇指伸直贴于食指第二节;向前摆臂时,肘部弯曲,小臂略成水平,手心向内稍向下,手腕下沿摆到高于春秋常服最下方衣扣约 15 厘米处(着夏常服、水兵服时,高于内腰带扣中央约 15 厘米处;着作训服时,高于外腰带扣中央约 10 厘米处),离身体约 10 厘米;向后摆臂时(左手心向右,右手心向左),手腕前侧距裤缝线约 30 厘米。行进速度为每分钟 110～116 步。

3. 跑步

跑步主要用于快速行进。

口令:跑步——走。

要领:听到预令,两手迅速握拳(四指卷握,拇指贴于食指第一关节和中指第二节),提到腰际,约与腰带同高,拳心向内,肘部稍向里合。听到动令,上体微向前倾,两腿微弯,同时左脚利用右脚掌的蹬力跃出约 85 厘米,前脚掌先着地,身体重心前移,右脚照此法动作;两臂前后自然摆动,向前摆臂时,大臂略垂直,肘部贴于腰际,小臂略平,稍向里合,两拳内侧各距衣扣线约 5 厘米;向后摆臂时,拳贴于腰际。行进速度为每分钟 170～180 步。

4. 便步

便步主要用于行军、操练后恢复体力及其他场合。

口令:便步——走。

要领:用适当的步速、步幅行进,两臂自然摆动,上体保持良好姿态。

5. 踏步

踏步用于调整步伐和整齐。

停止间口令:踏步——走;

行进间口令:踏步。

要领:两脚在原地上下起落(抬起时,脚尖自然下垂,离地面约15厘米;落下时,前脚掌先着地),上体保持正直,两臂按齐步或跑步摆臂的要领摆动。

6. 移步(5步以内)

移步用于调整队列位置。

(1)右(左)跨步

口令:右(左)跨X步——走。

要领:上体保持正直,每跨1步并脚一次,其步幅约与肩同宽,跨到指定步数停止。

(2)向前或后退

口令:向前X步——走;后退x步——走。

要领:向前移步时,应当按照单数步要领进行(双数步变为单数步)。向前1步时,用正步,不摆臂;向前3步或5步时,按照齐步走的要领进行。向后退时,从左脚开始,每退1步靠脚一次,不摆臂,退到指定步数停止。

7. 礼步

礼步用于纪念仪式中礼兵的行进。

口令:礼步——走。

要领:左脚向正前方缓慢抬起(腿要绷直,脚尖上翘,与腿约成90度,脚后跟离地面约30厘米),按照脚跟、脚掌顺序缓慢着地,步幅约55厘米,右脚照此法动作;上体正直,两臂下垂自然伸直、轻贴身体(抬祭奠物除外);手指并拢自然微曲,拇指尖贴于食指第二节,中指贴于裤缝。行进速度为每分钟24～30步。

8. 携枪行进

持枪时,听到行进口令的预令,将枪提起,使枪身略直,拇指贴于右胯,使枪身稳固。其余要领同徒手。

背枪、肩枪、挂枪、托枪、提枪时,听到行进口令,保持携枪姿势;其余要领同徒手。

(二)立定

口令:立——定。

要领:齐步、正步和扎步时,听到口令,左脚再向前大半步着地(脚尖向外约30度),两腿挺直,右脚取捷径迅速靠拢左脚,成立正姿势。跑步时,听到口令,再跑两步,然后左脚向前大半步(两拳收于腰际,停止摆动)着地,右脚取捷径靠拢左脚,同时将手放下,成立正姿势。踏步时,听到口令,左脚踏1步,右脚靠拢左脚，原地成立正姿势（跑步的踏步，听到口令，继续踏两步，再按上述要领进行）。持枪立定时，在右脚靠拢左脚后，迅速将托底钣（95式班用机枪托底）轻轻着地。其余要领同徒手。

（三）步法变换

步法变换，均从左脚开始。

(1)齐步、正步互换，听到口令，右脚继续走一步，即换正步或齐步行进。

(2)齐步换跑步，听到预令，两手迅速握拳提到腰际，两臂前后自然摆动；听到动令，即换跑步行进。

(3)齐步换踏步，听到口令，即换踏步。

(4)跑步换齐步，听到口令，继续跑两步，然后换齐步行进。

(5)跑步换踏步，听到口令，继续跑两步，然后换踏步。

(6)踏步换齐步或者跑步，听到“前进”的口令，继续踏两步，再换齐步或跑步行进。

三、行进间转法

（一）齐步、跑步向右（左）转

口令：向右（左）转——走。

要领：左（右）脚向前半步（跑步时，继续跑两步，再向前半步），脚尖向右（左）约45度，身体向右（左）转90度时，左（右）脚不转动，同时出右（左）脚按原步法向新方向行进。

半面向右（左）转走，按照向右（左）转走的要领转45度。

（二）齐步，跑步向后转

口令：向后转——走。

要领：左脚向右脚前迈出约半步（跑步时，继续跑两步，再向前半步），脚尖向右约45度，以两脚的前脚掌为轴，向后转180度，出左脚按照原步法向新方向行进.转动时，保持行进时的节奏，两臂自然摆动，不得外张，两腿自然挺直，上体保持正直。

四、坐下、蹲下、起立

（一）坐下

1.徒手坐下

口令：坐下。

要领：左小腿在右小腿后交叉，迅速坐下（坐凳子时，听到口令，左脚向左分开约一脚之长，女军人着裙服坐凳子时，两腿自然并拢），手指自然并拢放在两膝上，上体保持正直。

2.携枪坐下

口令：枪靠右肩——坐下。

要领：携枪坐下时，两腿按照徒手坐下的要领进行，尔后枪靠右肩（枪面向右），右手

自然扶贴护木，左手手指自然并拢，放在左膝上.肩冲锋枪、自动步枪坐下时，

听到预令,右手移握护木,使背带从肩上滑下,将枪取下。

携95式自动步枪坐下时,听到“右手扶枪——坐下”的口令,两腿按照徒手坐下的要领进行,同时将枪置于右小腿前侧,枪身与地面垂直:枪面向后;右手自然扶握上护盖前端,左手手指自然并拢,放在左膝上.肩枪坐下时,听到预令,右手移握下护手前端,使背带从肩上滑下,将枪取下。

(二)蹲下

口令:蹲下。

要领:右脚后退半步,前脚掌着地、臀部坐在右脚跟上(膝盖不着地),两腿分开约60度,手指自然并拢放在两膝上,上体保持正直。蹲下过久,可以自行换脚。

持枪时,右手移握护木(95式班用机枪,握上护盖前端:冲锋枪、自动步枪和40火箭筒的携带方法不变),左手手指自然并拢,放在左膝上。

(三)起立

口令:起立。

要领:全身协力迅速起立,成立正姿势或者成持枪、肩枪(筒)立正姿势。

五、脱帽、戴帽、整理着装与宣誓

(一)脱帽

口令:脱帽。

要领:立姿脱帽时,双手捏帽檐或者帽前端两侧,将帽取下,取捷径置于左小臂,帽徽朝前,掌心向上,四指扶帽檐或者帽墙前端中央处,小臂略成水平,右手放下。坐姿脱帽时,双手捏帽檐或者帽前端两侧,将帽取下,置于桌(台)面前沿左侧或者膝上(帽顶向上,帽徽朝前),也可以置于桌斗内。

(二)戴帽

口令:戴帽。

要领:双手捏帽檐或者帽前端两侧,取捷径将帽迅速戴正。

携枪(筒)时,用左手脱、戴帽。需夹帽时,双手捏帽檐或帽前端两侧,取捷径将帽取下,左手握帽墙(女军人戴卷檐帽时,将四指并拢,置于下方帽檐与帽墙之间),小臂夹帽自然伸直,帽徽向前,帽顶向左。

(三)整理着装

整理着装,通常在立正的基础上进行。

口令:整理着装。

要领:双手(持自动步枪时,将枪夹于两腿间)从帽子开始,自上而下,将着装整理好。必要时,也可以相互整理。整理完毕,自行稍息。听到“停”口令,恢复立正姿势。

(四)宣誓

口令:宣誓;宣誓完毕。

要领:听到“宣誓”的口令,身体保持立正姿势,右手握拳取捷径迅速抬起,拳心向前,稍向内合;拳眼约与右太阳穴同高,距离约10厘米;右大臂略平,与两肩略成一线;高声诵读誓词。听到“宣誓完毕”的口令,将手放下。

六、操枪

冲锋枪手、81 式自动步枪手、95 式自动步枪手的操枪。

(一)肩枪、挂枪互换

1. 肩枪换挂枪

口令:挂枪。

要领:右手移握护木(79 式冲锋枪,握导气箍),右臂前伸将枪口转向前,左手掌心向下在右肩前握背带;两手协力将背带从头上套过,落在左肩,使枪身在胸前约成 45 度(表尺中央部位位于衣扣线);右手移握枪颈(折叠式冲锋枪,握复进机盖后端),左手放下(阅兵等时机左手可握护木),成挂枪立正姿势。

95 式自动步枪手,右手移握上护盖前端,右臂前伸将枪口转向前,左手掌心向下在右肩前握背带;两手协力将背带从头上套过,落在左肩,使枪身的下护手销对正衣扣线,枪身在胸前约成 60 度;右手移握枪托中间部位,左手放下(阅兵等时机左手可握下护手前端),成挂枪立正姿势。自动步枪挂枪时不上刺刀。

2. 挂枪换肩枪

口令:肩枪。

要领:右手移握护木(95 式自动步枪,移握上护盖前端),左手移握背带;两手协力将背带从头上套过,落在右肩,枪口向下,枪身垂直;右手移握背带(拇指由内顶住),左手放下,成肩枪立正姿势。

(二)肩枪、背枪互换

1. 肩枪换背枪

口令:背枪。

要领:左手在右肩前握背带,右手掌心向后移握准星座(95 式自动步枪,握准星座与上护盖连接部位);两手协力将枪上提,左手将背带从头上套过,落在左肩;两手放下,成背枪立正姿势。

2. 背枪换肩枪

口令:肩枪。

要领:右手掌心向后握准星座(95 式自动步枪,握准星座与上护盖连接部位);左手在左肩前握背带;两手协力将背带从头上套过,落在右肩;右手移握背带(拇指由内顶住),左手放下,成肩枪立正姿势。

(三)挂枪、背枪互换

1. 挂枪换背枪

口令:背枪。

要领:右手握准星座(95 式自动步枪,握上护盖前端),稍向上提,左手在左肩前握背带;两手协力将枪转到背后;两手放下,成背枪立正姿势。

2. 背枪换挂枪

口令:挂枪。

要领:右手掌心向前移握准星座,稍向上提,左手在右肋前握背带;两手协力将枪转到胸前;右手移握枪颈(折叠式冲锋枪,握复进机盖后端),左手放下或者握护木，成挂枪立正姿势。

95式自动步枪手，右手掌心向前移握上护盖前端，稍向上提，左手在右肋前握背带；两手协力将枪转到胸前；右手移握枪托中间部位，左手放下或者握下护手前端，成挂枪立正姿势。

（四）81式自动步枪（打开枪托，上刺刀）的提枪和枪放下

1. 提枪

口令：提枪。

要领：右手将枪提到右肩前，枪身垂直，距身体约10厘米，枪面向后，手约同肩高，大臂轻贴右肋，同时左手握护木；右手移握握把，右臂伸直；将枪轻贴右侧，枪身要正，并与衣扣线平行；右大臂轻贴右肋，左手迅速放下，成提枪立正姿势。

2. 枪放下

口令：枪放下。

要领：右手将枪向前稍向下推出，右臂伸直，同时左手迅速握护木，右手移握准星座附近；左手放下的同时，右手将枪放下，使托前踵轻轻着地，成持枪立正姿势。

（五）81式自动步枪的提枪和端枪互换

1. 提枪换端枪

口令：端枪。

要领：行进时，听到“端枪”的口令，继续向前3步，于左脚着地时，右手将枪移至右肩前，同时左手接握护木（准星同肩高）；右脚再向前1步的同时，右手移握枪颈；于左脚着地时，两手将枪导向前，枪面向上，左手掌心转向右，枪颈紧贴右胯，右臂与两肩约在同一平面，刺刀尖约与下颌同高，并在右肩的正前方。

2. 端枪换提枪

口令：提枪。

要领：听到“提枪”的口令，继续向前3步，于左脚着地时，左手收至右胸前，右手向前下方推枪；右脚再向前1步，右手移握握把；于左脚着地时，将枪收至提枪位置，左手放下。

七、敬礼

敬礼分为举手礼、注目礼和举枪礼。

（一）敬礼，礼毕

1. 敬礼

(1)举手礼

口令：敬礼。

要领：上体正直，右手取捷径迅速抬起，五指并拢自然伸直，中指微接帽檐右角前约2厘米处（戴无檐帽或者不戴军帽时微接太阳穴，与眉同高），手心向下，微向外张（约20度），手腕不得弯曲，右大臂略平，与两肩略成一线，同时注视受礼者。

(2)注目礼

要领：面向受礼者成立正姿势，同时注视受礼者，并目迎目送（右、左转头角度不超过45度）。

(3)举枪礼(用于阅兵式或者执行仪仗任务)

口令:向右看——敬礼。

要领:右手将枪提到胸前,枪身垂直并对正衣扣线,枪面向后,离身体约10厘米,枪口与眼同高,大臂轻贴右肋;同时左手接握表尺上方,小臂略平,大臂轻贴左肋;同时转头向右注视受礼者,并目迎目送(右、左转头角度不超过45度)。

2. 礼毕

口令:礼毕。

要领:行举手礼者,将手放下;行注目礼者,将头转正;行举枪礼者,将头转正,右手将枪放下,使托前踵轻轻着地,同时左手放下,成持枪立正姿势。

(二)单个军人敬礼

要领:单个军人在距受礼者5～7步处,行举手礼或者注目礼。

徒手或者背枪时,停止间,应当面向受礼者立正,行举手礼,待受礼者还礼后礼毕;行进间(跑步时换齐步),转头向受礼者行举手礼(手不随头转动),并继续行进,左臂仍自然摆动,待受礼者还礼后礼毕。

携带武器(除背枪)等不便行举手礼时,不论停止间或者行进间,均行注目礼,待受礼者还礼后礼毕。

(三)分队、部队敬礼

1. 停止间敬礼

要领:当首长进到距本分队(部队)适当距离时,指挥员下达"立正"的口令,跑步到首长前5～7步处敬礼。待首长还礼后礼毕,再向首长报告。例如,"团长同志,XX连正在进行队列训练,应到XX名,实到XX名,请指示,连长XXX"。报告完毕,待首长指示后,答"是",再敬礼。待首长还礼后礼毕,然后跑步回到原来位置,下达"稍息"口令或者继续操练。

2. 行进间敬礼

要领:由带队指挥员按照单个军人行进间敬礼的规定实施,队列人员按照原步法行进。

第三节　分队的队列动作

一、队列队形

(一)基本队形和列队的间距

队列的基本队形有横队、纵队和并列纵队。需要时,可以调整为其他队形。队列人员之间的间隔(两肘之间)通常约10厘米,距离(前一名脚跟至后一名脚尖)约75厘米。需要时,可以调整队列人员之间的间隔和距离。

(二)班、排、连的队形

1. 班的队形

班的基本队形有横队和纵队。需要时可以成二列横队或二路纵队。

2. 排的队形

排的基本队形有横队和纵队。排横队由各班的班横队依次向后排列组成;排纵队由各班的班纵队依次向右并列组成。

横队时，排长的列队位置在第一列基准兵右侧；纵队时，在队列中央前。

3. 连的队形

连的基本队形有横队、纵队和并列纵队。连横队由各排的排横队依次向左并列组成；连纵队由各排的排纵队依次向后排列组成；连并列纵队由各排的排纵队依次向左并列组成。连部和炊事班等以二列（路）或者三列（路）组成相应的队形，位于本连队尾。横队、并列纵队时，连指挥员的列队位置位于一排长右侧，前列为连长、副连长，后列为政治指导员、副政治指导员；纵队时，位于一排长前，前列为连长、政治指导员，后列为副连长、副政治指导员（未编有副政治指导员时，后列中央为副连长）。

二、集合、离散

（一）集合

集合是使单个军人、分队、部队按照规范队形聚集起来的一种队列动作。集合时，指挥员应当先发出预告或者信号，如“全连（或X排）注意”，然后，站在预定队形的中央前，面向预定队形成立正姿势，下达“成XX队——集合”的口令。所属人员听到预告或信号，原地面向指挥员成立正姿势；听到口令，跑步到指定位置面向指挥员集合（在指挥员后侧的人员，应当从指挥员右侧绕过），自行对正、看齐，成立正姿势。

1. 班集合

口令：成班横队（二列横队）——集合。

要领：基准兵迅速到班长左前方适当位置，成立正姿势；其他士兵以基准兵为准，依次向左排列，自行看齐。

成班二列横队时，单数士兵在前，双数士兵在后。

口令：成班纵队（二路纵队）——集合。

要领：基准兵迅速到班长前方适当位置，成立正姿势；其他士兵以基准兵为准，依次向后排列，自行对正。

成班二路纵队时，单数士兵在左，双数士兵在右。

2. 排集合

口令：成排横队——集合。

要领：基准班在指挥员前方适当位置，成班横队迅速站好；其他班成班横队，以基准班为准，依次向后排列，自行对正、看齐。

口令：成排纵队——集合。

要领：基准班在指挥员右前方适当位置，成班纵队迅速站好；其他班成班纵队，以基准班为准，依次向右排列，自行对正、看齐。

3. 连集合

口令：成连横队——集合。

要领：队列内的连指挥员或者基准排，在指挥员左前方适当位置，成横队迅速站好；各排和连部成横队，以连指挥员或者基准排为准，依次向左排列，自行对正、看齐。

口令:成连纵队——集合。

要领:队列内的连指挥员或者基准排,在指挥员前方适当位置,成纵队迅速站好;各排和连部成纵队,以连指挥员或者基准排为准,依次向后排列,自行对正、看齐。

口令:成连并列纵队——集合。

要领:队列内的连指挥员或者基准排,在指挥员左前方适当位置,成纵队迅速站好;各排和连部成纵队,以连指挥员或者基准排为准,依次向左排列,自行对正、看齐。

(二)离散

离散是使列队的单个军人、分队、部队各自离开原队列位置的一种队列动作。

1. 离开

口令:各营(连、排、班)带开(带回)。

要领:队列中的各营(连、排、班)指挥员带领本队迅速离开原列队位置。

2. 解散

口令:解散。

要领:队列人员迅速离开原列队位置。

三、整齐、报数

(一)整齐

整齐是使列队人员按规定的间隔、距离,保持行、列齐整的一种队列动作。整齐分为向右(左)看齐和向中看齐。

口令:向右(左)看——齐,向前——看。

要领:基准兵不动,其他士兵向右(左)转头(持枪时,听到预令,迅速将枪稍提起,看齐后自行放下),眼睛看右(左)邻士兵腮部,前四名能通视基准兵,自第五名起,以能通视到本人以右(左)第三人为度。后列人员先向前对正,后向右(左)看齐。听到"向前——看"的口令,迅速将头转正,恢复立正姿势。口令:以XXX为准,向中看——齐,向前——看。要领:当指挥员指定"以XXX为准(或者以第X名为准)"时,基准兵答"到",同时左手握拳高举,大臂前伸与肩略平,小臂垂直举起,拳心向右。听到"向中看——齐"的口令后,其他士兵按照向右(左)看齐的要领实施。听到"向前——看"的口令后,基准兵迅速将手放下,其他士兵迅速将头转正,恢复立正姿势。一路纵队看齐时,可以下达"向前——对正"的口令。

(二)报数

口令:报数。

要领:横队从右至左(纵队由前向后)依次以短促洪亮的声音转头(纵队向左转头)报数,最后一名不转头。数列横队时,后列最后一名报"满伍"或"缺X名"。连集合时,由指挥员下达"各排报数"的口令,各排长在队列内向指挥员报告人数,如"第X排到齐"或者"第X排实到XX名"。

必要时,连也可以统一报数。

要领:连实施统一报数时,各排不留间隔,要补齐,成临时编组的横队队形。报数前,连指挥员先发出"看齐时,以一排长为准,全连补齐"的预告,然后下达"向右看——齐"的口令,待全连看齐后,再下达"向前——看"和"报数"的口令,报数从一排长开始，后列最后一名报“满伍”或者“缺XX名”。

四、出列、入列

单个军人和分队出、入列通常用跑步(5步以内用齐步，1步用正步)，或者按照指挥员指定的步法执行；然后进到指挥员右前侧适当位置或者指定位置，面向指挥员成立正姿势。

(一)单个军人出列、入列

1. 出列

口令：XXX(或者第X名)，出列。

要领：出列军人听到呼点自己姓名或者序号后应当答“到”，听到“出列”的口令后，应当答“是”。

位于第一列(左路)的军人，按照本条上述规定，取捷径出列；位于中列(路)的军人，向后(左)转，待后列(左路)同序号的军人向右后退1步(左后退1步)让出缺口后，按照本条的上述规定从队尾(纵队时从左侧)出列；位于“缺口”位置的军人，待出列军人出列后，即复原位；位于最后一列(右路)的军人出列，先退1步(右跨1步)，然后按照本条有关规定从队尾出列。

2. 入列

口令：入列。

要领：听到“入列”口令后，应当答“是”，然后按照出列的相反程序入列。

(二)班(排)出列、入列

1. 出列

口令：第X班(排)，出列。

要领：听到“第X班(排)”的口令后，由出列班(排)的指挥员答“到”，听到“出列”的口令后，由出列班(排)的指挥员答“是”，并用口令指挥本班(排)，按照本条的有关规定，以纵队形式从队尾(位于第一列的班取捷径)出列。

2. 入列

口令：入列。

要领：听到“入列”的口令后，由入列班(排)指挥员答“是”，并用口令指挥本班(排)，以纵队形式从队尾(位于第一列的班取捷径)入列。

五、行进、停止

横队和并列纵队行进以右翼为基准，纵队行进以左翼为基准(一路纵队行进以先头为基准)。

(一)行进

指挥员下达“X步——走”的口令。听到口令，基准兵向正前方前进，其他士兵向基准翼标齐，保持规定的间隔、距离行进。纵队行进时，排、连通常成三路纵队，也可以成一、二路纵队。行进中，需要时，用“一二一”(调整步伐的口令)、“一二三四”(呼号)或者唱队列歌曲，以保持步伐的整齐和振奋士气。

(二)停止

指挥员下达“立——定”的口令。听到口令，按照立定的要领实施，分队的动作要整齐一致。停止后，听到“稍息”的口令，先自行对正、看齐，再稍息。

六、队形变换

队形变换是由一种队形变为另一种队形的队列动作。

(一)横队和纵队的互换

横队变纵队:停止间口令为“向右——转”;行进间口令为“向右转——走”。

纵队变横队:停止间口令为“向左——转”;行进间口令为“向左转——走”。

要领:停止间,按照单个军人向右(左)转的要领实施。行进间,按照单个军人向右(左)转走的要领实施。分队动作要整齐一致。队形变换后,排以上指挥员应当进到规定的列队位置。

(二)停止间班横队和班二列横队、班纵队和二路纵队互换

1. 班横队变班二列横队

口令:成班二列横队——走。

要领:变换前,先报数。听到口令,双数士兵左脚后退1步,右脚(不靠拢左脚)向右跨1步,左脚向右脚靠拢,站到单数士兵之后,自行对正、看齐。

2. 班二列横队变班横队

口令:间隔1步,向左离开,成班横队——走。

要领:听到“间隔1步,向左离开”的口令后,取好间隔;听到“成班横队——走”的口令后,双数士兵左脚左跨1步,右脚(不靠拢左脚)向前1步,左脚向右脚靠拢,站到单数士兵左侧,自行看齐。

3. 班纵队变班二路纵队

口令:成班二路纵队——走。

要领:变换前,先报数。听到口令后,双数士兵右脚右跨1步,左脚(不靠拢右脚)向前1步,右脚向左脚靠拢,站到单数士兵右侧,自行对正、看齐。

4. 班二路纵队变班纵队

口令:距离两步,向后离开,成班纵队——走。

要领:听到“距离两步,向后离开”的口令后,取好距离;听到“成班纵队——走”口令后,双数士兵右脚后退1步,左脚(不靠拢右脚)站到单数士兵之后,自行对正。

(三)连纵队和连并列纵队的互换

1. 连纵队变连并列纵队

停止间口令为“成连并列纵队,齐步——走”;行进间口令为“成连并列纵队——走”。

要领:连指挥员或者基准排踏步,其他排和连部逐次进到连指挥员或者基准排左侧踏步并取齐,然后,听口令前进或者停止。

连、排指挥员位置的变换方法:听到口令,连长左脚继续踏1步,右脚向右前1步,进到政治指导员前方仍踏步,政治指导员继续踏步,副连长向前两步(未编有副政治指导员时,副连长向左前两步),进到连长左侧,副政治指导员向左前1步,进到政治指导员左侧,排长、司务长进到预定列队位置,继续踏步并取齐。

2. 连并列纵队变连纵队

停止间口令为“成连纵队,齐步——走”;行进间口令为“成连纵队——走”。

要领:连指挥员或者基准排照直前进,其他排和连部停止间和行进间均踏步,

待连指挥员或者基准排离开原位后，各排按照排长、连部和炊事班按照司务长的口令依次跟进。连、排指挥员位置的变换方法：听到口令，连长向左前1步，进到副连长前方踏步，政治指导员向前两步，进到连长右侧继续踏步，副政治指导员向右前1步，进到副连长右侧继续踏步（未编有副政治指导员时，副连长右跨半步并踏步），排长、司务长进到预定列队位置继续踏步，取齐后照直前进。

七、方向变换

方向变换是改变队列面对的方向的一种队列动作。

（一）横队和并列纵队方向变换

停止间，通常是左（右）转弯或者左（右）后转弯，必要时可以向后转。停止间口令：左（右）转弯，齐（跑）步——走，或者左（右）后转弯，齐（跑）步——走。向后——转，齐（跑）步——走（当需要向后转走时，应当先下“向后——转”的口令，待方向变换后，再下“齐[跑]步——走”的口令）。

行进间口令：左（右）转弯——走，或者左（右）后转弯——走。要领：一列横队方向变换时，轴翼士兵踏步，并逐渐向左（右）转动；外翼第一名士兵用大步行进并同相邻士兵动作协调，逐步变换方向（越接近轴翼者，其步幅越小），其他士兵用眼睛的余光向外翼取齐，并保持规定的间隔和排面整齐，转到90度或180度时踏步并取齐，听口令前进或者停止。

数列横队和并列纵队方向变换时，第一列轴翼士兵停止间用踏步、行进间用小步，外翼士兵用大步行进，保持排面整齐，边行进边变换方向，转到90度或180度后，听口令前进或者停止；后续各列按照上述要领，保持间隔、距离，取捷径进到前一列转弯处，转向新方向跟进。

（二）纵队方向变换

停止间，通常是左（右）后转弯，必要时可以向后转。

停止间口令：左（右）转弯，齐（跑）步——走，或者左（右）后转弯，齐（跑）步——走。向后——转，齐（跑）步——走（按照横队和并列纵队向后转走的方法实施）。

行进间口令：左（右）转弯——走，或者左（右）后转弯——走。

要领：一路纵队方向变换时，基准兵在左（右）转弯时，按照单个军人行进间转法（停止间，左转弯走时，左脚先向前一步）的要领实施，在左（右）后转弯时，用小步边行进边变换方向，转到90度或180度后，照直前进；其他士兵逐次进到基准兵的转弯处，转向新方向跟进。

数路纵队方向变换时，按照数列横队和并列纵队方向变换的要领实施。

第七章 轻武器射击

在世界各国的武器库里，品种和数量最多的是步兵轻武器。轻武器通常是指由单兵或班组携行战斗的武器，主要包括各种枪械、单兵面杀伤武器、便携式反坦克武器和单兵防空导弹等。其基本作战用途是在近距离内杀伤生动目标，毁伤轻型装甲目标、低空飞行目标，破坏敌方设施和军事器材等。枪械又称枪，是利用火药燃气能量或其他能量发射弹头、口径通常小于20毫米的武器，如手枪、步枪、冲锋枪、机枪(含轻机枪、重机枪、高射机枪)等。

本章主要介绍我军现装备的81-1式自动步枪，并简要介绍56式半自动步枪。

第一节 武器常识

一、战斗性能和主要诸元

(一)战斗性能

81-1式自动步枪与81式轻机枪组成班用枪族，其活动机件和弹匣、弹鼓可以互换，并能用实弹直接从枪管发射40毫米枪榴弹，使射手具有全面杀伤和反装甲的能力，是近战中消灭敌人有生力量的主要自动武器和步兵分队反装甲目标的辅助武器。对单个目标在400米内射击效果最好，集中火力可射击500米内的敌飞机、伞兵以及集团目标，弹头飞到1500米处仍有杀伤力。

射击方法：可实施短点射(2～5发)，还可实施长点射(6～10发)和单发射。

战斗射速：点射每分钟90～110发，单发射每分钟40发。

理论射速：每分钟680～750发。

侵彻力：使用56式普通弹在100米距离上能射穿6毫米厚的钢板、15厘米厚的砖墙、30厘米厚的土层或40厘米厚的木板。

(二)主要诸元

口径	7.62毫米
枪全重	3.5千克
枪全长	1.105米
不装刺刀	0.955米
枪托折叠状态	0.730米
普通弹的初速	710米/秒

弹头最大飞行距离　　　约 2000 米

二、各部机件的名称、用途及自动原理

(一)各部机件的名称和用途

自动步枪由刺刀(匕首)、枪管、瞄准具、活塞及调节塞、机匣、枪机、复进机、击发机、弹匣和枪托十大部分组成(见图 7-1),另有一套附品。

1. 刺刀(匕首)

刺刀(匕首)(见图 7-2)用以刺杀敌人。

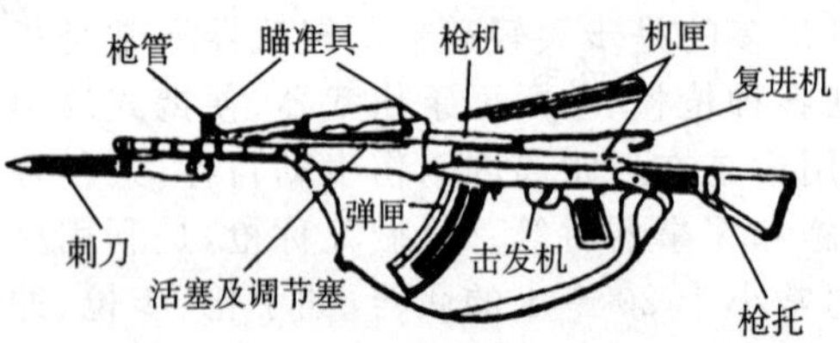

图 7-1　自动步枪十大部机件

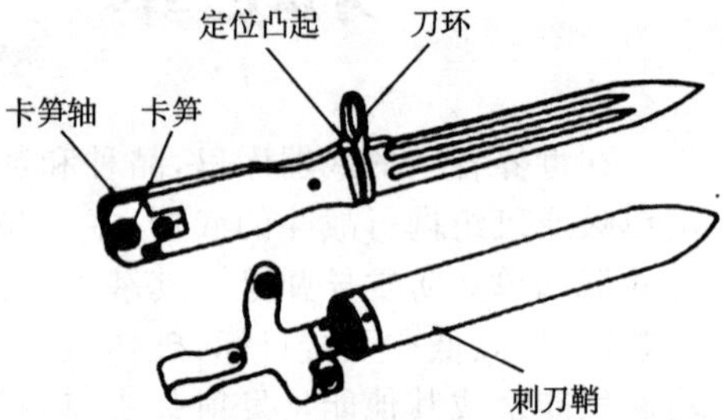

图 7-2　刺刀(匕首)

刺刀上有刺刀柄、连接环、限制凸笋及卡笋,平时作匕首用,并装入刀鞘挂在腰带上,战时结合在枪上。

2. 枪管

枪管(见图 7-3)用以赋予弹头及枪榴弹的飞行方向。

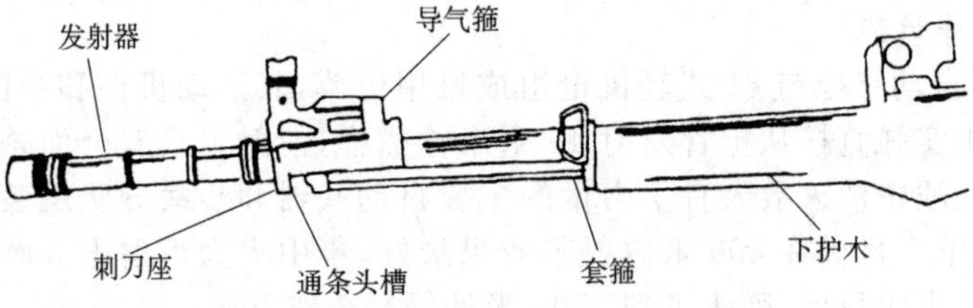

图 7-3　枪管

枪管内是枪膛,枪膛分为弹膛和线膛。弹膛用以容纳子弹,线膛能使弹头在前进时旋转运动,以保持飞行的稳定性。线膛有四条右旋膛线(阴膛线),两膛线间的凸起部分叫阳膛线,两条相对的阳膛线间的距离是枪的口径。

枪管前端有枪榴弹发射具。发射具前端下方有凹槽,用以限制刺刀的安装位置。

枪管外有导气箍,用以引导火药气体冲击活塞。导气箍上刻有“0”,“1”,“2”等数字,用以表示火药气体冲击活塞的大小。下护木,便于操作和携带。枪管外有刺刀座、通条头槽。

3. 瞄准具

瞄准具(见图 7-4)由表尺和准星组成,用以瞄准。表尺钣上有缺口和护铁。缺口用以通视准星向目标瞄准,护铁用以保护缺口。表尺转轮,用以装定所需的表尺分

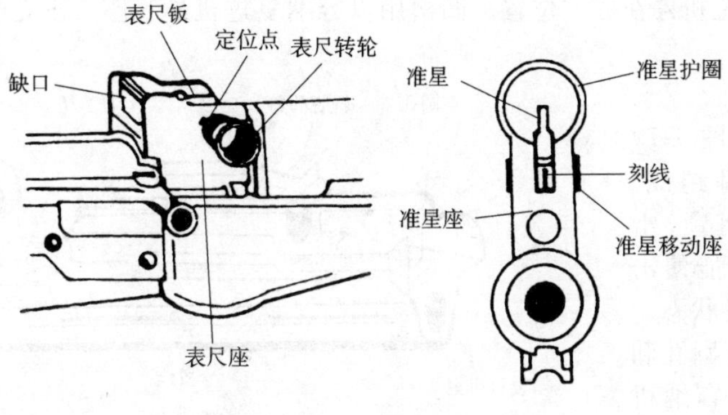

图 7-4　瞄准具

划和固定活塞护盖，转轮上刻有 0～5 的分划，“0”分划用以分解结合，“1～5”的分划，每一分划相应 100 米。表尺座侧面圆点为表尺定位点，用以指示所装定的分划。

准星可拧高、拧低，准星移动座可左右移动，准星移动座和准星座上各刻有一条刻线，用以检查准星位置是否正确。准星座上还有护圈。

4. 活塞及调节塞

活塞及调节塞（见图 7-5）用以承受火药气体的压力，推压枪机向后。活塞簧，用以使活塞回到前方位置。护盖上有护木和活塞定位凸笋。导气箍上的数字“1”，“2”分别表示调节塞上的小孔和大孔，通常装定在“1”上，当武器过脏来不及擦拭或在严寒条件下射击时装定在“2”上。变换调节塞位置可用弹壳底部卡入弹底槽。

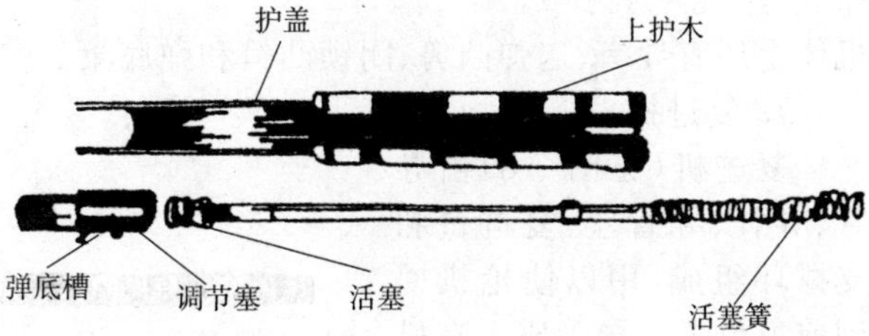

图 7-5　活塞及调节塞

当发射枪榴弹时，必须将调节塞转动到“0”的位置，以防损坏活动机件。

5. 机匣

机匣（见图 7-6）用以容纳枪机、复进机，固定击发机和弹匣。

机匣外有机匣盖，用以保护机匣内部免沾污垢。机匣外还有握把、扳机护圈和弹匣卡笋。

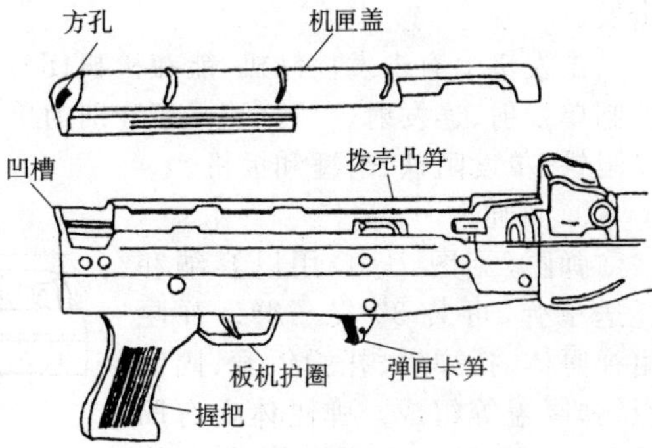

图 7-6　机匣

机匣内有闭锁卡槽，能保证枪机闭锁枪膛。枪机阻铁，当弹匣内无子弹时，能使枪机停在后方位置。凹槽用以容纳复进机导管座。拨壳凸笋用以拨出弹壳(子弹)。

6. 枪机

枪机(见图 7-7)由机栓和机体组成。用以送弹、闭锁、击发和退壳，并能使击锤向后成待发状态。

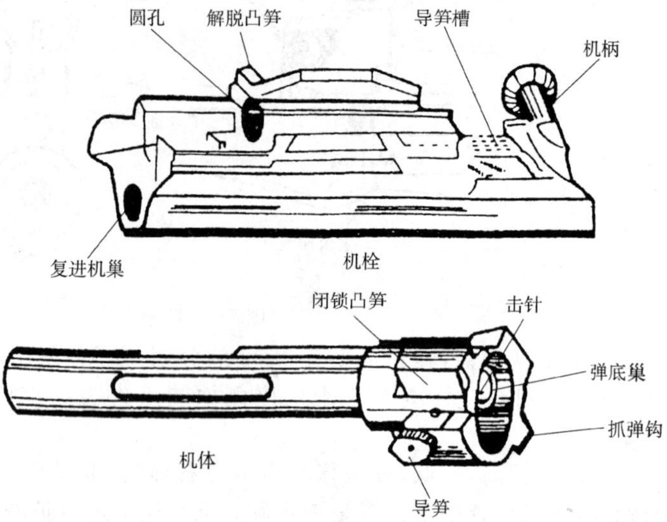

图 7-7　枪机

机栓上有圆孔和导笋槽，用以容纳机体，并引导机体旋转形成闭锁和开锁。机栓上还有解脱凸笋、机柄和复进机巢。

机体上有击针，用以撞击子弹底火；抓弹钩，用以从膛内抓出弹壳(子弹)。机体上还有导笋、送弹凸笋、闭锁凸笋和弹底巢。

7. 复进机

复进机(见图 7-8)由导管、导杆、导管座、复进簧和支撑环组成，用以使枪机回到前方位置。导管座上有机匣盖卡笋。

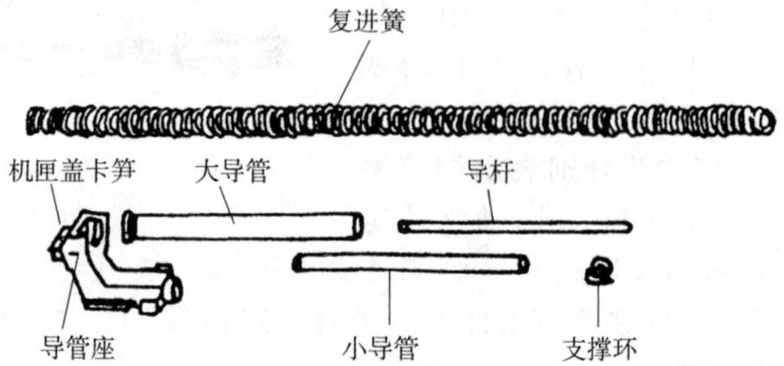

图 7-8　复进机

8. 击发机

击发机(见图 7-9)用以与枪机相互作用形成待发和击发。

击发机上有击发控制机，能在枪机闭锁枪膛前防止击发；保险机，用以保险和控制单发射、连发射(“1”,“2”,“0”分别为单发射、连发射、保险)。击发机上还有击发阻铁、单发阻铁、击锤和扳机。

9. 弹匣

弹匣(见图 7-10)用以容纳和托送子弹，可装 30 发子弹。弹匣由弹匣体、托弹钣、托弹钣簧、固定钣、弹匣盖等组成。弹匣体上有凹槽和挂耳，用以将弹匣固定在枪上；当通过检查孔看到子弹时，即已装满子弹。

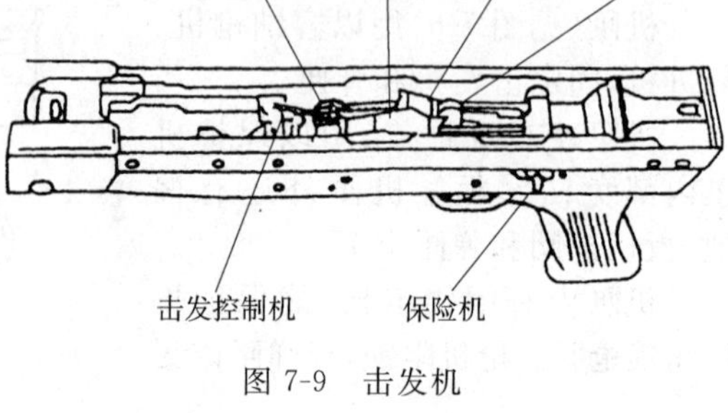

图 7-9　击发机

10. 枪托

枪托（见图 7-11）便于操作。

枪托由枪颈、托底钣、附品盒巢和枪托卡笋组成，平时成打开状态，必要时可折叠。

附品（见图 7-12）用以分解结合、擦拭上油、携带和排除故障。附品包括擦拭杆、鬃刷、铳子、附品盒、通条、油壶、背带和弹匣袋。

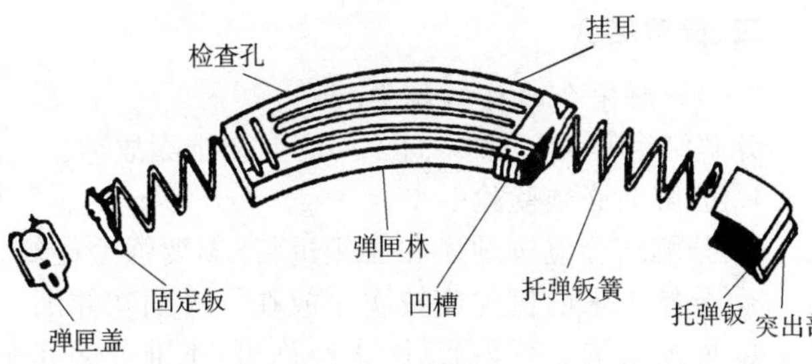

图 7-10　弹匣

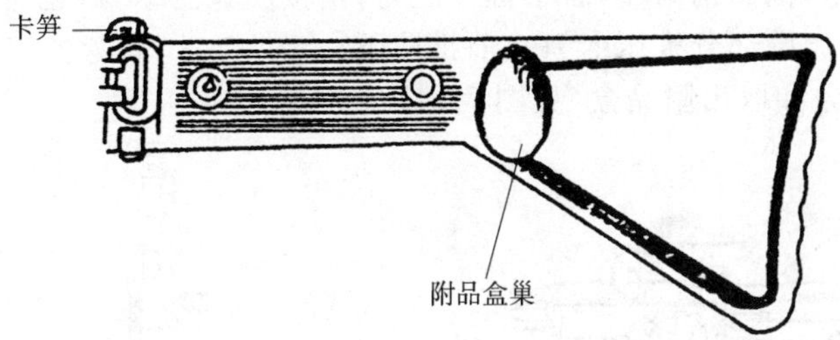

图 7-11　枪托

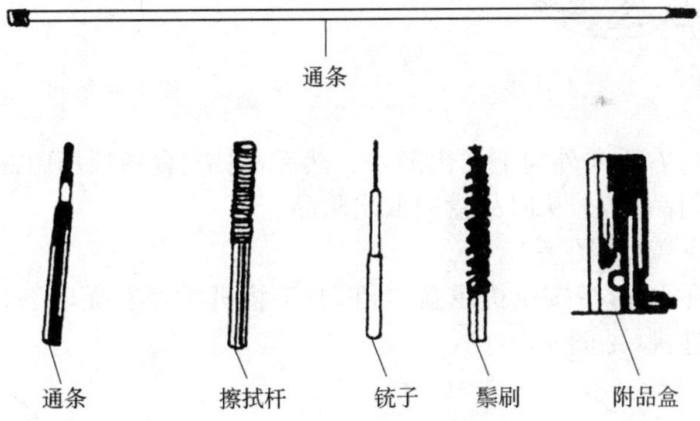

图 7-12　附品

（二）自动原理

扣扳机后，击锤打击击针，撞击子弹底火，点燃发射药，产生火药气体，推送弹头沿膛线向前运动；弹头经过导气孔，部分火药气体通过导气孔进入导气箍，冲击活塞，推动枪机向后，压缩复进簧，完成开锁、抛壳，并使击锤向后成待发状态；枪机退到最后方时，由于复进簧的伸张，使枪机向前运动，推动次一发子弹入膛、闭锁。此时，如保险定在连发位置，扳机未松开，击发阻铁不能卡住击锤，击锤再次打击击针，形成连发；如保险定在单发位置，击锤被单发阻铁卡住不能向前，若再次发射，必须松开扳机，再扣扳机。

三、分解结合

(一)分解结合的目的和要求

分解结合是为了擦拭、上油、检查和排除故障。

1. 分解前必须验枪。

2. 分解结合应按顺序和要领进行,不要强敲硬卸。

3. 分解下来的机件应按次序放在干净的物体上。

4. 除所讲的分解内容外,未经许可,不准分解其他机件。

5. 结合后,应拉送枪机数次,检查机件结合是否正确。

(二)分解

1. 卸下弹匣(见图 7-13)

左手握护木,枪面稍向左,右手握弹匣,拇指按压弹匣卡笋(也可右手掌心向上握弹匣,以手掌肉厚部分推压卡笋),前推取下。

2. 拔出通条和取出附品盒(见图 7-14)

图 7-13　卸下弹匣

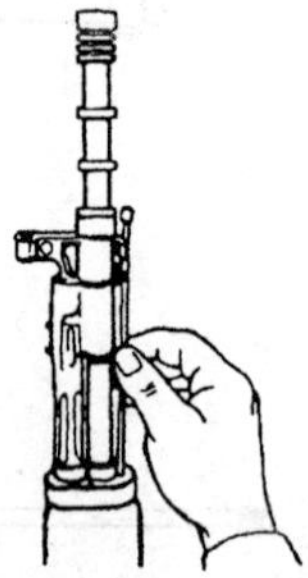

图 7-14　拔出通条和取出附品盒

左手握护木,右手向外向上拔出通条。然后,用中、食指顶压附品盒底部,使卡笋脱离圆孔,取出附品盒,并从附品盒内取出附品。

3. 卸下机匣盖(见图 7-15)

左手握枪颈,以拇指按压机匣盖卡笋,右手将机匣盖上提取下。

4. 抽出复进机(见图 7-16)

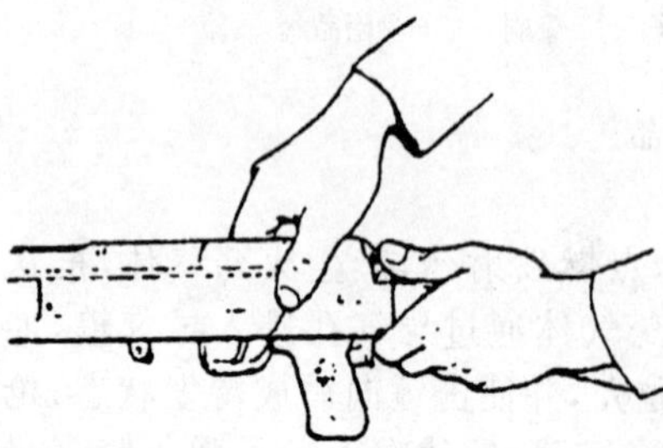

图 7-15　卸下机匣盖

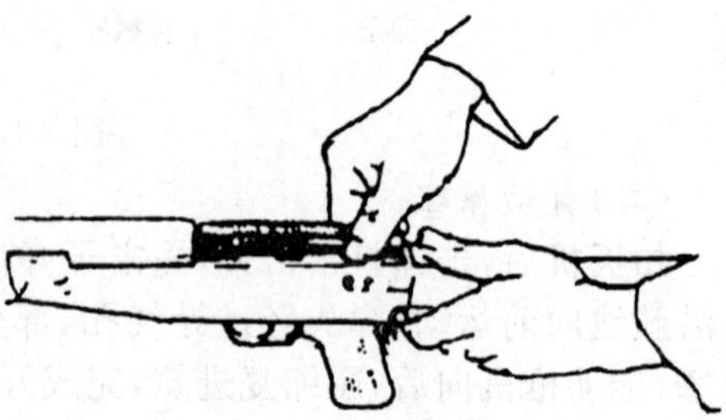

图 7-16　抽出复进机

左手握枪颈,右手向前推导管座,使其脱离凹槽,向后抽出复进机。

5. 取出枪机(见图 7-17)

左手握枪颈，右手拉枪机向后到定位，向上向后取出；左手转压机体向后，使导笋脱离导笋槽，再向前取出机体。

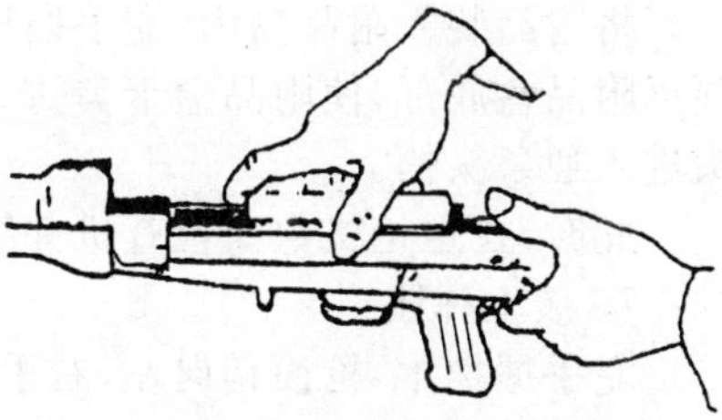

图 7-17　取出枪机

6. 卸下护盖（见图 7-18）

右手握上护木，左手将表尺转轮定到“1”上，向左拉转轮，再装定在“0”上，然后，左手握下护木，右手向上向后卸下护盖。

7. 卸下活塞及调节塞（见图 7-19）

左手握下护木，右手将调节塞向右（左）转动到定位，压缩活塞杆簧，使调节塞前端脱离导气箍，向前卸下活塞及调节塞，并将活塞及调节塞分开。

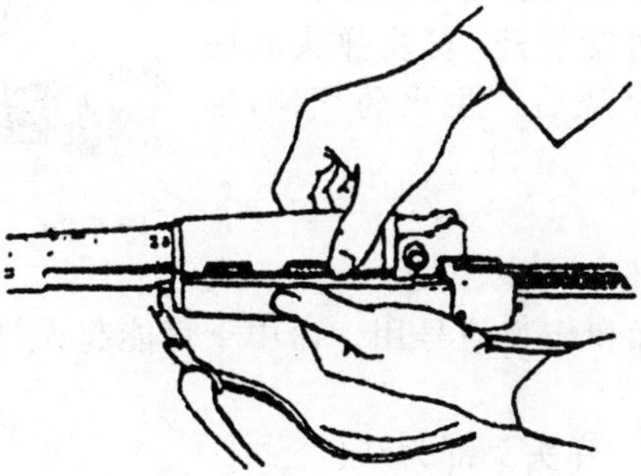

图 7-18　卸下护盖

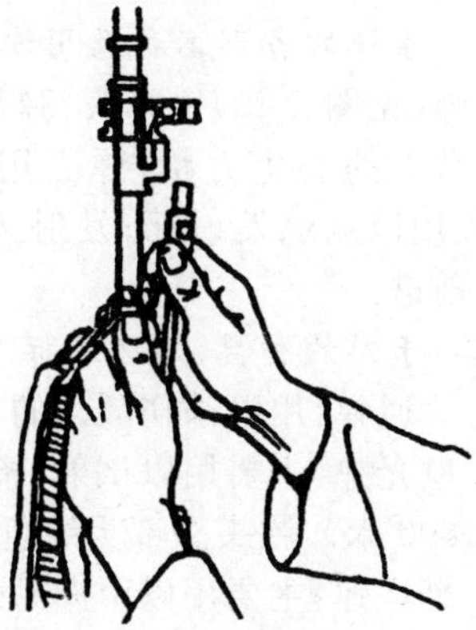

图 7-19　卸下活塞及调节塞

（三）结合

结合时，按分解的相反顺序进行。

1. 装上活塞及调节塞

将调节塞套在活塞上，左手握下护木，右手将活塞杆插入表尺座的圆孔内，压缩活塞簧，使调节塞前端进入导气箍，并向左转动调节塞，使解脱凸笋进入凹槽。

2. 装上护盖

左手握下护木，右手将护盖前端两侧卡在导气箍上，按压护盖后部到定位。左手转动表尺转轮使分划“1”对正定位点。

3. 装上枪机

右手握机栓，使导笋槽向上。左手将机体结合在机栓上，使导笋进入导笋槽并转到定位。左手握枪颈，右手将枪机从机匣后部装入机匣，前推到定位。

4. 装上复进机

左手握枪颈，右手将复进机插入复进机巢内，向前推压，使导管座进入凹槽内。

5. 装上机匣盖

左手握枪颈，右手将机匣盖前端对正半圆槽，使后部的方孔对正机匣盖卡笋，向前下方推压机匣盖，使卡笋进入方孔内。

6. 装上附品盒和通条

将附品装入附品盒内，左手握护木，右手将附品盒装入附品盒巢内，用中、食指顶压附品盒底部，使附品盒卡笋进入圆孔。然后，将通条插入通条孔内，并使通条头进入通条头槽。

此时，拉送枪机数次检查机件结合是否正确，扣扳机，关保险。

7. 装上弹匣

左手握护木，枪面稍向左，右手握弹匣并将弹匣口前端插入结合口内，扳弹匣向后，听到响声为止。

四、子弹

我军的56式半自动步枪、56式冲锋枪和81式班用枪族统一使用56式7.62毫米枪弹。

（一）子弹的各部名称及用途

子弹（见图7-20）由弹头、弹壳、底火和发射药组成。弹头用以杀伤敌人的有生力量；弹壳用以容纳发射药，安装弹头和底火；底火用以点燃发射药；发射药用以燃烧后产生火药气体，推送弹头前进。

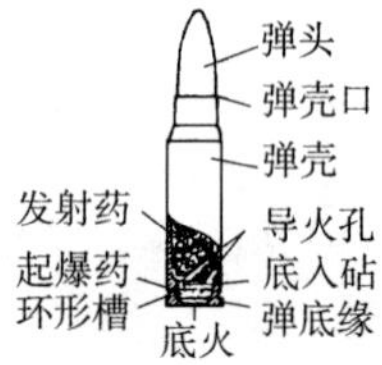

图7-20　子弹

（二）子弹的种类、用途及标志

1. 普通弹：用以杀伤敌人的有生力量。

2. 曳光弹：主要用以试射、指示目标和作为信号用。命中干草能起火，曳光距离可达800米。弹头头部为绿色。

3. 燃烧弹：主要用以引燃易燃物体。弹头头部为红色。

4. 穿甲燃烧弹：主要用以射击飞机和轻装甲目标（在200米距离上穿甲厚度为7毫米），并能在穿透装甲后引燃汽油。弹头头部为黑色并有一道红圈。

另外，还有空包弹、教练弹、空炸弹等辅助弹。空包弹主要用于演习，没有弹头，弹壳口收口压花并密封；教练弹主要用于练习装退子弹、击发等动作，外形和重量与普通弹相似，弹壳上有三道凹槽，无发射药，底火为橡皮制成；空炸弹主要用于对空射击训练，弹头在500米内性能与曳光弹相同，超过500米时，弹头自动分离为三部分，能减少对射击地域的危险程度。

子弹箱外均标有弹种、数量、批号和年号等。领用时应看清标志，以免弄错。

（三）战斗中怎样使用子弹

战斗中射手通常应根据指挥员的口令和指示实施射击。必要时，射手可根据情况自行射击。

在战斗中严禁丢失和浪费子弹。对子弹的消耗情况，应适时向班长报告，射手应保留一定数量的子弹，以备在紧急情况下使用。

五、爱护、保管和检查

（一）爱护武器的要求

爱护武器、子弹是军官、士兵的重要职责，是一项经常性的战备措施，也是预防故障的有效方法。为此，必须做到勤检查、勤擦拭、不碰摔、不生锈、不损坏、不丢失。如发现机件损坏、丢失，应及时送修或请领，使武器经常保持完好状态。

(二)保管使用规则

1. 武器和子弹应放在安全、干燥和通风的地方。在营房内,应放在枪架上,送回击锤,关上保险,表尺转轮定在表尺"3"上。刺刀(匕首)应装在刀鞘内。在居民地宿营时,不得将武器和子弹放在门窗附近。

2. 行军作战和训练时,应尽量避免武器碰撞和沾上污物。长时间射击时,应及时向枪机上涂油。乘车(船)时,应将武器妥善保管,防止碰撞和丢失。

3. 在潮湿和沿海地区,应特别注意防止机件和子弹生锈。在风沙较多的情况下,应防止灰沙进入枪内。在炎热季节,应尽量避免长时间曝晒。

4. 教练弹和实弹严禁混放在一起,严禁用实弹作为教练弹操练使用。分队不准存有待修及废品枪弹。

(三)擦拭上油

1. 擦拭上油的时机和要求

实弹射击后,应用浸透油或碱水(肥皂水)的布将武器的烟渣、污垢擦拭干净,并用干布擦干后再上油,在以后的三四天内每天擦拭一次;训练演习后,应适时地用干布和油布进行擦拭;不经常使用时,每周至少擦拭一次。在严寒的室外将枪带到室内时,应待出水珠后再擦拭上油。枪被海水浸过或遭受毒剂和放射性物质沾染后,应先用淡水冲洗后再擦拭,擦拭上油后,应放在通风干燥处晾干,严禁火烤和曝晒。

2. 擦拭上油的方法

擦拭前,应分解武器,准备擦拭工具。结合通条(见图 7-21)时,将两节通条结合好,再将通条从附品盒上的大孔穿过小孔,拧紧擦拭杆,然后用铳子穿过盒体和通条头上的圆孔,将通条和附品盒连接在一起。

(1)擦拭枪膛时,把布条缠在擦拭杆上,并插入枪膛,沿枪膛全长均匀地来回擦拭(弹膛应从后面擦拭)直到擦净,再用布条或鬃刷涂油。

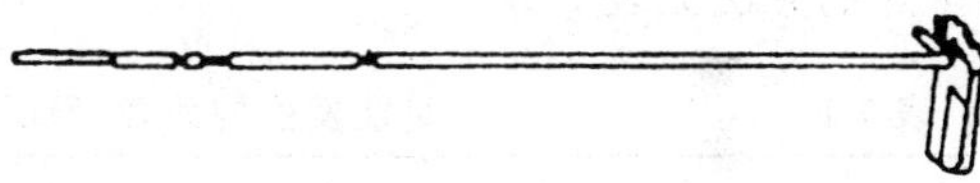

图 7-21　结合好的通条

(2)擦拭导气箍、调节塞时,用通条或竹(木)杆缠布擦拭,擦净后涂油。

(3)擦拭其他机件时,应先擦净表面的烟渣和污垢,对孔、槽、缝隙等部分,可用竹(木)签缠上布进行擦拭,再薄薄地涂上一层油。

(四)检查

1. 检查外部

检查外部时,看金属部分是否有污垢、锈痕和碰伤;木质部分有无裂缝和碰伤;各部机件号码是否一致;准星是否弯曲和松动,刻线是否与矫正结果一致;表尺转轮转动是否自如并能固定在各个分划上。

2. 检查枪膛

检查枪膛时,看是否有污垢、生锈和损伤。

3. 检查机能

检查机能时,将装有教练弹的弹匣装在枪上,拉枪机向后到定位松开,枪机应有力地向前并推送一发教练弹入膛;关上保险扣扳机时,击锤不应向前;将保险机定在单发位置上扣扳机时，应能听到击锤打击击针的响声；扣住扳机，拉枪机向后到定位，膛内的教练弹应被抛出，松开枪机应推送一发教练弹入膛，击锤应停在后方位置；此时，松开扳机，再扣扳机时，应能听到击锤打击击针的声音。将保险机定在连发位置时，扣住扳机，拉枪机向后到定位并慢慢送回，应听到击锤打击击针的声音。当弹匣内无子弹时，拉枪机向后到定位松开，枪机应被枪机阻铁卡在后方位置。

4. 检查附品和子弹

检查附品和子弹时，看附品是否齐全完好，子弹有无锈蚀、凹陷、裂缝、结合部松动等现象。

六、预防和排除故障

(一)预防故障的措施

1. 严格按规定爱护保管和使用武器、子弹。有故障的机件应及时送修或更换，有问题的子弹不准使用。

2. 战斗中应抓紧战斗间隙擦拭武器。来不及擦拭时，应向活动机件注油或调整调节塞增大火药气体的压力。

3. 在寒冷的条件下使用武器时，不能过多上油，以防冻结，影响机件活动。在寒区，入冬后应换用冬用枪油，并彻底清除夏用枪油。在装子弹前，应将枪机拉送数次或向活动部分注少量汽油(煤油或酒精)。

(二)排除故障的方法

射击中，若发生故障，通常拉枪机向后，重新装弹继续射击。如仍然故障，应迅速查明原因予以排除。如排除不了，应迅速向指挥员报告。可能发生的故障、原因和排除的方法见表 7-1。

表 7-1　　可能发生的故障、原因和排除的方法

故　障	发生原因	排除方法
不送弹	1. 弹匣过脏或损坏。 2. 机件过脏，枪机后退不到位。	1. 擦拭过脏机件。 2. 更换弹匣。
不发火	1. 子弹底火失效。 2. 击锤簧弹力不足或击针损坏。	1. 更换子弹。 2. 更换击针或击锤簧。
不退壳	1. 子弹、枪机、机匣、弹膛及火药气体通路过脏，枪机后退不到定位。 2. 抓弹钩过脏或损坏。	1. 捅出弹壳。 2. 擦拭过脏机件。 3. 更换抓弹钩。 4. 调整调节塞的位置。
断壳	1. 子弹有问题。 2. 弹膛过脏。	1. 将取壳器放入弹膛，送枪机到定位，猛拉枪机取出断壳。 2. 擦拭弹膛并涂油。

续表

枪机未前进到定位	1. 弹膛、机匣、枪机和复进机过脏或枪油凝结。 2. 子弹或弹匣口变形。	1. 推枪机到定位。 2. 擦拭过脏机件。 3. 更换子弹或弹匣。
不抛壳	1. 火药气体通路过脏。 2. 机件过脏,枪机后退不到位。	1. 卸下弹匣,取出弹壳。 2. 擦拭过脏机件。
不连发	1. 调节塞装定不正确。 2. 导气箍、枪机和机匣过脏。	1. 正确装定调节塞。 2. 擦拭过脏机件。

附录一　56 式半自动步枪武器常识

(一)战斗性能和主要诸元

1. 战斗性能

56 式半自动步枪是步兵分队在近战中消灭敌人有生力量的主要武器。对单个目标在 400 米内射击效果最好,集中火力可射击 500 米内的敌飞机、伞兵及杀伤 800 米内的集团目标,弹头飞到 1500 米处仍有杀伤力。

战斗射速:每分钟 35～40 发。

侵彻力:使用 56 式普通弹在 100 米距离上能射穿 6 毫米厚的钢板、15 厘米厚的砖墙、30 厘米厚的土层或 40 厘米厚的木板。

2. 主要诸元

口径	7.62 毫米
枪全重	3.85 千克
枪全长	1.260 米
折回刺刀枪长	1.020 米
普通弹的初速	710 米/秒
装满子弹弹仓重	0.18 千克

(二)各部机件的名称、用途及半自动原理

1. 各部机件的名称和用途

半自动步枪由枪刺(刺刀)、枪管、瞄准具、活塞及推杆、机匣、枪机、复进机、击发机、弹仓和木托十大部分组成(见图 7-22),另有一套附品。

(1)枪刺(刺刀)

枪刺(刺刀)用以刺杀敌人。

枪刺上有枪刺管、枪刺管簧和连接环。根据需要,枪刺可打开或折叠。

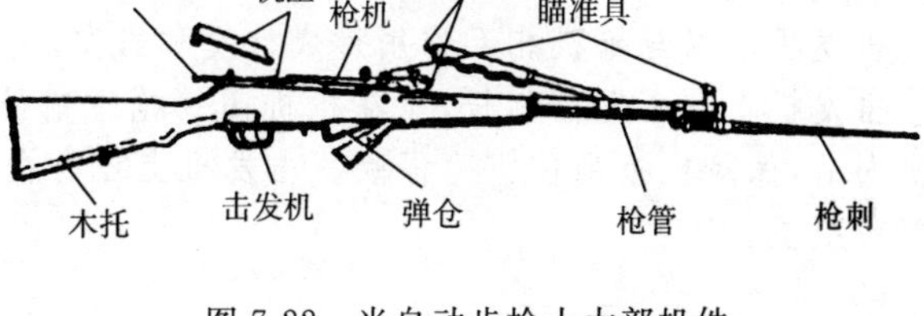

图 7-22　半自动步枪十大部机件

(2)枪管

枪管用以赋予弹头的飞行方向。

枪管内是枪膛,枪膛分为弹膛和线膛。弹膛用以容纳子弹,线膛能使弹头在前进时旋转运动,以保持飞行的稳定性。线膛有四条右旋膛线(阴膛线),两膛线间的凸起部分叫阳膛线,两条相对的阳膛线间的距离是枪的口径。

枪管外有导气箍，用以引导火药气体冲击活塞。枪管外还有枪刺座、通条头槽。

(3)瞄准具

瞄准具由表尺和准星组成，用以瞄准。

表尺钣上有缺口和游标，并刻有1～10的分划，每一分划相应100米。缺口用以通视准星向目标瞄准，游标用以装定所需的表尺分划，游标卡笋用以固定游标在所需位置上。表尺座上有固定栓和固定栓扳手，用以固定活塞筒和推杆。

准星可拧高、拧低，准星移动座可左右移动，准星移动座和准星座上各有一条刻线，用以检查准星位置是否正确。准星座上还有准星护圈。

(4)活塞及推杆

活塞装在活塞筒内，用以传导火药气体的压力，推压推杆向后。活塞筒上有上护木。推杆和推杆簧装在表尺座内，推杆能将活塞的推力传送到机栓上。推杆簧，能使活塞和推杆回到前方位置。

(5)机匣

机匣用以容纳枪机和复进机，固定击发机和弹仓。

机匣外有机匣盖，用以保护机匣内部免沾污垢，并将枪机和复进机控制在机匣内；连接销，能将机匣盖固定在机匣上。

机匣内有闭锁卡槽，能保证枪机闭锁枪膛；枪机阻铁，当弹仓内无子弹时，能使枪机停在后方位置；凹槽用以容纳复进机导管座；拔壳凸笋用以拔出弹壳(子弹)。

(6)枪机

枪机由机栓和机体组成，用以送弹、闭锁、击发和退壳，并能使击锤向后成待发状态。

机栓上有挂钩，用以与机体挂钩相连接并带动机体运动；闭锁凸出部，能使机体后部进入闭锁卡槽。机栓上还有机柄、复进机巢和弹夹槽。

机体上有击针，用以撞击子弹底火；抓弹钩，用以从膛内抓出弹壳(子弹)；挂钩，用以连接机栓。机体上还有弹底巢和闭锁斜面。

(7)复进机

复进机由导管、导杆、复进簧和支撑环组成，用以使枪机回到前方位置。

(8)击发机

击发机用以与枪机相互作用形成待发和击发。

击发机上有击发控制杆，能在枪机闭锁枪膛前防止击锤松回；保险机，可限制扳机向后，保险机扳到前方为保险。击发机上还有击锤、击锤簧、击发阻铁、弹仓盖卡笋和扳机。

(9)弹仓

弹仓用以容纳和托送子弹。弹仓由弹仓体、弹仓盖、托弹钣和托弹杆组成，可装10发子弹。

(10)木托

木托便于操作。

木托上有下护木、枪颈、枪托、托底钣和附品筒巢。

附品用以分解结合、擦拭上油、携带和排除故障。附品包括擦拭杆、鬃刷、铳子、附品筒、通条、油壶、背带和子弹袋。

2. 半自动原理

扣扳机后，击锤打击击针，撞击子弹底火，点燃发射药，产生火药气体，推送弹头沿膛线向前运动；弹头一经过导气孔，部分火药气体通过导气孔进入导气箍，冲击活塞，推动推杆，使枪机向后，压缩复进簧，完成开锁、抛壳，并使击锤成待发状态；枪机退到最后方时，由于复进簧的伸张，使枪机向前运动，推动次一发子弹入膛、闭锁。此时，由于击锤已被击发阻铁卡住，不能向前打击击针，若再次发射，必须松开扳机，再扣扳机。

（三）分解结合

1. 分解结合的目的和要求

分解结合是为了擦拭、上油、检查和排除故障。

(1)分解前必须验枪。

(2)分解结合应按顺序和要领进行，不要强敲硬卸。

(3)分解下来的机件应按次序放在干净的物体上。

(4)除所讲的分解内容外，未经许可，不准分解其他机件。

(5)结合后，应拉送枪机数次，检查机件结合是否正确。

2. 分解的要领

(1)拔出通条和取出附品筒

左手握护木，右手向下向外拉开枪刺约成45度，拔出通条，折回枪刺。然后用食指顶开附品筒巢盖，取出附品筒，并从附品筒内取出附品。

(2)卸下机匣盖

左手握枪颈，拇指抵住机匣盖后端，右手扳连接销扳手向上成垂直状态，再向右拉到定位，向后卸下机匣盖。

(3)抽出复进机

左手握枪颈，右手向后抽出复进机。

(4)取出枪机

左手握下护木，使枪面稍向右，右手拉枪机向后取出。然后，将机栓和机体分开。

(5)卸下活塞筒

左手握下护木，右手扳固定栓扳手向上，使固定栓平面垂直，向上卸下活塞筒（将固定栓扳手扳回或保持不动，以防推杆弹出）。然后，从筒内取出活塞。

3. 结合的要领

结合时，按分解的相反顺序进行。

(1)装上活塞筒

将活塞插入活塞筒内，左手托握下护木，右手将活塞筒前端套在导气箍上，使活塞筒后部对正固定栓垂直面按下，再将固定栓扳手向下扳到定位。

(2)装上枪机

左手握下护木，使枪面稍向右。右手将机栓和机体结合好，从机匣后部装入机匣，向下按压托弹钣，前推枪机到定位。

(3)装上复进机

左手握枪颈，右手将复进机（弯曲部向前）插入机栓上的复进机巢内。

(4)装上机匣盖

左手握枪颈，右手将机匣盖放在机匣上，左手拇指将其向前推到尽头，右手将连接销推入后向前扳到定位。

(5)装上附品筒和通条

将附品装入附品筒内并盖好，左手握下护木，右手将附品筒（筒盖向外）装入附品筒巢内。然后拉开枪刺，插入通条，并使通条头进入通条头槽内后折回枪刺。

结合后，打开弹仓盖，拉送枪机数次检查机件结合是否正确。关上弹仓盖，打开保险，扣扳机，关保险。

第二节　射击学理

一、发射与后坐

(一)发射

1. 发射的含义

火药气体压力将弹头从膛内推送出去的现象叫发射。

2. 发射的过程

击针撞击子弹底火，使起爆药发火，火焰通过导火孔引燃发射药，产生大量火药气体，在膛内形成很大的压力，迫使弹头脱离弹壳，沿膛线旋转加速前进，直至推出枪口。

发射过程时间极短促，现象却很复杂，整个过程可分为四个阶段（见图 7-23）。

第一阶段（准备阶段）：由发射药开始燃烧起至弹头开始运动时止。在此阶段中，发射药在密闭的固定的容积内（弹壳内）燃烧并产生气体，气体逐渐增加，从而使压力逐渐增大，当气体压力足以克服弹头运动阻力（弹壳口对弹头的摩擦力及阻止弹头嵌入膛线的抗力）时弹头即从静止转为运动，脱离弹壳，嵌入膛线。弹头完全嵌入膛线所需要的气体压力，称为起动压力。各种枪的起动压力为 250～500 千克/平方

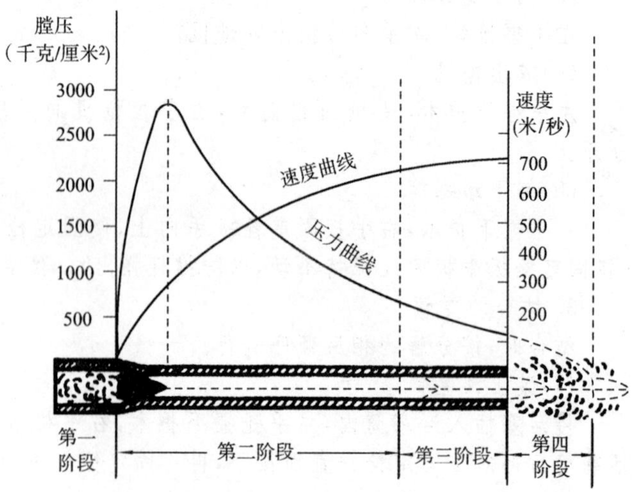

图 7-23　发射的四个阶段

厘米。

第二阶段(基本阶段):自弹头开始运动时起到发射药燃烧完时止。在此阶段内,发射药在迅速变化的容积内燃烧,膛内压力随气体的增加迅速加大,弹头运动速度随之加快。当弹头在膛内前进6～8厘米时,膛内的压力最大,此压力称为最大膛压。各种枪的最大膛压为1400～3400千克/平方厘米。由于弹头加速前进,使弹头后面的空间迅速扩大,扩大的速度超过气体增加的速度,因而,压力开始下降,但到发射药燃烧完毕时,火药气体仍保持一定的压力,而弹头的速度随着火药气体对弹头作用时间的增长还在不断增加,使弹头继续加速前进。

第三阶段(气体膨胀阶段):自发射药燃烧完到弹头底部脱离枪口前切面时止。在此阶段内,弹头是在高压灼热气体膨胀作用下运动的。虽然没有新的火药气体产生,但原有的气体仍储有大量的能,继续做功使弹头加速运动,直至脱离枪口。弹头脱离枪口瞬间的气体压力,称为枪口压力。各种枪的枪口压力为200～600千克/平方厘米。

第四阶段(火药气体作用的最后阶段):自弹头底部脱离枪口前切面时起到火药气体停止对弹头作用时止。弹头飞出枪口时,火药气体形成一股气流,从膛内喷出,其速度比弹头速度大得多,因此,在距枪口一定距离上(一般为5～50厘米),火药气体仍继续对弹头底部施加压力,并加大弹头的运动速度,直至火药气体压力与空气阻力相等时为止。此时,弹头飞行的速度最大。

从发射的四个阶段可知,膛压的变化规律是:从小急剧增大,然后逐渐下降。弹头速度的变化规律是:由静止到运动,由慢到快,始终是加速运动。

(二)初速及其实用意义

1. 初速的含义

弹头脱离枪口前切面瞬间的速度,称为初速。初速以米/秒表示。

2. 决定初速大小的条件

(1)弹头的重量。在其他条件相同的情况下,弹头轻,初速大;弹头重,初速小。

(2)装药的重量。在其他条件都相同的情况下,装药量多,所产生的火药气体多,压力大,弹头的初速也就大。

(3)枪管的长度。在其他条件都相同的情况下,用同样的子弹,在一定的限度内加大枪管的长度,则初速增大。因为枪膛长能延长火药气体对弹头的作用时间,使火药气体做更多的有用功。

(4)发射药燃烧的速度。在其他条件都相同的情况下,发射药燃烧的速度越快,火药气体对弹头的压力增加也就越快,从而使弹头在膛内运动的速度加快,初速也就越大。

3. 初速的实用意义

初速是判定武器战斗性能的重要因素之一。弹头相同,初速大的实用意义是:

(1)能增加弹头的飞行距离。

(2)弹道更为低伸。

(3)能减少外界条件对弹头飞行的影响。

(4)能加大弹头的侵彻力和杀伤力。

(三)后坐及发射差角

1. 后坐

发射时,武器向后运动的现象叫后坐。

(1)后坐的形成

发射药燃烧时,产生的气体同时作用于各个方向(见图 7-24),作用于膛壁周围的压力为膛壁所抵消;向前作用于弹头后部的压力推送弹头前进;向后作用于弹壳底部的压力经过枪机传给整个武器,使武器向后运动,形成后坐。武器的后坐和弹头的运动是同时开始的。在弹头脱离枪口瞬间,大量的火药气体随弹头后部从膛内向外喷出,形成了反作用力,使武器后坐更加明显。

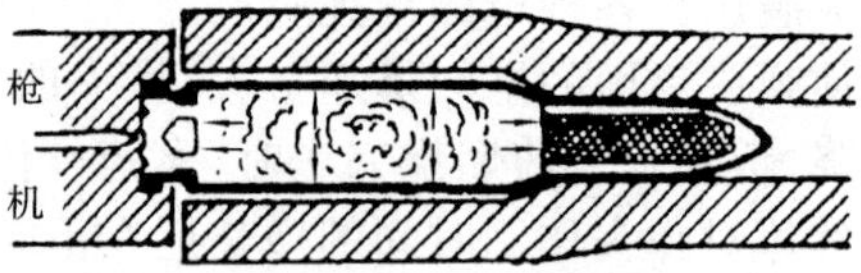

图 7-24　火药气体作用的方向

(2)后坐对命中的影响

后坐对单发(连发首发)射击的命中影响极小。因为弹头在膛内运动的时间极短(约千分之一秒),并且枪比弹头重得多,所以弹头在脱离枪口以前,枪的后坐距离只有一毫米多,而且是正直向后运动的,加之衣服和肌肉的缓冲,射手是感觉不出来的。射手感觉到的后坐,主要是弹头在脱离枪口的瞬间,火药气体猛烈向枪口外喷出形成的反作用力造成的。此时,弹头已脱离枪口。因此,后坐对单发(连发首发)射击的命中影响极小。

后坐对连发射击的命中有一定的影响。因为连发射击时,第一发子弹发射后,由于枪的明显后坐变动了原来的瞄准线,所以对第二发以后的射弹命中有一定的影响。但只要射手据枪要领正确,适应连发武器射击时的后坐规律,就能减少后坐对连发命中的影响,提高射击精度。

2. 发射差角

发射前和发射瞬间火身轴线的延长线之间所形成的角称为发射差角。发射瞬间的火身轴线高于发射前的位置时,发射差角为正;低于发射前的位置时,发射差角为负;相重合时,发射差角为零。

(1)发射差角的形成

形成发射差角的原因很多,其中主要有以下两个方面:

①后坐力和后坐的反作用力。武器的后坐力是沿火身轴线正直向后的。射击时,通常以射手的手、肩部、依托作为武器的支点,后坐力作用于这些支点上,结果就产生了后坐的反作用力。由于后坐的反作用力和后坐力方向相反,而且不在同一直线上,因此,使枪形成发射差角(见图 7-25)。

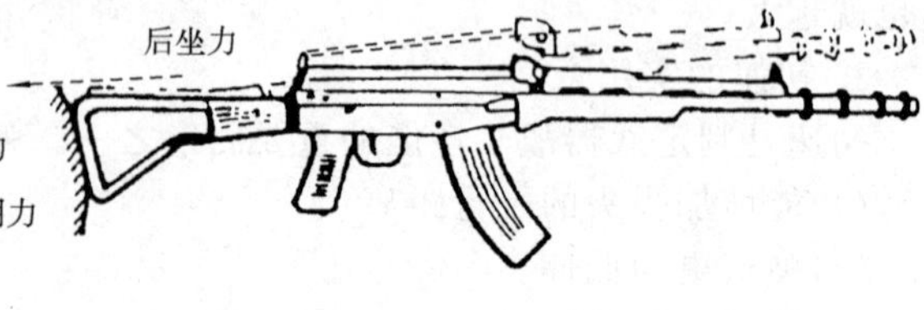

图 7-25　发射时枪身前部因后坐作用向上转动

②枪身的颤动。发射时,由于火药气体

的相互撞击成波浪式运动及其对膛壁的压力，使整个枪身都发生波浪式颤动，因此，发射瞬间的火身轴线与发射前不相符合(见图 7-26)。当枪口部颤动的位置高于发射前的位置时，形成的发射差角为正；低于发射前的位置时，形成的发射差角为负。

每支枪的发射差角对射击的影响，在矫正射效时已经用修正准星的方法消除了。因此，在发射差角没有变化的情况下，对射击没有什么影响。

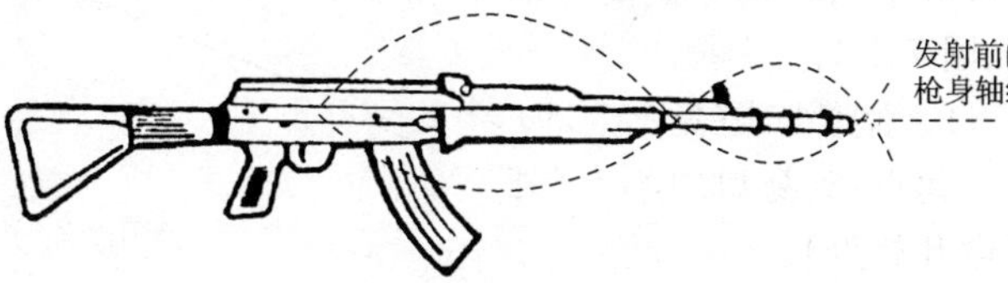

图 7-26　发射时枪身的颤动

(2)发射差角变化的原因

造成发射差角变化的原因主要有：一是枪托抵肩不一致；二是枪的重心在依托上的位置过前或过后；三是武器的结合、擦拭、保管不当。

为了减少发射差角的变化，射手应做到：对武器要认真爱护保管，经常擦拭和检查；枪托抵肩的位置应正确一致；利用依托时，枪放在依托上的位置应尽量保持一致并按正确要领实施射击，以提高命中精度。

二、弹道的形状及实用意义

(一)弹道

1. 弹道及其形成

(1)弹道的含义

弹头运动中，其重心所经过的路线叫做弹道。

(2)弹道的形成

弹头脱离枪口后，如果没有地心吸引力和空气阻力的作用，它将保持其所获得的速度，沿着发射线无止境地成匀速直线飞行(见图 7-27)。

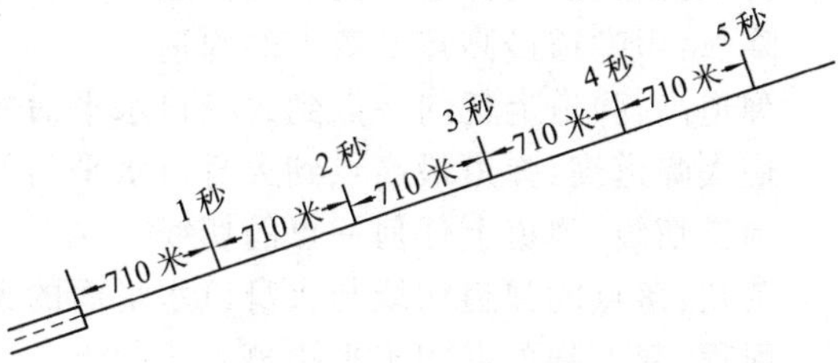

图 7-27　在没有地心吸力和空气阻力作用下弹头的飞行

实际上，弹头脱离枪口在空气中飞行时，同时受到地心吸力和空气阻力的作用，使弹道不能成为一条直线。

地心吸力的作用：物体在空中如果没有别的力量支持它，就会向下降落，这就是地心吸力的作用。射击时，当弹头一离开枪口，就在地心吸力的作用下，使弹头一面向前飞行，一面逐渐离开发射线向下降落，最后落到地上。

空气阻力的作用：当跑步或乘车时，会感到迎面有股阻力在影响着我们前进，这就是空气阻力的作用。运动速度越快，阻力就越大。弹头在飞行中也同样受到空气阻力的作用，使飞行的力量逐渐减小，速度越飞越慢。

由于上述两个原因，弹头在空气中飞行时，一面受到地心吸力的作用，逐渐下降；

一面受到空气阻力的作用，越飞越慢。因此，形成了一条不均等的弧线，其中升弧较长较直，降弧较短较弯曲（见图 7-28）。

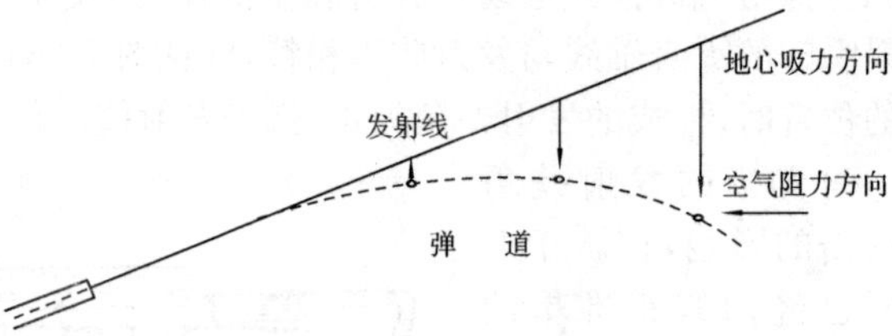

图 7-28　弹道的形成

2. 弹道要素（见图 7-29）

起点：火身口中心点（外弹道开始点）。

火身口水平面：通过起点的水平面。

射线：发射前火身轴线的延长线。

射角：射线与火身口水平面所夹的角。

发射线：发射瞬间火身轴线的延长线。

发射角：发射线与火身口水平面所夹的角。

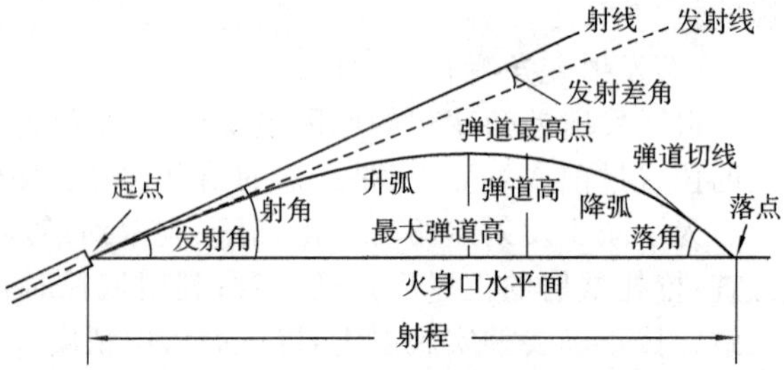

图 7-29　弹道要素

发射差角：发射线与射线所夹的角。发射线高于射线时，发射差角为正；发射线低于射线时，发射差角为负；相重合时，发射差角为零。

落点：弹道降弧与火身口水平面的交点（射表落点）。

弹道最高点：火身口水平面上弹道最高的一点。

升弧：由起点到弹道最高点的弹道。

降弧：由弹道最高点到落点的弹道。

弹道高：弹道上任何一点到火身口水平面的垂直距离。

最大弹道高：弹道最高点到火身口水平面的垂直距离。

弹道切线：弹道上任何一点的切线。

落角：落点的弹道切线与火身口水平面的夹角。

射程：起点到落点的水平距离。

3. 低伸弹道

用小于最大射程角（能获得最大射程的角，称为最大射程角。各种枪的最大射程角为 30～50 度）的射角射击时，所获得的弹道称为低伸弹道。各种枪射击时所获得的弹道为低伸弹道（见图 7-30）。

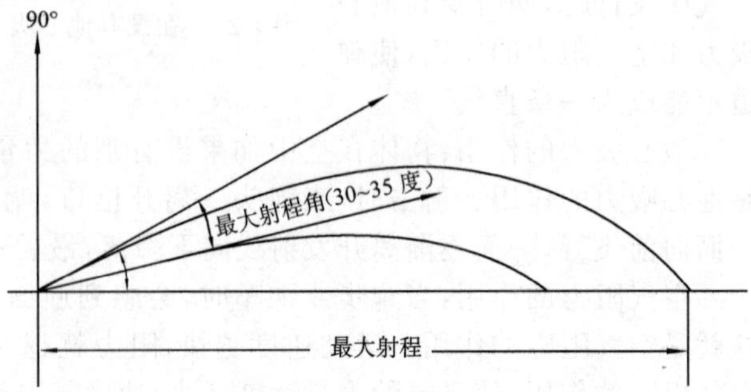

图 7-30　低伸弹道

低伸弹道，由于弹道低

伸，危险界大，杀伤目标的可能性和杀伤目标的区域纵深就大，而测量距离的误差对杀伤目标的影响也就小。如某侧面跑步目标（高 1 米），实际距离 200 米，射手误测成 300 米，用 81-1 式自动步枪装定表尺“3”瞄准目标中央射击，在 200 米处的弹道高为 0.31 米，没有超过目标高，目标仍能被杀伤（见图 7-31）。

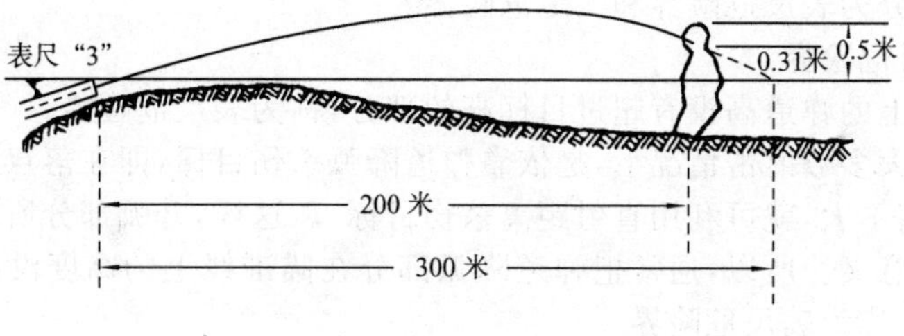

图 7-31　定表尺“3”对于 200 米目标射击景况

（二）直射

1. 直射和直射距离

瞄准线上的弹道高在整个表尺距离上不超过目标高的射击叫直射，这段表尺距离叫直射距离（见图 7-32）。

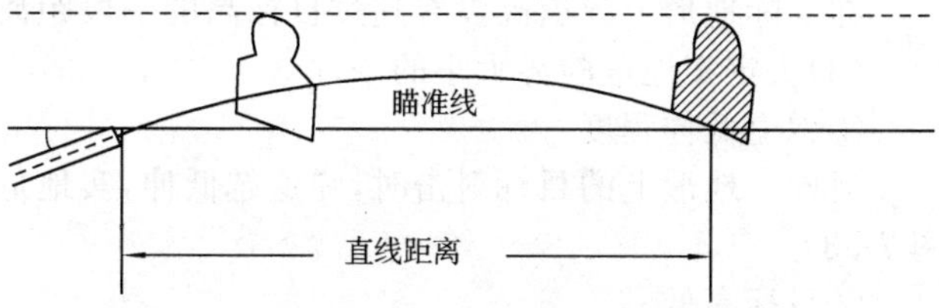

图 7-32　直射和直射距离

2. 直射距离的求法

直射距离的大小，决定于目标的高低和弹道的低伸程度。目标越高，弹道越低伸，直射距离就越大；目标越低，弹道越弯曲，直射距离就越小。因此，直射距离可根据武器在瞄准线上的最大弹道高与目标高相比较求出。

【例 7-1】　求 81-1 式自动步枪对半身目标（高 1 米）射击的直射距离。

解：根据瞄准线上的弹道高表将目标高与最大弹道高相比较得出：装定表尺“4”射击时的最大弹道高（0.72 米）小于目标高，而装定表尺“5”射击时最大弹道高（1.4 米）超过目标高。因此，81-1 式自动步枪对半身目标射击的直射距离约为 400 米。

自动步枪对主要目标射击的直射距离：人头目标（高 30 厘米）200 米，人胸目标（高 50 厘米）300 米，半身目标（高 100 厘米）400 米，跃进目标（高 150 厘米）500 米。

3. 直射的实用意义

（1）对在直射距离内的目标射击时，瞄准目标下沿，不变更表尺分划即可进行连续射击，以增大战斗射速，提高射击效果。

（2）可以弥补测量距离的误差对命中的影响。如人胸目标距离 250 米，81-1 式自动步枪射手误测为 300 米，装定表尺“3”射击，在 250 米处的弹道高为 0.21 米，没有超过目标高，目标仍能被杀伤。

（3）指挥员运用直射原理，组织侧射、斜射、短兵射击和夜间标定射击，均能获得良好的射击效果。例如，短兵射击是以人胸目标为依据的，因此短兵射击的距离不超过 300 米，目标在此距离内都可被杀伤；侧射是以跃进目标为依据的，因此侧射距离不超过 500 米，在此距离上可杀伤向我冲击的敌跃进目标。

(三)危险界、遮蔽界和死角

1. 危险界

危险界分为表尺危险界和实地危险界。

(1)表尺危险界

瞄准线上的弹道高没有超过目标高的部分，称为表尺危险界。

由于在大多数射击情况下，是依靠弹道降弧杀伤目标，即在落点附近杀伤目标(如目标距离不大，就可利用直射距离杀伤目标)。这样，升弧部分所构成的危险界就没有实用意义。所以，通常把弹道降弧部分在瞄准线上的高度没有超过目标高的一段距离，称为表尺危险界。

(2)实地危险界

在实际地形上弹道高没有超过目标高的一段距离，称为实地危险界。

(3)决定实地危险界大小的条件

①弹道低伸程度

对同一地形上的目标射击时，弹道越低伸，实地危险界就越大，反之就越小(见图 7-33)。

②目标高低

用同一武器对同一地形上的不同目标射击，目标越高，实地危险界越大，反之越小(见图 7-34)。

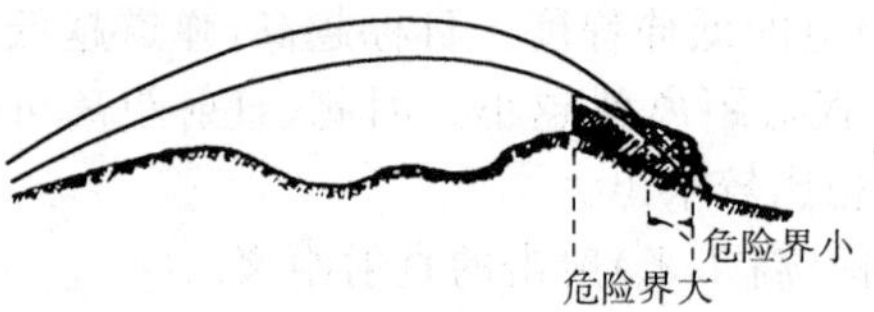

图 7-33 弹道形状与实地危险界的关系

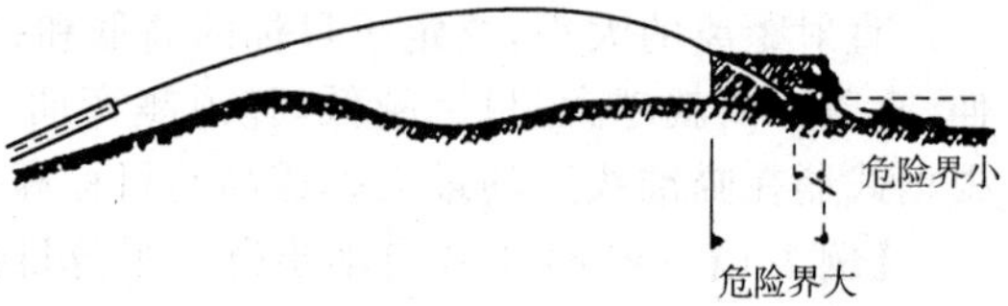

图 7-34 目标高低与实地危险界的关系

③目标所在位置的地貌

用同一武器对同一种目标射击，目标所在的位置的地貌与弹道形状越相一致，实地危险界就越大，反之就越小(见图 7-35)。

2. 遮蔽界和死角

从弹头不能射穿的遮蔽物顶端到弹着点的一段距离叫遮蔽界。目标在遮蔽界内不会被杀伤的一段距离叫死角。遮蔽界内包括死角和危险界(见图 7-36)。

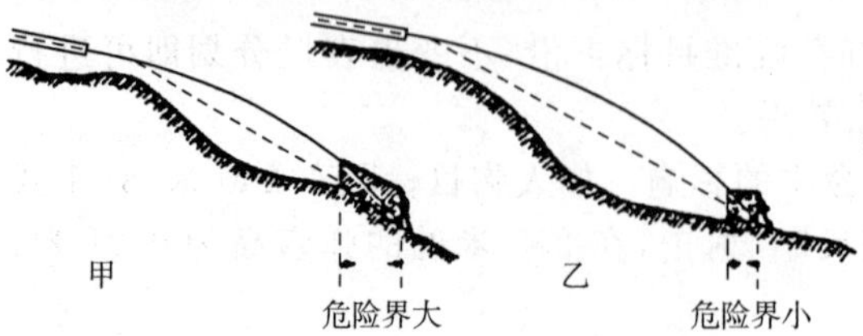

图 7-35 地貌状况与实地危险界的关系

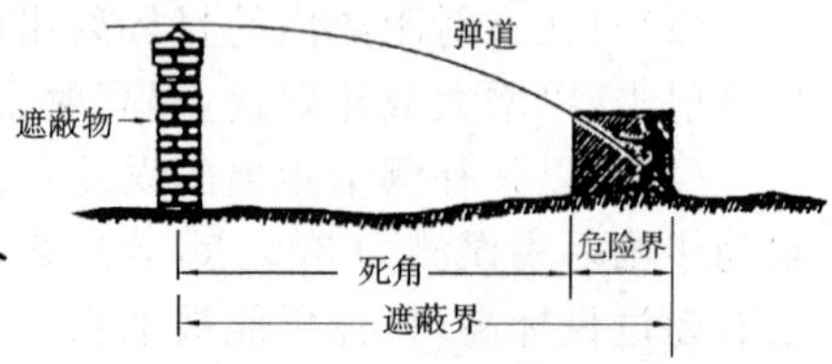

图 7-36 遮蔽界与死角

遮蔽界和死角的大小是由遮蔽物的高低和落角的大小决定的。死角的大小还决定于目标的高低。

(1)遮蔽物的高低

同一弹道,同一目标,遮蔽物越高,遮蔽界和死角就越大,反之就越小(见图 7-37)。

(2)落角的大小

同一遮蔽物,同一目标,落角越小,遮蔽界和死角就越大,反之就越小(见图 7-38)。

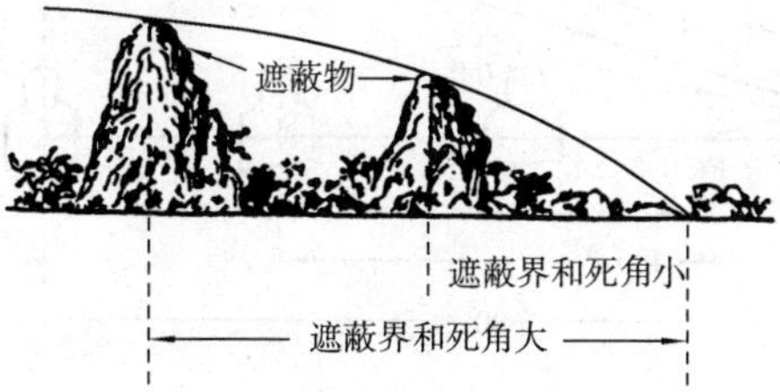

图 7-37　遮蔽物高低与遮蔽界和死角的关系

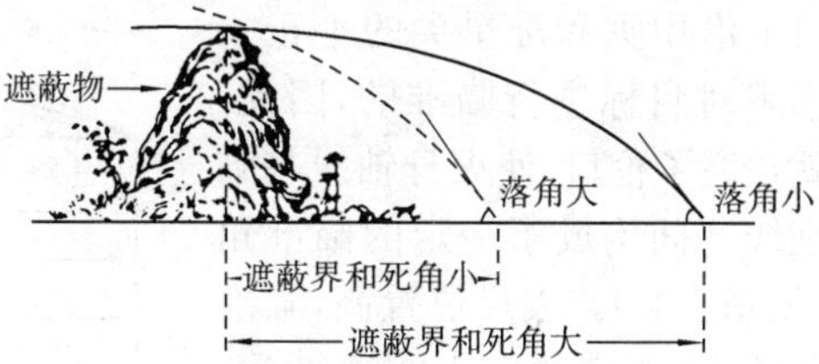

图 7-38　落角大小与遮蔽界和死角的关系

(3)目标的高低

同一遮蔽物,同一弹道,目标越高,死角越小,反之越大(见图 7-39)。

危险界、遮蔽界和死角的实用意义:懂得了危险界、遮蔽界和死角,在战斗中就能更好地隐蔽身体,发挥火力,灵活地利用地形地物,隐蔽地运动、集结和转移,以避开或尽量减少敌火力的杀伤。在组织火力配系时,就能正确地选择射击位置和组织火力,千方百计地力求增大危险界和减少射击地带内的遮蔽界和死角,并善于运用各种武器的侧射、斜射火力消灭隐蔽在遮蔽界和死角内的敌人。

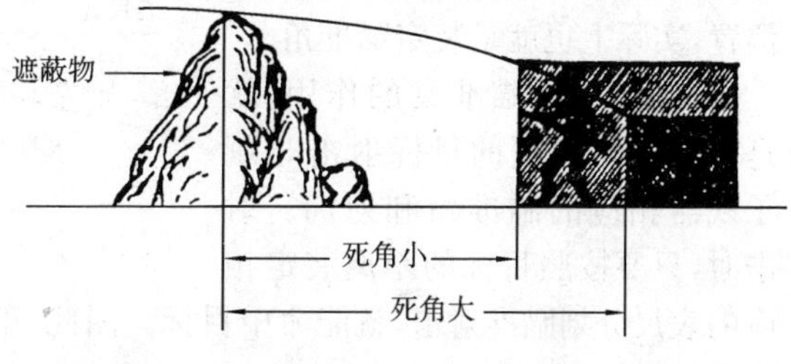

图 7-39　目标高低与遮蔽界和死角的关系

三、选定表尺分划和瞄准点

(一)瞄准具的作用

由于地心吸力和空气阻力的作用,如果用枪管直接瞄向目标射击,射弹就会打低打近(见图 7-40)。

为了命中目标,必须将枪口抬高,使火身轴线与瞄准线之间形成一定的角度(见图 7-41),这个角度就是瞄准角。

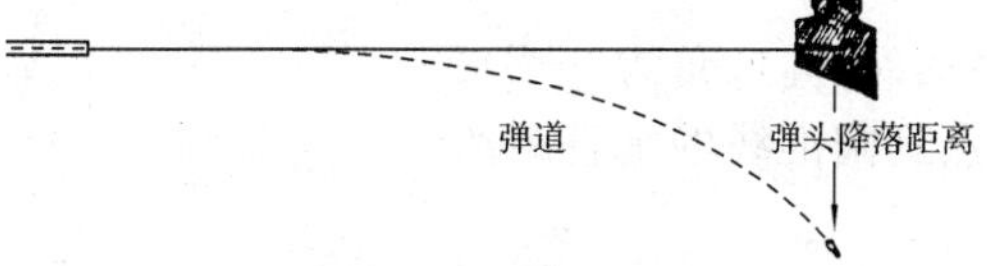

图 7-40　用枪管直接瞄准目标射击的景况

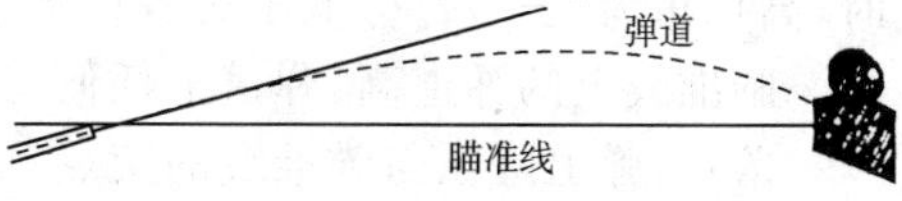

图 7-41　抬高枪口对目标射击的景况

瞄准角的大小，是根据射弹在不同距离上的降落量来确定的。距离越远，降落量越大，所需要的瞄准角也就越大；距离越近，降落量越小，所需要的瞄准角也就越小（见图 7-42）。

瞄准具就是根据上述原理设计的。由于缺口上沿到火身轴线的高度大于准星尖到火身轴线的高度，射击时，是通过缺口上沿中央和准星尖的平正关系来对目标进行瞄准的，因此，就抬高了枪口，使火身轴线与瞄准线之间构成了一定的瞄准角（见图 7-43）。表尺位置高，瞄准角就大，相应的射击距离就远；表尺位置低，瞄准角就小，相应的射击距离就近。各种枪的表尺钣上都刻有不同的表尺分划，装定表尺分划，就是改变表尺的高低位置，实际上也就是装定瞄准角。

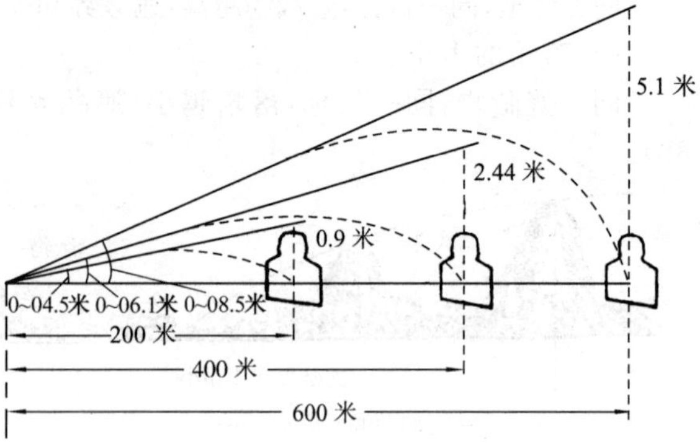

图 7-42　射击距离与瞄准角的关系

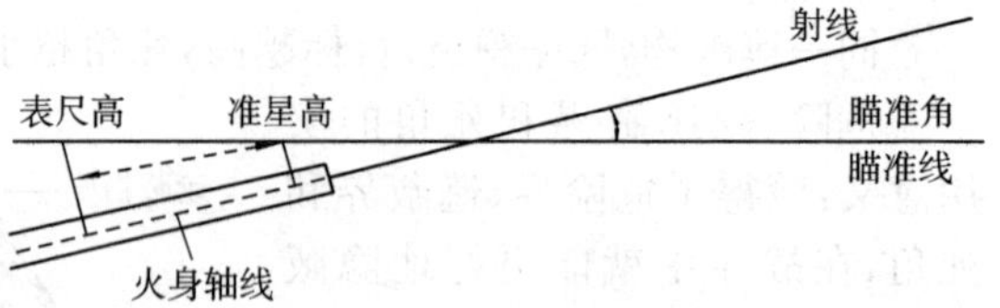

图 7-43　瞄准角的构成

由此可见，瞄准具的作用，就是对一定距离上的目标射击时赋予武器相应的瞄准角和射向。射击时，只要按照目标的距离装定相应的表尺分划瞄准射击，就能命中目标。因此，正确地选定表尺分划，对准确命中目标有着决定性的意义。

（二）瞄准要素

瞄准要素（见图 7-44）主要包括：

瞄准基线：缺口的上沿中央到准星尖的直线。

瞄准线：视线通过缺口上沿中央和准星尖的延长线。

瞄准点：瞄准线所指向的一点。

瞄准角：射线与瞄准线的夹角。

高低角：瞄准线与火身口水平面的夹角（目标高于火身口水平面时，高低角为“＋”；目标低于火身口水平面时，高低角为“－”）。

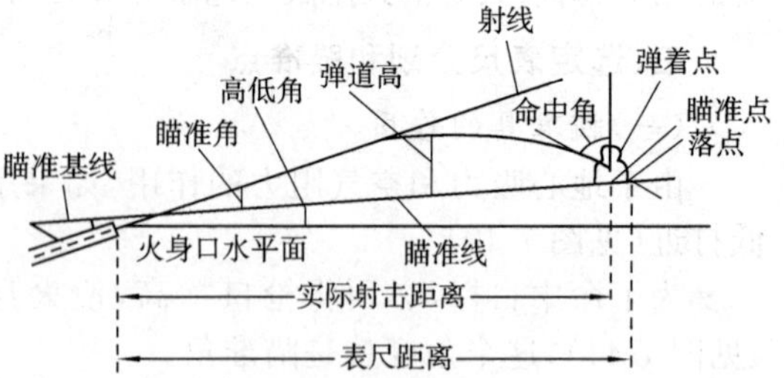

图 7-44　瞄准要素

瞄准线上的弹道高：弹道上任何一点到瞄准线的垂直距离。

落点：弹道降弧与瞄准线的交点。

弹着点：弹道与目标表面或地面的交点。

命中角：弹着点的弹道切线与目标表面或地面所夹的角。命中角通常以小于

90 度的角计算。

表尺距离:起点到落点的距离。

实际射击距离:起点到弹着点的距离。

(三)选定表尺分划和瞄准点

为了使射弹准确地命中目标,射击时,射手应根据目标的距离、大小和武器的弹道高,正确地选定表尺分划和瞄准点。其方法:

1. 定实距离表尺分划,瞄目标中央

目标距离为百米整数时,可根据目标的距离装定相应的表尺分划,瞄准点选在目标中央。如 81-1 式自动步枪对 100 米距离上人胸目标射击时,定表尺"1",瞄准目标中央射击,即可命中目标中央(见图 7-45)。

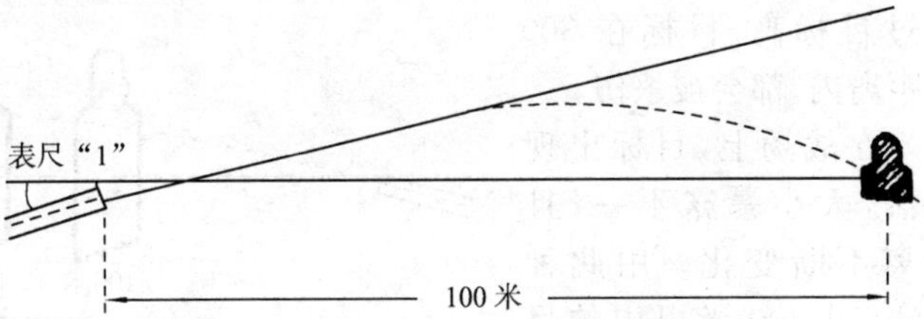

图 7-45　定实距离表尺分划射击景况

2. 定大于或小于实距离表尺分划,适当降低或提高瞄准点

目标距离不是百米整数时,通常选定大于实距离的表尺分划,根据武器在该距离上的弹道高,相应降低瞄准点射击。如 81-1 式自动步枪对 250 米距离上人胸目标射击时,定表尺"3",在 250 米处的弹道为 21 厘米,这时,瞄准目标下沿中央射击,即可命中目标中央(见图 7-46)。

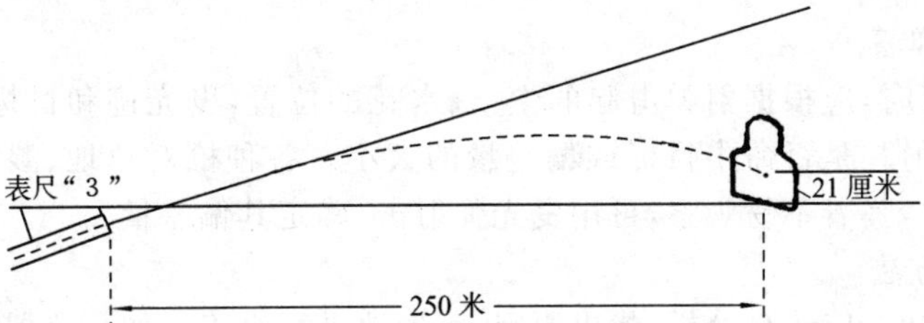

图 7-46　定大于实距离表尺分划射击景况

也可选定小于实距离表尺分划,根据武器在该距离上的负弹道高,相应提高瞄准点射击。如 81-1 式自动步枪对 250 米距离上的人头目标(高 30 厘米)射击时,定表尺"2",在 250 米处的弹道高为负 18 厘米,这时,瞄准目标头顶中央射击,即可命中(见图 7-47)。

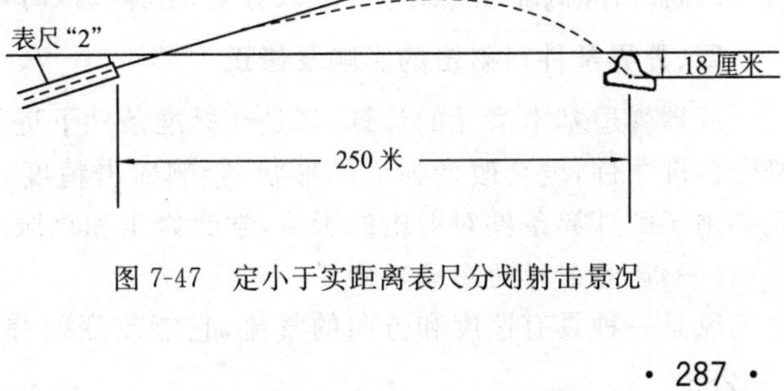

图 7-47　定小于实距离表尺分划射击景况

3. 定常用表尺分划,小

目标瞄下沿，大目标瞄中央

战斗中，对300米距离以内的目标射击时，通常定常用表尺（表尺“3”）分划，小目标瞄下沿，大目标瞄中央射击，即可命中（见图7-48）。如81-1式自动步枪定常用表尺对300米以内人胸目标（高50厘米）射击时，瞄目标下沿，则整个瞄准线上最大弹道为35厘米，没有超过目标高，目标在300米距离内，都会被杀伤。

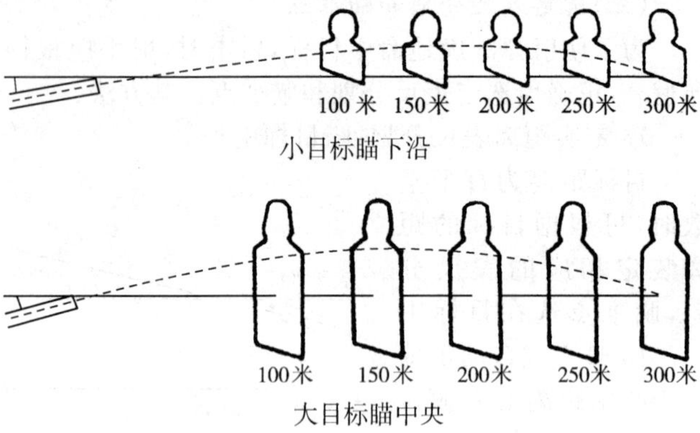

图7-48　定常用表尺对300米以内目标射击景况

在战场上，目标出现突然，大小暴露不一，且距离不断变化。用此种方法，对300米以内的目标不需要变更表尺分划即可实施射击，这样可以争取时间，提高战斗射速，增大射击效果。因此，此种方法在实战中有着重要的实用意义，是战斗中常用的一种方法。

（四）观察弹着和修正偏差

射击时，由于测距、瞄准的误差和外界条件对射击的影响，以及射手操作不正确等原因，会使射弹产生偏差。因此，射手应注意观察弹着，及时修正偏差，以提高射击效果。

1. 观察弹着

观察弹着时，应根据射弹击起的尘土、水花的位置，曳光迹和目标状况的变化等情况，判断射弹是否命中目标或偏差量的大小。各种枪对草地、湿地、硬土地上的目标射击时，弹着不易观察，可用曳光弹射击，确定其偏差量。

2. 修正方法

发现偏差时，应认真分析，找出原因，正确地进行修正。如是武器、风造成的偏差，偏差多少就修正多少。修正时，应以预期命中点为准，向偏差相反的方向修正。

（1）修正方向偏差时，可用改变瞄准点的方法进行修正。射弹偏右，瞄准点向左修；射弹偏左，瞄准点向右修。

（2）修正高低偏差时，可用提高、降低瞄准点或增减表尺分划的方法进行修正。射弹偏高时，降低瞄准点或减少表尺分划；射弹偏低时，提高瞄准点或增加表尺分划。

四、外界条件对射击的影响及修正

武器弹道基本诸元的计算，都是在标准条件下进行的。射击时，若外界条件不符合标准条件，就会改变弹道的形状，影响射击精度。要使射弹准确地命中目标，就必须了解外界条件对射击的影响，学会修正和克服的方法。

（一）风对射弹的影响及修正

风是一种具有速度和方向的气流，它能改变射弹的飞行方向和距离。在各种外界条件中,风对射弹的影响最大。因此,必须准确地判定风向和风力,根据风对射弹的影响进行修正,以保证射弹准确命中目标。

1. 风向和风力的判定

(1)风向的判定

按风吹的方向和射击方向所成的角度可将风向分为横风、斜风和纵风(见图 7-49)。

横风:从左或右与射向成 90 度角吹的风。

斜风:与射向成锐角(小于 90 度)吹的风。射击时,通常以与射向约成 45 度的角计算。

纵风:从后或前与射向平行吹的风。顺射向吹的风为顺风,逆射向吹的风为逆风。

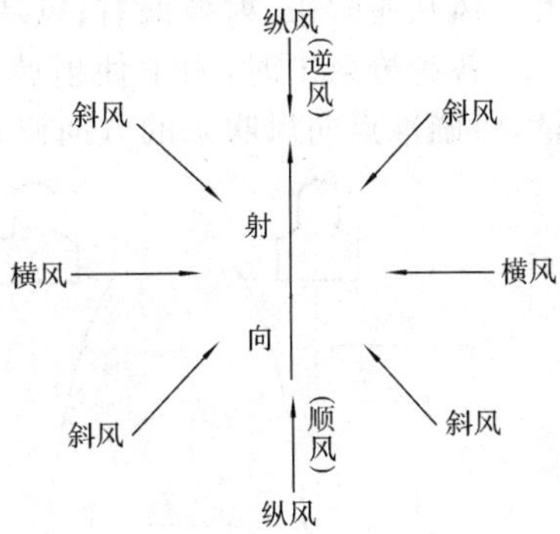

图 7-49　风向的判定

(2)风力的判定

风力按其大小分为强风、和风和弱风。风力的大小,可用测风仪等器材测出,也可根据人的感觉和常见物体被风吹动的景况来判定(见表 7-2)。

表 7-2　**风力(风速)判定表**

风力			人的感觉	常见物体的现象				
区分	级别	速度		草	树	旗帜	烟	海面、渔船
弱风	二级风	2 至 3 米/秒	面部和手稍感到有风	微动	灌木丛、细树枝、树叶微动,并沙沙作响	微动并稍离开旗杆	微被吹动	有小波,船身摇动,风帆基本正直
和风	三至四级风	4 至 7 米/秒	明显地感到有风,吹过耳边时呜呜响,面对风可睁开眼	被吹弯	灌木摆动,树上的细枝被吹弯,树叶剧烈地摆动	展开飘动	被吹斜约 45 度	有轻浪,船身摇动明显,风帆倾向一侧
强风	五至六级风	8 至 12 米/秒	迎面站立或行走,明显地感到有阻力,尘土飞扬,面对风感到睁眼困难	倒在地上	树干摆动,粗枝被吹弯	飘成水平状态,并哗哗作响	被吹成水平状态,并被吹散	有大浪,浪顶的白色泡沫很多,常被风吹离浪顶

为了便于记忆和运用,将风力判定归纳成如下口诀:风力有大小,和风作比较;迎风能睁眼,耳听呼声响;吹烟成斜角,草弯树枝摇;海面起轻浪,满帆倾一方;强风比它大,弱风比它小。

判定风向和风力,应以射击时的风向和风力为准,并注意射击位置与目标附近风向和风力的差别及变化。

2. 风对射弹的影响及修正

(1)横(斜)风对射弹的影响及修正

横(斜)风能对弹头的侧面施加压力,使射弹偏向一侧,产生方向偏差(斜风还能使射弹产生距离偏差,因偏差很小,故不考虑)。风力越大,距离越远,偏差就越大。风从左吹来,射弹偏右;风从右吹来,射弹偏左(见图 7-50)。

各种枪射击时,为了使射弹准确地命中目标,必须根据射弹受风影响的偏差量,将瞄准点向风吹来的方向修正(见图 7-51)。

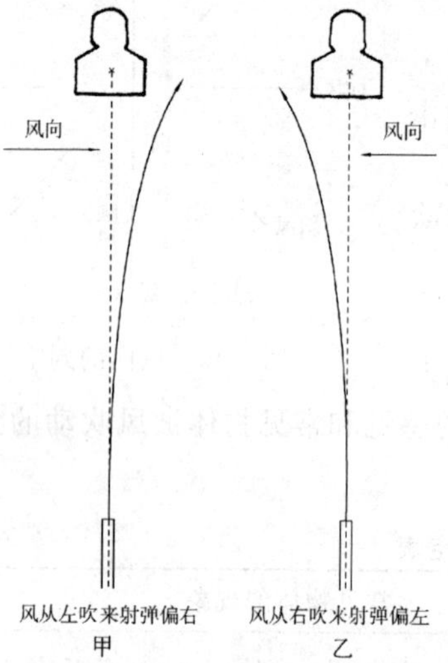

图 7-50　横风对射弹的影响

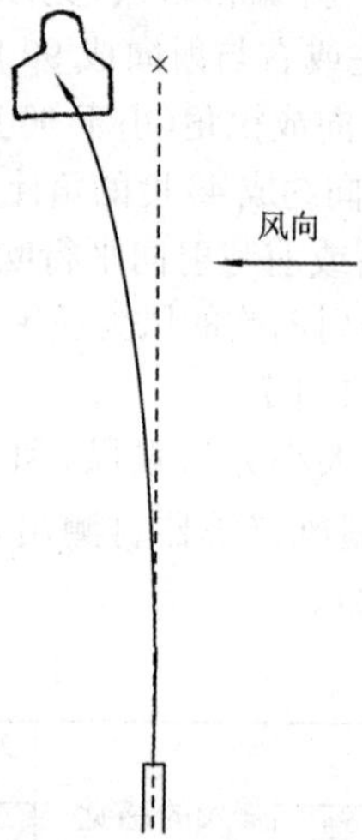

图 7-51　对横风影响的修正

修正时,以横方向的和风修正量(见表 7-3)为准,强风加一倍,弱风减一半。斜方向的强(和或弱)风,应按横方向的强(和或弱)风的修正量减一半。修正量从预期命中点算起,偏差多少,就修正多少。

表 7-3　**81-1 式自动步枪横和风修正量表**

修正量 距离(米)	米	人体
200	0.14	0.25
300	0.36	0.5
400	0.72	1.5
500	1.2	2.5

81-1 式自动步枪在射击中对横和风的修正量(人体),可按如下口诀概略求出:距离二百米,修四分之一人体;距离三、四、五(百米),减去二点五;强风加一倍,弱(斜)风减一半。

【例 7-2】 81-1 式自动步枪对 200 米距离上的目标射击,强风从左吹来,如何修正?

解:对 200 米距离上的目标射击时,横和风的修正量依口诀为"四分之一人体,强风加一倍",则为:(1/4)+(1/4)=1/2(人体)。也可按表修正量(米)求出,即 0.14×2=0.28(米),约半个人体。

所以，瞄准点应向左修正半个人体。

【例 7-3】 81-1 式自动步枪对 500 米距离上的目标射击时，风以 2～3 米/秒的速度从右前吹来，如何修正？

解：(1)目标距离 500 米，5 个“百米”。按口诀计算，横和风的修正量为：

5－2.5＝2.5

(2)风速 2～3 米/秒为弱风，应减一半，即：

2.5/2＝1.25

(3)右前吹来的风为斜风，应减一半，即：

1.25/2≈0.63(人体)

所以，瞄准点应向右修正约半个人体。

为运用方便，将在横和风条件下，对 400 米内的目标射击时的瞄准景况归纳为如下口诀：

一百不用修，二百瞄耳线，三百瞄边沿，四百边接边(见图 7-52)。

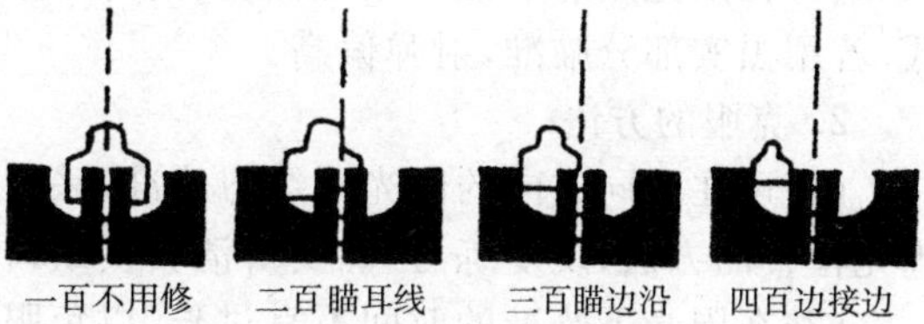

图 7-52　横和风时的修正

(2)纵风对射弹的影响及修正

纵风能影响射弹的飞行距离。顺风时，空气阻力减小，使射弹打远(高)；逆风时，空气阻力增大，使射弹打近(低)。

但在近距离内，风速小于 10 米/秒时，纵风对射弹影响很小。如 81-1 式自动步枪在风速 10 米/秒的纵风下对 400 米距离上的目标射击时，其距离修正量为 3 米，高低修正量为 2 厘米。因此，在 400 米内，风速小于 10 米/秒可不修正。

(二)阳光对瞄准的影响及克服方法

1. 阳光对瞄准的影响

在阳光下瞄准时，由于阳光照射作用，缺口部分产生虚光，形成三层缺口：虚光部分、真实缺口、黑实部分(见图 7-53)。如不注意辨清真实缺口的位置，就容易产生误差，使射弹产生偏差。

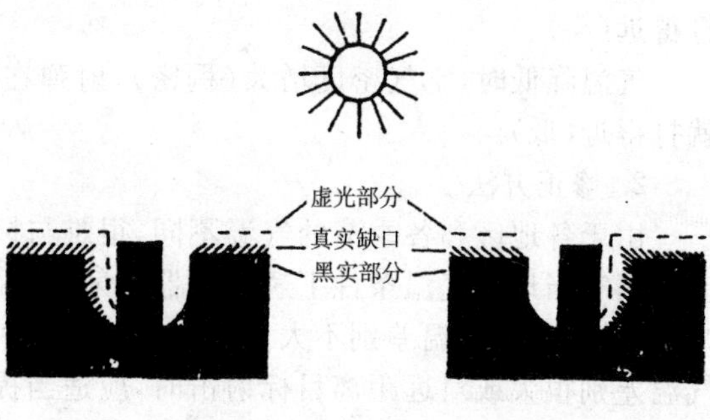

图 7-53　缺口部分产生虚光形成三层缺口

(1)若用虚光瞄准，射弹就偏向阳光照来的方向(见图 7-54)。阳光从右上方照来时，缺口左边和上沿产生虚光，用虚光部分瞄准，准星实际上偏右偏高，因此射弹偏右上。阳光从左上方照来时，射弹则偏左上。

(2)若用黑实部分瞄准，射弹就偏向阳光照来的相反方向(见图 7-55)。阳光从右上方照来时，用黑实部分瞄准，准星实际上偏左偏低，因此射弹偏左下。阳光从左上方照来,射弹则偏右下。

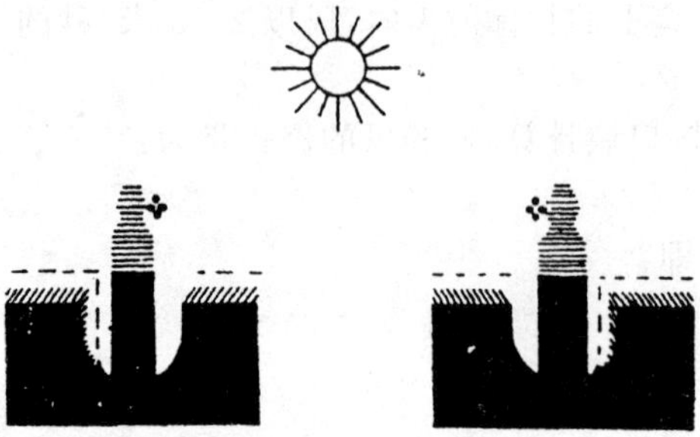

图 7-54　用虚光部分瞄准,射弹偏向阳光照来的方向

图 7-55　用黑实部分瞄准,射弹偏向阳光照来的相反方向

(3)在阳光照射下,缺口和准星尖同时产生虚光时,若用虚光部分瞄准,射弹偏低;若用黑实部分瞄准,射弹偏高。

2. 克服的方法

(1)可在不同方向的阳光下练习瞄准,采取遮光瞄准不遮光检查或不遮光瞄准遮光检查的方法,反复练习,确实辨清真实缺口的位置和正确瞄准的景况。

(2)在阳光下瞄准的时间不宜过长,以免眼花而产生误差。

(3)平时要注意保护好瞄准具,不使其磨亮反光。

(三)气温对射弹的影响及修正

1. 气温对射弹的影响

气温就是空气的温度。它随着天气的炎热和寒冷而变化。气温变化时,空气密度也会随着改变,对射弹的阻力也就不同,因而影响射弹的飞行速度,使弹道形状发生变化。

气温升高时,空气密度减小(稀薄),射弹飞行中受到的空气阻力就小,射弹就打得远(高)。

气温降低时,空气密度增大(稠密),射弹在飞行中受到的空气阻力就大,射弹就打得近(低)。

2. 修正方法

由于各地区和各季节的气温不同,很难与标准气温(+15℃)条件相符。因此,应在当时当地的气温条件下矫正武器的射效,并以矫正射效时的气温条件为准。

射击时,若气温差别不大,在 400 米内对射弹命中的影响较小,不必修正。若气温差别很大或对远距离目标射击时,应适当提高或降低瞄准点射击(修正量见表 7-4),气温降低时,提高瞄准点或增加表尺分划;气温升高时,降低瞄准点或减小表尺分划。

气温修正量可用公式求出:

距离(高低)修正量＝气温差×气温每增减 10℃时的距离(高低)修正量

表 7-4　　**温差修正量表(每差 10℃)**

射击距离(米)	距离修正量(米)	高低修正量(厘米)
200	3	1
300	5	2
400	7	6
500	10	13

【例 7-4】　81-1 式自动步枪矫正射效时的气温为+25℃,现在零下 25℃对 400 米距离上的目标射击时,应如何修正?

解:(1)气温差为:

25℃-(-25℃)=50℃

(2)查表得知:气温每增加 10℃时在 400 米上的距离修正量为 7 米;高低修正量为 6 厘米。

(3)代入公式得:

距离修正量=50/10×7=35(米)

高低修正量=50/10×6=3(厘米)

所以,射击时应提高瞄准点 3 厘米。

(四)高低角对射弹的影响及修正

1. 高低角对射弹的影响

射击时,当目标高于或低于火身口水平面时,就产生了高低角。在有高低角的条件下射击时,射弹就会打远(高)。这主要是重力和分力对弹道曲度的影响减小的缘故。

作用于射弹重心的地心吸力永远是垂直向下的。

当高低角变化时,地心吸力的方向与弹道切线所成的角起了变化,从而使地心吸力对射弹的作用也起了变化。随着高低角(绝对值)的逐渐增大,地心吸力的方向与弹道切线(速度的矢量)之间的角度就逐渐减小。地心吸力作用于射弹离开发射线的下降量也逐渐减小,使瞄准线上的弹道变得更加低伸,斜距离大于水平射程(见图 7-56)。因此,射弹就打得远(高)。

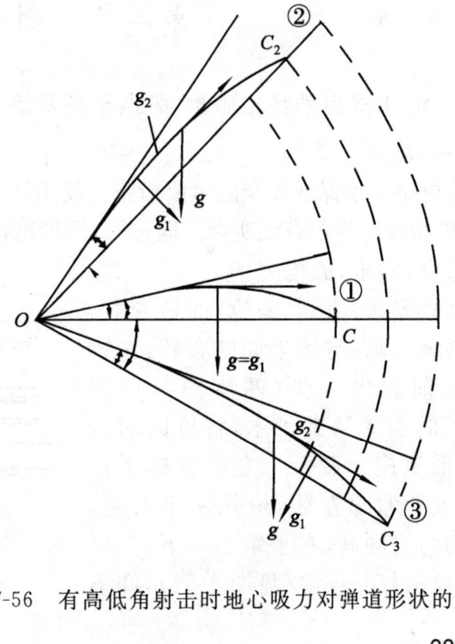

图 7-56　有高低角射击时地心吸力对弹道形状的影响

例如①号弹道,当高低角为 0 时,地心吸力的分力 g_1 在弹道最高点上与地心吸力 g 相等,在弹道(低伸弹道)的其他点上,也与地心吸力相近。因此,地心吸力的分力将促使弹道离开发射线而下降。

②号、③号弹道高低角(绝对值)增大,地心吸力的方向与弹道切线(速度的矢量)之间的角度减小,在②号弹道上地心吸力的分力 g_1 小于地心吸力 g,所以弹道离开发射线的下降量小于①号弹道的下降量(分力 g_2 虽然减小弹头速度,但对射弹飞行的影响不大),弹道将在大于水平射程的某一点上与瞄准线相交。因此,斜距离 OC_2 大于水平射程 OC,即②号弹道比①号弹道打得远(高)。

在③号弹道上,地心吸力的分力 g_1 大大小于 g,而分力 g_2 又能加大弹头的速度,因此,斜距离 OC_3 比 OC_2 和 OC 都大,即③号弹道比②号、①号弹道都打得远(高)。

从图 7-56 可以看出,有高低角射击时,在瞄准角不变的情况下,斜距离随高低角的变化而变化。高低角的绝对值越大,斜距离越大,且负高低角的斜距离大于正高低角的斜距离。当正高低角大于 80 度时,斜距离反而减小,90 度时斜距离为零。

由此还可以看出:同一射击距离,在有高低角的条件下射击比水平条件下射击所需的瞄准角小。如 81-1 式自动步枪射击距离 500 米,在水平条件下射击时瞄准角为 10.4 密位;在高低角为 40 度的条件下射击时,瞄准角只需 7.9 密位。

2. 修正方法

各种枪在高低角不超过±20 度的条件下射击时,弹道形状变化很小,用同一瞄准角射击,其斜距离约与水平射程相等。如定表尺“5”,水平射程为 500 米;高低角为+20 度时,斜距离为 518 米,与水平射程相差 18 米,因此不必修正。高低角超过±25 度射击时,可根据高低角对射弹影响的大小,适当地减小表尺分划或降低瞄准点。如高低角为±35 度,射击距离为 500 米时,距离修正量为 60～70 米,可降低瞄准点射击。

第三节　射击动作

一、81-1 式自动步枪验枪、装退子弹及定复表尺

(一)验枪

验枪是一项保证安全的重要措施。使用武器前后及必要时,均应验枪,认真检查弹膛、弹匣和教练弹中有无实弹。验枪时,严禁枪口对人。

口令:验枪;验枪完毕。

动作要领:听到“验枪”的口令后,以右脚掌为轴,身体半面向右转,左脚顺势向前迈出一步(两脚约与肩同宽),同时右手移握护木,将枪向前送出(背带从肩上脱下),左手接握下护木,左大臂紧靠左肋,枪托贴于右胯,准星约与肩同高,右手掌心向下,虎口向前,拇指打开保险(见图 7-57),卸下

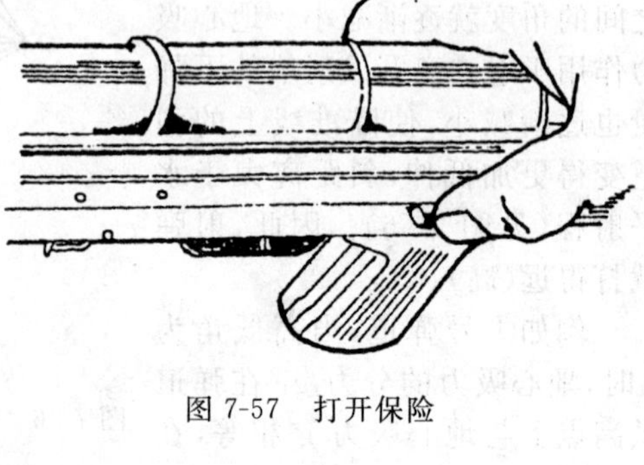

图 7-57　打开保险

弹匣(使弹匣口向后弯曲部朝上)交给左手握于护木右侧,移握机柄。

当指挥员检查时,拉枪机向后,验过后,自行送回枪机,装上弹匣,扣扳机,关保险,移握枪颈。

听到"验枪完毕"的口令后,左手反握护木,两手协力将枪倒置于胸前,上背带环约与肩同高,右手挑起背带,身体半面向左转,在右脚靠拢左脚的同时,两手协力将枪送上右肩,恢复肩枪姿势。

(二)装退子弹及定复表尺

1. 向弹匣内装子弹

左手握弹匣,使弹匣口向上,挂耳向左前,右手将子弹放于受弹口,两手协力将子弹压入弹匣内。

2. 卧姿装退子弹及定复表尺

口令:卧姿——装子弹;退子弹——起立。

动作要领:听到"卧姿——装子弹"的口令后,右手移握上护木,使枪口向前(背带从肩上脱下),左脚向右脚尖前迈出一大步(也可右脚顺脚尖方向迈出一大步),左臂伸出,掌心向下手指稍向右,按照膝、手、肘顺序顺势卧倒。以身体左侧、左肘支持全身。右手将枪向目标方向送出,左手接握下护木,枪面稍向左,枪托着地,右手卸下空弹匣(弹匣口朝后,弯曲部朝上)交给左手握于护木右侧,解开弹袋扣取出并换上实弹匣(见图 7-58),将空弹匣装入弹袋内并扣好,拇指打开保险,拉枪机送子弹上膛,关上保险。右手拇指和食指转动表尺转轮,使所需分划对正表尺座一侧定位点(见图 7-59)。然后,右手移握握把,全身伏地,两脚分开约与肩同宽,身体右侧与枪身略成一线,目视前方,准备射击。

图 7-58 卧姿装子弹

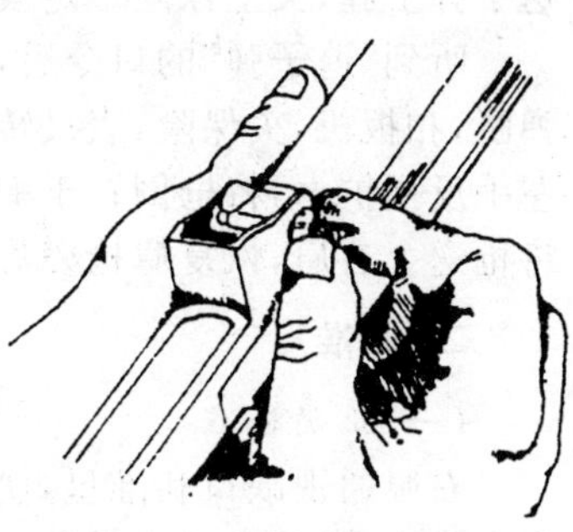

图 7-59 装定表尺的动作

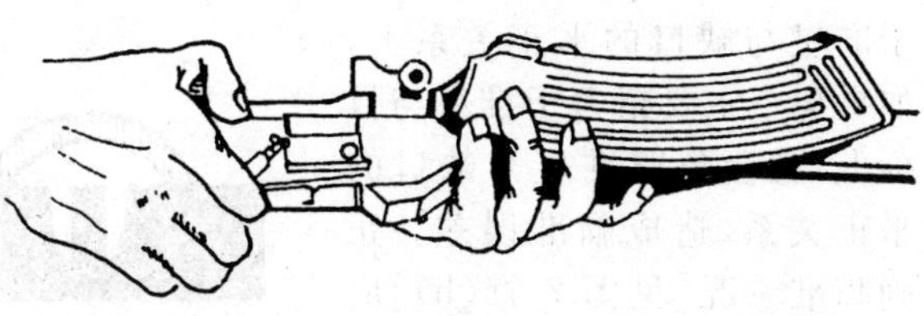

图 7-60 接住退出的子弹

听到"退子弹——起立"的口令后,稍向左侧身,右手卸下实弹匣交给左手,打开保险,拇指慢拉枪机向后,余指接住从膛内退出的子弹(见图 7-60),送回枪机,将子弹压入弹匣内,解开弹袋扣,取出并换上空弹匣,把实弹匣装入弹袋内并扣好,扣扳机,关保险,表尺转轮分划归"3",移握上护木，将枪收回，同时左小臂向里合，屈左腿于右腿下。以左手和两脚撑起身体，右脚向前一大步，左脚再向前一步，左手反握护木，将枪倒置于胸前，右手挑起背带，在右脚靠拢左脚的同时，两手协力将枪送上右肩，恢复肩枪姿势。

3. 跪姿装退子弹及定复表尺

口令：跪姿——装子弹；退子弹——起立。

动作要领：听到“跪姿——装子弹”的口令后，右手移握上护木，使枪口向前（背带从肩上脱下），左脚向右脚前方迈出一步，右手将枪向目标方向送出，左手接握下护木，同时右膝向右跪下，臀部坐在右脚跟上，左小腿略垂直，两腿约成90度角，左小臂放在左大腿上，枪面稍向左，准星约与肩同高。然后，按要领换上实弹匣，打开保险，拉枪机送子弹上膛，关上保险，定表尺，右手移握握把，目视前方，准备射击。

听到“退子弹——起立”的口令后，按要领卸下实弹匣，打开保险，退出膛内子弹，换上空弹匣，扣扳机，关保险，表尺转轮分划归“3”，移握上护木，左脚尖向外打开同时起立，左手反握护木，将枪倒置于胸前，右手挑起背带，在右脚靠拢左脚的同时，两手协力将枪送上右肩，恢复肩枪姿势。

4. 立姿装退子弹及定复表尺

口令：立姿——装子弹；退子弹。

动作要领：听到“立姿——装子弹”的口令后，右手移握上护木，以右脚掌为轴，身体大半面向右转，左脚顺势向前迈出一步（两脚分开约与肩同宽），体重落在两脚上，右手将枪向目标方向送出（背带从肩上脱下）。左手接握下护木，左大臂紧靠左肋，枪托贴于右胯，准星约与肩同高。然后，按要领换上实弹匣，打开保险，拉枪机送子弹上膛，关上保险。定表尺，右手移握握把，目视前方，准备射击。

听到“退子弹”的口令后，按要领卸下实弹匣，打开保险，退出膛内子弹，换上空弹匣，扣扳机，关保险，表尺转轮分划归“3”，右手移握上护木，身体大半面向左转，左手反握护木，将枪倒置于胸前，右手挑起背带，在右脚靠拢左脚的同时，两手协力将枪送上右肩，恢复肩枪姿势。

二、瞄准

（一）正确瞄准

右眼通视缺口和准星，使准星尖位于缺口中央并与上沿平齐[见图7-61(a)]，指向瞄准点，就是正确瞄准。

瞄准时，应集中主要精力于准星与缺口的平正关系上，如果集中主要精力于准星与目标上，就会忽略准星与缺口的平正关系，造成瞄准误差。正确瞄准景况[见图7-61(b)]应是准星与缺口的平正关系看得清楚，而目标看得较模糊。

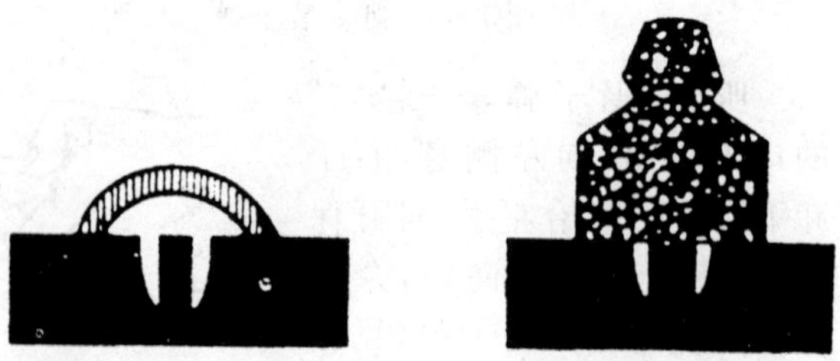

(a) 准星与缺口的正确关系　(b) 正确的瞄准景况

图7-61　正确瞄准

(二)瞄准误差对命中的影响

1. 准星与缺口的关系不正确

瞄准时,若准星与缺口的关系不正确,对命中影响很大(见图 7-62),准星向哪偏,弹着也向哪偏。如准星尖在缺口内偏差 1 毫米,81-1 式自动步枪在 100 米距离上的弹着点偏差量是 32 厘米。距离增加几倍,偏差量就增大几倍。射弹偏差量的大小与射击距离的远近和瞄准基线的长短有直接关系。计算公式为:

射弹偏差量=准星尖在缺口内的偏差量×射击距离÷瞄准基线长

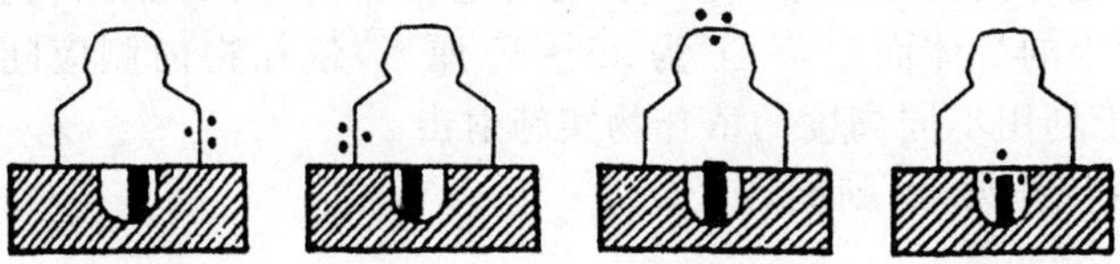

图 7-62 准星与缺口的关系不正确对命中的影响

2. 瞄准线指向的偏差

瞄准时,若准星与缺口的关系正确,而瞄准线指向产生偏差时,射弹也会产生偏差,射弹的偏差与瞄准线指向的偏差相一致。如瞄准线指向偏左 15 厘米,射弹也就偏左 15 厘米。

3. 枪面倾斜

枪面倾斜对命中精度也有一定影响,因为枪面倾斜,使枪身轴线的指向产生了偏差。枪面偏左,射弹偏左下;枪面偏右,射弹偏右下。

(三)检查瞄准的方法

1. 个人检查

瞄准时,头稍上下移动,检查准星是否位于缺口中央;头稍左右移动,检查准星尖是否与缺口上沿平齐。也可以用平正准星检查器遮挡的方法,检查准星与缺口的平正关系是否正确。

2. 固定枪检查

将枪放在依托物上,瞄准后不动枪,互相检查瞄准的正确程度。

3. 四点瞄准检查

将枪放在依托物上,在枪前 15 米处设固定白纸靶。示靶手将检查靶固定在白纸上,由教练员或优秀射手向检查靶瞄准。瞄好后,将枪固定好,示靶手通过检查靶中央的圆孔标记一点,并画"×"作为基准点。然后,移开检查靶,由射手不动枪瞄准,指挥示靶手移动检查靶。连续瞄三次,每次瞄好后点上圆点作为标记。三次的瞄准标记点与基准点能套在直径 10 毫米的圆孔内为及格;能套在直径 5 毫米的圆孔内为良好;能套在直径 3 毫米的圆孔内为优等。

四点瞄准时,由于动靶不动枪,而实际射击则是动枪不动靶。因此,瞄准标记点对基准的方向和高低偏差与实际射击的偏差相反。

4. 用检查镜检查

将检查镜固定在枪上,检查者位于射手的左侧进行检查。

三、81-1 式自动步枪有依托据枪、瞄准、击发

据枪、瞄准、击发是相互联系和相互影响的动作，稳固持久地据枪，正确一致地瞄准，均匀正直地击发，三者正确的结合是准确射击的关键，也是射击训练的基础，因此，必须刻苦练习，熟练掌握。

（一）有依托据枪、瞄准、击发

1. 依托物的利用

为了获得更好的射击效果，应力求利用地物和构筑依托物实施射击。依托物的高低应以射手的身体而定，一般为 25～30 厘米，依托物内侧应陡些。在紧急情况下，还应善于利用不同高度的依托物实施射击。

2. 卧姿有依托据枪、瞄准、击发

(1)据枪

卧姿有依托据枪时，下护木放在依托物上，身体右侧与枪身略成一线。左手握弹匣(也可握下护木)，左肘着地外撑。右手拇指将保险机扳到所需的位置，虎口向前紧握握把，食指第一节靠在扳机上，右大臂略成垂直，右肘着地外撑(肘皮控制在内前侧)。两肘保持稳固。胸部挺起，身体稍前跟(右肘不离地)，上体自然下塌，两手用力保持不变，使枪托确实抵于肩窝。头稍前倾，自然贴腮(见图 7-63)。

(2)瞄准

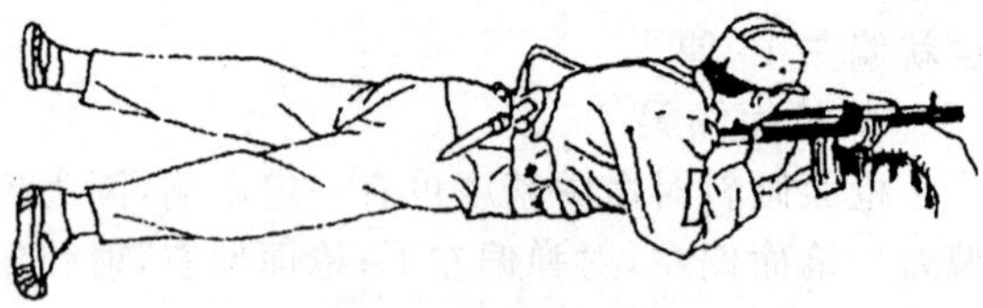

图 7-63　卧姿有依托据枪

首先使瞄准线自然指向目标。若未指向目标，不可迁就而强扭枪身，必须调整姿势。需要修正方向时，可左右移动身体或两肘。需要修正高低时，可前后移动整个身体或两肘里合、外张(连发射击时右肘不宜外张)，也可适当调整依托物的高低。

(3)击发

用右手食指第一节均匀正直地向后扣压扳机(食指内侧与枪应有不大的空隙)，余指力量不变。当瞄准线接近瞄准点时，开始预压扳机，并减缓呼吸。当瞄准线指向瞄准点时，应停止呼吸，继续增加对扳机的压力，直至击发。击发瞬间应保持正确一致的瞄准。若瞄准线偏离瞄准点或不能继续停止呼吸时，应既不增加也不放松对扳机的压力，待修正或换气后，再继续扣压扳机。

操纵点射时，应稳扣快松，扣到底松开为 2～3 发。在扣扳机的过程中，应始终保持姿势稳固，据枪力量不变，以提高连发射击命中精度。

3. 掩体内跪姿据枪、瞄准、击发

掩体内跪姿据枪时，通常跪左膝，右膝靠掩体前崖或右脚向右后蹬，也可跪双膝。上体紧靠掩体前崖，两肘抵在臂座上(见图 7-64)。

瞄准需要修正方向时，可左右移动膝或脚。其他要领同卧姿。

4. 掩体内立姿据枪、瞄准、击发

掩体内立姿据枪时，上体左前侧紧靠掩体前崖，左腿微屈，右脚向后蹬，两肘抵

在臂座上(见图 7-65)。

图 7-64　掩体内跪姿据枪

图 7-65　掩体内立姿据枪

瞄准需要修正方向时,可左右移动两脚。其他要领同卧姿。

(二)据枪、瞄准、击发常犯毛病及纠正方法

1. 抵肩位置不正确

射击时,射手若不能正确地抵肩,会使射弹产生偏差。在通常情况下,抵肩过低易打低,抵肩过高易打高。纠正时,射手要体会正确的抵肩位置,并通过他人摸、推的方法检查抵肩位置是否正确。

2. 两手用力不当

射击时,射手为了命中目标,往往以强力控制枪的晃动。造成肌肉紧张,用力方向不正,姿势不稳,使枪产生角度摆动,增大射弹散布。纠正时,应强调据枪时正直向后适当用力,使用力方向和后坐方向一致;连发射击时,应保持姿势稳固,据枪力量不变。练习时,可在据枪后由协助者向后推枪。拉枪机或射手两手向后引枪等方法,检查用力方向是否正确。发现偏差,及时纠正。自动武器射击应特别注意防止右手上抬、下压、向右后引枪等毛病。

3. 停止呼吸过早

射击时,停止呼吸过早易造成憋气,使肌肉颤动,据枪不稳或猛扣扳机。纠正时,应使射手反复体会瞄准线指向瞄准点或在瞄准点附近轻微晃动时,自然停止呼吸的要领。在剧烈运动后,无法正常停止呼吸时,应进行深呼吸后再停止呼吸。

4. 击发时机掌握不好

射击时,有的射手常为捕捉瞄准点,造成勉强击发或猛扣扳机。纠正时,应指出瞄准线的指向在瞄准点附近(瞄准区内)轻微晃动是正常现象,当瞄准线在瞄准点附近(瞄准区内)轻微晃动时,应适时均匀果断击发。练习时,可让射手反复体会在保持准星与缺口正确平正关系的基础上,自然指向瞄准点(区)的景况。也可加强臂力锻炼和采取逐步缩小瞄准区的辅助练习方法,摸索枪的晃动规律,掌握击发时机。

5. 耸肩、眨眼和猛扣扳机

射击时,由于射手过多考虑枪响时机、点射弹数、射击成绩等原因,造成心理紧张,产生耸肩、眨眼和猛扣扳机等错误动作,影响射弹命中。纠正时,应强调按要领

操作，把主要精力、视力集中在准星与缺口的正确关系上，达到自然击发。

6. 枪面倾斜

瞄准时，如枪面偏左（右），射角减小，枪身轴线指向瞄准点左（右）边，射击时，弹着偏左（右）下。纠正时，强调射手据枪应保持枪面平正。

7. 贴腮位置（距离）不正确

贴腮位置不正确，容易使射弹产生高低偏差。贴腮位置靠前，射弹易偏低；贴腮位置靠后，射弹易偏高。纠正时，要求射手瞄准时眼睛离机匣盖后端两指幅。

四、射击方法

（一）对固定目标射击

1. 对固定目标射击的特点

对固定目标射击，通常是各种枪种的基础练习，是为使射手掌握最基本的射击动作和技能技巧，为应用射击和战斗射击奠定良好的基础而设置的。其特点是：目标位置不变，目标的大小、方向不变，射击距离不变，表尺、瞄准点和瞄准景况不变，射击时间比较充裕。

2. 对固定目标射击的方法

对固定目标射击，通常为精度射击。射击时，射手首先应选择好射击位置，调整好依托的高低、软硬，迅速作好射击准备。然后，按照动作要领进行稳固的据枪，正确一致地瞄准，均匀正直地击发。射击过程中，射手应注意观察弹着和修正偏差，以提高射击精度。

（二）对隐显目标射击

1. 对隐显目标射击

（1）隐显目标的特点

隐显目标是战场上最常见的目标，如敌指挥员、观察员、通信员、散兵等。其特点是：出现突然，暴露时间短，位置不固定，不易发现。

（2）对隐显目标射击的方法

为了获得良好的射击效果，应不间断地观察战场，做到发现目标快、测量距离快、装定表尺瞄准快、击发均匀果断。如目标隐蔽来不及射击时，应判定其下次可能出现的位置，将枪瞄向目标可能出现的地点，等目标再次出现时，稍加修正，迅速射击；如不能预先判定目标出现的位置，应先作好射击准备，目标出现时，迅速瞄准射击。

2. 对遮障后目标射击

（1）遮障后目标的特点

遮障后目标，通常指隐蔽在子弹能够贯穿的篱笆、灌木丛、青草、高苗地、烟幕等后面的目标。其特点是：目标隐蔽，不易判定其准确位置。

（2）对遮障后目标射击的方法

对遮障后目标射击时，射手应细致观察，分析目标可能隐蔽的地方，判断遮障后目标所在的位置，并对其实施射击；若不能判明目标的位置时，应从遮障翼侧起，每间隔 0.5 米移动一次瞄准点，依次射击。

第八章 战 术

所谓战术，就是战斗的方法。“战术”一词，始见于我国唐代李隐所著《萧湘录·马举》中：“叟曰：方今正用兵之时也，公何不求兵机战术，而将御寇仇？”战术和战斗密不可分、相生相长，战术是随着战斗的产生而产生、随着战斗的发展而不断发展的。经过几千年的沿革，战术已由古代徒步方阵战术逐渐演变为现代诸军兵种合同战术。我们今天研究战术，对于探索战术发展规律、培养积极的战术思想、进而推动战斗水平的提高将大有裨益。

第一节 战斗类型和样式

战斗作为敌对双方为达成一定的战术目标，在较短的时间和较小的空间内进行的有组织的直接武装冲突，是达成战役或战争目的的基本手段，具有极其丰富的表现形式。为了便于揭示和研究战术发展的规律，应对其进行科学的分类。战斗类型是按战斗性质所作的分类，通常分为进攻战斗和防御战斗。战斗样式是指战斗的式样和形式，是在战斗类型基础上所作的进一步分类。

一、战斗类型

（一）进攻战斗

进攻战斗，是主动攻击敌人的战斗，是战斗基本类型之一。其目的是歼灭敌人，攻占重要地区和目标。

进攻战斗的基本任务，可能为下列各项之一：

一是突破敌人阵地，消灭防御之敌，夺占重要地域或目标。

二是攻歼驻止、运动之敌。

三是破袭敌人的交通运输线或重要目标。

四是夺占敌纵深要点，割裂敌部署，断敌退路，阻敌增援，配合主力围歼敌人。

（二）防御战斗

防御战斗，是抗击敌人进攻的战斗，是战斗的基本类型之一。目的是杀伤、消耗、迟滞敌人，扼守阵地，争取时间，为直接转入进攻或保障其他方向的进攻创造条件。

防御战斗的基本任务，可能为下列各项之一：

一是保卫重要地区或目标。

二是迟滞、消耗、钳制、吸引敌人，创造歼敌的有利战机或掩护主力进攻。

三是阻敌增援、突围或退却。

四是巩固占领的地区，抗击敌人反冲击或保障主力侧翼安全。

五是掩护主力集中、机动或休整。

二、战斗样式

(一)进攻战斗样式

进攻战斗样式是对进攻战斗所作的分类，主要根据敌人行动的性质和进攻战斗行动方式进行区分。依据敌人行动的性质和态势，通常区分为对防御、驻止、运动之敌的进攻。对防御之敌进攻，可区分为对阵地防御、机动防御、立足未稳之敌进攻。对运动之敌进攻，通常区分为伏击战斗、遭遇战斗、追击战斗。由于战斗地区的地形、气象条件不同，又可区分为一般条件下的进攻战斗和特殊条件下的进攻战斗。特殊条件下的进攻战斗，按照战场地形条件，可区分为登陆、城市、山地、荒漠草原地、渡江河、水网稻田地进攻等；按照战场气象条件，可区分为高寒地区和热带山岳丛林地进攻等；按照战斗时间，可区分为昼间进攻和夜间进攻等。现介绍12种基本进攻样式和行动。

1. 对阵地防御之敌进攻战斗

对阵地防御之敌进攻战斗是指对依托阵地，在相对固定的地区，准备比较充分的防御之敌实施的进攻战斗。

2. 对机动防御之敌进攻战斗

对机动防御之敌进攻战斗是指对以迟滞作战与机动反击相结合的方式实施攻势防御之敌的进攻战斗。

3. 伏击战斗

伏击战斗是预先将兵力隐蔽配置在敌必经之地，待敌进入设伏地区时，突然攻歼敌人的战斗。通常分为待伏、诱伏和迫伏：待伏是在摸清敌人活动规律和掌握可靠情报的基础上，将兵力埋伏在敌人运动道路(航线)或空降场地附近，待敌人进入伏击地区而袭击的战斗行动；诱伏是通过设置假阵地、假目标、兵力佯动、虚留生路等计谋，诱骗敌人进入伏击地区而袭击的战斗行动；迫伏是采取炸桥断路、火力拦阻、障碍阻隔、攻势行动或防御战斗中顽强地坚守，迫敌分散兵力，使其一部进入伏击地区而袭击的战斗行动。

4. 遭遇战斗

遭遇战斗是敌对双方部队在运动中相遇发生的战斗，分预期遭遇战斗和不预期遭遇战斗。

5. 追击战斗

追击战斗是追歼退逃之敌的战斗，是进攻战斗的继续。目的在于彻底歼灭退逃之敌。追击方式通常有沿敌退逃方向的平行追击，有紧随退逃敌人之后的跟踪追击。

6. 对立足未稳之敌进攻战斗

对立足未稳之敌的进攻战斗是对刚由运动状态转为驻止状态且战斗准备尚不完善之敌实施的进攻战斗。立足未稳之敌包括临时驻止、仓促防御、空降刚着陆和登陆刚上岸之敌。

7. 纵深袭击战斗

纵深袭击战斗是对敌纵深内的指挥所、炮兵(导弹)和雷达阵地、机场(直升机起降场)、港口、后勤设施等重要目标和设施进行袭击和破坏的战斗。目的是破坏敌人的指挥、协同和补给,削弱其整体战斗能力,配合主力作战。

8. 夜间进攻战斗

夜间进攻战斗是夜暗条件下实施的进攻战斗。

9. 登陆战斗

登陆战斗是对据守海岸或海岛之敌的渡海进攻战斗,通常由陆海空三军协同进行。一般包括集结上船、海上航渡、突击登陆和扩大巩固登陆场四个阶段。目的是突破敌海岸防御,夺占登陆场,保障主力登陆和发展进攻。

10. 城市进攻战斗

城市进攻战斗是对利用城市进行防御之敌实施的进攻战斗,包括外围战斗和市区战斗。

11. 特殊条件下进攻战斗

特殊条件下进攻战斗是在特殊地形和气象条件下的进攻战斗行动。一般分为如下几种情况:

(1)山地进攻战斗。山地进攻战斗是在地面起伏显著、群山连绵交错、高差200米以上地区实施的进攻战斗。

(2)特殊高原地进攻战斗。特殊高原地进攻战斗是指在海拔高、天气冷的地区实施的进攻战斗。

(3)热带山岳丛林地进攻战斗。热带山岳丛林地进攻战斗是指在热带群山连绵交错、丛林聚生、植被茂密的地区实施的进攻战斗。

(4)严寒地区进攻战斗。严寒地区进攻战斗是指气温在零下20℃以下的地区实施的进攻战斗。

(5)荒漠草原地进攻战斗。荒漠草原地进攻战斗是指在沙漠和生长草类并间有灌木的广大平坦地区实施的进攻战斗。

(6)渡江河战斗。渡江河战斗是对凭借江河进行防御之敌实施的进攻战斗。

(7)水网稻田地进攻战斗。水网稻田地进攻战斗是在江河、沟渠交错的稻田地区实施的进攻战斗。

12. 担负特定任务时的进攻战斗行动

担负特定任务时的进攻战斗行动,一般是指搭乘直升机或运输机,降落于敌人纵深或后方遂行指定任务时的战斗行动。

(1)担负穿插迂回任务时的战斗行动。穿插迂回是从敌防御部署的间隙或薄弱部位插入其纵深或后方的战斗行动。

(2)担负先遣任务时的战斗行动。分队遂行先遣任务时,可能担负消灭或驱逐敌掩护(警戒)分队,或抢(夺)占指定地区和目标,保障主力进入战斗等任务。

(二)防御战斗样式

防御战斗样式是对防御战斗所作的分类,主要根据战斗目的、任务、阵地性质和准备时间进行区分。依据战斗目的、任务和手段的不同，分为阵地防御、运动防御和机动防御；按阵地性质的不同，分为野战阵地防御和坚固阵地防御；根据准备时间的不同，分为预有准备防御和仓促防御。由于作战地形、气象和时间的不同，又可区分为一般条件下防御战斗和特殊条件下防御战斗。特殊条件下防御战斗，按照战场地形条件可区分山地、平原地、高原地、城市、山林、荒漠草原地、海岸、岛屿、江河、水网稻田地防御等；按照战场气象条件，可区分为热带地区和严寒地区防御等；按照作战时间，可区分为昼间防御和夜间防御等。

1. 阵地防御战斗

阵地防御战斗是在相对固定的地区内，依托阵地抗击敌人进攻的坚守性防御战斗。有时依托野战阵地进行，有时依托以坑(地)道为骨干的坚固阵地实施。

2. 机动防御战斗

机动防御战斗是以攻势行动为主要手段，粉碎敌人进攻的防御战斗。通常由师以上战术兵团组织。

3. 城市防御战斗

城市防御战斗是战术兵团、部队和分队依托城市及其外围有利地形抗击敌人进攻的战斗。通常分外围战斗和市区(城区)战斗。

4. 运动防御战斗

运动防御战斗是指部队在指定的地区和时间内，逐次转换阵地，抗击敌人进攻的防御战斗。

5. 仓促防御战斗

仓促防御战斗是在受敌人直接威胁、预先没有准备或准备时间极为短促的情况下实施的防御战斗。

6. 夜间防御战斗

夜间防御战斗是利用夜暗条件实施的防御战斗。

7. 特殊条件下防御战斗

特殊条件下防御战斗是在特殊地形、气象条件下实施的防御战斗。一般分为如下几种情况：

(1)山地防御战斗。山地防御战斗是在地形起伏显著、群山连绵交错、高差200米以上的地区进行的防御战斗。

(2)特殊高原地防御战斗。特殊高原地防御战斗是在气候寒冷的高原地区进行的防御战斗。

(3)海岸防御战斗。海岸防御战斗是在濒海地区抗击敌人上陆和着陆的防御战斗。

(4)岛屿防御战斗。岛屿防御战斗是依托岛屿抗击敌人海上进攻的战斗。

(5)热带山岳丛林地防御战斗。热带山岳丛林地防御战斗是在热带林草茂密的多山地区进行的防御战斗。

(6)严寒地区防御战斗。严寒地区防御战斗是指在气温寒冷、冰雪较厚、冻土层深的地区进行的防御战斗。

(7)荒漠草原地防御战斗。荒漠草原地防御战斗是在沙漠和生长草类并间有灌木的广大平坦地区进行的防御战斗。

(8)江河防御战斗。江河防御战斗是依托江河进行的防御战斗。

(9)水网稻田地防御战斗。水网稻田地防御战斗是在水系纵横交错、稻田众多的地区进行的防御战斗。

8. 遂行特定任务时的防御行动

(1)在掩护地区的战斗行动。在掩护地区的战斗行动是指依托工事和有利地形,以阻击、袭扰、迷盲等手段进行的阻滞战斗。

(2)退却战斗行动。退却战斗行动是指部队放弃所占领的阵地或地区向后转移的行动,是保存力量争取主动、待机破敌的重要措施。

(3)反合围和突围战斗行动。反合围和突围战斗行动是在受到敌人优势兵力的合围威胁或被敌人合围的情况下发生的。

第二节　战术基本原则

战术原则,亦称"战斗原则",是战斗行动所依据的法则和标准。正确的战术原则是战斗指导规律的客观反映。它旨在告诫人们正确运用战斗规律,在认识和处理战斗问题的过程中始终把握基本方向和主要线索,把主观指导和战斗实际辩证地统一起来,从而创造性地去夺取战斗的胜利。

一、知彼知己,正确指挥

夺取战斗的胜利,必须在知彼知己、使主观指导符合客观实际的基础上,实施正确的指挥。

指挥员必须利用各种可能的方法,了解敌我双方的各种情况,并进行科学的分析、研究和对比,以作出符合客观实际的正确决策和在战斗中实施及时有效的指挥。

二、消灭敌人,保存自己

消灭敌人、保存自己是战斗的本质和目的。

战斗中必须以积极的进攻行动大量消灭敌人,杀伤敌有生力量以削弱其战斗力,破坏敌武器装备以减小其战斗效能;以积极的防护行动和大量消灭敌人,来有效地保存自己。

三、集中力量,重点打击

集中优势力量,对敌实施有重点的打击,便于各个歼灭敌人。

无论进攻还是防御,都应当集中力量特别是集中火力和电子进攻力量,对敌实施有重点的打击,各个歼灭敌人。进攻时,应当着眼于打敌重心,建立纵深、立体而有重点的攻击部署,对敌实施先期打击、重点突击、纵深攻击、分割包围、立体封锁,力求速战速决。防御时,应当构成纵深、环形、立体而有重点的防御部署,依托阵地,整体抗击与积极的攻势行动相结合,挫败敌人的进攻。

四、充分准备，快速反应

每战力求充分准备，确保在各种情况下快速作出反应，以不失时机地打击并确有把握地战胜敌人。

指挥员应当科学预见战斗的发展变化，着眼最复杂、最困难情况，制定多个方案，特别是在不利情况下的应变对策；善于运用科学方法和指挥自动化手段，计算和分配时间，突出重点，简化程序，保证在上级规定的时限内紧张有序地完成战斗准备。因情况需要难以充分准备时，应着眼全局，抓住稍纵即逝的战机，迅速投入战斗，并在战斗中完善准备；情况紧急时，即使来不及准备，也应当迅速行动，边行动边准备，以不失时机地打击敌人。

五、隐蔽突然，出敌不意

隐蔽突然、出敌不意的战斗行动，利于出奇制胜。

充分利用各种战术手段和有效措施，切实隐蔽自己的部署、目标、行动和企图，不使敌发现或使敌难辨真假；在敌人意想不到的时间和地点，以出敌意料的战法和手段，对敌实施突然打击，在敌人尚未作出有效反应的有利态势下夺取战斗胜利。

六、灵活机动，因势制敌

在客观物质基础上，充分发挥主观能动性，审时度势，灵活机动地使用力量和变换战术，是克敌制胜的重要条件。

指挥员应当善于洞察并判明战场情况，把握好时机、地点（目标）和部队三个环节，选择有利战机，适时调整战斗力量，灵活变换战法和创新战法，灵活实施兵力、火力机动，并与突击相结合，巧妙采取各种手段和措施，迫敌处于被动地位，积极创造战机，先机制敌。

七、力求近战，善于夜战

近战和夜战是我军传统战法，是长期以来我军克敌制胜的法宝。发挥近战和夜战的特长，有利于限制和削弱敌高技术武器装备的优势，以我之长、击敌之短。

充分利用地形、夜暗和复杂气象条件，或者采用烟幕和火力掩护等方法，严密伪装，迅速隐蔽接敌；利用敌人薄弱的侧翼、间隙、后方，大胆运用迂回包围、穿插分割、隐蔽渗透等机动方式逼近敌人，或者以佯动、欺骗等手段诱敌向我接近，突然打击敌人。掌握敌人夜视装备器材的特点、性能、使用规律及其弱点；综合利用地形、气象条件及战术手段和技术措施进行伪装，并积极摧毁和干扰敌夜视装备器材；运用适合夜暗特点的战法和指挥、协同及保障手段，充分发挥己方夜视装备器材的作用，提高夜战的效能。

八、密切协同，合力破敌

各军兵种、各部队协调一致的行动，发挥整体合力，是克敌制胜的关键。

各军兵种、各部队、分队必须树立整体观念，遵循统一的战术思想和协同原则，实施集中统一的指挥；根据各军兵种、各部队的战斗力和特长，科学编组并合理赋予任务；充分发挥各种武器装备的整体威力和多种战斗手段的综合效能；明确指挥和协同关系，抓住关节、重点，加强协调；周密组织协同保障，严格协同纪律，在统一的意图和计划下，按目的（任务）、时间、空间协调一致地行动。

九、勇敢顽强，连续作战

继承和发扬我军勇敢顽强、连续作战的优良战斗作风，对于夺取战斗的胜利具有重要意义。

组织实施战斗，必须通过强有力的政治工作，调动和激发部队高昂的斗志，坚定敢打必胜的信念，充分发扬勇敢顽强、积极主动、迅速准确、严守纪律、密切协同、连续作战的战斗作风和不怕牺牲、不怕疲劳、勇于克服各种困难的精神。同时，注重利用战斗间隙休整部队，以保持和恢复战斗力。

十、全面保障，突出重点

全面而有重点的战斗保障、后勤保障和装备保障，是顺利实施战斗的重要保证。

各种保障力量应当统一计划，统筹兼顾，合理使用；集中主要保障力量，对主要方向和执行主要任务的部队实施重点保障，并控制预备保障力量；发挥专业保障力量的骨干作用，专业力量保障与部队自身保障相结合，并加强各种保障行动之间及其与战斗行动之间的协调；充分发挥地方政府和人民群众的支援和配合作用。

第三节 单兵战术动作

一、卧倒

（一）持枪（筒）卧倒

要领：左脚向正前方迈出一大步，左腿弯曲，上体前倾，身体下塌，两眼注视前方，左手顺左脚前伸，掌心向下，稍向右，以左膝、左手、左肘的顺序着地，成侧身卧倒。此时的姿势是：左腿弯曲，右腿伸直，右手提枪枪托轻着地，目视敌方。需要射击时，右手以虎口的压力和四指的顶力将枪向目标方向送出，左手接握弹匣，同时蹬直左腿，全身着地，收回右手，打开保险，移握握把，据枪射击。机枪、120 反坦克火箭（火箭筒）手卧倒时，左手打开脚架，同时左脚向前迈出一大步，将枪（筒）对向目标，架在地上，两手在枪（筒）身左侧撑地，两脚同时后伸迅速卧倒，据枪（筒）射击。如不需射击时，则不据枪（筒），作好继续前进的准备。

（二）端枪（筒）卧倒

要领：左脚向正前方迈出一大步，身体下塌，按左小臂、左膝、左臀的顺序迅速卧倒两手协力迅速出枪（筒），同时蹬直左腿，据枪（筒）射击。跪姿卧倒动作要领：两脚分开平齐，约与肩同宽，上体收腹前倾，身体下塌，重心稍向后移，两膝内侧迅速着地，同时上体前扑，两手臂外侧迅速着地，伸直双腿，成据枪（筒）射击姿势。

（三）起立

持枪（筒）与端枪（筒）起立要领，同持枪（筒）与端枪（筒）卧姿跃起动作要领。起立后，继续持枪（筒）或端枪（筒）前进。

二、直身、曲身前进

(一)直身前进

直身前进是在距敌较远,地形隐蔽,敌观察、射击不到时采用的运动方法(见图8-1)。

(二)曲身前进

曲身前进是在遮蔽物略低于人体时采用的运动方法(见图8-2)。

图8-1 直身前进

图8-2 屈身前进

要领:目视前方,右手持枪(筒),上体前倾,头部不要高出遮蔽物,大步或快步前进。

三、匍匐前进

(一)低姿匍匐

低姿匍匐在遮蔽物高约40厘米时采用。

口令:向××——低姿匍匐前进。

要领:腹部贴于地面,屈回右腿,伸出左手,用右脚内侧的蹬力和左手的扒力使身体前移,在移动的同时,屈回左腿,伸出右手,用左脚内侧的蹬力和右手的扒力使身体继续前移,依次交替前进。携自动步枪时,右手掌心向上,枪面向右,虎口卡住机柄或握护木,并握住背带,枪身紧靠右臂内侧;也可右手虎口向上,握枪的上背带环处,食指卡住枪管,将枪置于右小臂上(见图8-3);携机枪时,通常右手握握把,推枪前进,也可由正副射手协同推、拉枪前进(见图8-4);携120反坦克火箭筒(火箭筒)时,右手握握把或脚架顶端,将筒置于右小臂上;120反坦克火箭筒(火箭筒)副射手可采取背、推、拉背具的方法前进(见图8-5)。

图8-3 低姿匍匐

图 8-4 携机枪低姿匍匐

图 8-5 携火箭筒低姿匍匐

(二)侧身匍匐

侧身匍匐在遮蔽物高约 60 厘米时采用。

口令:向××——侧身匍匐前进。

要领:身体左侧及左臂着地,左大臂向前倾斜支撑上体,左腿弯曲,右腿收回,右脚靠近臀部着地,右手握枪(筒),用左臂的支撑力和右脚跟的蹬力使身体前移。120 反坦克火箭(火箭筒)副射手将背具夹于右肋或右手拉背具前进(见图 8-6)。

图 8-6 侧身匍匐

第九章　军事地形学

军事地形学，是从军事需要出发，研究如何识别和利用地形的一门学科。它主要研究地形对作战行动的影响、识别与使用地图、标绘要图、简易测图、制作沙盘、海图和航空照片判读等。本章主要介绍地形对作战行动的影响、地形图的基本知识和现地使用地图等内容。

第一节　地形对作战行动的影响

一、地形的分类

地形是地貌和地物的统称。地貌是指地表面高低起伏的自然状态，如平原、丘陵、山地等；地物是指地表面固定性的物体，如房屋、道路、河流等。

不同的地貌与地物的错综结合，形成了各种不同类型的地形。依地貌的状态，可分为平原、丘陵地、山地和高原；依地物的分布和土壤性质，可分为居民地、水网稻田地、江河与湖泊、山林地、沙漠、草原、沼泽地等；依对军队战斗行动的影响，又可分为开阔地、遮蔽地和断绝地。不同的地形对军队行动有着不同的影响。

二、地形战术性能

地形战术性能是指地形对组织和进行战斗行动以及在战斗中使用武器和技术装备的影响。

地形的战术技术性能是地形对作战行动产生的固有的、客观的影响，它集中地从地形对部队的运动、观察、攻击、隐蔽、伪装、防护、工程建筑、通信联络和战斗指挥等战斗行动所提供的条件及产生的影响上反映出来，并表现出明显的制约性而成为地形分析的基础，严重地影响部队的“走、打、吃、住、藏”。研究地形就是通过研究地形的战术性能，分析地形对军事作战的利弊。利用地形包括利用地形提供的客观有利条件和改造地形的不利方面而成为有利。改造地形在现代战争中有着突出的意义。

三、几种主要地形的特点及对作战行动的影响

军队的活动，都是在一定的地形条件下进行的，都要受到地形条件的影响和制约。战争的历史证明，无论进攻或防御，在其他条件都具备的情况下，善于利用地形的，可减少损失取得战斗的胜利；否则，会给战斗增加困难，甚至遭受挫折或失

败。所以,古今中外能征善战的军事家,无不重视分析研究地形对军队战斗行动的影响,以趋利避害,使自己立于不败之地。《孙子·地形篇》中指出"夫地形者,兵之助也",极其明晰地说明了这一问题。

(一)平原

地面平坦宽广、海拔在200米以下、高差在50米以下的地区叫平原。平原地形特点是:河渠较密,水源丰富,水利设施完善;居民地密集,经济发达;道路成网,交通便利;农田耕地连片,森林覆盖较少,但经济作物发达。军队在平原地区作战,便于摩托化、机械化部队行动,便于组织指挥和通信联络、观察射击、物资补给,但不利于对原子、化学武器的防护。

(二)丘陵地

地表面起伏较缓、岗丘错综连绵、高差一般在200米以下的地区叫丘陵地。丘陵地地形特点是:高差不大,山顶圆浑,谷宽岭低,坡度平缓,断绝地较少,山脚附近全为耕地、梯田和谷地,它是介于山地与平原之间的过渡地形。丘陵地对军队的机动和各种兵器器材的使用一般限制较小,不论攻防均便于部署兵力、兵器,是兵家必争之地。

(三)山地

山地是指地面起伏显著、群山连绵交错、高差在200米以上的地区。山地地形复杂,山高坡陡谷深,人烟稀少,交通不便。山地便于选择良好的制高点,设立观察、指挥所,便于隐蔽伪装、凭险固守,能减少核武器杀伤效能。但不利于军队机动、指挥、协同,且判定方位困难,容易迷失方向,运输给养也有一定困难。

以上分析的三种地形对战斗行动的影响,为分析其他地形对作战行动的影响奠定了基础。如山林地形,它对作战行动的影响,只需要在山地地形对作战行动影响的基础上,考虑到森林覆盖对作战行动的影响就可以了。又如城市居民地形,建筑物密集,机动困难,观察受限,不便于指挥,但便于隐蔽;高层现代建筑结构坚固,有一定防护能力,但战时房屋易于倒塌,起火燃烧;水管煤气管道易于破裂,引起水患、爆炸和中毒。再如沙漠戈壁地形,植被极为稀少;视界、射界开阔,但却缺乏方位物而易迷失方向;土质疏松,影响通行,工事易于滑塌;水源缺乏,昼夜温差大,影响部队生存能力;对核武器的防护能力差,并且消除沾染和卫生处理困难。

地形对作战行动有着广泛的、重要的影响,了解地形对作战行动的影响,有利于作战行动中趋地形之利,避地形之害,并根据需要,能动地改造地形,以赢得作战胜利。

第二节　地形图的基本知识

按照一定的数学法则,用特定的符号、颜色和文字注记,将地球表面的自然和社会现象综合测绘于平面图纸上的图,称为地形图。地形图是地图的一种,其比例尺大于1∶100万。它是国家经济建设、国防建设不可缺少的重要资料。

一、地图比例尺

(一)地图比例尺的概念

图上某线段的长与相应实地水平距离之比叫地图比例尺。可表示为：

$$比例尺=\frac{图上距离}{相应实地水平距离}$$

如图上两点之间的距离为1厘米，实地该两点的水平距离为50000厘米；那么，这幅图比例尺则为$\frac{1}{50000}$或1∶5万。地图比例尺的分子通常用1表示，以便了解地图缩小的倍数。由于地图使用目的和要求不同，因而地图比例尺也就不同。

(二)地图比例尺的大小及特点

地图比例尺的大小是按比值来衡量的。地图比例尺越大，图上显示的地形就越详细，量读精度就越高，但同一幅面的图中所包含的实地范围就越小；地图比例尺越小，图上显示的地形就越概略，量读精度就越低，但同一幅面的图中所包含的实地范围就越大。

我国地图比例尺的系列为：1∶1万、1∶2.5万、1∶5万、1∶10万、1∶20万、1∶50万、1∶100万。

(三)地图比例尺的表示形式

地图比例尺，通常绘注在每幅图的南图廓下方，用文字、数字结合图形表示。地图比例尺的表示形式通常有两种：

1. 数字比例尺。它是用数字表示的，一般分为两种：比例式，如1∶50000或1∶5万；分数式，如$\frac{1}{50000}$。数字比例尺使人们对缩小的程度有一个明确的概念，又可进行运算。

2. 直线比例尺。它是在一条直线上，以某点为基准，按图上不同线段长加注实地相应水平距离的一种图解比例尺。直线比例尺不仅可直接量读实地距离，当用照相法把地图缩小(或放大)若干倍时，直线比例尺也随地图一起缩小或放大相应的倍数。这种优点是数字比例尺所不及的。

(四)图上距离的量读

1. 用直尺量算。用直尺量算距离时，可用直尺先量取图上长，再将此长度按地形图比例尺公式计算，即得实地水平距离。

2. 在直线比例尺上比量。先用两脚规量出两点间的长度，并保持其张度，再到直线比例尺上去比量。比量时，先使两脚规的一脚落在尺身的整千米数上，再使另一脚落在尺头上，即可直接读出两点间实地水平距离。

3. 用里程表量读。量取图上的曲线距离，通常用指北表上的里程表进行。

里程表是由表盘、指针、滚轮组成的。表盘的分划圈上有1∶2.5万、1∶5万、1∶10万三种比例尺注记千米数。量读时，先使指针归零，然后右手持指此针，使滚轮从图上起点，开始向所量之线均匀地推至终点，指针在相应比例尺分划圈上所指的千米数，即为两点间实地水平距离。

需要指出的是，用以上各法量算之距离都是水平距离。然而，实地是起伏不平的，当需求两点间沿实地表面的距离时，必须对量得之值加以改正，使其由图上量得之水平距离换算为地表相应的实际距离。在军事用图中，常用平均坡度改正法(见表 9-1)。

表 9-1　　　　**改正率**

坡度(度)	改正系数	坡度(度)	改正系数
0～4	3%	20～24	40%
5～9	10%	25～29	50%
10～14	20%	30～34	65%
15～19	30%	35～40	80%

改正距离的计算公式为：

实地距离＝水平距离＋水平距离×改正率

二、地物符号

地面上的地物，在地图上是用统一规定的符号结合注记表示的，这些规定的图形符号叫地物符号。它是构成地图的重要因素，是地图的语言。要识别地物符号，并了解它在军事上的意义，就必须首先了解地物符号的注解及其相互关系。

(一)符号的图形特点

地物符号的图形，依其形状，主要有以下三个特点(见图 9-1)。

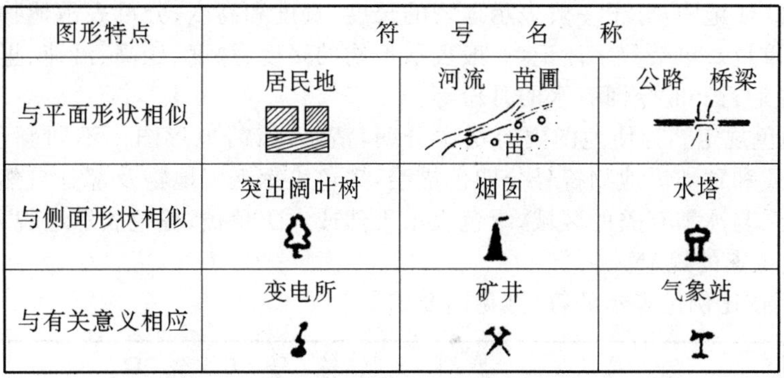

图 9-1　符号图形特点

1. 图形与地物的平面形状相似。这类符号的图形与地物正射投影后的平面形状相似，并保持一定的比例关系，所以叫正形图形。这类符号用以表示较大的地物，如居民地、森林、河流、湖泊等。

2. 图形与地物的侧面形状相近。部分地物符号是根据其侧面形状绘制的，所以叫侧形图形。其特点是跟地物的侧面形状相近，如突出的树、烟囱、水塔等。

3. 图形与有关意义相应。少数地物是根据有关意义绘制的，也叫象征符号。大多具有形象和富有联想的特点，如气象站、变电所、矿井、飞机场等。

(二)符号的分类

1. 依比例尺表示的符号(又叫“轮廓符号”)。实地面积较大的地物，如大居民地、森林、江河、湖泊等，其外部轮廓是按比例尺表示的。在图上不但可以了解它的分布和形状，而且还可以量取相应实地长宽和面积。

2. 半依比例尺表示的符号(又叫"线状符号")。实地窄长的线状地物,如道路、垣栅、土堤、通信线等,其转折点和交叉点位置是按实地精确测定,其长度是按比例尺缩绘的,而宽度则不是按比例尺缩绘的。这种符号在图上只能量取其相应实地的长度,而不能量其宽度和面积。

3. 不依比例尺表示的符号(又叫"点状符号")。有些较小的地物,如三角点、油库、变电所、突出树、塔、亭等,对部队行动都有一定影响,是部队判定方位确定位置、指示目标、实施射击指挥的重要依据,在图上只能用规定的符号表示。这种符号可以了解实地地物的性质和位置,但不能量取其大小。

4. 说明和配置符号。主要用来补充说明上述符号不能表示的内容。如表示江河流向的箭头、街区性质的晕线等为说明符号;果园、行树、疏林和灌木等为配置符号。说明和配置符号只表示实地某些地物的情况和分布,不表示其真实位置和数量。

(三)符号的有关规定

1. 注记的规定。用文字和数字来补充说明各种符号还不能表示的内容,有以下两种:

①文字注记。用来说明地物或地貌名称或性质特征的。它分为名称注记和说明注记。

②数字注记。用来说明地物的数量特征的。它分为分数式和单个数字两种形式。分数式注记中,分子一般表示地物的长度、宽度和高度;分母表示地物的深度、粗度和载重量。单个数字注记,一般表示地物的高度、深度、比高、流速、里程、界碑编号、山隘通行和时令河有水的月份等。

2. 颜色规定。为使地图内容层次分明,清晰易读,地形图用不同颜色来区分地形的性质和种类。地物符号分四色描绘:墨色表示人工地物及部分自然地物,蓝色表示水系与冰雪有关的区域,绿色表示天然或人工植被,棕色表示地貌和土质。

3. 定位点的规定。

(1)不依比例尺表示的符号(见图 9-2)。

定位点	符号及名称		
图形中有一点的,在该点上	三角点	亭	窑
几何图形,在图形的中心	油库	独立房屋	发电厂
底部宽大的,在底部中点	水塔	气象站	碑
底部为直角的,在直角的顶点	路标	突出阔叶树	突出针叶树
两个图形组成的,在下方图形中心	变电所	散热塔 散热	石油井 油

图 9-2 不依比例尺地物符号的定位点

(2)半依比例尺表示的符号。半依比例尺表示的符号,主要指线状地物符号,用定位线表示实地地物的中心线位置。其规定是：成轴对称的符号，在中心线上，如公路、土堤、高出地面的渠等；不成轴对称的符号，在底线或缘线上，如城墙、土城墙、陡岸等。

(3)依比例尺表示的符号。依比例尺表示的地物符号，由实际地物转折点的连线(轮廓线)确定其范围，以相应地物符号表示实际地物。

三、地貌判读

地貌是指地表高低起伏的变化形态。地貌对部队军事行动有很大影响。因此，要求图上不仅要显示地貌的一般形象，而且还要准确地判读地貌的起伏高度、坡度和形象特征，显然在地图上用显示一般物体的方法，就解决不了这个问题。长期以来人们进行了大量的探讨实践，到目前为止，在地图上表示地貌的方法已有多种，但世界各国目前广泛采用“等高线法”来显示地貌。

(一)等高线显示地貌

1. 等高线显示地貌的原理

等高线是高程相等的各点连接而成的曲线。用等间隔的水平截面一一截取地表面，并将各截线沿铅垂线方向投影到同一个水平面上，即得到一条条闭合曲线，再将此曲线按一定的比例缩绘到图纸上，就得到表示该地貌的等高线。这就是用等高线显示地貌的原理。概括起来说就是：从脚到顶，相同高度，水平截开，垂直投影(见图 9-3)。

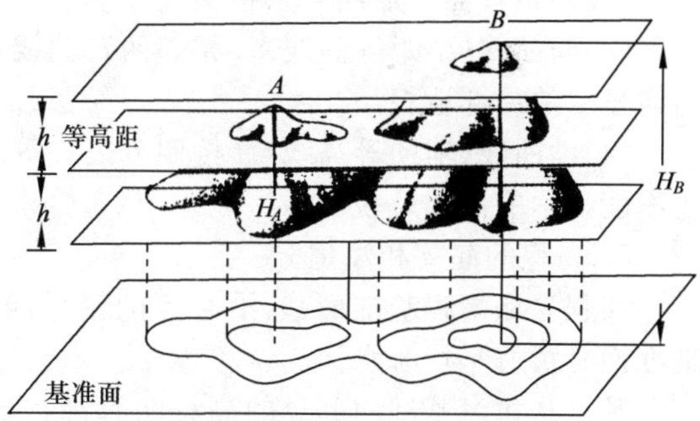

图 9-3　等高线显示地貌的原理

2. 等高线显示地貌的特点

(1)同一条等高线上各点高程相等，并各自闭合(同高闭合)。

(2)同一幅图上，等高线多，山就高；等高线少，山就低(多高少低)。

(3)同一幅图上，等高线间隔大的坡度缓，间隔小的坡度陡(密陡稀缓)。

(4)图上等高线的弯曲形状和相应现地地貌形状相似(形似现地)。

3. 等高距规定。相邻两条等高线水平截面间的垂直距离叫等高距。由于地图比例尺不同，等高距的规定也各不相同(等高距来源为 0.2 毫米×地形图比例尺分母)。具体规定见表 9-2。

表 9-2　不同比例尺地形图的等高距

比例尺	1∶2.5 万	1∶5 万	1∶10 万	1∶25 万
等高距(米)	5	10	20	50

4. 等高线的种类和作用

为便于用图时查算等高线的高程和更精确地表现地形，等高线按用途可分为四种(见图 9-4)。

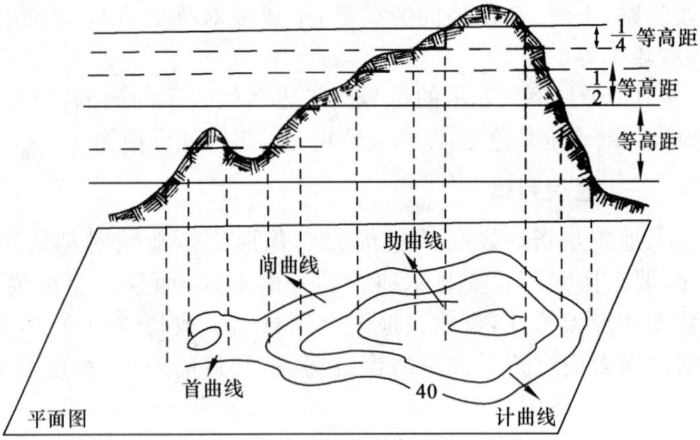

图 9-4 等高线的种类

(1)首曲线(基本等高线)。按规定等高距测绘的细实线，用以显示地貌的基本形态。

(2)计曲线(加粗等高线)。为便于计算高程，从高程起算面起，每隔四条首曲线加绘一条粗实线。

(3)间曲线(半距等高线)。相邻两首曲线之间测绘的长虚线，用来显示首曲线不能显示的局部地貌。

(4)助曲线(辅助等高线)。按四分之一等高距测绘的短虚线，用以显示间曲线还不能显示的局部地貌。

5. 高程的起算和注记

高程是从高程基准面起，沿某点的铅垂线量到该点的垂直距离。我国高程的基准面是黄海平均海水面。

凡是从黄海基准面起算的高程叫真高，也叫海拔或绝对高程。地面任意两点对同一基准面而言的高程值之差叫高差。

地形图高程注记有两种：一种是点的高程注记，用黑色数字注记，字头朝向北图廓；另一种是等高线的高程注记，用棕色数字注记，字头朝向上坡方向。

(二)地貌识别

1. 山的各部形态

(1)山顶与凹地。凸出地面而高于四周地区的单独高地叫山。大的叫山岭，小的称山丘，山岭、山丘的最高部位叫山顶。军事上把注有高程的山地叫××高地，没有高程注记的叫无名高地。山顶有尖、圆、平山顶之分，图上用等高线最小的环圈表示。环圈外常绘有示坡线(与等高线垂直的短线)，其不与等高线连接的一端表示斜坡的下降方向。

凹地是低于周围地面，且经常无水的地方。图上用小环圈表示，但示坡线绘在小环圈内侧(见图 9-5)。

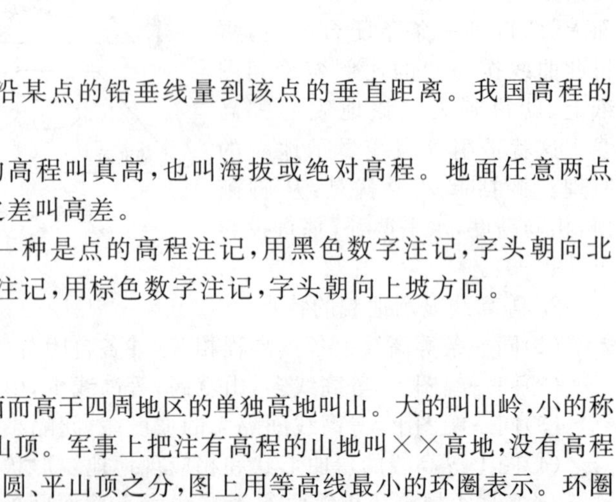

图 9-5 山顶与凹地

(2)山背、山谷。山背是从山顶到山脚的凸起部分。图上表示山背的等高线，是以山顶为准向外凸出的部分。各等高线凸出部分顶点的连线为分水线。

山谷是两个山背间的低凹部分。图上表示山谷的等高线是向山顶或鞍部方向凹入的地方。各等高线凹入部分顶点的连线为合水线（见图 9-6）。

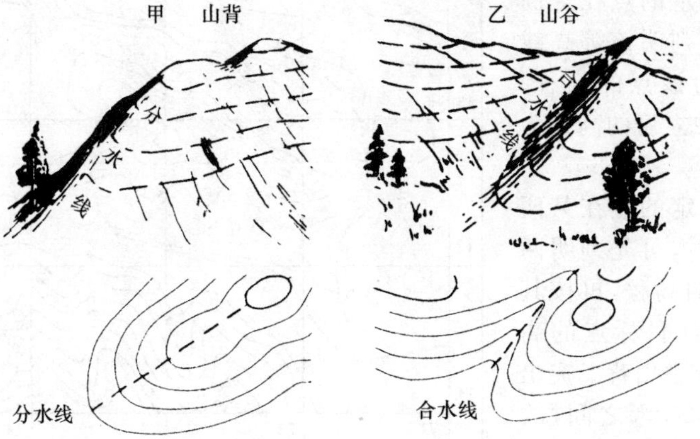

图 9-6　山背和山谷

（3）鞍部、山脊。鞍部是相邻两山顶间形如马鞍状的一块凹地。图上用一对表示山背和一对表示山谷的等高线显示（见图 9-7）。

山脊是由较多的山顶、山背、鞍部相连所形成的凸棱部分。它的最高棱线叫山脊线（见图 9-8）。

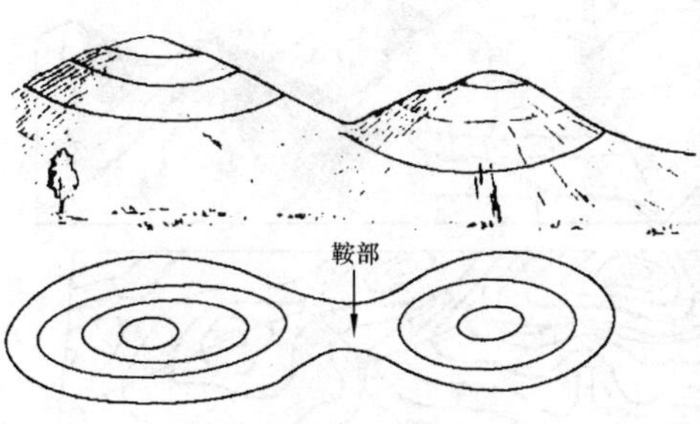

图 9-7　鞍部

图 9-8　山脊

2. 斜面和防界线

（1）斜面是指从山顶到山脚的倾斜部分，又叫“斜坡”。斜面是部队进攻或防御的重要部位，军事上把朝向敌方的斜面称为正斜面，背向敌方的斜面叫反斜面。斜面按其形状分为等齐斜面、凸形斜面、凹形斜面和波形斜面四种。

（2）防界线是指军事上能用于防守的界限。防界线要求地势适宜，展望良好，便于设置观察所和构筑射击阵地等。图上就是要选在等高线由稀变密的交界线上。

3. 特殊地貌形态

地貌形态千变万化，有许多地貌形态是用等高线所不能表示的，只能用特殊的地貌符号表示。如变形地的冲沟、陡石山、陡崖、崩崖、滑坡等。

（三）高程、起伏和坡度的判定

1. 高程的判定。根据等高线和高程注记点的高程可以判定任意地面点的高程。判定高程时通常有三种情况（见图 9-9）：

（1）当判定的点在等高线上时，只要判明该等高线的高程，即为该点的高程。如图 9-9 中独立房的高程为 270 米。

（2）当判定的点在某两等高线之间时，可先判明两相邻等高线的高程，再按其所在位置估计目标点的高程。如图 9-9 中山背上突出树在 310～320 米之间，故突出树高程为 314 米。

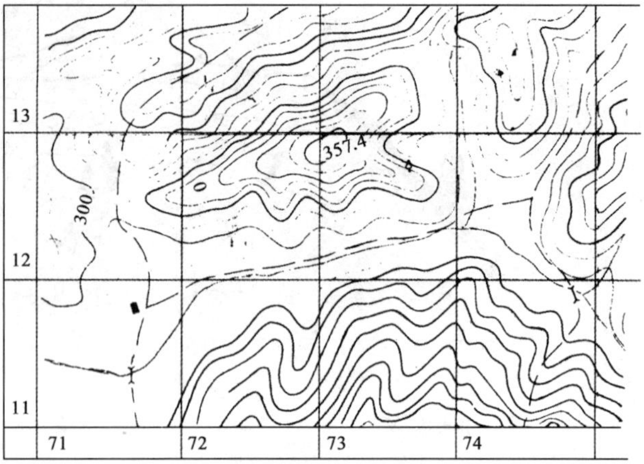

图 9-9　判定高程差

（3）主要山顶和鞍部在图上常有高程注记，但一般的山顶和鞍部没有注记，用图时根据附近的等高线判定。如图 9-9 中独立石的高程为 325 米。

根据判定点之高程，可以求得两点间的高程差，即高差。

2. 地面起伏的判定。地面起伏判定，是先按等高线的疏密及河流的关系位置、河流流向，找出山川大势，进而找出山顶、鞍部、山背、山谷的分布，详细判明起伏的状况。当等高线在河一侧时，靠河流的方向为下坡方向；等高线通过河流时，依河流流向来判定实际地貌的上下坡方向（见图 9-10）。

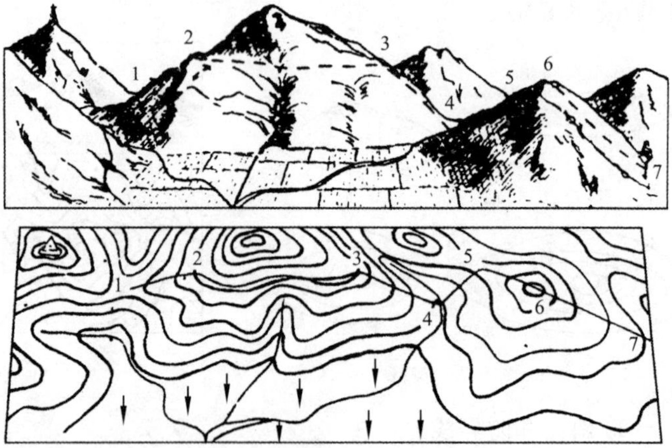

图 9-10　地面起伏判读

3. 坡度的判定。需判定坡度时，可用两脚规在坡度尺上比量（见图 9-11）。坡度尺的纵线表示等高线的间隔；纵线下方的注记表示相应间隔的坡度值。坡度值下的百分比为相应的高差和水平距离之比值。在坡度尺上可量取相邻间隔相等的 2～6 条等高线之间的坡度（见图 9-11），所量取路段的坡度为 2°。

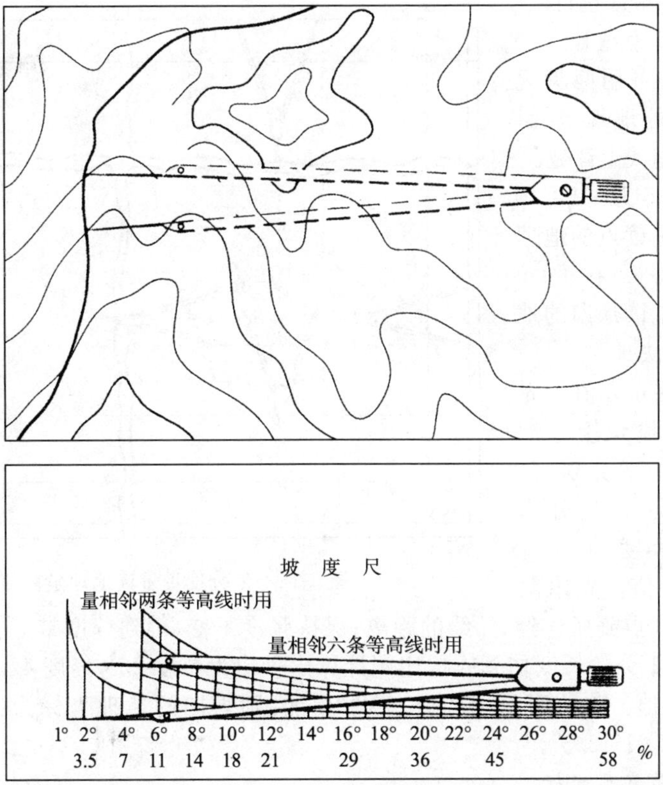

图 9-11　用坡度尺量坡度

四、坐标

确定平面上或空间中某点位置的有次序的一组数值称为该点的坐标。

我国地形图上的坐标是“1954 年北京坐标系”。它是按高斯投影，采用克拉索夫斯基椭球，并在 1954 年完成北京坐标原点测算定向工作的，故称“1954 年北京坐标系”。我国已于 1980 年在西安完成重建适应我国情况的坐标系，故称“1980 年西安坐标系”。

(一)地理坐标

确定地面上某点位置的经纬度数值叫该点的地理坐标。通常用度(°)、分(′)、秒(″)表示。地理坐标在世界上是通用的，尤其在海、空军和边防、海防和外交斗争中经常使用。

1. 地理坐标网的构成。地形图是按经、纬度分幅的，所以，地形图的南北内图廓线是纬线，东西内图廓线是经线。图廓四角注有经、纬度值。在大于 1∶10 万地形图上，四边图廓间绘有经、纬度分度带。东西图廓分度带每个间隔表示纬差 1 分，南北图廓间表示经差 1 分，从内图廓左下角起，纬度值向北增加，经度值向东增加。如将两边相应的经、纬度分划连接起来，即可构成地理坐标网(见图 9-12)。

2. 地理坐标的量读。用地理坐标指示目标或确定某点在图上的位置时，一般按先纬度后经度的顺序进行。

在1∶20万～1∶100万地形图上，可用两脚规比量目标点的地理坐标，在图廓的分划线上读数。

在1∶2.5万～1∶10万地形图上量读点的地理坐标。如图4-12，在1∶5万地形图上量读烟囱的地理坐标，其方法是：

(1)求整分数值。先在分度带上找到接近烟囱左方和下方的分划，再连接经、纬线，读出分值为纬度21′，经度01′。

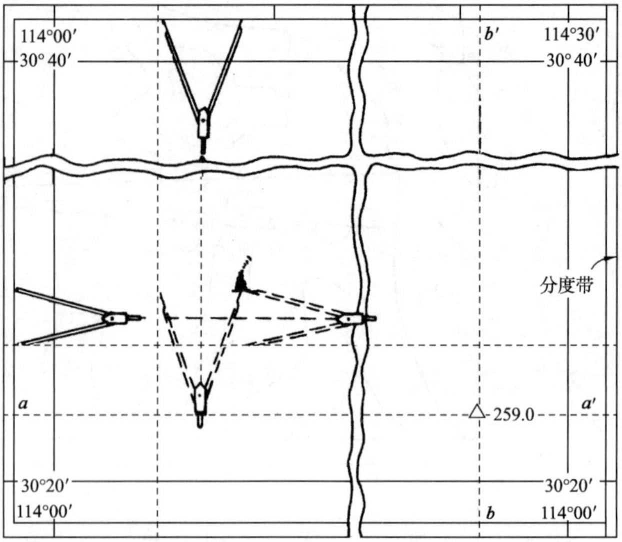

图 9-12　依分度带量读地理坐标

(2)求秒值。先用两脚规量出目标点到所连经、纬线的距离；保持张度不变，再到分度带上去比量；然后根据分度带，1分的长度估算或按比例计算出秒值为纬度25″，经度42.5″。

(3)求总值。将前面量读的分、秒数相加，则烟囱的地理坐标为：北纬30°21′25″，东经114°01′42.5″。

(二)平面直角坐标

确定平面上某点位置的长度值，叫该点的平面直角坐标。

1. 平面直角坐标网的构成。我国地形图上的平面直角坐标网，是按高斯投影绘制的，它以经差6°为一个投影带，全球共分60个投影带。每个投影带的中央经线和赤道被投影成互相垂直的直线。高斯平面直角坐标系规定：以每带的中央经线为纵坐标轴，赤道为横坐标轴，两轴的交点为坐标原点，这样每一带便构成一个独立的坐标系。

为便于量测任意点的坐标，在大比例尺地形图上，以千米为单位，按相等的距离，作平行于纵、横轴的若干直线，而构成了平面直角坐标网，也叫方里格网。

各种比例尺地形图坐标方格边长见表9-3。

表 9-3　**坐标方格边长的规定**

比例尺	坐标方格的边长(厘米)	相应的实地距离(千米)
1∶1万	10	1
1∶2.5万	4	1
1∶5万	2	1
1∶10万	2	2

2. 平面直角坐标的起算和注记

(1)坐标的起算。纵坐标表示某一直线距赤道的千米数。纵坐标(X)以赤道为0起算，向北为正，向南为负。我国位于北半球，纵坐标值都是正值。横坐标(Y)表示某一直线距中央经线的千米数。横坐标本应以中央经线为0起算，以东为正，以西为负，坐标值均为正负值。因不便于使用，所以又规定，凡横坐标值均加500千米(即等于将纵轴沿赤道西移500千米)，横坐标植以此轴起算，则都成了正值。这样在中央经线以东的横坐标值均大于500千米，以西的小于500千米。

(2)坐标的注记。地形图上坐标值均以千米数为单位注记在内外图廓线之间。在东西图廓间横线上，由下向上增大的为纵坐标值，在南北图廓间纵线上，由左向右增大的为横坐标值；在图廓四角，注记坐标的全部数值，在图廓间只注记末两位数，横坐标值均为三位数，三位数前面的为投影带号。为了便于查找，在图幅中央处的纵、横坐标线上，也注有相应的坐标数值。

3. 平面直角坐标的应用。平面直角坐标主要用于指示和确定目标在图上的位置，也可根据方格估算距离和面积。指示目标和确定点的位置时，应按先纵坐标、后横坐标的顺序进行。

(1)用概略坐标指示目标。用概略坐标指示目标图上位置时，通常只用该目标的所在方格的纵横坐标的末两位千米数值(见图9-13)。116.6高地的坐标为67.46。

需要指示目标在方格中的位置或区分同一方格内的同类目标时，可采用井字格法。其方法是将一个方格等分成9个方格，并按顺时针方向编号。指示目标时，在概略坐标后加注小格的编号即可。图9-13中两座桥的坐标分别为66.47_9和66.47_5。

(2)用精确坐标指示目标。对要求位置准确或在图上没有明显特征的小目标，通常用精确坐标。其方法是先找出目标所在方格的概略坐标(千米数)，再加上该点所在方格下边和左边坐标线的垂直距离(米数)即可(见图9-14)。量取敌机枪发射点的精确坐标的方法如下：

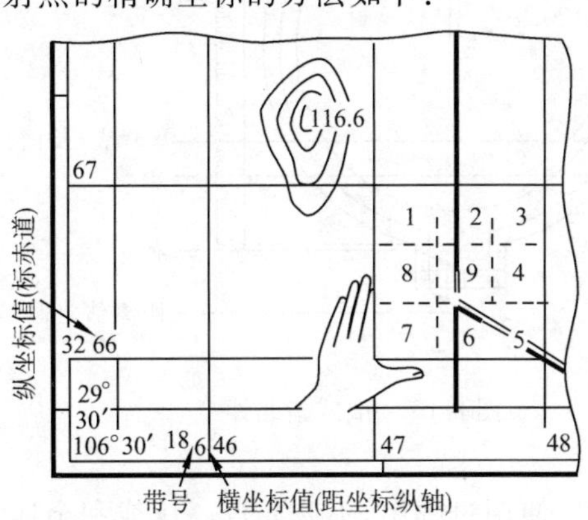

图 9-13

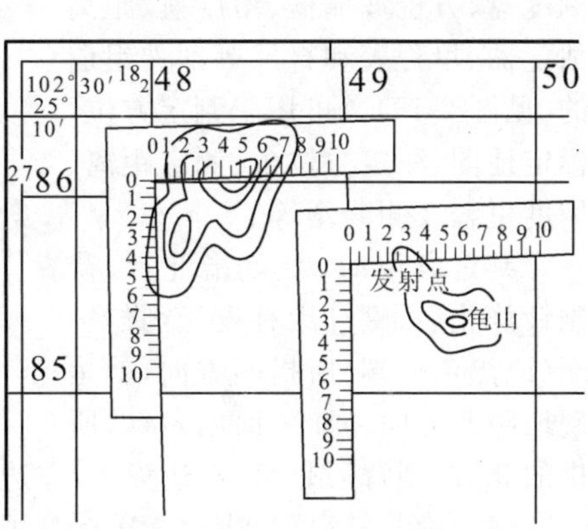

图 9-14 精确坐标量取方法图

先按概图坐标85.49找到该目标所在的方格。

再用指挥尺之坐标尺的纵边与49千米线重合，横边与发射点定位点相切，从坐标尺纵边上估读出85坐标线所对的分划线为645米。同理，横边所对的分划线为300米。

最后将645米和85千米相加，300米和49千米相加，即为X85645，Y49300。

发射点的全坐标值为 X2785645，Y18249300。

当已知某点平面直角坐标时，便可在图上确定其位置。

坐标在书写时，一般用括号注记在目标名称后，如 116.6 高地(68.45)；口述或报告时，一般先报坐标，后报地点和目标名称。

第三节　地形图的使用

地形图的使用是指利用地形图所进行的判读、量算、行进、组织计划等工作。

一、实地判定方位

实地判定方位，就是实地辨明东、西、南、北方向，确定地形图与现地的关系，是现地用图的前提。

(一)利用指北针判定

指北针携带方便，操作简单，是判定方位的基本工具。

我军现用的指北针有 51 式、62 式、65 式等，虽然型号不一，但其构造原理基本相同。以 62 式指北针为例：62 式指北针是由磁针、刻度盘、方位玻璃框、角度摆、距离估定器、里程表和直尺等部件组成的(见图 9-15)。可用来判定方位、标定地图、测定方位角、测定距离、坡度里程及测略图等。

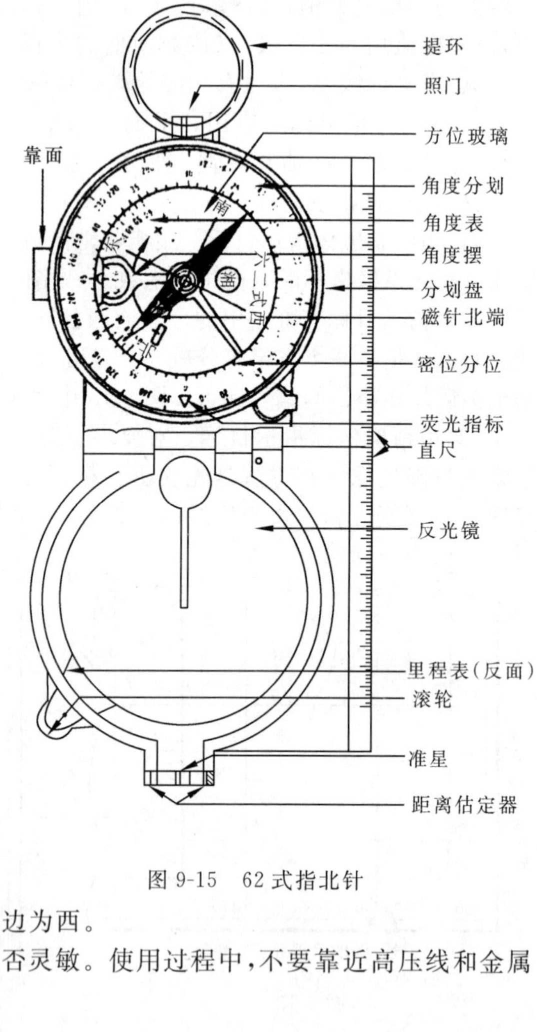

图 9-15　62 式指北针

判定方位时，平置指北针，待磁针静止后，磁针涂有夜光剂的一端(或黑色一端)所指的方向，就是现地磁北方向。如果面向磁针，所指的北方，则背后是南，右边为东，左边为西。

使用指北针以前，应检查磁针是否灵敏。使用过程中，不要靠近高压线和金属物体。

(二)利用北极星判定

北极星是正北方天空最亮的一颗恒星。俗话说："找到北极星，方向自然明。"我国位于北半球，终年夜间都能看到它。

北极星位于小熊星座的末端，因小熊星座比较暗淡，所以通常根据大熊星座(即北斗七星，俗称勺子星)和仙后星座(即女帝星，又叫 W 星)来寻找(见图 9-16)。

大熊星座由七颗明亮的星组成，形状像一把倒扣的勺子，将勺子外端两星的连线向勺口方向延长，约为两星距离5倍处的那颗星，就是北极星。

仙后星座由五颗明亮的星组成，形状很像一个"W"字母。在W字母的缺口方向，约为缺口宽度两倍处的那颗星，就是北极星。

（三）利用太阳和手表判定

判定的方法要领是：先把手表放平，以时针所指时数（以每天24小时计算）的折半位置对向太阳，表盘上"12"这个数的指向就是北方（见图9-17）。

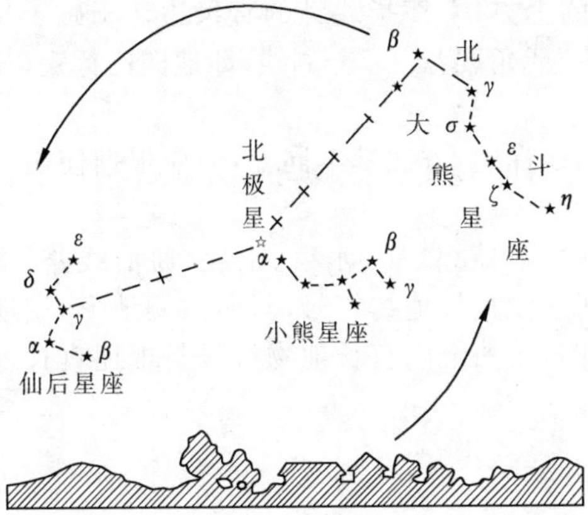

图9-16　识别北极星

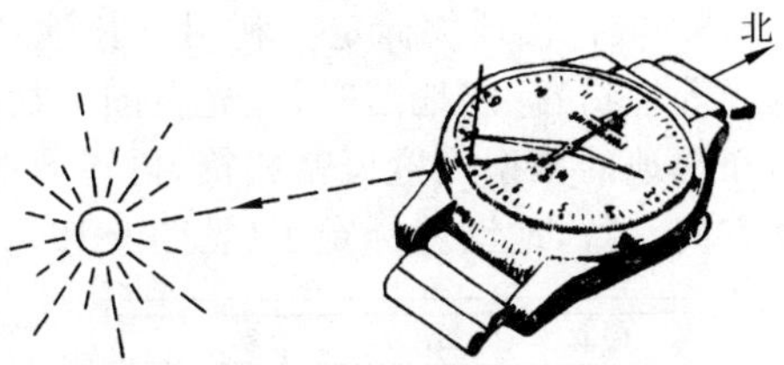

图9-17　根据太阳利用时表判定方位

需要说明的是，我国大部分地区都使用的是北京时间（即东经120°的时间），如果是远离东经120°的地区，若采用北京时间，误差就大了。这时应将北京时间换算成当地时间。方法是以东经120°为准，每向东15°将北京时间加上1小时（1°加4分钟，1′加4秒钟），向西减1小时，然后再按上述方法进行判定。

（四）利用地物特征判定

有些地物、地貌由于受阳光、气候等自然条件影响，形成了某些特征，可以用这些特征来概略地判定方位。例如：

独立大树，通常是南面枝叶茂密，树皮较光滑；北面枝叶较稀疏，树皮较粗糙，有时还长有青苔。树桩上的年轮也可判定方向，通常北面的间隔小，南面的间隔大。

地面上的一些突出物体，如土堆、土堤、大岩石和建筑物等，通常南面干燥，青草茂密，冬季积雪融化较快；北面较潮湿，易生青苔，积雪融化较慢。土坑、沟渠和林中空地等一些凹下来的地物，与上述现象南北正相反。

我国大部分地区，尤其在北方，农村的住房、门户以及较大的庙宇、宝塔的正门等一般多是朝南开的。

由于我国幅员辽阔，各地都有一些可供判定方位的地形特征。只要我们善于留心、收集，就可用来判定方位。

二、地图与现地对照

地图与现地对照，是通过标定地图，使地图与现地的方位一致后，将地图与现地进行对比，辨认并判定点位的过程。

(一)标定地图

标定地图,通俗地说就是使地图的方位与现地的东西南北方向一致的过程。标定的方法主要有:

1. 概略标定。在现地判定方位后,将地图的上方对向现地的北方,地图即已概略标定。这种方法简便迅速,是要求标定精度不高时的基本标定方法。

2. 用指北针标定。用指北针标定地图,通常以磁子午线来标定。磁子午线在地形图南、北内图廓线上,各绘有一个小圆圈⊗,并分别注有磁南(或 P)、磁北(或 P′)。标定时,先使指北针准星的一端朝向地图的上方,并使指北针的直尺边切于磁子午线,然后转动地图,使磁针北端对正指标"△"或角度盘"Q"分划线,即地图已标定(见图 9-18)。

使用指北针也可按真子午线或坐标纵线标定,方法基本同上,但应根据使用要求,依据偏角图加以修正。

3. 依直长地物标定。利用直长地物(指公路、铁路、水渠、土堤、通信线路、输电线等地物)标定地图时,应先在图上找到这段直长地物符号,对照两侧地形,使地图和现地的关系位置概略相符,再转动地图,使图上的直长地物符号与现地直长地物方向一致,地图就标定了(见图 9-19)。

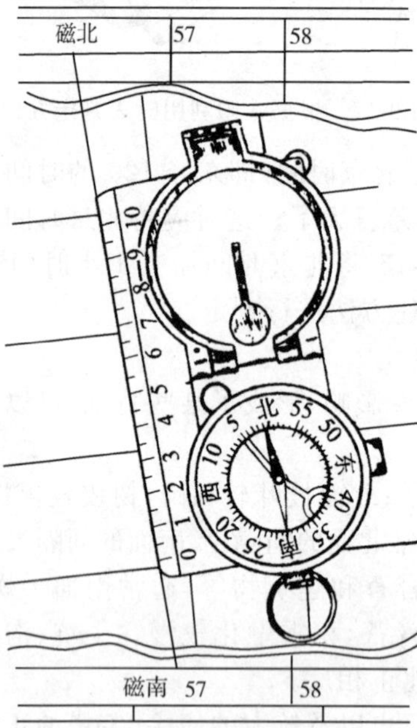

图 9-18 依磁子午线标定地图

图 9-19 依直长路段标定地图

4. 依明显地形点标定。明显地形点,指现地一眼望去比较明显突出的地物和地貌,如山顶、突出树、土堆、塔等独立地物。标定时,应先在现地和地图上都能找到的一个明显地形点作为端点,然后在现地远方找一个与图上相应的明显地形点,放平地图后,用直尺切于图上站立点和远方地形点的定位点上,转动地图,直至通过直尺边能够瞄准现地相应地图点为止,地图即已标定(见图 9-20)。

图 9-20　依明显地形点标定地图

5. 利用北极星标定。夜间可以利用北极星标定地图。标定时，要认准北极星，再使地图上方概略朝向北极星，然后转动地图，沿东（西）的图廓线瞄准北极星，地图即已标定。

（二）确定站立点在图上的位置

将自己所在位置准确地标定在地图上叫确定站立点。确定站立点的方法有：

1. 依明显地形点确定。当站立点在明显地形点上时，在图上找出该地形点的符号，即是站立点的图上位置。如果站立点在明显地形点近旁时，可先标定地图，再对照周围明显的地形细部，找出其与站立点的关系位置，即可判定站立点的图上位置（见图 9-21）。

图 9-21　目估判定站立点

2. 用截线法确定。在直长地物（如道路、河流、土堤等）上用图时，可采用截线法确定站立点的图上位置。其方法是：

(1)准确标定地图。

(2)在直长地物的一侧，选择一个图上和现地都有的明显地形点。

(3)将直尺边切于图上相应的地形点上，转动直尺，向现地明显地形点瞄准，并瞄绘方向线，该方向线与直长地物的交点就是站立点在图上的位置（见图 9-22）。

图 9-22　截线法

2. 用后方交会法确定。当站立点附近找不到明显的地形点，而在远方能找到两个以上现地和图上都有的明显地形点时，可采用后方交会法确定站立点在图上的位置。方法是：

(1)标定地图。

(2)选择离站立点较近的图上和现地都有的两至三个明显地形点。

(3)将直尺边分别切于图上两个地形点符号的定位点上(可插细针)；依此瞄准现地相应的地形点，然后分别沿直尺边向后画方向线；图上两方向线的交点，就是站立点在图上的位置(见图9-23)。

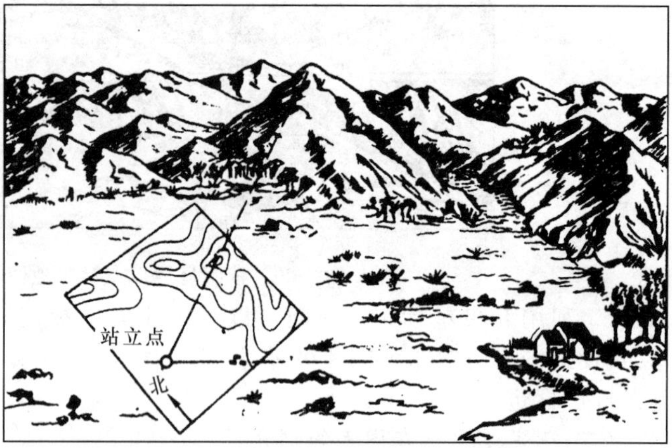

图9-23　后方交会法

采用后方交会法确定站立点时，交会角度大于15°，小于150°。

(三)现地对照地形

现地对照地形就是判明图上所显示的情况，判明现地地形图上相应的位置，使地图上各种符号、等高线图形及注记，与实地相应的地物和地貌一一对应。其一般方法是：

1. 对照地形前，应选择一展望良好的地方作为对照位置。

2. 标定地图，确定站立点在图上的位置。

3. 对照时，通常先对照主要方向，后对照次要方向；先对照明显易辨的地形，后对照一般的地形；先对照图上现地都有的地形，后对照变化的地形；先对照地物，后对照地貌，再地物地貌综合对照。

(四)按地形图行进

行进是我们生活中最简单的活动方式，而按地图行进是部队在生疏地区、复杂地形、恶劣气象等条件而又无向导的情况下，为达目的而采取的一种行进方法。

按地图行进的基本方法有沿道路行进、越野行进和按方位角行进。这里主要讲以下两个方法：

1. 沿道路行进

(1)行进前的准备

行进前要认真作好图上准备。其内容包括：一定、二选、三量取、四标记、五熟记。

一定：即确定行进路线。行进路线是根据受领的任务、敌情、地形、天候和部队装备等情况，在图上选择行进路线。选择时，应着重考虑和研究路线上与行进有关的地形因素和敌情。

二选：即选择方位物。行进路线确定后，应在沿线选择方位物，如岔路口、转弯点、桥梁、塔亭、独立树等，一般应选择高大、明显易于识别的地物作为方位物。夜间行进时，应尽量选择那些透空易见的方位物。

三量取：即量取各方位物（转弯点）间的里程，并标出各段行程和所需要的时间。如行进路线上地貌起伏较大时，应计算实地量距离。

四标记：即将上述资料标示在图上，内容包括行进路线，各段里程、时间、方位物等。标示要醒目，略图力求精明、清晰。

五熟记：即熟记行进路线。方法是把行进的顺序、每段的里程、行进的时间、两侧方位物、地形特征和经过的村镇等熟记在脑子里，力求做到胸中有数，心里不慌。

(2)行进要领

①出发前，先标定地图。明确前进的路线和方向，按出发时间出发。

②行进中，随时标定地图。按照行进方向，适时转动地图，做到“图路成一线，路转图也转”。

③对照方位物，及时作判断，随时随地根据方位物判明行进方向和道路，尤其是到岔路口、转弯点，进入居民地，更应判明方向。

④掌握行进速度和时间。根据行进任务需求、敌情和行进能力，把握好行进速度、时间。

⑤把握夜间行进的特点。夜间行进观察不便，视度不良，地形重叠，远近不分，高低难辨，容易使人产生错觉，也容易迷失方向。行进时应注意各转变点的距离应短些，沿途方位物要多些，尽量选择高大、透空可见的目标，如山顶、鞍部等。行进中要做到多找点，勤观察，勤对照。

2. 按方位角行进

按方位角行进，就是按照指北针在地图上预测的方位角行进，这是按图行进的辅助方法。通常是在沙漠、草原、山林地等地形上，或夜间、浓雾等不良天候条件下采用。

(1)行进资料的准备

①选择行进路线。首先应在有利于通行的区域选择最短路径，在此基础上尽量多选择方位物，各转折点尽量选在明显、坚固的方位物上或其近旁。

②量测方位角和距离。在图上量测方位角时，先用指北针标定地图，再使指北针有准星的一端朝向前进方向，直尺边与两转点的连线重合，磁针静止后，其北端所指的密位数即为该段路线的磁方位角。测定图上各段磁方位角后，同时量出各段距离，并换算成复步数或行进时间。换算公式为：

复步数＝实地距离（米数）÷复步长

行进时间＝实地距离（米数）÷行进速度

③绘制行进路线图。路线图可直接在地图上标绘，即在各段方向线一侧注记行军路线的资料，也可绘制成略图。略图可以按比例尺缩绘，也可不按比例尺绘制。绘制略图时，先将出发点、转弯点、终点等附近的主要地形与方位物标绘出来，再把各转变点，按行进顺序依此编号，最后注记各段磁方位角和行进距离或行进时间(见图 9-24)。

(2)行进要领

①在出发点上，标定地图，判定站立点，查明到达下一点的磁方位角、距离和时

间，并记住沿途重要方位物和下一点的地形特征。然后观察地形，明确前进方向。当不易判定行进方向时，可利用磁方位角判定。方法是：手持指北针，使指北针北端对准下一点的密位数，这时由照门到准星看去的方向，就是进行方向。在该方向上寻找下一转折点，看不见时，应在该方向上选择一个辅助物，然后向此方向前进。

②在行进中，应随时对照地图，边走边观察沿途地形，注意掌握已走过的距离或行进时间。到达辅助方位物后，如仍看不到第二点方位物时，可按原磁方位角再选一辅助方位物继续前进，直到到达第二点时为止。若在起伏较大的地段上行进时，要注意调整步幅。

应当注意，用指北针量测角度的误差，一般为 3°，个别情况下可达到 5°，再加上步幅大小对距离的影响，按磁方位行进每千米的可能偏差在 100 米左右。

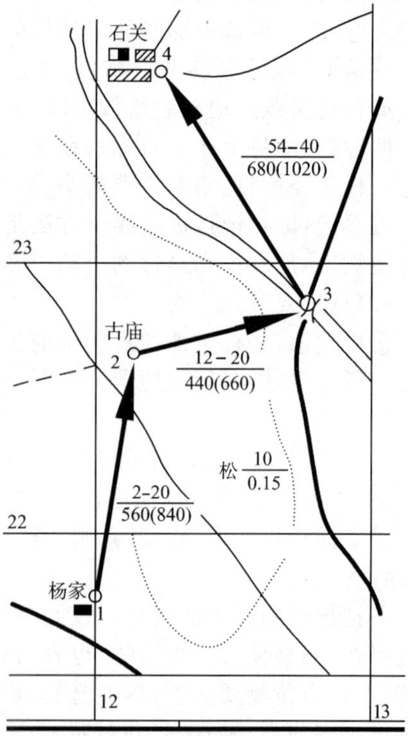

图 9-24 在地图上注记按方位角行进资料

③将要到达转折点时，应特别注意附近地形特征。当走完预定的距离和时间，还未见到转折点方位物时，可在此段距离的1/10范围内寻找，如仍找不到，应停下分析原因，分析是地形发生变化，还是方向距离有差错。在没有找到原因前，不可贸然行进。如查不出原因，又找不到应到点位，应按原路退回起点（或前一点），再重新前进。

④行进中若遇障碍物时，一般应在障碍物对面的行进方向上选一辅助方位物，目测到该点的距离，绕过障碍物到达辅助目标后，仍按原方向继续前进。当对岸仍无辅助方位可选时，应在障碍物这一边作一明显记号，绕过之后可以测其反方位角。

三、定向越野简介

定向越野是运动员凭借对地图的识别和使用能力，依据组织者预先设计的图上路线，借助于指北针与地图保证运动方向，在野外徒步赛跑，依次逐一到达各个检查点，分别用各检查点点标上的密码夹（或印章）在随身携带的检查卡片相应位置上作记，以示到达该点，运动员按顺序通过各检查点，然后到达终点，在准确通过各检查点的前提下，以全程耗时最少者为优胜。

定向越野把体力、智力锻炼、竞赛趣味性融为一体，不仅能增强体质，锻炼意志，培养勇敢顽强的精神，而且对普及识别地形图知识、提高使用地图的能力都有积极的作用。与定向越野运动相似的“利用地图行进”、“按方位角行进”，长期以来一直是我国军队中军事地形学训练的基本科目。定向越野不仅是识图用图训练的辅助形式，而且也是一项国防体育运动项目。因此，它适合在高等院校结合学生军训和开展群众性的国防体育活动中推广。

近几年来，定向越野在我国发展很快，已经在全国很多地区都组织过比赛。1987 年国家体委决定将定向越野正式列为国家的一个运动项目积极推广。1984 年、1994 年先后派队参加世界大学生定向越野锦标赛；1994 年、1995 年国家教委、总参军训部、国家测绘总局组织举行了全国定向越野锦标赛；1995 年国家教委在吉林省吉林市举办了首届中国大学生国防体育节，并举办了全国大学生定向越野比赛；1998 年国家体委、教育部在天水市举行了定向越野锦标赛；同年 10 月在北京市密云举办了亚太地区定向越野比赛。全国有众多高校都组队参加了国内或国际的比赛，这为在高校开展普及定向越野运动奠定了基础。

定向越野的基本技术，主要是要求参赛者对地图有较强的识别和使用能力，要有较强的奔跑能力。关键是识图、用图的熟练程度，这关系到比赛的成绩。因此，要在识图的基础上，掌握现地用图的基本技能，加强在多种复杂地形条件下的适应性训练，以便正确地选择行进路线，灵活地处置各种情况，迅速准确地找到检查点。

有关定向越野的基本常识以及定向越野训练组织比赛方法，请参阅测绘出版社 1993 年 7 月出版的《定向越野指导》。

第十章 综合训练

第一节 行 军

高技术条件下作战，战场流动性大，为争取主动，避免被动，士兵经常在上级组织下实施行军。行军主要分为徒步行军和摩托化行军，本节只介绍徒步行军。

徒步行军是以步行方式实施的行军，通常在行军距离较近、输送工具不足或没有输送工具的情况下，以及地形不便于实施摩托化行军时采用。徒步行军对士兵的意志和体能是一个考验。无论是刮风、下雨，无论是山地、沼泽，也无论是酷暑、严寒，只要作战需要，均要实施徒步行军。

一、徒步行军的基本常识

徒步行军的优势在于它目标小，分散快，易指挥，组织简便，利于隐蔽，受地形限制小。其不足之处是速度慢，体力消耗大。

徒步行军，长时间行军时，乡村路为每小时 4～5 千米，山地为每小时 3～4 千米；急行军时，乡村路时速可达 8～10 千米。

徒步行军时，通常开始行军后 30 分钟小休息一次，尔后每行进 50 分钟小休息一次。小休息时间通常为 10 分钟(第一次小休息时间可稍长)。休息时，士兵应靠路的右侧(也可在路的两侧)，面向路外，放下背包，解开鞋带使脚放松，但武器、装具不能离身(见图 10-1)。大休息通常在走完当日行程一半以上进行，休息时离开道路，进入指定地区休息，时间通常为 2～3 小时。大休息时，可以就餐、补充饮水，治疗脚伤。注意武器、装具始终不能离身(见图 10-2)。

图 10-1 行军小休息

二、徒步行军应注意的问题

士兵在行军过程中应按照正确的行军要领，坚决服从班组长的指挥，灵活处置各种情况，确保按时迅速到达目的地。

图 10-2　行军大休息

一是士兵徒步行军，应按照全副武装和轻装的规定携行有关装具。

二是行军前，士兵应检查所带装具是否齐全，佩带是否牢固，尤其是要仔细检查鞋袜是否合适，以避免行军中脚打泡。

三是行军过程中，应均匀呼吸，全脚掌着地，调整好步幅，保持正常的行军速度。

四是行军掉队时，应大步跟上，尽量不要跑动，以节省体力。体力好的士兵要主动帮助体力差的战友，搞好体力互助。

五是小休息时，士兵应就地休息，及时调整体力，不要乱走动，并按要求处理脚上打起的血泡。

六是行军中，士兵要以灯光、旗语、音响、手势等简易信号通信、运动通信等手段传递口令，保持通信联络。

七是遇敌空中火力袭击时，士兵就近利用地形进行防护。接到敌核、化学武器袭击警报时，应迅速穿戴防毒面具和防护衣罩就地隐蔽防护，警报解除后，应迅速抢救伤员，检查武器装备，恢复行军序列。

八是当道路、桥梁遭敌破坏或者遇到难以通行的地段时，应按命令绕行，无法绕行时，应及时报告上级。

如果是在夜间、山地等一些特殊环境和地形条件下徒步行军，士兵要根据特殊环境和地形的特点及当时的具体情况，按命令进行必要的物资器材准备，特别是一些辅助器材一定要准备好。行军中要注意紧跟队伍，不要掉队；无论遇到什么样的情况都要及时报告；要发扬不怕苦、不怕累的精神，坚持走到目的地。

第二节　宿　营

野外行动，不可避免地要面临宿营问题，本节主要介绍在复杂条件下的露营。所谓复杂条件下露营是指在无居民地及农作物可利用的山地、丛林等环境的设营。

一、山地露营

山地露营时，应把露营地选择在避风、防洪，避开山崩、塌方的山坡地段上或者谷地、峡谷的高坡上，并且要考虑到尽量靠水源，冬季要避开有雪崩危险地段。因山区水源不足，应特别注意保持环境卫生和防止水源污染。

在一般山区露营时，通常用制式器材和就便器材架设帐篷或搭草棚，搭草棚时，通常以战斗班为单位，也可以组或个人为单位，但不得成片砍伐树木，破坏天然伪装。帐篷、草棚周围要挖排水沟。

二、酷暑条件下露营

酷暑条件下露营时，可采用搭遮棚或吊床的方法进行。搭遮棚时，位置应选择在干燥、通风的缓坡上，要避开大树、陡崖峭壁，以防塌方或雷击。遮棚周围要挖排水沟，铲除杂草，必要时，撒些草木灰，以防毒蛇、毒虫。就地取材时，应注意不要成片砍伐草木，以保护天然伪装。

三、架设和构筑简易帐篷、遮棚

（一）屋顶形帐篷

将绳子拴在两棵树之间拉紧形成脊线。或者用锹柄、木棍等物作支柱，用背包带连接两个支柱顶端，两端延长斜拉固定在地桩上形成屋脊样式，将方块雨衣或雨布等搭在脊线上形成两个屋顶坡面，坡面底边用石块压牢即成。根据需要还可将数块雨布连接，构成4～8人用的大帐篷。架大帐篷时，脊线下应加设若干支柱，以减少绳子拉力，保证帐篷牢固（见图10-3）。

图10-3　屋顶型帐篷

（二）单坡面帐篷

利用断墙、棱坎等，将雨布的一边固定在墙或坎上，雨布的另一边固定在地面上，即可形成单坡面帐篷（见图10-4）。

（三）遮棚

在林中过夜，可以就地取材搭制临时遮棚。

1. 单坡面遮棚

先挑选和制作3根直径4厘米、长2米的木棍作檩杆，选用5根直径3厘米、长1.5米的树棍作椽子。各檩杆之间间隔0.5米，椽子之间取等间隔用绳子绑牢。将脊檩

图10-4　利用树木搭成的单坡面帐篷

靠在两棵树上成为单坡面框架，然后将带叶的小树枝扎成把，像铺瓦一样一把一把重叠着挂在檩杆上，挂满后即成单坡面遮棚（见图 10-5）。

2. 丛林遮棚

在丛林中，宿营时间较长时，搭制严密的遮棚，可以纳凉遮雨隔潮。其方法是：根据遮棚的面积打 4 根直径 10 厘米、高 2 米左右的立柱，在立柱离地面 40 厘米处，两个对边上绑两根直径 10 厘米横杆作底架，底架上密铺直长的木杆作地板。然后向上每隔 40～50 厘米绑横杆，以便于挂雨布或树枝作遮墙，顶部平铺雨布作顶，即成为丛林遮棚（见图 10-6）。

图 10-5　单坡面遮棚

图 10-6　丛林遮棚

（四）吊床

夏季丛林中，宿营时间短时可采用吊床。吊床制作很简便，用帆布、军毯、伪装网都可以制作。吊床两端拴在两棵树上，上面再拉一根绳子，搭上方块雨布，四角用绳子系牢，便成为一个防水遮阳的帐篷。

第三节　野外生存

一、野生动、植物的识别和食用

野生动物和植物，它们具有一定的营养价值，可作为辅助食物或主要食物。在野战条件下，单兵携带的给养是有一定限度的，而作战情况又是复杂多变的，因此，学会各种野生动、植物的识别和食用，对于在特殊情况下完成作战任务具有重要意义。

（一）可食植物的识别和食用

在各种野生植物里，有毒的植物种类不多，数量有限，大部分野生植物均可食用。可食用的野生植物可分为淀粉类、野果类、野菜类、蘑菇类、海藻类。

鉴别植物是否有毒，比较可靠的方法，一是根据可食野生植物的图谱进行认真鉴别；二是向有经验的战士或当地居民了解可食植物的种类和识别方法；三是仔细观察动物采食的情况，一般情况下，老鼠、兔子等动物吃过的植物对人体是无害的，但是鸟类可以食用的植物，人不一定能够食用。我国南北方常见的野生可食植物有以下几种：

1. 淀粉类

(1)白蔹(山地瓜)(见图 10-7):产于我国北部、中部和东部。生长在荒山坡小树林下、草地及田埂旁。形态:葡萄科,藤本,有纺锤形根块。叶掌壮 3～5 厘米全裂,裂片形状颇多变化,叶轴有两翅,夏季开花,花小,黄绿色,聚伞花序。浆果大如豌豆,初蓝色,后变为白色。其根部含淀粉和葡萄糖,可采集食用。

(2)芦苇(石根草、芦嘴子、苇子)(见图 10-8):分布遍及我国温带地区。生长在沟边、河沿、道旁及比较阴湿的地方。多年生长草本。地下有粗壮的根茎。叶片披针形,排列成两行。夏秋开花、圆锥花,序长 10～40 厘米,分枝稍伸展,小穗含 4～7 小花。可采集根部和嫩芽食用。

2. 野果类

(1)茅莓(见图 10-9):广布于全国各地,生长在山坡灌木丛中或路旁向阳处,果实及嫩叶可食用。7～8 月果实成熟,味酸可生食。形态:攀缘状灌木。在枝和叶柄上生有毛和钩状小刺,叶为羽状复叶,小叶多为 3 片,也有 5 片的,近圆形,顶端一片较侧生叶片大,边缘有不整齐的深齿缺,下面呈白色,密生短毛。花单生在叶腋,或由几朵聚成短圆锥花序,生在树顶,总梗有稀疏的刺,花瓣粉红色,倒卵形。小核果球形,红色,核有深窝孔。

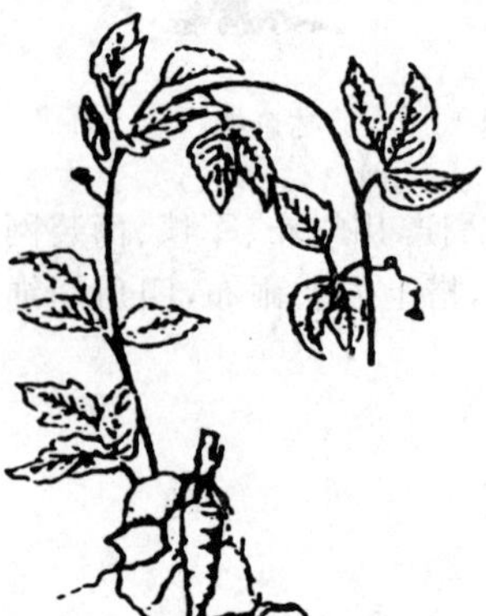

图 10-7　白蔹(山地瓜)

图 10-8　芦苇

图 10-9　茅莓

(2)沙棘(见图 10-10):分布于山东、河北、山西、陕西、甘肃、宁夏、青海、新疆、四川、云南等地,常成丛生长在河岸的沙地或沙滩上。9～10 月果实成熟可生食,味酸而甜。形态:有刺灌木,叶窄,线形或线状披针形,长 2～8 厘米,宽 2～8 毫米,上面呈绿色,下面为银白色。花雌雄异株,雄花有两个椭圆形的裂片,雄蕊 4 个,雄花成管状,果实为核果,卵形或近圆形,多汁,长 0.8～1 厘米,直径 5～6 毫米,金黄色或橙黄色,许多个密生在一起,紧贴树梢上。

(3)胡颓子(见图 10-11):分布于山东、辽宁、河南、江苏、福建、广东、湖南、湖北、四川等地,生长在山坡及空旷的地方,果实可生食。形态:灌木,有刺,高 2～4 米,幼枝褐色。叶子为椭圆形或长圆形,尖端稍长,边缘波状常卷皱,花为银白色,长约 1 厘米,1～3 朵生于叶腋,常向下垂,果皮开始为褐色,成熟后微发红,内包一椭圆形的硬核。

有些野果如野山梨、野栗子、榛(zhēn)子、松子、山核桃等，是比较容易识别的。

图 10-10　沙棘

图 10-11　胡颓子

图 10-12　苦菜

3. 野菜类

(1)苦菜(见图 10-12)：生于山野和路边，3～8 月均可采其嫩茎叶洗净生食，叶互生，叶边大多分裂，周围有小短刺，近根处叶窄，色绿，表面呈灰白色，断面有白浆，茎叶平滑柔软，夏季开黄色头状花。

(2)蒲公英(见图 10-13)：生长于田野中，3～5 月可采食嫩叶，5～8 月可采花煮汤。全株伏地丛生。高 10～20 厘米，体内白色乳汁。叶缘为规则的羽状分裂，色鲜绿。花茎数个从基部生出与叶等长或稍长一点，上部密生白色丝状毛。头状花序顶生，全为黄色舌状花瓣。

(3)蕺(jí)菜(见图 10-14)：别名“鱼腥草”。生于水沟边、渠岸、池边及阴湿地。嫩幼苗可作蔬菜吃。叶含挥发性油，幼苗经水煮后换水三次，加油盐调食，全草可作药用，治毒蛇咬伤。用法：将全草捣烂外敷伤口周围或煎汤熏洗患部，或单味煎服。形态：多年生草本，茎上部直立，下部匍匐，节上生须根并有褐色鳞片。叶为心脏形尖端渐尖，边全缘或呈波状，上面为绿色，下面带紫色。惠状花序生在茎的顶端，总梗细长，上部有白色总苞 4 片，倒卵形，果实成熟时顶端开裂，种子多，卵形。

(4)马齿苋(见图 10-15)：全草可食，味平淡，常生于田野路旁。通常 5～9 月中旬采嫩叶茎，烫软将汁轻轻挤出，加入调料即可食用。全草煮食可治痢疾。形态：肉质草本，肥嫩多汁，茎多分枝，圆形，呈紫红色，平铺地面，叶互生或对生，叶片肥厚呈瓜子形，花小，黄色，5 瓣，3～5 朵丛生于叶腋，花后结盖果，种子黑色。

野菜中苋菜、扫帚菜、灰灰菜等，遍布全国容易识别。

4. 蘑菇、海藻类

由于目前还没有完全可靠的方法鉴别有毒与无毒的蘑菇。因此，采食蘑菇时一定要慎重。可以参照有关的蘑菇图谱鉴别蘑菇，或仔细观察蘑菇上被动物或昆虫啃咬过的痕迹，记住这种蘑菇的形状，供以后采摘时参考。采蘑菇可在雨后的林中或草地上进行。

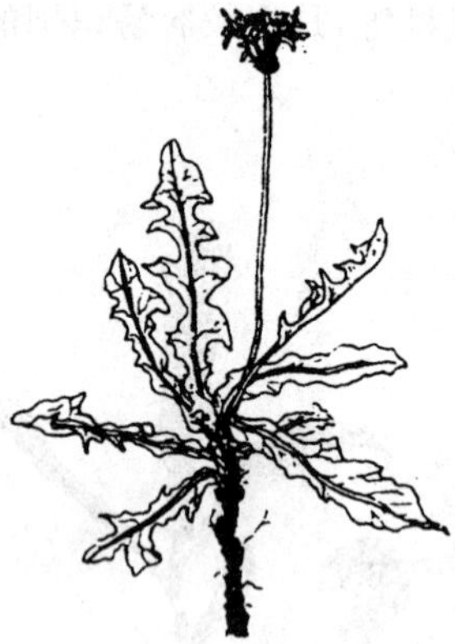

图 10-13　蒲公英

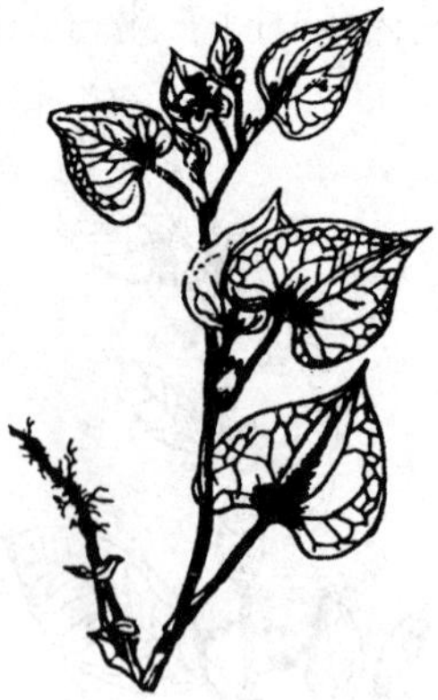

图 10-14　蕺菜

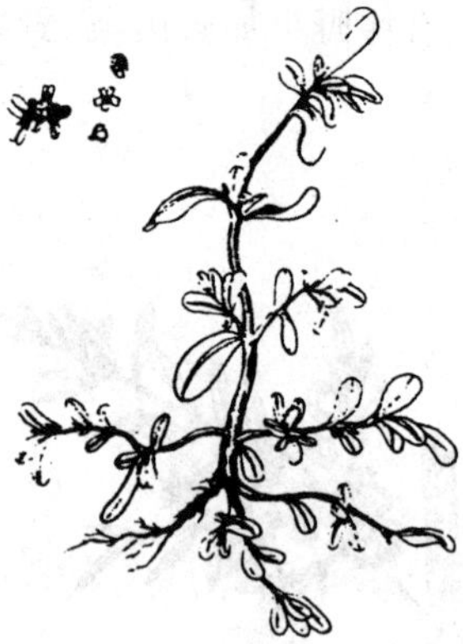

图 10-15　马齿苋

海藻生长在海边礁石上或漂浮在海水中,海藻一般无毒,常见的有紫菜、红毛菜、角叉菜、鸡冠菜、裙带菜等。采食海藻应选用海水中新鲜的海藻,海滩上的海藻常常因为脱离海水而腐败变质,不宜食用。

(二)野生动物的捕获和食用

野生动物经过加工处理后都可以食用。但是某些鱼类如河豚,内脏器官含有剧毒物质,野战条件下不具备精细加工的条件,不能食用。

1. 猎兽

猎兽前应当向有经验的战士或当地居民了解动物的习性和捕获的方法。对大型动物通常采用枪杀的方法猎获,对小型动物可采取下述方法捕获:

(1)压猎

采用石板或铁板,也可以用木板上压重物作压拍子。用木棍将压拍子一端支起,木棍上设置机关加挂诱饵,当小动物取食时,即可被压拍子压住(见图 10-16)。

(2)套猎

采用各种绳索、钢丝或马尾,一端做一活套圈,另一端系在树干、草棵或石头等物上。套子可下在动物经常出没活动的地方,应保证使活套圈的平面与动物活动路线垂直,其大小和距离地面的高度根据所猎动物的大小而定,以能套住动物的头部为宜(见图 10-17)。

2. 捕蛇

捕蛇时应特别注意防蛇咬伤,有条件最好穿戴较厚的高腰鞋子及长筒手套防护用品。

(1)叉捕法

用树枝做一个木叉,叉柄的长短以捕蛇者俯身后两手能够捉住蛇的颈部为准,叉口大小以叉紧蛇的颈部为宜。捕时,先叉住蛇的颈部,然后俯身以胸部抵住叉柄,再用一只手捉住蛇头颈部,另一只手握住蛇的后部,即可将蛇捉住。

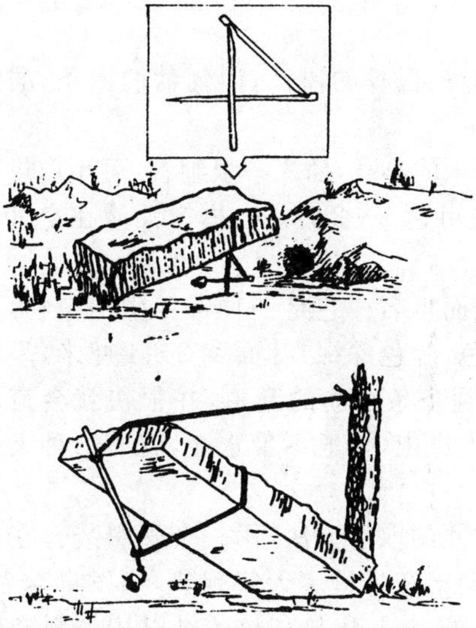

图 10-16　用压拍子压猎

图 10-17　用活圈套猎

(2)泥压法

对一些不大的、在地面或石头上活动的蛇,可拿一大泥块用力摔在蛇身上,将蛇粘压在地上或石头上,再行捕捉。

3. 捕鱼

捕鱼可使用钩钓、针钓、脚踩、手摸、拦坝戽(hù)水等方法。

(1)钩钓

使用鱼竿、鱼线、鱼钩、钩坠、漂子等器材,也可以使用就便器材自制,比如用针弯成钩,用草秆或鸡毛管做漂子,用弹壳或小石头做成钩坠等。钓鱼时,将饵食挂在钩上抛入水中,等漂子上下颤动时迅速提竿,即可钓到鱼。为引诱鱼群上钩,还可以提前在垂钓处投入一些碎米等食物,俗称“做窝子”。

(2)针钓

以针代钓,用丝线缚在针的中央,穿上鱼饵,不用漂子沉入水中,鱼吞食鱼饵后,针便横搁在鱼腹内,无法逃脱。鱼饵可用蚯蚓、蚱蜢等昆虫。

(3)摸鱼

在浅水中,可直接下水摸鱼。摸鱼时两手呈合势,贴水底向掌心合拢摸鱼,摸到后要迅速向水底按压捕捉,一手握鱼头,一手握鱼尾,快速扔上河岸。

(4)拦坝戽水

对小水塘可以采用分片拦坝戽水的方法捉鱼。先在水塘的一角筑起泥坝,用桶或盆将水戽到坝外,待见底后即可在泥中捉鱼,然后按此法逐片戽水捉鱼。

4. 食用昆虫

可食用的昆虫种类很多,如蜗牛、蚂蚁、蚯蚓、知了、蚱蜢等。对昆虫可用油炸、烧烤、烹煮等方法处理后食用。

二、解渴的植物和应急的解渴方法

山野中有许多植物可以解渴，如北方的黑桦、白桦的树汁，山葡萄的嫩条，酸浆子的根茎；南方的芭蕉茎、扁担藤等。

北方的初春，在桦树杆上钻一个深3～4厘米的小孔，插入一根细管（可用白桦树皮制作），经过这个小孔流入容器中的汁液每晚可达1～2升。白桦树汁液在空气中很快就会发酵，因此应立即饮用。

西南边疆密林中的扁担藤，因其形似扁担而得名。它是一种常年生的植物，通常缠绕在树干上。藤长5～6米，藤面呈灰白色，叶色深绿，叶面宽3～4厘米，呈椭圆形，比一般树叶稍厚。砍断藤子后，可以看到条条小筋的断痕，并很快就会流出可供饮用的清水。生活在西双版纳的傣族猎人进山，一般不带水壶，就靠这种天然水壶中的清水解渴。

如果找不到解渴的植物，还有一种极为简便的取水方法，用一个塑料袋套在树枝上，将袋口扎紧，树叶蒸发出来的水分就会聚集在袋里。天气越热，蒸发量越大，得到的水就越多。利用这个方法，每天取水量可达1升左右。还可以用塑料布收集露水。从半夜到天明这段时间里，气温逐渐下降，空气中的水分便凝结成露水，贴附在地面或植物上。早晨将塑料布铺在草丛下面，摇晃草，使露水一滴滴地落下来，积少成多，可解干渴之急。

在缺水的情况下，水要合理饮用。最初可以不喝水，或者仅湿润口腔、咽喉。当然，也不要勉强忍耐干渴，以致身体出现失水症状。喝水要得法，应该采用“少量多次”的方法。试验证明：一次饮水1000毫升水，380毫升则由小便排出；假倘若分10次喝，每次80毫升，小便累计才排出80～90毫升，水在体内就得到充分利用。每昼夜喝水不大于500～600毫升，持续5～6天对人体的损害不大。

在实在无水的情况下，小便也可以应急解渴。实际上，小便并不污秽，只是因为心理作用，总觉得难以下咽。有条件时可以做一个过滤器，在圆筒的底端开一个小孔，由下向上依次放入小石子、沙、土、碎木炭（见图10-18）。将小便排泄其中，小孔下面就会流出过滤的水。

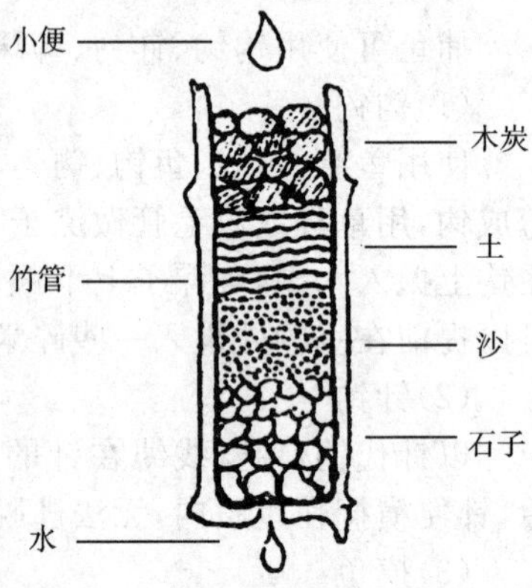

图10-18　用竹节做成的过滤器

三、特殊条件下的野炊

特殊条件下的野炊是指在野外无制式炊具、火种和饮用水可供使用情况下，利用就便器材所进行的热熟食制作。

（一）使用就便器材和材料野炊

在没有制式炊具可供使用的情况下，作战人员应利用就便器材和材料热熟食物，其方法有：

1. 脸盆、罐头盒、钢盔

在野外可以用石头作支架,或用铁丝吊挂脸盆、铁盒、钢盔等物,用火加热,烹煮食物、烧开水等。

2. 铁丝、木棍

可将食物穿插缠裹在铁丝或木棍上,放在火边烧烤。

3. 石板或石块

用火将石板烧烫以后,将食物切成薄片放在上面烙熟。

将若干拳头大小的石块放在火中烧热,用棍拨到一个40厘米深的土坑内铺一层,石块上铺一层大树叶,放上食物,上面再铺一层树叶,将剩下的热石头块铺在树叶上,然后再铺上厚厚的树叶压住,三四个小时之后即可取食。

4. 黄泥

用和好的黄泥在地上摊成一个3厘米厚的泥饼,上面铺一层树叶,将野鸡、野兔或鱼等物除去内脏不脱毛不去鳞,放在泥饼上,用泥饼将食物包裹成团,放在火中烧2个小时即可食用。食用时粘在泥块上的兽毛或鱼鳞会随之脱离。

5. 竹节

将竹节的一端打通,将米和水灌入竹节里,米约占2/3,然后将竹节放在火中烘烤,约40分钟可做成熟饭。

(二)寻水和取火

水对人的生存至关重要,野战条件下,作战人员要对饮水计划使用。同时,组织人员寻找水源或采集、处理用水,以弥补消耗的饮水。

1. 找水

在野外可以根据野生植物的种类、生长的数量和分布范围,动物出没活动规律等寻找地下浅层水源。一般植物茂盛、动物经常出现的地方,是容易找到浅表层水源的。

另外,蚂蚁、蜗牛、青蛙、蛇等动物喜欢在泥土潮湿的地方做窝栖身,在这些地方向下深挖通常可以找到水。

2. 采水

在不容易找到地下水的地区,可以在清晨采集植物枝叶上的露珠。白天也可用塑料布蒙在植物的枝叶上,由于枝叶的蒸发作用,塑料布上会蒙上一层水珠;或者在地上挖一个露出湿土层的坑,蒙上塑料布,塑料布上将会凝结一些水珠,将这些水珠收集起来积少成多,也能够解决一部分饮水。

某些植物的秸秆、茎叶、果实或块根中含水丰富,可直接食用,给人体补充水分。

3. 净化水

野外水源水质混浊有异味,不便直接饮用时,首先应辨别水中是否含有有毒腐烂的物质,一般情况下,有强烈异味的水是不宜饮用的。对一般水质较差的情况,可作净化处理。

(1)药物净化

使用"漂白粉"、"饮水消毒片"处理浊水,可以起到澄清杀菌的作用,使用明矾可以使浊水变清。

(2)植物净化

将一些含有黏液汁的植物如仙人掌、榆树皮等,捣烂成糊加入浊水中,搅拌3

分钟后，再静止 10 分钟左右，可起到类似明矾的净水作用。一般 15 千克水可用 4 克植物糊净化。

4. 取火

火在野战生存中具有重要的作用，它可以用来热熟食物、烧水、烘烤衣物、取暖御寒、驱除猛兽和有害昆虫，必要时还可以作为信号使用。在没有火柴的情况下，可采取以下几种方法取火：

(1)摩擦取火

这种原始取火方法，在野战求生条件下仍然适用。但在取火前要准备好引火媒，引火媒可选用干燥的棉絮、纱线、草屑或撕成薄片的干树皮、干木屑等。

①弓钻取火。用强韧的树枝或竹片绑上绳子或鞋带做成一个弓，将弓弦在一根 20 厘米长的干燥木棍上缠绕 2 圈，将木棍抵在一小块硬木上，来回拉动弓使木棍迅速转动。这样会钻出一些黑粉末，最后这些黑粉末冒烟而生出火花，点燃引火媒(见图 10-19)。

②藤条取火。找一段干燥的树干，将一头劈开，并用东西将裂缝撑开，塞上引火媒，用一根长约两尺的藤条穿在引火媒的后面，双膝夹紧树干，迅速地左右抽动藤条，使之摩擦发热而将引火媒点燃(见图 10-20)。

图 10-19 弓钻取火

图 10-20 藤条取火

(2)击石取火

找两块质地坚硬的石头，互相击打，将其迸发出的火花落到引火媒上，当引火媒开始冒烟时，缓缓地吹或扇，使其燃起明火。用小刀的背或小片钢铁在石头上敲打，也能很容易地产生火花，引燃引火媒。

(3)凸透镜利用太阳能取火

用凸透镜将太阳光聚焦成一点，光点上的温度可以将棉絮、纸张、干树叶、受潮的火柴等物引燃，夏季雾气较大或者冬季阳光较弱时，可以等到正午阳光强烈时取火，然后保存火种以备使用(见图 10-21)。

图 10-21 凸透镜利用太阳能取火

主要参考文献

1. 艾跃进等:《大学军事课教程》,国防大学出版社 2015 年版。

2. 李殿仁主编:《中国特色军事理论研究》,国防大学出版社 1997 年版。

3.《邓小平军事理论教程》,军事科学出版社 2000 年版。

4.《邓小平新时期军队建设思想研究丛书》,国防大学出版社 1997 年版。

5.《江泽民国防和军队建设思想学习纲要》,中央文献出版社 2002 年版。

6.《江泽民国防和军队建设思想研究》,国防大学出版社 2003 年版。

7. 张召忠:《网络战争》,解放军文艺出版社 2001 年版。

8. 崔国平等:《21 世纪战争新概念》丛书,河北科学技术出版社 2001 年版。

9. 于巧华等:《鏖战电子空间·网络信息战》,解放军出版社 2001 年版。

10. 刘博等:《第三代战争》,昆仑出版社 1999 年版。

11. 刘小午:《面向信息化战争的思考》,国防大学出版社 2000 年版。

12. 沈伟光:《传媒与战争》,浙江大学出版社 2000 年版。

13. 王凯:《数字化部队》,解放军出版社 1999 年版。

14. 俞学标:《全信息化战争——全球化时代的新战争观》,国防大学出版社 2001 年版。

15. 沈伟光主编:《21 世纪作战指挥》,新华出版社 2001 年版。

16. 张培基等:《局部战争风云录》,江苏人民出版社 1993 年版。

17. 张泽宇等:《下一场战争可能使用的新型武器》,解放军文艺出版社 2001 年版。

18. 刘胜俊主编:《未来武器丛书》,解放军出版社 2001 年版。

19. 伍仁和:《信息化战争论》,军事科学出版社 2006 年版。

20. 禚法定等:《新概念武器与信息化战争》,国防工业出 2008 年版。

21. 池严军等:《信息化战争与信息作战理论精要》,军事科学出版社 2006 年版。

22. 济南军区司令部:《军队信息化知识读本》,自编资料,2003 年。

23. 王小强等:《军事理论与技能训练教程》,国防大学出版社 2011 年版。

24. 杨保国等:《大学军事理论与技能训练教程》,国防大学出版社 2016 年版。

编后记

2013 年 10 月，国家教育部、中国人民解放军总参谋部和总政治部联合下发了《关于全面提高学生军事训练质量的通知》，对普通高等学校军事技能训练提出了新的要求，同时，随着近年来国际国内形势的新变化，以及军事技术、军事装备和军事学术、作战理论的新发展，原有的军事教材部分内容已经不适应新的情况，满足不了新形势下军事教学的需要。为此，我们以《普通高等学校军事课教学大纲》和《关于全面提高学生军事训练质量的通知》为依据，充分考虑发展变化了的新情况，组织一线教学老师结合他们多年来的教学经验，对《大学军事学教程》进行了第四次修订，以适应新情况、新要求。

本书分为上下两卷：上卷为“军事理论”。其中，导论部分由纪荣顺编写，第一章“军事思想”由黄绪战、解冰编写，第二章“中国国防”由张宗利、朱大鹏编写，第三章“战略环境”由陈军升、肖亮编写，第四章“军事高技术”由李传道、曲明军、张云涛编写，第五章“信息化战争”由胡安全、杨开春编写。下卷为“军事技能训练”。其中，第六章“中国人民解放军条令教育与训练”由胡安全编写，第七章“轻武器射击”由张宗利编写，第八章“战术”由纪荣顺编写，第九章“军事地形学”由黄绪战、陈军升编写，第十章“综合训练”由王浩、肖亮编写。

本书在编写过程中，参考了有关教材、文章、专著等，在此对原编著者表示谢忱。本书出版得到了山东大学出版社的大力支持，王桂琴等老师付出了艰辛的劳动，在此一并表示衷心的感谢。

由于时间仓促和水平有限，书中错漏欠妥之处在所难免，恳请各位专家和读者提出宝贵意见，以便今后修改完善。

编 者
2016 年 7 月